チェーザレ・ベッカリーア研究

『犯罪と刑罰』・『公共経済学』と啓蒙の実践

黒須純一郎
Kurosu Junichiro

御茶の水書房

はしがき

日本におけるイタリア近現代思想史研究では、マキアヴェッリ、グラムシ、ファシズム研究にはかなりの蓄積が見られるものの、それ以外では、ヴィーコ、マッツィーニ、クローチェ、パレート研究などが散見されるだけだと言っていい。イタリアは、近現代思想史研究ではなおマイナーで未開拓の分野である。筆者が一九九七年五月に『イタリア社会思想史 リソルジメント民主派の思想と行動』（御茶の水書房）を出版してから、すでに一五年が経過した。その間、近現代イタリア史研究者の数は着実に増え、それにつれて歴史系統のイタリア語文献の翻訳、研究書の出版も顕著に増えてきている。

それでもなお、思想史を直接研究対象とする著書は数が少ない。ベッカリーア研究に絞って見れば、『犯罪と刑罰』に関してはアンドレ・モルレによる四二章構成のフランス語版系統からつとに翻訳がなされ、つれて日本でもそれに依拠した研究論文がかなり書かれてきた。その中でも京藤哲久《きょうとうのりひさ》の「ベッカリーア研究の現段階」（『啓蒙思想と刑事法』東京刑事法研究会、一九九五年、五五〜一〇六ページ所収）は、ほぼ『犯罪と刑罰』に限って、刑法学を中心とする内外の文献学的研究の現状を最もよく洗い出している。

そうした中で、堀田誠三が『ベッカリーアとイタリア啓蒙』（名古屋大学出版会、一九九六年一一月）の第二部第六章「ベッカリーア『犯罪と刑罰』の社会思想」で、フランコ・ヴェントゥーリの編集による、ベッカリーア自身が最終増補を行ったイタリア語第五版（『国民版全集第一巻』）に依拠して、モルレ・フランス語版およびイタリア語諸版との比較対照を行いつつ、『犯罪と刑罰』の本格的な社会思想史的研究の先鞭をつけた。

次いで、石田三記《みつき》が『18世紀フランスの法と正義』（名古屋大学出版会、一九九九年）の第二部第五章で、『犯罪と刑罰』のモルレ・フランス語版の成立事情とその広範な流布状況、さらに主として昨今の英語圏の研究状況を綿密に解説している。しかも、石田は、研究文献によりながらではあるが、先駆的に政府文書の刑法部門その他の幾つかの報告も概説している。

しかし、ベッカリーアのその後の著作、『文体に関する探究』、『公共経済学原理』に至っては、堀田が、同書第七章「ベッカリーアにおける道徳感情とレトリック」、第八章「ベッカリーアにおける経済学の形成」第一節「ふたつの『公共経済学』」で系譜学的にふれているだけである。翻訳も、ベッカリーア自身が出版を考えなかった一八〇四年のピエトロ・クストディ版に依拠した三上禮次訳『公共経済学の諸要素』（九州大学出版会、一九九七年）があるだけである。息子のジュリオの手になるベッカリーアの王室学校での講義録の清書稿は、その複製しか刊行されていない。『国民版全集』でそれに充てられている第三巻は、残念ながらなお未刊行である。

やむなくクストディ版によってはいるが、この内容を真っ向から取り上げ検討したものは、黒須純一郎「チェーザレ・ベッカリーア・B――公共経済学の原像――」（坂本達哉編『経済思想』③黎明期の経済学、日本評論社、二〇〇五年四月、二一三〜三六八ページ、所収）しか見当たらないというのが現状である。ましてや、本書第三部で筆者が検討する「ミラノ公国行政官ベッカリーア」の文書については、石井がわずかに概説しているだけで、本格的検討はなおまったく手つかずの状態である。

そうした研究状況下で、ミラノのメディオバンカが、一九七八年に国民版『ベッカリーア全集』Edizione nazionale Beccariana、全一七巻の刊行計画を決定し、次々に刊行していることはまことに有意義なことである。

その出版事情を『チェーザレ・ベッカリーア　啓蒙の実践』*Cesare Beccaria la pratica dei lumi*（フィレンツェ、二〇〇〇年）所収のジャンニ・フランチョーニの「ベッカリーア国民版の作業場からの報告」によって、垣間見ることにしよう。それは、啓蒙思想家ベッカリーアの全体像理解のガイドラインを示すものである。

第一巻（一九八四年出版）は『犯罪と刑罰』の全容を示すものである。それは、初《しょ》っ端《ぱな》に一七六六年のリヴォルノ第五版テキストをおさめ、さらに、準備的メモを含む補遺、第一稿、第三版や第五版に見られる自筆追加、さまざまな編成の比較表、初版から現代版（1～116）に至るまでのイタリア語版の紹介からなる。

第二巻（一九八四年）『哲学的・文学的著作』は、『カフェ』の諸論文、『文体に関する探究』、詩的作品、思想、哲学的断片などを収録している。

第三巻の『経済学的著作』はなお未刊であるが、この巻は「『一七六二年におけるミラノ公国の貨幣の混乱と救済策』、ミラノ王室学校での「開講講義」、教育に関する小論文、いかに手を加えられようとも一八〇四年のクストディ版で名高い『公共経済学講義』*Lezioni di economia pubblica* の最初の決定版を含む予定である。」(4.)

第四巻（Parte I：一七五八～一七六八、一九九四年）、第五巻（Parte II：一七六九～一七九四、一九九六年）は『書簡集』で、五九六通の手紙を年代順に収録してあって、第四（1～260）・五（261～596）巻を貫いて通し番号が付いている。

そのうち一四九通がベッカリーア自身のものであり、その他は多彩な人物のものである。すなわち、「イタリア人の中では、『カフェ』のグループ、ピエトロ・ヴェッリを筆頭に、サヴェリオ・ベッティネッリ、バルトロメオ・デ・フェリーチェ、コージモ・アミーディ、イジドーロ・ビアンキ、ラザッロ・スパッランザーノ、アゴスティーノ・パラディージ、ジュゼッペ・ゴラーノのような人物がいて、外国人には、ヴォルテール、ダランベール、ドルバック、コンディヤック、コンドルセ、デュポン・ド・ヌムール、ブリソー・ド・ワルヴィーユのような時代の論争の主役たちもいた。」

（*ibid.,7.*）もちろん、フランス語版翻訳者アンドレ・モルレ、ベッカリーアを引き立てたオーストリア政府高官のフィルミアンやカウニッツの手紙も忘れてはなるまい。

第六〜一六巻は「政府文書」にあてられる。これらは、「請願」voti、「報告」relazioni、ベッカリーアによって個人的に作成された会議の「議事録」、官庁「書簡」、ベッカリーアの提案に関して委員会で行われた協議のテキストである「請願」、「布告」に分類される。

これらの収録年を示せば以下のとおりである。

第六巻（一九八七年、1〜424＊政府文書の通し番号、以下同じ）は、一七七一〜一七七七年の、
第七巻（一九九〇年、425〜877）は、一七七八〜一八八三年の、
第八巻（一九九三年、878〜1534）は、一七八四〜一七八六年の、
第九巻（一九九七年、1535〜2170）は、一七八七年の、
第一〇巻（二〇〇〇年、2171〜2830）は、一七八八年の、
第一一巻（二〇〇四年、2831〜3473）は、一七八九年の、
第一二巻（二〇〇五年、3474〜3926）は、一七九〇年の、
第一三巻（二〇〇六年、3927〜4488）は、一七九一年の、
第一四巻（二〇〇七年、4489〜5073）は、一七九二年の、
第一五巻（二〇〇七年、5074〜5763）は、一七九三年の、
第一六巻（二分冊、二〇〇九年、第一分冊＊5764〜6321、第二分冊＊＊6322〜6543.なお補遺は略）は、最後の

一七九四年のものをそれぞれ収録している。

第一七巻は、『補遺、史料、索引』にあてられる予定だが、なお未刊である。

ところで、『犯罪と刑罰』について、日本では、まず、イタリア語第五版系統からの翻訳は、二〇〇八ー九年にかけて石井三記・福田真希訳「翻訳 ベッカリーア『犯罪と刑罰』第五版(一)ー(三)」(『名古屋大学法政論集』、所収)が現れ、ついで、二〇一一年二月に小谷眞男《まさお》訳『犯罪と刑罰』(東京大学出版会)が出版された。これらは、従来の『犯罪と刑罰』(風早八十二・五十嵐二葉訳、一九三八年一一月初版第一刷。二〇〇八年六月、第五四刷)、アンドレ・モルレのフランス語版系統からの四二章構成とはちがって、日本ではじめての待望久しい一七六六年リヴォルノ版の四七章構成のベッカリーア自身が最終増補を行ったイタリア語五版系統の原書からの全訳である。

特に、小谷の翻訳書には、堀田誠三、石井三記の前掲書に次いで、アンドレ・モルレのフランス語系統との異同も示され、各版の翻訳事情(「『犯罪と刑罰』のテキスト問題」一八一〜九)も綿密に解説された日本では決定版といえる訳書である。この訳業によって『犯罪と刑罰』をめぐる研究の精密度は一段と高まるであろう。

しかしながら、ベッカリーアには、『犯罪と刑罰』、『文体に関する探究』の啓蒙思想家、『公共経済学原理』の経済学者とともにもうひとつの顔がある。一七七一年四月から任官したミラノ公国行政官の第三の顔である。行政官ベッカリーアの勤務実績は、彼の署名入りの多数の報告・請願の検討を通してしか知ることはできない。しかも、政府の命令によって提出されるものだけに、もとよりベッカリーアの思想的営為を直接反映したものとは言えない。それどころか、ベッカリーア自身が、行政官の任務精励の妨げになるからか、あるいは、連綿とつづく財産相続をめぐる骨肉の争議の憤懣《ふんまん》からか、若き日に収集してきた啓蒙思想関係の書籍を捨て値で処分してしまった事実もある。このような事情から、ピエトロ・ヴェッリが批判するように、かつての啓蒙思想家ベッカリーアは別人に成り果てたという観もある。

しかしながら、ウィーン宮廷政府は、あくまでもベッカリーアのそれまでの浩瀚《こうかん》な学識を高く評価して、配属した政府部局で彼のもてる能力を遺憾なく発揮してもらうことを見込んでいたのである。それは、いかに公務であるとはいえ、ベッカリーアの二〇年に余る行政官としての活動、その報告、請願文書に如実に反映することになる。彼の行政官としての精勤は、余儀ない研究生活の断念、現実との妥協を被りながらもはからずも啓蒙の実践となって現れることになったのである。

もとより、ベッカリーア政府文書は、一・二行のものも含めれば、六五四三点（EN.Vol.XVI＊＊, 1231. 参照。なお、一万点ともいう）にも及ぶ。それらをすべて翻訳し、解説を加えることはベッカリーア研究のさらなる進展に必須の前提であろう。しかし、それら業務連絡などの短文（文字通りのメモ）を含むすべてが研究対象としての内容を含んでいるわけでもない。そのため、本書第三部では、それらのうち議論の対象になりうる比較的長文の報告relazioni、請願votiを選んで取り上げた。

したがって、本稿は、形式的には、ベッカリーアの第三の顔・ミラノ公国行政官の勤務実態のあくまで一半を示すにすぎないが、それでも彼の行政官としての勤務実績の全体像を写すよすがにはなりうるものと信ずる。

政治・経済・法律全般にわたるベッカリーアの政策提言の基《もと》になる報告・請願の作成は、彼の法律学、政治経済学にわたる浩瀚な知識がなければ不可能である。経済最高委員会への就任を皮切りに、一七八六年来の王室政府委員会第三部局での「貨幣改革」、全期間にわたる「食糧管理制度」の改革問題に関する報告は、経済学者ベッカリーアの真骨頂を示すものであるし、一七八八年以降に配属された第二部局での公安に関与する諸報告は、『犯罪と刑罰』以来の刑法知識を遺憾なく発揮・援用したものである。特に「終身刑刑務所」での提言は、ベッカリーアの信念であった死刑廃止への熱情が晩年に至っても揺るがなかったことを証明する。筆者としては、本書が、日本におけるベッカリーアをはじめイタリア啓蒙思想研究、イタリア近現代思想史研究進展のさらなる布石ともなれば幸いである。

史料収集に当たっては、機関では、メディオバンカ、ミラノ国立大学、ミラノ市立図書館、一橋大学社会科学古典資料センター、大阪大学付属図書館、名古屋大学経済学部図書館、個人では、福山市立大学の堀田誠三教授、ラ・フォンテ社主の山久勉氏に大変お世話になった。記して感謝したい。

なお本書刊行にあたっては、筆者が勤務する明海大学より学術図書出版助成金の交付を受けた。ここに深く感謝するしだいである。さらに、出版にこぎつけるまでには、明海大学経済学部長下田直樹教授にご配慮いただいた。日本におけるベッカリーアをはじめとするイタリア啓蒙思想研究の先駆者であられる堀田誠三教授には、通読の労をとっていただき、ご叱正も賜った。同僚の岡野進教授にも通読の労をとっていただいた。しかし、文責はすべて筆者にあることは言うまでもない。最後に、御茶の水書房の橋本盛作社長には、本書のような学術書の出版を快諾していただいた。皆さんに心から感謝の意を表したい。

テキストは、Edizione Nazionale, *Delle Opere di Cesare Beccaria*, diretta da Luigi Firpo, Mediobanca, Milano（EN. と略）; I Classici Italiani, *Cesare Beccaria, Opere*, a cura di Sergio Romagnoli, 2 Volumi, Sansoni, Firenze, 1958.（S. と略）を利用した。以下、引用文末尾の数字は、順に『国民版』EN.『著作集』S.（『カフェ』掲載論文の引用文末尾での B. は Boringhieri 版）のページ数。『犯罪と刑罰』EN.Vol.I. 引用文中の〈 〉は第三版の、《 》は第五版の増補。全文で、〈 〉内は原文イタリック。／は筆者による中略か段落の無視。（ ）内は筆者の補足、ゴシックは筆者の強調、ルビは筆者、但し、［ ］部分は著書自体についているもの。

チェーザレ・ベッカリーア研究　目次

目次

第三部　ミラノ公国行政官ベッカリーア

初出一覧

（1）第一部　第一章「「拳の会」の活動と『カフェ』の論文」（2）に所収。但し、かなり加筆修正した。第二章、第三章、補論、書き下ろし。

（2）第二部「チェーザレ・ベッカリーア・B――公共経済学の原像――」（坂本達哉責任編集『経済思想』③黎明期の経済学、日本評論社、二〇〇五年四月、第七章、二一三～二六八ページ所収）但し、第二章第一節、第三章は、かなり加筆修正した。

（3）第三部「ミラノ公国行政局委員C・ベッカリーア・Bの政府報告書」（『中央大学経済研究所年報』第四四号、二〇一三年、三六九～四四三ページ所収）但し、全般に加筆修正。

図版出所一覧

（1）ベッカリーア家系図（*Cesare Beccaria tra Milano e l'Europa*, 638-9.）。本書、六ページ。

（2）テレーザ・ブラスコ（M. Boneschi, Quel che il cuore sapeva）。七ページ。

（3）拳の会（EN. Vol.I, 80.）。一〇ページ。

（4）チェーザレ・ベッカリーア・ボネザーナ二八歳の肖像（EN. Vol.I, 9.）。一三ページ。

（5）パリ旅行（C・ベッカリーア、A・ヴェッリ）（EN.Vol.II, 48.）。一三ページ。

（6）アンドレ・モルレ（EN.Vol.IV, 480.）。二九ページ。

（7）ピエトロ・ヴェッリと拷問・死刑の図（P. Verri, *Osservazioni sulla tortura*,『拷問論』48-9., 51-2.）。六九－七〇ページ。

（8）『犯罪と刑罰』初版表紙（EN.Vol.I, 537.）。『犯罪と刑罰』第三版の挿絵（EN.Vol.I, 547.）（死刑より労働刑の暗示）。一一七ページ。
（9）コンディヤック（EN. Vol.IV, 336.）。一二四ページ。
（10）ヴェンツェル・アントン・フォン・カウニッツ・リットベルク（EN.Vol.V, 144.）。一六〇ページ。
（11）カルロ・ジュゼッペ・ディ・フィルミアン（EN.Vol.V, 544.）。一六〇ページ。
（12）『公共経済学』ジュリオ手稿版表紙（Iniziative Culturale ed Editoriali Bancarie ICEB s.r.l.）。一九〇ページ。
（13）ジャン・リナルド・カルリ（EN.Vol.V, 544.）。二六〇ページ。
（14）アンナ・バルボ（EN.Vol.V, 432.）。三六一ページ。
（15）ベッカリーア家、ジェッサーテの別荘（EN.Vol.IV, 208.）。三六二ページ。
（16）ジュリア・ベッカリーア（N・ギンズブルグ、須賀敦子訳『マンゾーニ家の人々』［上］、扉絵）。三六三ページ。
（17）ジュリオ・ベッカリーア（EN.Vol.V, 448.）。三六三ページ。

チェーザレ・ベッカリーア研究

――『犯罪と刑罰』・『公共経済学』と啓蒙の実践――

第一部　啓蒙思想家ベッカリーア

はじめに

チェーザレ・ベッカリーア・ボネザーナ（1738～1794）は、パヴィア起源の貴族の長男として一七三八年三月一五日にミラノで生まれた。ベッカリーアの貴族の家系は、チェーザレの祖父フランチェスコ（1669～1748）が、「紋章学の証明」でカール六世から侯爵の位を授けられた時からはじまる。父ジョヴァンニ・サヴェリオ（1697～1782）は、二度（一七三〇年、チェチリア・バルディローニと、一七三六年、マリア・ヴィスコンティと）結婚し、婚姻の嫁資によって貴族的尊厳を維持して暮らせる財産形成に努めた(1)。

チェーザレは、生涯の最初の時期をミラノのヴィア・ブレラにあった父の館ですごし、八歳から一六歳までパヴィアにあったジェズイット会のフランチェスコ・コレッジオの寄宿舎で起居した。ここで彼は、特に言語学と数学に際立った才能を示した。先生と同級生がチェーザレを「ニュートンみたい」（小ニュートン）と言ったほどであった。しかし、コレッジオの日常経験は、ベッカリーアにとってまさにジェズイット的、狂信的なものであったという。ベッカリーアは、『犯罪と刑罰』のフランス語訳者、アンドレ・モルレへの手紙で「八年間（一七四六～五四）の狂信的・奴隷的教育で窒息させられた」(2)と吐露している。ともあれ、彼はコレッジオを卒業するとパヴィア大学に入学し、一七五四年から五八年にかけて法学の学位を取得するまで通った。その後、彼はミラノの自宅に戻ったが、何年間かは職を持たずに、父親の財政に依存しその威厳にしたがって暮らした。

一七六〇－六一年の間に、チェーザレの生涯での三つの決定的出来事がおこった。（一）は、テレーザ・ブラスコ（1745～1774）との恋愛、一七六一年の結婚（チェーザレ二二歳、テレーザ一六歳）であった。しかし、彼女は官吏の娘で、ベッカリーア家よりも社会的身分が低いので嫁資も十分でなく、ポルトガル人の叔父の財産しか期待できず、

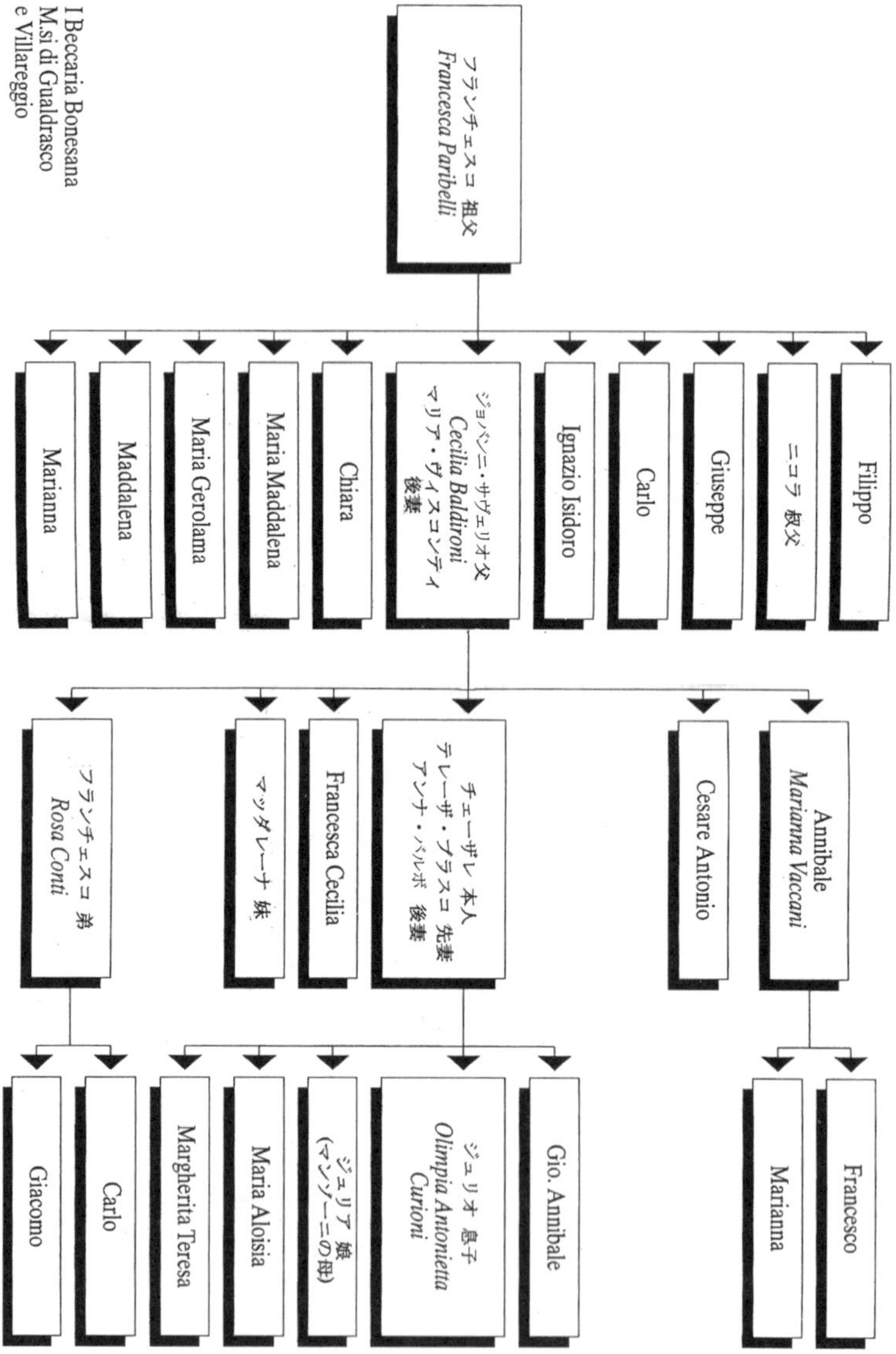
I Beccaria Bonesana
M.si di Gualdrasco
e Villareggio
フランチェスコ 祖父
Francesca Paribelli
Filippo
ニコラ 叔父
Giuseppe
Carlo
Ignazio Isidoro
ジョバンニ・サヴェリオ父
Cecilia Baldironi
マリア・ヴィスコンティ
後妻
Chiara
Maria Maddalena
Maria Gerolama
Maddalena
Marianna
Annibale
Marianna Vaccani
Cesare Antonio
チェーザレ 本人
テレーザ・ブラスコ 先妻
アンナ・バルボ 後妻
Francesca Cecilia
マッダレーナ 妹
フランチェスコ 弟
Rosa Conti
Francesco
Marianna
Gio. Annibale
ジュリオ 息子
Olimpia Antonietta
Curioni
ジュリア 娘
(マンゾーニの母)
Maria Aloisia
Margherita Teresa
Carlo
Giacomo

ベッカリーア家系図

テレーザ・ブラスコ。チェーザレの先妻。

父も叔父ニコラも反対した。(二)は、ピエトロ・ヴェッリ(1728〜1797)、アレッサンドロ・ヴェッリ(1741〜1816)兄弟との出会いと友情の開始であり、(三)は、哲学研究への関心、すなわち啓蒙思想への傾倒であった。

こうして、彼は自分の人生の決定的選択の時機を迎えた。一方での、家族、とりわけ厳格な父との対立、情熱と共に生活の不安を抱きながらの結婚、独立のための控え目な個人年金と引き換えの長子相続権の放棄。他方での、当時急進的主張として知られていたイギリス、フランス・フィロゾーフへの熱狂、すなわち、ルソー、エルヴェシウス、モンテスキュー、ダランベール、ヒューム、ディドロー、コンディヤック、ドルバックなどの著作への没頭。とりわけ、前述のモルレへの手紙では、こう言っている。「私の精神の革命を仕上げた人は、エルヴェシウス氏その人です。真実の道へ私を力強く導き、人類の迷いと不幸に関する私の注意を喚起した最初の人です」[3]と。

しかしながら、チェーザレの思想形成でとりわけ特筆すべき出来事は、ヴェッリ兄弟を中心に、ミラノの若い知的エリート貴族で組織された「拳《こぶし》の会」Accademia del Pugniへの参加とその機関誌『カフェ』への寄稿であった。「拳の会」という名は、拳で封建遺制に一撃を加えるというメンバーの姿勢から自然に生まれた。

第一章　「拳の会」の活動と『カフェ』の論文

「拳の会」とは

「拳の会」には、いずれ劣らぬ錚々《そうそう》たるメンバーがそろった。ヴェッリ兄弟を筆頭に、経済学研究者、ルイージ・ランベルテンギ伯、ジャンバッティスタ・ビッフィ伯、法学・経済学研究者で聖職者のアルフォンソ・ロンゴ伯、物理学研究者のジュゼッペ・ヴィスコンティ伯、ピエトロ・セッキ伯、聖職者のセバスティアーノ・フランチョーニというぐあいであった。

彼らは、集《つど》ってイギリス、フランスの啓蒙思想家の著作を耽読《たんどく》し激論を戦わせた。その拠点が、旬刊誌『カフェ』*Il Caffè*（一七六四年六月～六六年五月）（従来、我が国では、『イル・カフェ』、『喫茶室』、『コーヒー店』とも訳）であった。つまり、喫茶店で気兼ねなくおしゃべりをするという感覚で、忌憚《きたん》なくそれぞれの意見をぶっつけあう青年知識人の溜まり場としてその名がつけられたのだ。

ヴェントゥーリは、このような定期刊行物の効用についてのピエトロ・ヴェッリの認識を紹介している。「《雑誌は、熟慮する人には、技芸、科学、哲学の発展を速めるための非常に強力な助けである。それらは、ヨーロッパ各地でなされていく発見の認識を国民全体に全般的に流布し、そのことが庶民にも染料tinturaを与え、知識愛やきわめて有益な敬意を生ませる。》それらが博識者と若者を接触させる。《功績ある著者に活力と勇気を》与える。《ある雑誌を作成

拳の会
左からアルフォンソ・ロンゴ、アレッサンドロ・ヴェッリ、ジャンバッティスタ・ビッフィ、チェーザレ・ベッカリーア、ルイージ・ランベルテンギ、ピエトロ・ヴェッリ、ジュゼッペ・ヴィスコンティ・ディ・サリチェート

する博愛的啓蒙主義者は、文化界での高貴で寛大な行政官の任務を託されていると考えられねばならない。》」[4]

なにしろ、ベッカリーアにとっては、当時「この国（ミラノ公国）は、旧来の巨匠が放置した偏見の下《もと》になお埋まって」おり、「ミラノ人は一八世紀に生きようとする人々を許」さず、「一二万人に住民が増加した首都のうちで学問を愛好し、真実や美徳に犠牲を供する人は、ほんの二〇人ほどだけ」[5]だったからである。すでに、旧弊な格式にこだわる厳格な父に反発し封建遺制全体に拒否的態度をとってきたチェーザレは、ヴェッリ兄弟の意思に賛同して入会し、進んで『カフェ』に文章を寄せるのである。

ベッカリーアの寄稿した論文は七本で、ピエトロ・ヴェッリの三七本、アレッサンドロ・ヴェッリの三一本に比べると格段に少ない。その理由について、Sansoni版*Opere*の編集者ロマニョーリSergio Romagnoliは「ノート」でこう説明している。「しかしながら、彼（ベッカリーア）のその雑誌への希薄な貢献は驚くにあたらない。時おり彼のペンは、内容の掘り下げのために手間取り、あまりに概念含みであり、〈永久闘争〉に、ピエトロ・ヴェッリが『カフェ』の目的と方法として望んだ〈毎週のたえまない滑稽《こっけい》な辛らつさ〉にはふさわしくない雄弁、熱弁的論調に容易に陥った」(S.138.)と。しかしながら、それらの論文は、ベッカリーアの多方向への関心とのん気さに隠れた啓蒙青年の熱誠を仄見《ほのみ》せている。

機関紙『カフェ』とベッカリーア

ベッカリーアの『カフェ』掲載論文を列挙してみると、(一)第一分冊(一七六四年六月から一七六五年五月いっぱい)の「ファラオ」Il Faraone、「芳香についての断章」[6] Frammento sugli odori、「取り下げへの回答」Risposta alla Rinunzia、「密輸に関する分析的試み」Tentativo analitico su i contrabbandi、「文体についての断章」Frammento sullo stile、(二)第二分冊(一七六五年六月から翌年まで)の「定期刊行物」De' fogli periodici、「想像の快楽」I piaceri dell'immaginazione という順になる。

見られるように、ベッカリーアが取り組んだ論文の数は少ないけれどもテーマは多様であり、啓蒙思想の自由な議論でにぎわう開かれた場所を象徴する『カフェ』にふさわしいものだと言える。

後年、アレッサンドロ・ヴェッリは、『カフェ』のベッカリーア論文を回想してこう言っている。「彼(ベッカリーア)の真剣で重い文章が、それらのいくつかで、たとえば〈芳香についての断章〉のようなおどけたテーマに没頭しているからといって、驚くにはあたらない。なぜなら、『カフェ』の全作品が、時には興味ある雄弁によって良好な道徳について語り、時には公共・私的経済の有益な規則を真剣に示唆し、ある時には、鋭利な皮肉で人間と社会のたわいなさを風刺し、またある時には、滑稽なしかたで生活や文学のさまざまな対象に思いをめぐらすことに、事実上寄与しているからである」(*ibid.*,139.)と。

「ファラオ」

（二）第一分冊で、ベッカリーアは、まず「ファラオ」で、「どうしても周辺に振り払いたい虚栄、貪欲、倦怠の悩める感情が、人々を賭博に駆り立てる」と書き出し、当時はやっていたカード・ゲーム「ファラオ」の賭けの条件を確率表で示しながら、得意の数学の知識を活用して分析し、利益の可能性を探ろうとしている。ファラオは、当時の若い貴族の間ではトレンディなカード遊びだったのだろう。

「芳香についての断章」

賭博論に徹した「ファラオ」に比べて、「芳香についての断章」には、ベッカリーアの後年の著作や趣味に関わってくる興味深い文章も含まれる。「都市中を通り過ぎ、最も仕事熱心で不幸な市民を破壊する貧乏人の病気の大部分は、不潔から生まれる。国家の真の富である人口が、どうして生命の節約ができないのか。組成された芳香は、技芸によって用意され、裕福な人の奢侈と快楽に向けられて、自然の賜物を結び付ける。」(EN.Vol.II, 25. ; B.41.)

「今まで、口についてはずいぶん多くのことが言われたのに、鼻についてはほとんど言及されなかった。私たちは、そろえるのに最も容易な自然から準備された最も単純な食物から、その後、フランス人の食卓の最高に洗練された食物に移った。しかし、芳香では、私たちは、最も単純な組み合わせを行ったにすぎず、あらたな必要や快楽を創造する奢侈は、鼻の調理場をまだ完成させていない。」(EN.28. ; B.45.) ベッカリーアは、快い芳香は開発途上にあり、生活を楽しくするためには鼻の快楽も必要だから、さらに奨励されるべきだというのだ。

それに引き換え、ベッカリーアは、タバコの匂いを次のようにけなしている。「私たちがパイプから不快な煙を吸い込む時、鼻を刺激しているためだけでなく、口を悪臭で満たし毒しもする」。「この塵《ちり》はすでに血管が固くなり、感覚を鈍くした後でしか好きになれない。その時には、最初の苦しい感覚が心地よくなるが、これほど強い快楽は、もっとデリケートな多くのものを損なう。快楽の賢明な節約は、快楽の交換にほかならない金の節約と同じほど必要である。」(EN.29. ; B.45.)

結論は、「一哲学者の妄想deliri d'un filosofo」となる。「芳香にかんする妄想は、ライプニッツのモナドほど興味深い。私はどっちも非難しない。誤りの発酵過程から、哲学的熱狂から、人間観念の無限の結びつきから、人間を照らしもっと幸せにする輝かしい真実が得られることをよく知っているからだ。結局、哲学で錯乱した人々は、人間の平和も乱さなければ、全世界の表面を戦慄や殺戮でおおうこともない。」(EN.30-1. ; B.47.)

「取り下げへの回答」

「回答」は、ボリンギエーリBolliati Boringhieri版でわずか七〇行、EN.で五〇行強の短文でアレッサンドロ・ヴェッリの「『クルスカ辞典』の語彙に対する現行定期刊行物の著者の公証人を前の取り下げ」Rinunzia avanti notaio degli autori del presente foglio periodico al Vocabolario della Cruscaへの回答である。この短文は、両者間のイタリア語純化をめぐる微妙な議論（たとえば、nodaroあるいはnotaro、notarioをnotaio（公証人）に純化する、といったぐあい）なので分かりにくい。（なお、クルスカ学会L'Accademia della Cruscaは、一五八三年にフィレンツェで結成され、『クルスカ学会辞典』の初版は、一六一二年にヴェネツィアのジョバンニ・アルベルト書肆から出版された。Cruscaとは、フスマのことで、小麦を粉に挽いたあとに残る皮。したがって、学会の設立趣旨は、不純物を取り除いてイタリア語を純化しようというもの。）

ともあれ、「もしペトラルカ、ダンテ、ボッカッチョ、(ジョヴァンニ・デッラ・)カーサが立派な新語を発明する能力を持っていたなら、彼らが持つように、私たちも、双肩の間に二本の腕、二本の脚、一つの胴体、一つの頭を持っているのだから、そのような自由が必要だ」(B.47-8.)と言うアレッサンドロの主張に対して、

ベッカリーアは、「イタリア語のこれらのきわめて尊敬すべき偉大な祖先(ペトラルカ、ダンテ、ボッカッチョ、デッラ・カーサ)のように、貴兄はそれらの言葉に対する思想の輝かしい犠牲を払ったのか。貴兄は、やはり共通の思想を何百もの言葉とともに溶解し、さらに、巨大な建築物と非常に弱々しい愛らしさの立派な大時代の中で、しかも、後に技芸の秘密となる多くのきわめて細かい部分によって支えられた全構成物を練り上げる非常に洗練された技芸を獲得したのか。それの大きい頭、太い腕、大きい胸、太い脚がきわめて細い糸で結ばれたのか」(EN.33.; B.105.)と応酬している。

「密輪に関する分析的試み」

「密輪」も七〇行ほどの短文であるが、後のベッカリーアの二大テーマ「犯罪」と「経済学」にかかわる重要なテーマなので、今まで研究史でも言及された。Sansoni版 *Opere* の「ノート」には、「我々は単に高い科学的価値の証拠ばかりではなく、彼の将来の時期にきわめて顕著な行政的力量の予測にも向かい合っている」(S.138.)というロマニョーリの評価が見られるし、ジュゼッペ・アルマーニは、「考察された問題への代数の応用が非常に熱烈な表現でなされ、驚くほど明確な数理経済学の分析を提供している」[7]と高く評価する。

ブスケーは、ベッカリーアの『カフェ』論文の中で「密輪」だけを取り上げ、その論旨を適切に要約している。ブスケーは、数学を経済学に応用した優先権はベッカリーアにはないが、「多大の弁護に値する数学的(応用)問題」があ

ると言う。すなわち、「密輸業者には密輸品を没収されるという危険がともなう。そこで、たとえ残りを没収されても、関税節約額によって、この業者が投資額を回収しうるには、彼は国庫の目から、一体どれほどの金額のものをごまかせばよいか、この点をベッカリーアは問うているのである。この（応用）問題を解こうとすれば、それは、関税表をどれくらいにしたらいいかという問題について政府が利用できることであるから、これを解くことは、事実上、有用だ、とベッカリーアは考える」[8]と。なお、後出九六ー七ページ、および編者注3参照。

「文体に関する断章」

つぎに、「文体に関する断章」が、後出の補論で検討するベッカリーアの主著の一つ『文体に関する探究』（一七七〇年）の雛形であることは言うまでもない。ベッカリーアは、「批判精神」を持ったり、「問題そのものを愛する」人によってなされる「文体」に関する考察を以下のように展開する。

「あらゆる議論は、一連の思想に一致する一連の言葉である。あらゆる議論は一連の理路整然とした響きである。だからあらゆる文体の相違は、あるいは観念の相違から、あるいは表現される響きの異なった機械的連続からなっている。

／響きの相違は、文法と呼ばれる共通慣用によって受け入れられた配列に関連し得る。あらゆる議論は、主要観念idee principaliと付随観念idee accessorieからなっている。私は、付随観念のことを、力を増し読む人の印象を強める観念と呼ぶ。文体の相違は、同じことを違った仕方で表現する技術、すなわち、きわめて正確に主要観念にちがった観念を付け加える技術だと理解すれば、主要観念の相違からではなく、付随観念のそれからなっている。すなわち、この意味では、アルキメデスの文体は、ニュートンのそれと異なることはない。」（EN.38-9.; B.278.）このように、ベッカリーアは、文体が思想表現の触媒として、「唯一で本源的な学問である人間学」の媒介手段であると主張するのである。

さらに、ベッカリーアは、「文体にとって最大の救いの一つ」である「隠喩 metafore」の使用についてふれている。「一国民が未開であればあるほど、ますます対象の違いはあまり見られなくなる。だから、一国民が未開であればあるほど、もっと文明化された、すなわち、もっと観察する国民ほどの違いを見ないから、それの隠喩はますます大胆で強いものになるだろう。／隠喩のふつうの運命は、国民にふつうでポピュラーになると、すなわち、庶民を彼自身のすきにさせる進歩の唯一の原因である必要が、隠喩的表現を使うことを余儀なくすると、隠喩の質をうしない示す対象の固有の表現になる。」(EN.41-2.；281-2.)

「だから、ある言葉が急激に変化する時には、それを話す国民の思想での革命のたしかな兆しであり、言葉の変化の性質から、思想における変化が推論される。こうして諸言語は、専制主義によって和らげられ、自由と内戦によって活力に満ちた辛らつなものに戻るだろう。」(EN.43.；283.) 人間の言語、文体への認識能力に着眼した文明発展史論的一文である。

「定期刊行物」

(二) 第二分冊掲載の「定期刊行物」は、まさにベッカリーアを含む「拳の会」の啓蒙思想的信条の伝達手段を象徴する内容になっている。ベッカリーアは、「定期刊行物」のメリットについて、まず冒頭でこう言っている。「刊行物は、研究する人々に流布している認識そのものを、あるいは勤勉な、あるいは怠惰な人々に伝え広めるのである」(EN.45.；B.414.) と。

さらにベッカリーアは、「定期刊行物」がなりたつ条件とメリットを述べる。「世俗評価の主要な推進力である数」、それに「買い入れの容易《たやす》いこと、輸送の便利さ、読み取り時間の短さが加われば、人々を教育するこの方法が、自ずとどれほど有益か、すなわち、どれほど注意深く機敏に哲学者によって採用されねばならないか、その種の改善を切望する人によって、どれほど奨励・推進されるメリットがあるか分かるだろう」(EN.45-6.; B.412.)と。

単行本との比較では、ベッカリーアは、「定期刊行物の流布は、観念と習慣の完成が依存する人間精神の活動の数を増やす。さらに、女は、移り気で浮ついた女は、暗黙の絶対権が無為の者の数を増やし、男たちは大抵女に合わせるが、定期刊行物から利益を引き出すのが実にうまい。本は、深刻で方法論的知識であり、彼女らのデリケートな器官には強すぎるスパイス droghe である」(EN.46.; B.412.)と言っている。

さらに、彼は刊行物の目的を説明する。「刊行物の著者の真の目的は、美徳を尊敬に値するものにし、それを愛すべきものにし、人間が一瞬他者の幸せのために自分自身を忘れるような悲壮な熱狂をかきたてるものでなければならない。彼の目的は、私的生活の快適と大衆のそれを改善しようとする認識を、共通に親しみやすく明確で正確にすることにある。」

こうして、ベッカリーアは、それを実現する最も有効な三手段について語る。

① 第一は「寓話 apologo」である。これは「専制主義の真ん中で生まれた最も古い教育方法である。」「古代人たち(Esopo, Fedro)[9]は動物に語らせ、人間の先生を狼、牛、カエル、ネズミにした。しかし、この方法は、私たちよりも感受性が弱く洗練されていない原初の人間が感じなかったとしても、今世紀には最も教養があり、文化的な人間が明らかに感じる何か堅苦しいつくりごとめいたものがある。」(EN.48.; B.414.)

② 第二は「対話 dialoghi」である。「これらは、能力と勤勉で真実のためになることとは逆になることを示して、

きわめて多くの真実を明らかにすることに導き、人々の会話の忠実な絵 pittura になるので、公正で有徳であるのと同じく、滑稽で邪悪であるほどかぎりなく違った性格から影響を受けやすいし、さまざまな楽しみの源泉になる。」(EN.48. ; B.414-5.)

③「第三のきわめて有益な方法は、真摯な推論 seri ragionamenti である。」それは、人々を「義務の厳格な動機によってではなく、効用の動機によって、幾何学的証明ではなく、読者を身構えさせてしまうから、圧倒するような最高のではない温和な雄弁の甘たるい魅力で、軽蔑や退屈を生むから、卑怯でも下品でもなしに、美徳へと招待する。」

「ここでは、秀でた人についても、馬鹿ながさつな人についても語らず、これら両極端の間を絶えずあちこち揺れ動く人たちについて語る。…。さらに、大多数の人々に有益な認識は、その種の性質の刊行物で目立つはずのものであり、これらは二つの方法に現れる。一方は、散乱していて、あいまいで混乱しているものを、大体中身や本質で明確・正確にする。私は、著者のためには自己愛が、読者のためには退屈がいっぱい詰まった本の中を泳ぎながらそう言いたい。

／他方は、読む人の意見を考えさせ発酵させる視角や示唆を与えるものである。すなわち、定期刊行物には、読者の自己愛をくすぐって彼らに想像力以上の取り柄を残す方法で書かれた、企図と示唆の方法がなければならない。農業、技芸、商業、政治は、手仕事をしていない各市民が無視すべきでない知識である。実り多いあらたな作物は、人々の好奇心を満足させ、さらにあまねく深められれば、一国家の幸福にみちびく。物理学や自然史は、探求ときわめて有益な発見の汲みつくせない方法であり、俗に、ある人たちにはもっと離れていると考えられている諸科学ともっと一般的でもっと広い結びつきをもつ。」(EN.48-9. ; B.415.)

こうして、ベッカリーアは、『カフェ』の諸論文、とりわけ、「定期刊行物」によって、「祖国に対して、さらに立派な市民、善良な夫、良い息子、家族に優しい父親ができれば、いかめしい純粋に人為的な習性におびえる若者たちを有益な知識の方へ押してやれれば、私たちは幸せである」と述べ、「私たちの最も真摯な願い」I piu sinceri nostri voti (EN.51-2. ; 418-9.) を語る。結論部分は、ベッカリーアの初等教育や家庭での実体験を踏まえた納得しやすい発言である。

「想像の快楽」

「自分の想像から人間に生まれる利益と害悪はきわめて大きい。私たちは、今のところそれらを得る利益と方法だけを考えることを約束した。おそらく私は、もっていることに気づかない多くの富を発見するだろうし、おそらく誰かは、自分たちを不幸にした効能をもっとうまく利用できるだろう。外部の対象によって直接我々に提供される快楽は数ではわずかだし、それらは、獲得から軽蔑までにはっきりする速やかな変化を自らの多様さで補いもしない。快楽の利用は、あるいはそれらを得る権利は、人間的施設の不幸のために、外部の対象によって供給される快楽の数は、大抵それらを得るためにする努力に反比例するほどはなはだしく不平等に配分されることが重なった。ひどく苦労する人ほど得るものは少ない。」(EN.53. ; B.476.)

「想像の快楽は、肉体の快楽ほど生き生きしていないが、ずっと多様である。それどころか、あらゆる肉体の快楽は、君主のように、従者にし、人間の精神で栄誉を増し、それを強くする想像の快楽に従属する無数の人々を自らの下に置く。それどころか、他の感覚器官の肉体の快楽と交通と取引を開くのはこの人々だけである。

人間たちは、人間生活の砂漠のあちこちに散らばったわずかな肉体的快楽を互いの間で奪い合うために、息を切らして走り回り、いがみ合い、絶滅しあうが、想像の快楽は、危険を冒さずに得られる。私たち全員が、知りも尊敬もしない大多数の人々から大して妬《ねた》まれない。心が幸せの絶頂に至らなくても、少なくとも平穏にしてくれる。」(EN.54.; B.477.)

「神 Grand'Essere によって無辺の空間に投げられた無数のはかり知れない球体、光の奔流、宇宙を取り巻き、ある時は巨大なものを、ある時は原子を見出して、すべての人と、何も評価されない人と平等に君を笑う生命の精髄に目を向けたまえ。人々をして戦い、期待し、死ぬに任せよ。…。しかし、人々が君を平穏にしておくためには、君自身が平穏であることが必要である。犯罪で少しも汚れることなく、周囲の人々みんなと一緒に正直でいたまえ。」(EN.57.; B.479-480.)

見られるように、「想像の快楽」は、望み多くしてその実現に汲々として悩み苦しむよりは、無欲で平穏な人生を送る方が得策だというベッカリーアの、日常的な生活心情を吐露した文章だといえよう。

第二章　『犯罪と刑罰』の匿名出版

『犯罪と刑罰』の大評判

ベッカリーアの『犯罪と刑罰』の初版は、一七六四年七月にトスカーナ大公国のリヴォルノの書肆、マルコ・コルテッリーニから匿名で出版された。ミラノ公国では出版の検閲が厳しかったからであった。

イタリア・リソルジメントの著名な改革者であったミラノ人カルロ・カッターネオ（1801～69）は、ベッカリーアが『犯罪と刑罰』のミラノでの出版を嫌った事情の一端を、次のように示唆している。「我が国（ミラノ公国）の〈矯正院〉*Casa di Correzione* の設置は、一七六二年に企画された。ベッカリーアが自著を口述する二年〈前〉である。矯正院は（『犯罪と刑罰』初版出版の）二年後、すなわち、一七六六年に開設された。[10]」しかし、この時期のベッカリーアには、恐怖の対象であったかもしれない矯正院の管理の問題に、後述のように、行政官として大いに関わらねばならなくなるとは、運命の期せぬ転変というものであろう。

ところが、この本の著者がチェーザレ・ベッカリーアであることは、まもなく周知の事実になる。もちろん、その出版の背景には、ピエトロ・ヴェッリ、アレッサンドロ・ヴェッリをはじめ、拳の会のメンバーがからむ込み入った事情があったが。

ピエトロ・ヴェッリは、一七六二年九月二九日のビッフィ Giambattista Biffi への手紙でこう言っている。「アッティクス（ベッカリーアの愛称）は、ルソーの『社会契約論』を読みました。私も、それに魅惑され、それが、他者への人間の義務の原理を真の源泉として採り上げた最初のものであると信じます。その本は、ローマで禁じられずにはすまないが、後世に伝わると思います」[11]と。

当のベッカリーアも、一七六三年六月二〇日のビッフィへの手紙で、ルソーの雄弁、人類への熱弁に深く感動して、いつものの気な気分から目覚めさせられたことを告白している。

「私は、それらの本を買い、手短かに貴兄に伝える新たな思想と哲学的視野に目覚めさせられました。これらは、私の精神を興奮させ、私の精神の全能力をしびれさせる宿命的な平穏を取り去りました。」(EN.Vol.IV, 77.26.) ルソーの『社会契約論』の刺激はそのように強烈であったが、『犯罪と刑罰』の完成には、のほほんとした性格のベッカリーアに対する「拳の会」メンバーの、とりわけ、ピエトロ・ヴェッリの全面的協力と強い督励が必要であった。

ルイージ・フィルポは、『犯罪と刑罰』の成立事情を次のように指摘する。「正確な義務と休みない教唆の強制がないと、傾向的に無気力なベッカリーアの夢見がちな無為癖という生まれつきの性格への、一方では、あいまいさの根には、ベッカリーアを書くことに駆り立てた混ざり合った示唆、ほとんど集団的獲得の性格をその研究書（『犯罪と刑罰』）の概念的仕上げに刻印するほどの「拳の会」の同志間の思想の生き生きとした交流が、他方では、ピエトロ・ヴェッリの好戦的で中央集権的な人格、彼の他者の労力を掻き立て協力させる強い態度がある。」(*op.cit.*, 14.)

ピエトロ・ヴェッリの指導者的性格を前にしたベッカリーアの追随者的傾向は、彼自身の手紙にも散見することになる。フランス語版の底本になる『犯罪と刑罰』の第三版の追加に関する一七六四年一二月一三日のピエトロ・ヴェッリへの手紙で、ベッカリーアはこう言っている。「書体はヴィスコンティ*のだが、言葉は無精な pigro ベッカリーアのだ。…。本の訂正にかんして、本自体を、僕にとても好都合でうれしいことだから、自由に添削したり訂正してくれ

パリ旅行のベッカリーアとアレッサンドロ、1766年

28歳のチェーザレ・ベッカリーア、1766年

たまえ。」(EN.Vol.IV, 88, 30.)

＊編者注「Giuseppe Marsilio Visconti di Saliceto（1731~1803）は、Giuseppe の父の妹の Maria Visconti di Saliceto の息子にあたるベッカリーアの最初の従兄であった。「拳の会」のメンバーの中でも最も著名な家柄であったが、最も慣習にとらわれない選択をとげた人でもあった。『カフェ』には、観察者の博識と科学的探究傾向をしめす三論文（「気象観察」、「農民家族の記述」、「衛生規定」）を発表した。ベッカリーアのパリからの帰還の際には、もはや彼を許さないヴェッリ兄弟に対して、彼の味方になった。」(*ibid.*,88.)

ともあれ、執筆上の紆余曲折をへて書き上げられ、恐怖といってもいい懸念をもって匿名出版された『犯罪と刑罰』は、すぐさまヨーロッパ思想界に知れわたることになり、その著者が誰であるかはすぐ特定された。しかし、ベッカリーアや拳の会の面々の懸念はたちどころに払拭《ふっしょく》された。著者ベッカリーアは、一躍ヨーロッパ思想界のみならず、行政改革や刑法近代化を喫緊の課題とする各国啓蒙絶対君主にも注目されたからである。

パリへの招待旅行の顛末

とりわけ、後述のA・モルレのベッカリーアへの手紙に明らかなように、フランス啓蒙思想家たちは、『犯罪と刑罰』の著者に称賛を惜しまず、まもなくパリのサロンへ招待した。それを受けてベッカリーアは、モルレの手紙には『幸福論』の著者（ピエトロ）と一緒にと言われていたが、実際には弟のアレッサンドロ・ヴェッリをともなって一七六六年一〇月二日パリに向かって出発した。

アレッサンドロは、初っ端《しょぱな》兄ピエトロに「僕たちは、良い席と最良の馬と御者に恵まれました。まったく最良のサーヴィスの出発です。今晩はノヴァーラから手紙を書きます」(12)と、パリへの栄光の旅の始まりを上機嫌で報告している。

ところが、到着したパリからの一九日の手紙では、文面は一変する。アレッサンドロは、旅行中とパリ滞在中のベッカリーアの普通ではない様子をつぶさに書き送っている。

その異様な有様をかいつまんで記してみよう。「兄さん、僕の友（ベッカリーア）は、二日目で、家族や妻を恋しがりはじめました。僕は、彼が、気が違うのではないかと恐れました。彼はやせて、眼差《まなざ》しはしょげ返り、下を向いたままでため息をつき、泣いています。…彼はミラノの持ち場posteに行きたがっています。リヨンでは、僕は、彼を引き止めるために、この世の罪を全部ひっかぶりました。

／これほど素晴らしい空想を抱いた男たちの旅はもう二度とあるまい。これまでの生涯でこの旅ほどいやな時はありませんでした。嘆き悲しみ、朝から晩までわけの分からないことをつぶやき、すぐ逃げようとするくせに、僕の腕にすがりつくしかない男が一緒にいるからです。

／サヴォイアの宿屋aubergeはいいと言われています。まったくでたらめです。部屋もベッドも劣悪、食事はそうひどくなかったが不十分。給仕は気さくだと言われるが、大嘘。アルプスマーモット（山リス）も手なずけられない。…フランスの宿屋は最高だと言われています。これも大嘘。まあまあ以上のものではない。

／今日、到着の翌日、ディドロー、トーマス、ダランベール、ドルバックと知己になり食事をともにしました。アンドレ・モルレは、そこで彼（ベッカリーア）のやったことすべてを知らせました。ベッカリーアは称賛されました。しかし、僕は、（ベッカリーアは）反射光で光るスター astro でしかないと思います。」（*ibid.*, 19~23.）旅行中、滞在中に手を焼かせられて、アレッサンドロも皮肉を言いたくなるというもの。

次に、アレッサンドロのパリの啓蒙主義者たちの評。「モルレは、僕たちには大いに注目に値する、最良の友人。ディドローは純真で、興奮気味に朗読し、談話も熱烈。人を分け隔てせず、ごく鋭敏。ダランベールは、自分の名声にこだわらない様子。繊細で小柄、やせていて虚弱そう。ドルバック男爵は敬愛に値する。声の響きは奔放で快い。」（23-4.）しかし、ルソーに関しては、啓蒙主義者の評価ではないらしいが、「ひどく嫌われ、軽蔑されています。彼に対して憤りが過ぎるように思われ、何の功績も認めていません」と記し、それに対して「僕は、再び彼を擁護します」（26.）とルソーを買っている。

パリの宿舎は *Hotel de Malte, rue Traverse*。ここでも、ベッカリーアは、アレッサンドロの手を焼かせた。「友はあいかわらず憂うつ。最高の称賛、最高の都市も効き目がない。片時も僕から離れることはなく、真夜中まで寝かせてくれない。…家族の代わりになるものは何もなく、妻や子供を恋しがり、セーヌ川の空気や水、健康がどうのとか文句を言っています。」（25.）依頼心が強いベッカリーアの自閉症的ホームシックに業を煮やしたアレッサンドロは、結局、ベッカリーアをはや帰国させることにする。

「僕に関しては、およその方向付けもしたし、そんなに急いで帰ろうとも思わないから、友（ベッカリーア）にはミラノで平穏を取り戻すに任せます。…彼が出発すれば、少なくとも私はあばら家（ホテル）で平穏を得ます。敬愛する兄さん、僕に同情してください。…長い間、彼の憂うつは苦痛だったので、僕には同情よりも迷惑の感情が支配しています。だから、兄さん、早めにミラノで待っていてください。」(25-6.)

アレッサンドロが、もうミラノに帰ろうとするベッカリーアを引き止めるのに「この世の罪を全部ひっかぶった」というリヨンから、一〇月一二日にベッカリーア自身がピエトロに手紙でこう書いている。

「僕は、この旅がはなはだ悔やまれることを君に打ち明ける。それとアレッサンドロの思慮深さがなかったら、僕はパリに着かずに途中で引き返しただろう。これは、僕を笑いものにする狂気だろう。…僕は、拍手喝さい、歓楽の中心への飛翔を感じながら、不幸だと気付き、心の深い芯が引き裂かれる。それでもなお、僕らの友人アレッサンドロをパリに連れていくために、僕は努力するし、同意できるかどうか試すまでそこに残るつもりだ。」(EN.Vol.IV, 441, 151.) ベッカリーアが、パリ行きにたじろぐハッキリした理由は両者の手紙からも不分明だが、彼の引っ込み思案、内弁慶の弱い性格が根底にあることはまちがいない。

それに対して、さらに上記のアレッサンドロの一〇月二〇日の手紙を読んでいたピエトロは、一〇月二六日のミラノからの手紙で、ベッカリーアの一二日の手紙に懸念を示してこう返答する。

「君が一二日にリヨンから書いた手紙は心の底に悩みの種をもち込んだ。僕は、それを友人や君の父君とも共有しない。これは、友情の中心につくられた神聖な保管所であり、そのようなものとして僕は保管するつもりだ。」(EN. *ibid.*,461, 159.) ピエトロは、二人だけの友情を確認した上で、ベッカリーアのミラノ帰国後の善後策を相談している。

「救済の第一の手段は、(ミラノ帰国後の) 最初の訪問で、大公 (モーデナ、フランチェスコ三世)、女公 (マリア・ベアトリーチェ・デステ)、フィルミアン伯に、君が何を言うべきかを思い描きたまえ。彼らの質問に君はどう答えるべきか。君には、家族、友人自体にどんな評価があるべきか。自己愛は慰めにはなるが、少しも弱さを和らげるものではない。君は、この一歩で許しがたい馬鹿げた状態にある。それは、君の存在を気付かせた後には、君の生涯の逸話になるだろう。」（462-3.）ピエトロは、ベッカリーアがミラノでは、時の人として注目されているので、当然名士としての身の処し方に心しなければいけないと説得する。

「今君は、前にもまして人目にさらされている。君らが、パリ、ロンドン見学に六ヵ月間出かけたことは知られている。一体どうして似たような動機から六ヵ月間も離れていられない大人気なさを自分自身に許せたのか。」（465.）ピエトロは、ベッカリーアのそのようなホームシックによる早帰りを懸念して言う。

「君の精神の弱さのせいにする人は、君をママから離れて生きられない腑抜けと見るにちがいないだろうし、少数の分かった人々は、ペンを持って手を持ち上げるだけで、書くのをやめた時には君のレヴェルが低下すると言うだろう。」（464.）

この手紙に対して、ベッカリーアは、一一月一五日のパリからの手紙で、ピエトロ・ヴェッリに次のように答えている。

「一〇月二六日の手紙を受け取った。そこには最も親密で真摯な心と友情が語られていて、僕を攻撃することからはかなり離れているので、君の幻想と心が暗示し、僕を不快にした幾らかの章句を除けば、僕は君に感謝する。／君の理由のすべては、少なくとも今の状況では、僕は少しも納得できない。僕たちは、同じ雄弁と精力をもって、どんな与件も省略せず、僕の精神状態すべてを語り、開示し、予測し配慮した。その最終で共通の結果が、僕は戻らねばならないということだ。君たちの共通の理由で見れば、僕は、パリまで懊悩しにゆく惨めな人のように苦しげだという。この見方では、僕は倦怠と苦痛をなめつくすことになるから、善意で僕を癒す適当な手段の全部で助けるが、何も役に立たなかったことになる。アレッサンドロから受け取ることになる手紙の判断は君に任せる。」（475-6., 163.）

「僕の目的は、祖国を四・五ヶ月（一七六六年一〇月二日、ノヴァーラからのテレーザ・ブラスコ（妻）への手紙では、六ヶ月。EN.Vol.IV, 411-2, 137.）留守にすることだった。それがたった二ヵ月にとどまるだろう。しかし、幾つかの理由が一旅行者の帰りを早めるのだ。健康、用事、家族の状況、財布の枯渇等々。もし僕の友人、僕の家族が本当に同意しても、悪意ある陰口がすぐ息の根をとめるだろう。」（476.）

こうしてベッカリーアは、ミラノへの早帰りの芳しくない結果が自分の不甲斐なさによることを半ば認めながらも、なお、意地を張って以下のように言い放ってヴェッリ兄弟を呆れさせる。

「過ぎ去ったことや日ごろの数え切れない証拠によって、**ヨーロッパの賛同が自分の手にある**＊ことを確信していい僕なのに、ミラノ人の賛同を気にしなければならないのか。僕の名声はゆるがない。…親愛な友、僕はもうすぐ三〇歳だ（目下二八歳）。こんなことは放っておいてくれ。僕の経歴が、僕の気持ち、僕の性格、僕の必要に応じて、無事過ぎていくのに任せてくれ。僕の心の絶えることのないぬぐい去れない衝動に従えば、君のこれらの多くの長話 diceria の結果に対して、心は自分だけでバランスを保てるのだ。

＊編者注　suffragi dell'Europa sono in mia mano「この文は、一七六七年一月二五日のピエトロからアレッサンドロへの手紙以降、アレッサンドロとピエトロの手紙で、皮肉を伴って何度も言及されることになる。EN.Vol.IV, 477, nota 3」

／一〇月二日からこの方、僕は幸せをあじわうことはなかった。この哲学の祖国（フランス）で受け入れた称賛と名声の持続的証拠の甘美な蒸気は、心の最深部からあがってくる刺激性の息吹によって絶えず汚されたし、今も汚されている。僕は、自分の短い滞在を利用することに不足はなかったし、パリを十分見学もし調べもした。掛け替えのない有益で大切な友情も暖めたし、僕の将来の幸せの種も蒔いた。…」（476-7.）

ベッカリーアが、このように自分の回りにバリアーを張り、自己満足してしまっては、もうヴェッリ兄弟には取り付く島がなかった。こともあろうに、ベッカリーアは、追伸P.S.で、ピエトロに、自分の父にミラノに早く帰っても小言を言わないように取りなしてくれとか、家庭的混乱を引き起こさないためには、君の思慮深さと指導力に信頼するとか、勝手なことを書いている。

前の箇所では、三〇歳近い大人なのだから、おせっかいせずに気ままにさせてくれと言っておきながら、今度は年足らずの子供のように甘える。このベッカリーアの態度には、さすがのピエトロもアレッサンドロも愛想をつかしたらしく、以後両者間の音信は途絶え、不幸にもしばらくは絶縁状態となる。

アンドレ・モルレ

アンドレ・モルレとの往復書簡

ところで、時間はパリ旅行から一〇ヶ月ほどさかのぼるが、A・モルレは、フランス語初版（一七六五年末）を出版した直後の一七六六年一月三日にパリからベッカリーアに、その写しと共に長文の手紙[編者注1]を送って翻訳の事後承諾を求めている。

その手紙[13]でモルレは、まず、一七六五年六月に親友ダランベールから『犯罪と刑罰』第三版を借りて読んで熱中し、何年来手がけていた『商業事典』の執筆を差しおいて、それの翻訳に専念したと言う。さらに、「その作品は、有益で立派に思われますし、翻訳は、フランス国民のために、さらに、フランス語を通じて、注釈者や代弁者が、貴方の作品に満ちている力強くて偉大な諸観念と慈愛や人間性の感情を広める諸国のためにもなる、私には心地よい仕事でした」(*ibid.*, 183,60.)と、フランス語版普及の利益を強調している。

次に、モルレは、ベッカリーアがダランベールに送った追加(編者注2)additionsを受け取るまでに、幾らかのノートquelques cahiersが印刷されたことを記し、言訳《いいわけ》している。「その追加はひどく遅れて私の下に届きました。それは挿入し、印刷の一部をやり直さねばなりません。それらの原因と印刷の遅れが、今日ようやく貴方に届けられる始末にさせ、じっと我慢して貴方のフランス語訳を待っていた読者の熱意をやっと満たせたのです。私の翻訳が出てから、もう八日になりました。」(184.)

こうして、モルレは、その結果が、普遍的に成功であり、ディドロー、エルヴェシウス、ビュホンから、ベッカリーアに『犯罪と刑罰』への賛辞を贈るように依頼されており、ルソー、ヒューム、ドルバックからも、いずれ賛辞が届くだろうと言っている。

つづいてモルレは、ベッカリーアをパリ旅行へといざなう。「もし貴方の仕事と幸運がフランス旅行を可能ならしめるなら、貴方に当然のことである感謝と評価のしるしを受けて然かるべきです。私は、自分の名と今貴方に列挙した人々全員の名にかけてお奨めします。『幸福について』の小著のある貴方の友人ヴェッリ伯といらっしゃい。貴方は、そこで、最高に楽しく、心地よいクラブsociété douceを見出して、お互いのためになる創意idéesと感情sentimentsの交際が結べて、愉快な生活ができることを請合います。」(185.)まさに、ベッカリーアにとっては目も眩むような絶賛と褒賞である。

さらに、モルレは、ベッカリーアが後の経済最高委員会への就任で頼みの綱とも目したフィルミアン伯爵とも知己であることを打ち明けている。「貴方は、どうして私がフィルミアン伯爵殿と知己になる名誉をもったか知りたいでしょう。こうなのです。私は、一七五八年と一七五九年にイタリア旅行をしました。六週間ナポリで過ごし、そこでよく会ったのです。彼はとても好意を示してくれたので、私も敢えて友情を口にしました。これ以上、言うことはありません。告白しますが、私は、これほど高尚な魂の、これほどの精神と天分をもち、これほど穏やかに交際してくれる人をほとんど知りません。」「少し経ってから、彼は、ミラノで再会しようと〈約束〉して、ウィーンに出発しました。（編者注3）」(186.)

以上のような外交辞令の後、モルレは、翻訳上の諸問題についてベッカリーアの了承を得るための理由をくどくどと説明しはじめる。「私は、貴方の作品の順序を変える自由について、貴方のお許しを請い願わねばなりません。私は、自分を正当化する一般的理由をまえがきに付けましたが、その問題について貴方とともに利益を強調しなければなりません。」(187.)

こうして、モルレは、自分の順序変えによる前述のフランス語圏での効用を説明し、ベッカリーアの説得にかかる。「その題材に精通する哲学的精神にとっては、各部全体が、三つに緊密に相互関係をもち、全体が同じ原理に依存する貴方の作品全体を掌握することほど容易《たやす》いことはありません。しかし、教育のない一般読者にとっては、とりわけ、フランス語の読者**lecteurs françois**にとっては、方法についてはむつかしいし、〈一主旨〉***uno tenore***が翻訳された貴方の作品は、容易に把握しがたいでしょう。しかるに、私は、もっと正規の段取り**marche plis reguliere**を適用すれば、この作品がもっと分かりやすくなり、連結しているはずの、および別々にある事柄を結びつけ、全体として、フランス国民の天性とフランス語本《ぼん》の言い方に少なくとももっと適っていると信じて疑いません。」(187.)

しかし、モルレは、順序変えに対するあり得る異議に対しても、次のような老獪な応答をあらかじめ準備している。

「私が懸念する主な異議は、順序の復権 rétablissement（変更）自体によって原典の効力 force を狂わせ、熱情 chaleur を削ぐという非難です。翻訳の編成がいっそう自然だと思われるにしたがい、その作品は得るよりも多くを失うというものです。

それに対する私の答えはこうです。真実が最良の雄弁と知覚を必要とすることは分かっています。それが逆だと考えることは馬鹿げていますし、とりわけ貴方と一緒になってそんな奇妙な逆説を進めねばならないことにしかならない。しかし、熱情を順序の犠牲にしてはならないとしても、私は、それ以上に順序を熱情の犠牲にしてはならないし、二つのことがらを相共《あいとも》に調和できれば、万事もっとうまくゆくと思います。ですから、私がその和解に成功したかどうか試すことが残ります。」(188.)

こうした順序変えについての異議申し立てを却下する押さえ込みの提言以外に、モルレは、ベッカリーアの幾つかの見解にはっきり異を唱えている。

「気になる幾つかのあいまいな箇所があります。若干指摘しましょう。〈逮捕について〉の（第二九）章で、貴方は、なぜ入獄は名誉を傷つけるように見えるかを問い、〈現刑法制度では、正義の観念に権力の観念が優越する〉（本書、八九ページ、参照。なお第五版では「権力の観念」が「力と横暴の観念」になっている。）からだと答えています。

それは逆のように思われます。なぜなら、もし刑法制度が私たちの精神に正義の観念ではなく、権力の観念を提示するなら、私たちは、投獄されるそのただ一人によって、投獄された人を有罪と見なさないからです。

貴方が送ってくれた手書きの追加の同じ章で、貴方は、法の番人である内部権力と王位や国民を守護する外部権力は統一されねばならず、前者は、法律の共通の根拠の下で裁判権と結びつく〈が、直属の司法長官には従属しない〉

〈八九ページ〉と言っています。ダランベール氏、ディドロー氏、私たちの友人の何人かや私も、未だにその箇所が理解できません。／〈訴訟と時効〉の〈第三〇〉章は、十分理解することがなおいっそう困難で、私は、何か誤解があるのではとひどく懸念しています。」(191.)

もはや、A・モルレが、フランス語版『犯罪と刑罰』の正当性や優位性すらをいかに強調したか、これ以上の冗長な詮索は無用であろう。以下に、モルレに全面協力するダランベールのダメ押しの推薦文を掲げておけば足りよう。

「ムッシュー。モルレ神父殿が、彼の手紙に片言隻句《へんげんせっく》を付け加えることを私に許し、依頼もしました。彼の翻訳はたいへん良くできています。私は、貴方の作品で失うものは何もないと思います。幾らかの置き換えを決心した後の理由には十分な根拠があり、貴方より優れた著述家からも認められてよいように思われます。翻訳本の読者が加われば、原典が私に生み出した楽しみも増えます。／読者をもっと増やすのに便宜な作品にするために、私は、第二版では幾何学的・科学的な表現をすべて削除して、それらを平易で通俗的な表現に取り替えることだけを望みます。その作品で人類について語って、大いに興味を抱かせるには分かりやすく語るほかないので、形而上学 métaphysuque、とりわけ倫理学 morale のように、少なくとも、公用語 langue commune にすることだけは避けねばならないように思われます。／貴方と貴方の作品のために、私が深く検討した上で言えることは、まさにこれです。貴方の翻訳者は、貴方が全霊の敬意と友情を捧げるにふさわしい。私の方はどうかといえば、私の考えは生涯変らないと確信していることをお認めください。貴方の栄光のために、貴方のような擁護者が存分に受けるべき人道と理性の利益のために、恵まれた才能を末永く研鑽されんことを。私は、尊敬と愛着のすべてを捧げる貴方の慎ましくも従順なしもべです。
ダランベール　」(199.)

それに対して、ベッカリーアは、一七六六年一月二六日のモルレ自身への手紙で、フランス啓蒙思想家連の威厳に気圧《けお》され気味に、外交辞令含みでこう答えている。

「私は、不滅の『百科全書』に属する卓越した項目[13]ゆえに、貴方のお名前を尊敬しております。偉大で著名な著作者が拙著の翻訳をしてくださるのを知ることは、私にとって、きわめて心躍る喜びであります。おおシニョーレ、卓越した訳業と私の興味を非常にすみやかに満足させてくれた繊細な恩恵のお気持ちすべてに対して、感謝にたえません。／私は、言いあらわせない喜びをもって読み、貴方が原著を美化されたことを見いだしました。この著作に与えるのに適切と判断された順序は、いっそう自然ですから、いっそう好ましいことを、私が貴方の計画を全面的にかほとんど全面的に確認するために、イタリア語新版が、すでにほとんどすべて完成したが不快であることを、まったく真摯に貴殿に公言します。」(EN.Vol.IV, *op.cit*, 220, 68.)

さらに、「順序を変えると作品を劣化させるという異議は、筆力は実体の混乱からではなく、表現や観念の濃密さからなっているので、私には根拠がないように思われます。…私は、出るばかりになっているイタリア語第五版が早く使い尽くされればいいと思いますし、第六版では、私が全部かほとんど全部、自分の著書に書かれた真実がいっそう明晰になる新しい順序を確認することを請合います。」(220-1.)

これらの文面から見た限りでは、名だたるフランス啓蒙思想家連の主張やダランベールのダメ押しに圧倒されたとはいえ、ベッカリーアは、自著『犯罪と刑罰』の構成についてまるで主体性を示していない。この事実は、彼がこの時点でまだ「二八歳で五年の文筆の経歴しか」ない「執筆の未経験」(221.) だけが原因でないことは明らかである。このような何事につけベッカリーアの優柔不断な態度が、その後の世界で二系統の本書の翻訳を許す原因になったことは否めない。

一例として、オーストリア宰相、カウニッツの信任が厚く、一七六九年以降にはロンバルディア統治ではフィルミアンを補佐することになるティロル出身の書記官シュペルジュ Joseph von Sperges (1725 ~ 1791) は、ウィーンから王室学校就任を祝福する一七六八年一一月三〇日のベッカリーアへの手紙で、こう言っている。

「先の一八日の閣下のたいへん貴重なお手紙(ベッカリーアのカウニッツへの手紙、686, 252. 参照)により、私は著名な哲学者にあいまみえる名誉を得ました。それにより私は、わが国民の刑法体系の上にこの新しい光を放ち、人間性と善意のそれである健全な哲学の王国を拡大するために、その後、私がそれを推進したある友人によるドイツ訳で、犯罪と刑罰に関するきわめて理に適った作品を読むことになったので、きわめて独自の尊敬の念を抱きました」(*op.,cit*, **p.690, 254.**) と。シュペルジュ自身が、『犯罪と刑罰』のイタリア語原典を読んだ可能性はあるし、(編者注4) 一七六五年にプラハで出版されたブッチェ **Joseph Ignatz Butsche** のドイツ語版は、時期的に見てシュペルジュの推奨でイタリア語からの翻訳の可能性がある。しかし、その後出版された二種類のドイツ語版は、A・モルレのフランス語版からの重訳である。(編者注5)

S・ロマニョーリ編の **I Classici Italiani Sansoni** の『ベッカリーア著作集』(1958) ですら、A・モルレ版を採用している始末である。日本でもいち早く翻訳された版(風早八十二・五十嵐二葉訳)はイタリア語版を参照してはいるが、A・モルレのフランス語版の四二章構成にしたがったものであることは紛れもない事実である。(14)

編者注１「…ベッカリーアの作品をフランス語に翻訳する示唆は、テュルゴーやダランベールも参加した昼食会での、出版統制局長マルゼルブ Malesherbes に帰する。ユージェーヌ・ランドリィ（*C.Beccaria*, 116, nota 3）が注釈しているように、〈おそらく、あれこれの話に矛盾はないだろう。おそらく彼だけをベッカリーアが知っているし、その翻訳を最初に思いついたかそれの勧めを強く主張したマルゼルブも、読者に指名したかったから、会食者がこぞって、ベッカリーアにダランベールが指名するモルレ（「私に勧め続ける」）を押し動かした。〉」（EN.Vol.IV, 183.）

編者注２「これらの〈追加〉については、手紙42（Beccaria a Jean- Baptiste Le Rond d'Alembert, Milano, 24 agosto 1765. EN.Vol.IV, 113-5.）；手紙44（Jean-Baptiste Le Rond d'Alembert a Beccaria, Parigi, 28 settembre 1765.），nota 2. 参照。なお、EN.Vol.I, 293 sgg. G・フランチョーニ Nota al testo も参照。」

編者注３「モルレ André Morellet（1727～1819）は、個人教師 precettore の身分で、将来の Saint-Die 司教バルテルミ・ルイ・マルタンを伴って、一七五八年五月にイタリアに赴いた。二人の旅行者は、ベネディクト一四世の死去につづく教皇選挙枢機卿会議 conclave の間ローマに、次いでナポリ、フィレンツェ（ここで、モルレはフィルミアンと再会している）、ヴェネツィア、ミラノに滞在し、一七五九年三月フランスに戻った。」

「フィルミアンは、一七五三年から一七五八年の間、彼には強烈な知的生活の中心になったナポリの（オーストリア）帝国大使であった。一七五八年七月にミラノの全権大使に指名されて、ナポリから同年九月に出発し、ローマに立ち寄った後、一七五九年一月半ばにウィーンに到着した。五月二一日必要な指令を携えて再出発し、六月一四日やっと新たな活動拠点（ミラノ）に到着した。」

編者注４　なぜなら、手紙250（EN.Vol.IV, 683-4.）の脚注1.には、「カウニッツは、一七五九年に彼を宮廷・国家公文書館の公文書官に指名させ、そのラテン語とイタリア語の最高の知識を考慮して、教皇座とイタリア諸国家との通信を託すべく受け容れた」と指摘されているからである。

編者注５「一七六六年にハンブルグの Michael Christian Bock から、及び、一七六七年にウルム（ドイツのドナウ河畔の都市）の Albert Friedrich Bartholomai から出版された（ドイツ語）訳がさまざまな目録で現在知られている。」（EN.Vol.IV, 256. nota 80.）

しかしながら、ベッカリーアは、その後の第五版の増補で、『犯罪と刑罰』を初めて自らの主体性にもとづいて、彼の思いどおりの作品に仕上げることになる。したがって、我々は、啓蒙思想家ベッカリーアの全体像に迫るために、イタリア語現行第五版（小谷眞男訳、参照）を底本としてその内容を検討していくことにする。

『犯罪と刑罰』第五版とモルレ版との対比

はじめに、『犯罪と刑罰』の第五版を底本とする国民版とA・モルレのフランス語版の編別構成の異同を確認しておこう。

第五版	モルレ版
読者に［5］	
序論	
1　刑罰の起源	1　序論と著作の意図
2　刑罰権	2　刑罰の起源と刑罰権の基礎について
3　帰結	3　上記の原理の帰結
4　法律の解釈	4　法律の解釈について
5　法律のあいまいさ	5　法律のあいまいさについて
6　犯罪と刑罰の釣り合い	6　拘留について
7　刑罰の尺度の誤り	7　徴候と審問形式について
8　犯罪の区分	8　証人について
9　名誉について	9　密告について
10　決闘について	10　誘導尋問について

11 公共の平穏について
12 刑罰の目的
13 証人について
14 徴候と裁判形式［3］。［5］＊一部
15 密告
16 拷問について
17 国庫について［5］
18 宣誓について
19 刑罰の迅速
20 暴力
21 貴族への刑罰［3］
22 窃盗
23 悪評［5］＊一部
24 無為徒食者たち
25 追放と没収
26 家族の精神について
27 刑罰の緩和
28 死刑について

11 宣誓について
12 拷問について
13 訴訟期間と時効について
14 未遂と共犯について
15 刑罰の緩和について
16 死刑について
17 追放と財産没収について
18 名誉剥奪刑について
19 刑罰は迅速で、犯罪に類似しており、公開でなければならない
20 刑罰は確実で避けられないものでなければならない。恩赦について
21 保護について
22 懸賞金の慣例について
23 犯罪と刑罰の釣り合いについて
24 犯罪の重さの尺度について
25 犯罪の区分
26 大逆罪について
27 私人の安全に対する罪、暴力について
28 名誉毀損について

29 逮捕について〔5〕＊一部
30 訴訟手続と時効
31 立証困難な犯罪
32 自殺
33 密輸
34 債務者について〔5〕＊一部
35 保護
36 懸賞金について
37 加害準備行為、共犯者、刑罰の免除〔3〕
38 誘導尋問、供述〔3〕
39 特殊な種類の犯罪について
40 効用に関する間違った考え
41 どうすれば犯罪は予防できるか
42 学問について
43 司法官
44 報償
45 教育
46 恩赦について〔5〕

29 決闘について
30 窃盗について
31 密輸について
32 破産者について
33 公安を乱す犯罪について
34 無為徒食について
35 自殺について
36 証明が困難な犯罪について
37 幾らかの特殊な種類の犯罪について
38 立法における誤りと不正の幾つかの原因について、特に効用についての誤った考えについて
39 家族の精神について
40 国庫の精神について
41 犯罪を予防する手段について
42 結論

47 結論

（堀田、前掲書、一六一－三。石田、前掲書、一一四－五、一一六。小谷、訳書、一九二－三。）
［3］、［5］は、第三版、第五版での増補を示している。

なお、イタリア語第五版については、EN.Vol.I, 550-61.を参照。そこには五種類の五版の表紙が収録されていて、出版地は一種がローザンヌLausanna（Cesare Beccaria Bonesanaの著者名あり）、四種がハーレムHarlem（匿名）となっているが、いずれも偽装で、出版地は初版同様リヴォルノLivornoであった。一七六六年段階では、『犯罪と刑罰』は、なお禁書の対象であったからだ。

第三章　『犯罪と刑罰』の内容

近代の刑罰理論とは

ベッカリーアは、本書冒頭の「読者へ」で、次のように現行の法律を揶揄しながら位置づけ、自著『犯罪と刑罰』の意義深さを高唱する。

「《今から一二〇〇年ほど前、コンスタンティノープルに君臨した帝王principe（ユスティニアヌス帝、482～565）によって、ある古代の征服民がのこした法律（ローマ法）の残骸を編纂する事業が行われた。(15) それは、ロンゴバルド族の慣習とごっちゃにされ、内輪で無名の解釈者によって寄せ集め本に包《くる》まれながら、それでもヨーロッパの大部分で、法律の名をもつ評価の伝統を形づくった。／さらに、カルプツォヴィオCarpzovio（Benedikt Carpzov, 1595～1666）の意見、クラーロClaro（Giulio Claro, 1525～1575）によって仄《ほの》めかされた古臭い慣例、ファリナッチョFarinaccio（Prospero Farinacci, 1544～1618）によって興奮した満足感で示唆された拷問が、法律として今日当たり前になっているのは致命的なことである。しかも、人々の生命財産を動揺しながらも支えねばならない人々が、信頼してそれに従っているのである。

最も野蛮な何世紀もの排水であるこれらの法律は、刑法体系にかかわる部分について本書で吟味され、それらの混乱は、野卑な我慢ならない有象無象《うぞうむぞう》volgoを遠ざける文体で、公共の利益の担い手に敢《あえ》てさらされる。》」（EN.Vol.I, 17.

訳、三＊小谷訳は参考にしたが、訳文には従っていない。）

見られるように、ベッカリーアは、ヨーロッパ全体で何世紀も放置されてきた法体系のうち、野蛮で残酷な刑罰を伴う刑法に近代的で抜本的な改革のメスを振るおうと言うのである。

すなわち、ベッカリーアは、「序論」で、本来の「法律」の意義を主張する。「人々は、おおよそ、最も重要な規則を日常の分別とか恣意に任せっきりである。だから、それらの利益は、一方では、権勢と幸福の頂点に、他方では、無力で悲惨に帰してしまい、自然に利益をあまねく与え、少数のものに凝縮されがちなその努力に抵抗する最も有益な法律に対立する。（編者注1）

／歴史をひも解き、法律を見ることにしよう。法律は、自由人の契約であるか、そうであるにちがいないとしても、おおよそ、ある少数者の熱情の道具であったか、偶然でつかの間の必要から生まれたものでしかなかった。かつて、多数の人間行動を一点だけに集中し、〈最大多数に分け与えられた最大幸福（編者注2）〉の視点で考えた人間性をもつ冷静な検査官によって命じられた法律はなかった。人間の結びつきと浮沈のゆっくりした動きが、不幸のきわみを幸せの第一歩に取って代わらせることを期待せず、立派な法律で中間の変化を速めるごく少数の国民は幸せである。長らく芽を出さなかった有益な真実の最初の種を暗い無視された自分の仕事部屋から群集に投げつける勇気をもったかの哲学者は、感謝に値する。（編者注3）

君主sovranoと臣民sudditiの間の、国と国との間の真の関係が知られるようになった。交流が、出版によって共有された哲学的真実の観点を活発にし、国と国の間に、最も人間的で理性的人間に最もふさわしい産業の静かな戦争（編者注4）の口火が切られた。これらは、今世紀の光明に負う成果であるが、刑罰の残酷さや刑事訴訟手続きの不正を検査し戦った人はほとんどいない。これほど重要な立法部門が、ほぼヨーロッパ中でなおざりにされている。一般原理に立ち戻って、何世紀にもわたって積み重ねられてきた誤りを打破した人はほとんどいない。認識された真実のもつ力だけで、少なくとも、今日まで長く正当化されてきた冷酷非道の見せしめを与えてきた悪しき指導権力の恣意的成り行きに歯止めをかけた人もいない。しかしながら、残酷な無知や金持ちの怠惰の犠牲に供されてきた弱者のうめき、立証されないかありえない **chimerici**[編者注5]犯罪に対する多重でみだりに無意味な過酷さをともなう野蛮な拷問、きわめて残酷な死刑執行人によって悪化する監獄の陰惨と戦慄は、人間精神の判断を導くべき司法官を揺り動かさざるを得ない。

不滅の高等法院長モンテスキュー[16]も、この問題に簡単にふれただけである。切っても切れない真実 **L'indivisibile verità** が、私をしてこの偉人の輝かしい足跡にしたがわざるを得なくするが、私が書きしるす思想家たちは、自分たちから私の歩みを区別できるだろう。[編者注7]…。」(23-5.; 八・一〇)

＊以下の編者注の番号は筆者によるもの。EN. の各ページの脚注番号とは一致していない。
なお、編者注の執筆者であるEN.Vol.I,II の学術委員会 Comitato scientifico のメンバーは以下のとおりである。カルロ・カプラ、アルド・ディ・マッダレーナ、ルイージ・フィルポ、アルベルト・ミニョーリ、レティツィア・ペコレッラ、レオ・ヴィリアーニ、フランコ・ヴェントゥーリ、セルジオ・ザニネッリ。

編者注1　「ピエトロ・ヴェッリの言葉。「最悪の法律は、各人の義務と権利が不確かで混乱し、多くの者が悲惨にうち捨てられ、幸福が少数者に凝集される法律である。」(『幸福に関する省察』*Meditazioni sulla felicità*, 一七六三年、ミラノ版、Galeazzi 一七六六年、84.)」

編者注2　「F・ハチスンの公式(「最大多数者のために最大幸福を得る行動が最良である。」『我々の美と徳の観念の起源の探究』*An Inquiry into the original of our Ideas of Beauty and Virtue*, ロンドン、一七二六年、III, 177-78.)。しかし、ベッカリーアが直接着想を得たとは言いがたい。同じ概念について、エルヴェシウス(《公共の利益、すなわち、最大多数の利益》*De l'esprit*,II, 24.)と、特に、ピエトロ・ヴェッリ(《公共の幸福、すなわち、最大限の平等に分けられた最大限の幸福》*Meditazioni*, 84.)も資する。以下略。

編者注3　「「ここで彼(ベッカリーア)は、G.(J.)G.(J.)ルソーを祝福する」とファッキネイは、『ノートと所見』で仄めかした。…。モンドルフォは、「かの哲学者」をエルヴェシウスであると主張した。（語られる「有益な真実」が、まさに彼の功利主義理論を暗示するだろう。）…。」
編者注4　「同じ表現は、『カフェ』（Vol.I, f.XIII.）に発表されたS.Franciの論文「幾つかの政治思想」にもさかのぼる。」
編者注5　「Immaginari、fantastici.」（chimeraキメラは、架空の怪獣。ありえないことの象徴。多出する。）
編者注6　「《…真実は見えない点である》」（Helvetius, *De l'esprit*, I,I）
編者注7　「ベッカリーアが本書作成で暗示を受けるか、利用している『法の精神』の箇所は多所にわたっている。」以下、略。

1　刑罰の起源

「法律は、誰にも従属せず孤立した人間たちが社会に結ばれる条件である。彼らは、絶えざる戦争状態で生きることや維持が不確かで役に立たない自由を享有することに疲れたのである。彼らは、安全や平穏と引き換えに自由の残りを享受するために、それの一部を犠牲にした。各人の幸福のために犠牲に供されたこれら自由全部の総体が、一国民の主権sovranitàを形づくる。つまり、君主とは、それらの正統な受託者depositarioで管理者である。／しかし、この寄託depositoを受け付けるだけでは不十分である。特に、つねにその寄託から、自分の分だけではなく、他人の分も奪おうとする各人の私的横領からそれを守らねばならない。（編者注1）社会の法律を再び古来の混沌caosに沈めることを各人の横暴な精神に思いとどまらせるために十分なハッキリした動機が必要であった。」（25~7.；一一）

編者注1　「本章の前置きは、本質的な方向で、ベッカリーアの社会契約概念、次章で扱う「刑罰権」の序言と基礎を明らかにする（他の前述の示唆がこの著作の行論でわかる）。二つの違った理論の望みどおりの融合fusioneは（モンドルフォが書いたように「混同」confusioneではなく）、ベッカリーアは、自己の哲学の支配的観点をなす社会契約論contrattualismoを功利主義utilitarismoに結び付けた。だから、彼は、自然状態からの人間の出口と文明社会società civileの制度を説明するに資する動機として、社会契約の観念を公益原理と明白な仕方で結びつけることができた思想の伝統からくみ上げざるを得なかった。そのようにして、ベッカリーアは、自然法思想giusnaturalismoの古典理論から別の暗示を発見できた。

／しかしながら、やはり、ホッブズによって描かれた戦争状態としての自然状態のイメージによってベッカリーアに及ぼされた確実な示唆も考慮し、ロックのイメージよりも根源的・悲観論的であり、人々に自然状態を放棄し・むすび付くことへ駆り立てる原因のホッブズ的説明と『犯罪』の文章との明白な類似を指摘しても（*Leviathan*,II,17）、それでもなお、ベッカリーアによって、生存権だけを除く全権利のホッブズ的譲渡とはかなり違う自由の部分的譲渡だけを許容する契約によって、無数の文章から推論されるように、ロックの自由な社会契約論に立ち戻るベッカリーアの概念の根本的中核は、これらの著作者の誰にも見つけられなかった（*Du gouvernement civil*, VIII,I. ; II,6. ; VIII, 6~9.）。

／次に、この同じロックの方向に基づいて、ベッカリーアは、他の著作者たちの有益な示唆を採り入れる。真っ先に、社会契約論と功利主義の間の結びつきが最も明白な形態で緊密になるのはエルヴェシウスである（*De l'esprit*, III, 9 e 4. ベッカリーアが、誰もが《自分の分だけではなく、他人の分も奪おうとする》ことを公的備蓄から奪う傾向について語る一節）。ヴァテルVattelにとっても、《人は、自分に属する平穏を享受し、安全とともに正義を得る見込みの中でしか、社会契約に縛られないし、その自然的自由の一部を捨てることに同意しない。》（*Le droit des gens*,『人権』I, XIII, 158.）

／最後に、信頼できる親友で師匠筋のピエトロ・ヴェッリが、そのような理論の総合的形式をすでにベッカリーアに提供していたことも忘れられない（*Meditazioni sulla felicità*, 82-3.）。」以下、略。

2　刑罰権

「絶対的必要から出てこないあらゆる刑罰は、圧制的である、と偉大なモンテスキューは言っている。もっと一般的な命題にすればこうなるだろう。すなわち、絶対的必要から出てこない人間の人間に対するあらゆる権力行為は、圧制的である。(編者注1) したがって、犯罪を罰する君主の権利は、個別的横領から公共の福祉の寄託を守る必要という絶対的必要にもとづいているのである。安全が神聖で不可侵であればあるだけ、刑罰は公正であり、君主が臣民に維持する自由も大きい。(編者注2)」(29.; 一二三)

こうして、ベッカリーアは、刑罰権の根拠として人間感情が無理なく同意できる「政治的道徳」politica moraleを求めている。もしそれが到底同意できないようなものであったら、人々の抵抗にあって永続きしないだろうからである。また、彼は、人間の身勝手さも十分認識して、こう言っている。

「公共の福祉を考慮して、個人的自由の一部を無償の贈り物にする人などいない。こんな幻想 **chimera** は物語の中にしかない。もしあったとしても、我々の各人が、他者と結ぶ契約が我々を縛らないことを望むだろう。誰もが地球のまとまり全体の中心になる。(編者注3)」(30.；一四)

恣意的な人間が、なぜ自由の一部を差し出すに至ったかと言えば、地球上の人口数が増えたのに、自然が未開拓で不毛なために、人口数に見合って生活手段が増えなかったために、つねに「戦争状態」**lo stato di guerra** が続いたからである。

「だから、人間たちに自己の自由の一部を譲渡せざるを得ない必要が生じた。ところで、各人が、他人にそれを守るようにしむければ足りるだけの、できるだけ少ない部分 **la minima porzion possibile** しか公の寄託に差し出そうとしないのは確かである。これらのできるだけ少ない部分の総体が刑罰権をつくるのである。(編者注4) それ以上のすべては濫用であり、正義 **giustizia** ではない。(濫用の)事実はあるが、もはや法律ではない。」(31.；一四)

そもそも「正義」とは、ベッカリーアによれば、「各人の個別利益を一つにまとめておくために必要な拘束 **vincolo necessario**」でしかない。だから「この拘束を維持するのに必要な限度を超える刑罰はすべて、その性質上不正である。」(32.；一五)

編者注1　「必要から出たのではないあらゆる刑罰は暴政的である。法律は純然たる権利行為ではない。その本性上どちらでもいい事柄は法律の管轄外にある。」(*Esprit des loix*, XIX,14,『法の精神』(中)、岩波訳、一六八)

編者注2　「刑罰権は、自然状態では、各人に属しており、安全な権利に基づいている。(Vattel (de) Emmerich, *Le droit des gens*,『人権』、I,

XIII,169.)」以下、略。

編者注3「おそらく、Bacon, Francis（1561～1626）の一節の回想か。」

編者注4「エルヴェシウス《もっぱら自分の利益だけを気にかける人間は、決して一般的利益を気にかけない。》さらに、《個人的利益なしには、人間は決して社会に集まらないし、彼らの間に暗黙の同意conventionsも結ばなかった。》(Helvétius, *De l'esprit*,II,2,e III,4)」以下、略。

3　帰結

刑罰権の起源と内容が定義、確認されれば、次は、それの実施手順と担い手が問題になる。

「これらの原理の第一の結論（編者注1）は、法律だけが犯罪に対する刑罰を命令できるということ。この権限は、社会契約**un contratto sociale**で結ばれた社会全体を代表する立法者にしか帰属しない。（社会の一員である）どの司法官も、同じ社会の他の成員に対して、正義によって刑罰を科せない。しかし、法律によって決められた限度を超えて加重された刑罰は、他の刑罰より正義に適いすぎた刑罰である。だから、司法官は、熱意とか公益とか何かの口実で、犯罪者の市民に確定された刑罰を加重できない。（編者注2）」（33-4.；一六）

「第二の結論は、もし一人一人の成員が社会に縛られているとすれば、このことは、本性上、二人の当事者を義務付ける契約で一人一人の成員と縛られているの同じことである。（編者注3）玉座から掘っ建て小屋まで下り、最も有力な人も最も惨めな人も等しく縛るこの義務は、最大多数の人々に有益な協定が遵守されることが、全員の利益であるという以外の意味をもたない。一人でも違反者がいれば、無秩序を認めはじめることになる。」（34.；一六－七）

「第三の結論は、刑罰の残忍さが、公益および犯罪を阻止する同じ目的に直接反するものでなく、ただ無駄でしかなかったことが証明されたなら、この場合も、ただおずおずした残酷さの永遠の循環に陥る奴隷の群れどころではない幸福な人々に命じることを好む啓蒙的理性の成果である慈悲の徳に反するばかりでなく、正義と社会契約自体の本性にも反しているであろう。」(35.;一七)

編者注1　「ベッカリーアが刑罰権にもとづいて前に表現した概念から引き出す二つの最初の結論は、立法権の司法権からの分離の原理を強化するようである。このことは、ロックの理論に一致している。《立法権は別人の手に委託した》(Locke, *Du gouvernement civil*, XI, I)。モンテスキュー、《各国家には三種類の権力がある。すなわち、立法権力la puissance legislative、裁判権力la puissance de juger、執行権力la puissance exécutrice》。以下、略。

編者注2　「ビュラマキのそれに対する主張はこうである。Burlamaqui, *Principes du droit politique*, III,IV,38.《時として、刑罰を過大にすることが必要で適当であるし、荒っぽい治療によって、害悪を妨げられない時には、悪人を威嚇する見せしめが行われねばならない。》」

編者注3　「ヴェッリは自分のメモで、〈第二の結論〉の源泉として、ルソーを特定している。《この公式から次のことがわかる。すなわち、結合行為は公共と個々人との間の相互の約束を含み、また、各個人は、いわば自分自身と契約しているので、二重の関係で――つまり、個々人にたいしては主権者の構成員として、主権者にたいしては国家の構成員として――約束しているのである。》(Rousseau, *Contract social*, I ,7.;三二一―三)」

4　法律の解釈

ベッカリーアは、ここに「第四の結論」をもってくる。それは、「立法者ではないという同じ理由から、刑事裁判官I giudici criminaliには刑法を解釈する権限すらないということである。」裁判官たちは、先祖から伝統や遺言として法律を受け取ったわけではない。そうではなく、「現に生きている社会から、あるいは、その代表者である君主から法律を受け取っているのである。」

すなわち、「裁判官たちは、生きている臣民たちのまとまった意志が、君主に対して行った暗黙か明示の誓約の成果として、個別利害の内的熱情を抑制し治めるために必要な拘束として、法律を受け取っているのである。これが、法律の物理的・現実的権威である。」（36.；一八）そうだとすると、誰が法律の正当な解釈者interpetreなのか。君主か、裁判官か。

こうして、ベッカリーアは、裁判官は、どのような犯罪に対しても、「完全な三段論法un sillogismo perfetto」を援用しなければならないと言う。「大前提la maggioreは一般法で、小前提la minoreは、行為が法律に悖《もと》るか否か、結論は、釈放libertàか処罰でなければならない。」（36.；一八－九）

しかし、ベッカリーアは、法律の精神を参照するという「公理assioma」ほど危険なものはないと言う。すなわち、「各人は自分の視点をもち、違った時には違った視点をもつ。だから、法律の精神は、裁判官の論理の良し悪しの、消化しやすいか不消化の結果になるだろう。彼の熱情の激しさ、被疑者の弱さ、裁判官の被害者との関係、動揺する人心の中であらゆる対象の外観を変える些細な力すべてに左右されるだろう」（37.；一九）と。

ようするに、ベッカリーアのここでの趣旨は、刑事裁判官にさまざまな解釈の余地を残さない法律の制定に尽きるであろう。

5　法律のあいまいさ

4では、恣意の介入をゆるすさまざまな解釈の余地を残さない法律の制定が要請されたが、そうは言っても、現実の法律の実施は一筋縄ではいかない。それにもまして、法律は分かりやすく、誰もが理解できる言語で書かれた「社会契約の安定した記念碑」でなければならない。

「もし法律の解釈が罪悪であれば、それ自体とともに必然的に解釈を引きずっていくあいまいさも、別の罪悪であることは明らかである。もし法律がその国民に対して外国語で書かれていれば、罪悪はきわめて大きい…。これが、文明化され啓蒙されたヨーロッパの良質な部分の根深い慣習であることを鑑みると、私たちは人間をなんだと考えねばならないのだろう。」(39.;一二二)

結局、「これらの最終的熟慮の結果は、(あいまいでない)法律文書 la scrittura なしには、一社会は、権力が一部にではなく全員に属した安定した政治体制も採れないということである。法律は、一般意志 la volontà generale によってでなければ変えられないし、私的利害の混乱を通り抜けても、腐敗することはない。経験と理性が、人間の伝統の可能性と確実さは、その源泉から遠ざかるにつれて損なわれるということを私たちに見せた。社会契約の安定した記念碑なしには、法律は時と熱情の不可避的な力にどう抵抗していくのか。」(39.;一二三)

犯罪と刑罰、拷問の不条理について

6　犯罪と刑罰の釣り合い

「犯罪が起きないことは共通の利益というだけでなく、社会に及ぼす害悪の比率ももっとまれになるということである。だから、公益に有害になるにつれて、人間たちを犯罪にさそう刺激に応じて、人間たちを犯罪から押し返す障壁ももっと強力でなければならない。だから、犯罪と刑罰の間に釣り合いがなければならない。(編者注1)」(40.;一二四)

ベッカリーアは、歴史を顧みれば、ある帝国の領土が拡大すればするほど、帝国の混乱はひどくなり、つれて国民感情は薄れていくと言う。さらに、「犯罪への刺激は、各人が混乱自体につけ込む利益に比例して増える。だから、刑罰を加重する必要性は、この動機によってますます増えていくことになる。」(41.;一二五)

しかも「私たちを良い生活へと押し動かす重力 gravità に似た力は、対抗する障壁に応じてしか押しとどめられない。この重力に似た力の結果が、人間活動の混乱の連続である。

／私が〈政治的障害物〉とよぶ刑罰は、人間に不可分の感性そのものである切実な原因を消滅させることなく悪い結果を阻止するのである。つまり、立法者は、職務が重力を破壊的方向の逆に向かわせ、建物の力に協働する方向に一致対抗させる有能な建築家として振舞うのである。」(41-2.；二五)

こうして、ベッカリーアは、「良い生活へと押し動かす重力」のなせる人間行動のもたらす混乱の等級 **scala di disordini** に説き及ぶ。「それの第一段階 **il promo grado** は、社会を直接破壊することからなり、社会の私的成員によってなされるかもしれない些細な不正が最後の段階にくる。これら両極端の間に、犯罪とよばれ、すべてが、些細な段階をへて最悪から最小まで低下していく公益に反する全行為が含まれる。」

ベッカリーアは、これらに応じて適切な刑罰の段階が決められねばならないと言う。「しかし、思慮深い立法者には、主要な点を示せば十分だろう。彼らなら、第一段階の犯罪に最小の刑罰を命じて、秩序を乱すようなことはしないだろう。もし犯罪と刑罰の正確で普遍的な等級があったなら、私たちは、さまざまな国民の博愛か悪意の基本の、圧制と自由の諸段階のありうべき共通の尺度を得ることになる。」(42.；二五)

なお、犯罪と刑罰の釣り合いについては、後出の第三部第三章（二）「民法、刑法制度改正委員会」報告B「犯罪と刑罰に関する一般法規」(本書、三二四－三三ページ、参照)で、「刑事犯罪」と「政治犯罪」の比較分析として詳しく論じられることになる。

編者注1　「モンテスキュー、《刑罰の間には調和が保たれていることが肝要である。なぜなら、小さな罪よりも大きな罪を、社会を害することの少ないものよりも多いものを避けることが肝要であるから。》(Montesquieu, *Esprit des loix*, VI, 16、訳(上)、一八八)」以下、略。

7　刑罰の尺度の誤り

「今までの熟慮から、私には、犯罪の唯一妥当な尺度は国民に与えられた損害であると主張する権利があるだろう。だから、犯罪の真の尺度は犯罪を起こす人の意図にあると考える人々は、考え違いをしている。(編者注1) 犯罪者の意図は、諸対象の現実の印象や以前の精神状態に左右される。それらは、すべての人間で、各人で、観念、熱情、状況のきわめてはやい連続に応じて変化する。」(44-5.; 二八)

「他の人々は、公益に関する重要性によるよりも攻撃された人間の高い地位によって、犯罪の程度を決める。もしこれが犯罪の真の尺度だったなら、神 Essere degli esseri への不敬は、君主 manarca の暗殺よりも残酷に罰せられねばならないだろう。…。

最後に、ある人々は、(道徳的) 罪業《ざいごう》の重さが犯罪の尺度に入ると考える。この意見の虚偽は、人間と人間の間の、人間と神の間の真の関係に無頓着な審査官の目に突出するだろう。前者の関係は平等の関係である。唯一の必要が、熱情の衝突から、利害の対立から人間的正義に基礎をもつ〈共益〉の観念を生ませた。後者の関係は、神だけが不都合なしに可能だから、同時に立法者と裁判官である権利を単独で保持する、完全であり創造者である神に依存する関係である。」(45-6.; 二八)

編者注1　「ビュラマキ、《純粋に内心の行為、何ら外部的で、社会に有害な行為に現れない単なる意向、…これらすべては、人間の刑罰の対象ではない。》(Burlamaqui, Jean-Jacques, *Principes du droit politique*, III, IV, 28.)」以下、略。

8　犯罪の区分

「私たちは、犯罪の真の尺度が〈社会の損害〉であることを見た。これは、発見するために四分儀 quadranti も望遠鏡も要らず、各人の平均以下の知性だけで分かる明瞭な真実の一つである…。ところで、犯罪のさまざまな種類の全体とそれらを罰する方法を吟味し区別する番がきた。それらの性質は時と場所の違った状況で変わりやすいから、莫大な細部の吟味を義務付けられれば、私たちはうんざりするが。」(47.;二〇)

「幾つかの犯罪は、直接社会かそれを代表する人を破滅させる。また、幾つかの犯罪は、生命、財産あるいは名誉かで市民の私的な安全を侵害する。他の幾つかの犯罪は、各人が、公益を考慮して、してもいいか、してはならないかを法律によって義務付けられたことに逆らう行為である。(編者注1)／多くの損害を与えるから最悪である一番目の犯罪は、大逆罪(delitto di) lesa maestàと呼ばれる犯罪である。語彙i vocaboliと最も明白な観念をごっちゃにする暴虐と無知が、この名を与え、結局、違った性質の犯罪に最大の刑罰を科し、こうして他の無数の折に、人々を言葉una parolaの犠牲に供する。あらゆる犯罪は、私的なものであれ、社会を侵害するが、あらゆる犯罪が直接破壊をめざすわけではない。(編者注2)」(47-8.;三一)

「この後には、各個人の安全を脅かす犯罪がつづく。あらゆる正当な連合社会の第一目的が個人の安全であるから、法律によって決められた最も考慮すべき刑罰のどれかが、各市民によって得られた安全の権利の侵害に当てはめられないことはない。

各市民が、同じ行為から生まれることしか不都合を懸念しないで、法律に違反しないすべてのことができなければならないという意見こそが、(編者注3)諸国民によって、唱道された法律の健全な保護をもって、至高の司法官によって信じられねばならない政治的教義il dogma politicoである。この神聖な教義sacro dogmaなしには、合法的な社会はありえない。」(48.;三二－二)

「この教義は、自由で力強い魂と明るく輝かしい精神を育み、人間を有徳にする。これは恐れに抵抗できる徳であり、不安定で不確かな生活に耐えられる人にだけふさわしい無節操な警戒心ではない。だから、市民の安全と自由に対する加害準備行為gli attentatiは、重大犯罪の一つである。この類には、下層民の殺人や窃盗だけでなく、有力者grandiや司法官のそれらもはいる。彼らの影響力は、遠距離にまで非常に強い作用を及ぼし、臣民の正義と義務の観念を破壊し、権利を行使する人もその被害を受ける人も同じく、最も強く危険な権利の影響を受ける。」(49.;三二)

編者注1　「ベッカリーアによって採られた犯罪の一般区分は、モンテスキューによって提案されたものである。《罪には四種ある。すなわち、第一種の罪は宗教を、第二の罪は習俗を、第三の罪は平穏を、第四の罪は公民の安全を侵害する。科せられる刑罰は、この四種の罪のそれぞれの本性から引き出されるべきである。》(Montesquieu, *Esprit des loix*, XII,4.;訳(上)、三四五)」以下、略。

編者注2　「《およそ犯罪というものは、その本性からいって公的なものであるが、本当の意味で公的な犯罪は私的な犯罪――こう呼ばれるのは、それらが社会全体よりも個人により多く害を及ぼすからであるが――から区別される。》(*ibid.*, III,5.;訳、七七)」

編者注3　「《政治的自由とは人が望むことを行うことではない。国家、すなわち、法律が存在する社会においては、自由とは人が望むべきことをなしうること、そして、望むべきでないことをなすべく強制されないことにのみ存しうる。…。自由とは法律の許すすべてをなす権利である。そして、ある公民が法律の禁ずることをなしうるとすれば、他の公民も同じようにこの権能をもつであろうから、彼にはもはや自由はないであろう。》(*ibid.*, XI,3.;二八八－九)」

9　名誉について

「各市民の身体と財産の他の何よりも嫉妬深いgeloso番人である民法leggi civiliと評判opinioneが選ぶ〈名誉〉と呼ばれる法の間には、注目すべき矛盾がある。この〈名誉〉という言葉は、一定の固定観念に少しも縛られずに、長く輝かしい議論の基礎に保持されてきたことの一つである。…。」(49-50.;三三－四)

「…この〈名誉〉は、単純なだけでなく、同様に、こみいった観念idee complicateの集合体であるややこしい観念idee complesseの一つである。(編者注1) それは、異なった構成要素のいくつかを時には受け入れ、時には排除しながら、さまざまに精神に浮かび上がる。多くの代数的複合数が一つの公約数un comune divisoreを認めるように、ごくわずかの共通の観念しか維持しない。人々が〈名誉〉を形づくるさまざまな観念の中からこの公約数を見つけるには、社会形成の上にすばやい一瞥を投げることが必要である。」(50.；三四)

「最初の法律と司法官は、各人の身体的横暴の混乱を収拾する必要性から生まれた。(編者注2) これが社会の設立目的であった。この優先目的は、実質的にかうわべで、破壊的法典でも、全法典の本文でつねに維持された。しかし、人間の接近と彼らの認識の進歩が、個人間の相互的行為と必要の無限の連続を生むことになった。それは、つねに法律の対応を超えていき、各人の当面の能力には劣っていた。この時期から、他人から利益を得る唯一の手段である評判 opinione の専横が始まり、邪悪からそれを遠ざけるために、法律は十分な準備ができなかった。」(50.；三四－五)

ベッカリーアは、「評判」は、社会でよく思われるためには極悪人 scellerato さえ求めるものだから、賢者 saggio も俗物 valgare もともに悩ませるものだと言う。つまり、誰もが、社会で並みの水準以下に落ちないためには、「評判」という「人々の賛同 i suffragi degli uomini」が有益であるだけでなく必要になるからである。

「だから、名誉は、専横の薄れた君主制の基本原理の一つであり、そこには、自然状態への回帰の一契機と古来の平等の支配者への追憶、専制諸国家における革命がある。(編者注3)」(51.；三五)

編者注1　「《単純な観念》と《複雑な観念》の理論は、『探求』にさかのぼる。ロックやコンディヤックの分析に対するベッカリーアの借り方については、特に、EN.Vol.II, 88. の nota 2 に見られる。」

編者注2　「《社会契約が残忍な筋肉の横暴 dispotismo を廃止し、多くの共謀的諸力の実直な集合で、人々の間の均衡が確定されるに至った。」(P・ヴェッリ、『幸福論』83)」

編者注3　「名誉は君主制で有効な原理であるという一節は、モンテスキューの幾つかの概念から自由に着想を得ている。《君主政体は、われわれがすでに述べたように、優越、序列、さらに出自による貴族身分すらをも前提にしている。〈名誉〉の本性は優先と特別待遇とを要求するにあり、したがって、事柄自身により、名誉はこの政体の中に位置を占める。》(*Esprit des loix*,III.7.；訳（上）、八〇)」以下、略。

10　決闘について

ベッカリーアは、9の社会的「評判」との関連で「決闘」の問題を論ずる。すなわち、「この他人の賛同の必要から、まさに法の無秩序に起源をもつ私的決闘i duelli privatiが生まれた。おそらく古代人たちは疑い深く、神殿や劇場に同胞と武装して集まらなかっただろうから、私的決闘は古代には知られていなかったと主張される。おそらく決闘は、隷属し屈辱的な剣闘士が国民を前にして行ういつものふつうの見世物だったから、自由人たちは、私闘をやって剣闘士と思われ呼ばれるのを恥じたであろう。」(52.；三六)

しかし、ベッカリーアは、その後「取るに足らないの人々il minuto popolo」は、「有力者grandi」とちがってほとんど決闘をしないと言う。すなわち、「彼らが武器を持っていないからだけでなく、もっと地位が高いので、猜疑や嫉妬にひどくさらされる人々とちがって、庶民にはふつう他者の賛同の必要性が少ないからでもある。」(52.；三六－七)

「この決闘を止めさせる最良の策は先に攻撃した者aggressoreを罰することである。彼は、決闘の機会を与えたからである。無罪の宣言は、自分の過失なしに、現行法が保証しない評判を守らざるを得なかったり、人々をではなく法律だけを恐れることを同胞市民に証明するのを当然とした人になされる。」(52.；三七)

11　公共の平穏について

ここで、8「犯罪の区分」での第三の犯罪が論じられる。「最後に、第三種の犯罪の中には、特に、取引や市民の散歩にあてられた公道での喧騒やドンチャン騒ぎのような、物好きな群集に安易な激情を掻き立てる狂信的な訓戒のような、公共の平穏、市民の平静を撹乱《こうらん》する犯罪がある。群集は、聴衆の殺到によって、決して大群衆には影響を与えない分かりやすい穏やかな理由よりも、わけの分からない神秘的な熱狂によって力を得る。」

このような群集心理に引きずられやすい国民大衆による公安の侵害の危険に対して、ベッカリーアは、直ちに予防策を提言している。

「公的な費用による夜間照明、都市の各街区への警備隊の配置、公安当局によって保護された神殿の沈黙と聖なる平穏が維持される宗教の簡素で道徳的な講話、国民集会や議会とか君主の尊厳の存する所で公私の利害を主張することに当てられた集会所は、すべて大衆的熱狂の危険な集積を防ぐための有効な手段である。これらが、司法官の警戒の主要部門を構成する。フランス人たちは、これを〈警察police〉と呼んでいる。」(53.;三八)

しかし、予防策として「警察」の取り締まりも、国民の政治的自由をみだりに侵害するものであってはならない。だから、ベッカリーアは、例外のない「一般的公理 assioma generale」が守られねばならないと言う。

「私は、各市民が、どんな時犯人であるか無罪であるかを知っていなければならないこの公理に何ひとつ例外を認めない。もし取締官や一般に恣意的判断をする司法官がどこかの政府で必要であるなら、それは、立派に組織された政府の本質からではなく、組織の弱さから生まれるのである。(編者注1) 自分の運命の不確かさが、わけの分からない横暴に公然たる厳粛な残酷さ以上の犠牲を供する。」(53-4.;三八－九)

「しかし、これらの犯罪に当てはまる刑罰はどのようなものか。死が、社会の安全と良俗のために真に〈有効〉で〈必要な〉刑罰であろうか。拷問 la tortura と責め苦 i tormenti は〈正当〉で、法を守る〈目的〉をもつのか。犯罪を予防する最良の方法とは何か。同じ刑罰は、いつの時代にも等しく有効であるか。慣習は、それらの刑罰に対していかなる影響力をもつか。」

法を守るという目的のために、拷問という手段の正当性如何が真っ向から採り上げられている。これらの自らの問題提起に対して、ベッカリーアは以下のように自ら答え、自らの思想的功績を誇っている。

「これらの問題は、詭弁のもやもや、人を惑わす雄弁、臆病な疑心暗鬼が抵抗しがたい幾何学的正確さで答えられるに値する。もし他の諸国民があえて表現し実施し始めたことを、かなりハッキリ証拠立ててイタリアで最初に提示した功績しか得なかったとしても、私は、自分の幸運を尊重する。」(54.；三九)

編者注1　「取締官（戸口総監）の任務に関しては、モンテスキューの意見はちがっている。フランス・フィロゾーフにとっては、警察の必要性を決定するのは、国家の組織の弱さではない。《〈問題の五〉どの政体において戸口総監が必要であるか。政体の原理が徳である共和政において、それは必要である。徳を破壊するのは犯罪だけではない。怠慢、過失、祖国への愛におけるある種の熱のなさ、危険な先例、腐敗の萌芽もそうである。これらは、法律と衝突はしないが、それをくぐり抜けるもの、法律を破壊はしないが、それを弱めるものである。これらすべては戸口総監によって是正されなければならない。》(Montesquieu, *Esprit des loix*, V, 19.：一五四－五)」以下、略。

12　刑罰の目的

三つの犯罪区分の後、いずれの犯罪に対しても「刑罰の目的」は、犯人と思われる生身の人間を責め苛《さいな》むことにはないとベッカリーアは言う。そうではなくて、「その目的は、犯人が市民に新たな損害を与えることを止め、他人に同じことをするのを妨げる以外のものではない。だから、それらの刑罰とそれを科す方法は、罪に見合って、人間の心に非常に効果的で持続的な印象を生み、犯人の身体には最小の苦痛を与えるものが選ばれねばならない。」(55.；四一)

13　証人について

ベッカリーアは、犯罪の証人や証拠の信憑性の重要性を指摘し、とりわけ証人の条件を吟味していく。「自分の信念にある種の関連をもち、感覚が他の人々のものに一致するあらゆる理性ある人は、証人になれる。彼の信憑性の真の尺度は、彼が真実を言うか言わないかで得る利益しかない。女が弱いという動機は浅薄だし、有罪判決を受けた者condannatiの市民としての死morte civileを実際の死として適用することは、子供じみているように思われる。さらに、ウソを言う利益が何ひとつないのに、悪い奴gli infamiに悪評infamiaの注釈をしても取り留めはない。(編者注1)だから、信憑性は、憎悪、愛情、彼と犯人にある親密な関係いかんで縮小するはずである。」(55-6.；四二)

さらに証拠価値の点からすれば、「ひとり以上の証人が必要である。なぜなら、一方の人が何もないと主張し他方がそれを否定するかぎり、各人が無罪と信じたことに帰する権利が優先するからである。(編者注2)」(56.；四二)

「最後に、言葉で犯罪がなされる時、証人の信憑性はほとんどなきに等しい。大音声、身振り、先行することのすべてと人々が同じ言葉に結びつける無関係な観念が後につづくことが、人の言い回しを物腰で変えたり訂正したりして、口に出した言葉を正確に繰り返すことをほとんど不可能にするからである。」(57.；四四)

編者注1　「《彼(Beccaria)が女について、市民的としての死について、悪党について言っていることに関しては是認できない》と、ヴェッリP. Verriは、異議の根拠を例証しないで、自分のメモに注記している。《市民としての死morte civile》は、あらゆる政治的・社会的権利の喪失であった。《悪評infamia》は、ローマ法やユスティニアヌス法典の言葉では、市民の名誉の特別な縮小であった。悪評を受けた人は法律によって断固として決められた何か特別の資格喪失の憂き目を見た。」

編者注2　「《彼(Beccaria)がひとり以上の証人が必要だということに関しては、モンテスキューの(『法の精神』の)第一二編第三章で扱われた》(ヴェッリ)。事実、《ただ一人の証人の証言に基づいて人命を失わせる諸法律は、自由にとって致命的である。理性は二人の証人を要請する。なぜなら、肯定する証人と否定する被告人とで可否同数となり、これに決着をつけるには第三者が必要であるからである。》(Montesquieu, *Esprit des loix*, XII,3.; 三四五)」

14 〈状況証拠と裁判形式〉

「〈事実の確実さ、たとえば、犯行の状況証拠の力を評価するには非常に有効な一般定理teorema generaleがある。一つの事実の証拠がたがいに依存し合っている場合、すなわち、状況証拠が、相互間でしか証明されない場合には、重要な証拠が提示されればされるほど、事実の蓋然性は小さくなる。なぜなら、前提となる証拠が不十分な事件は、あとにくる証拠も不十分になるからである。《一つの事件の全部の証拠が等しく一つの証拠に依存している場合には、証拠の数は事実の蓋然性を大きくも小さくもしない。なぜなら、それらの証拠価値全部が依存する唯一の証拠の価値に溶けこむからである。》証拠が互いに独立している場合には、すなわち、状況証拠がそれ自体とは別のところから証明される場合には、重要な証拠が提示されればされるほど、ますます事実の蓋然性は大きくなる。なぜなら、新しい証拠の虚偽が別の証拠に影響を与えないからである。〉」(58.; 四五)

次に、ベッカリーアは、完全な証拠と不完全な証拠とは何かを検討する。「《犯行の証拠を完全か不完全かで区別できる。私たちは、かの者は犯人ではないという可能性を排除するものを完全な証拠と呼び、可能性を排除しないものを不完全な証拠と呼ぶ。前者については、一つありさえすれば有罪判決に十分であるし、後者については、一つの完全な証拠を構成するのに十分なだけの証拠が必要になる。すなわち、これらの証拠の各々について個別では、ある人が犯人でないということはあり得ても、同じ論題でそれらの証拠の総体としては、彼が犯人でないことはあり得ないということである。》」(58.; 四六)

以上のように、状況証拠の意義付けをしたうえで、ベッカリーアは証拠の認定方法、すなわち、裁判形式の検討に移る。「〈私は、裁判長giudice principaleに選択ではなく抽選で雇われた陪席判事役を決定する法律を最良のものだと信ずる。なぜなら、この場合には、評判で判断する教養のある者よりも感情で判断する無学の者の方が安全だからである。法律が明瞭で厳密であれば、裁判官の職務は事実を確認することからしか成り立たない。犯罪の証拠の追求に手腕や手際よさが求められるにせよ、結果を出すことに明瞭さや正確さが必要であるにせよ、同じ結果から証拠を判断するためには、単純で並の良識しか要求されない。その方が、つねに犯人を見つけたがる裁判官の学識やすべてを自分の研究から借りてきた不自然な仕組みに帰着させる偽りよりはましである。〉」(58-9.; 四六ー七)

次に、ベッカリーアは、身分や貧富の差の裁判への影響に着眼し、その弊害の是正を考慮・提言する。「〈誰もが対等の人によって裁かれる法律が最も有益な法律である。なぜなら、市民の自由と財産が問題であるどこでも、不平等を呼び起こす感情は抑えられねばならないし、財産家が不幸な人を見下す傲慢や、劣る者が優越者を見つめる憤慨が、この裁判に影響すべきではないからである。しかし、犯罪が第三者の侵害になる場合には、裁判官たちは、半分は犯人と対等の人、もう半分は被害者と対等の人がならねばならない。〉」(59.; 四七)

さらに、ベッカリーアは、公正な裁判を期するための配慮に腐心する。「〈裁判は公開される。犯罪の証拠も公開される。なぜなら、おそらく、社会の唯一の絆 cemento である世評 l'opinione は、暴力や激情を抑えるからであり、国民が、自分たちは隷属していなくて、法に守られていると言うからである。それは、国民に勇気を吹き込み、彼らの真の利益を意図する君主のためには、公租 tributo にも等しい感情である。〉」(59.; 四七)

15　密告

「明らかに混乱が承認されて、多くの国民で、組織の弱体のために必要になるのが密告 le accuse segrete である。(編者注1) そのような慣習は、人々を嘘つきで陰湿にする。他人をスパイと疑ってかかる人は誰でも敵だと思ってしまう。そうなれば、人々は自分の感情を隠すことに慣れ、他人にそれを隠すことが習慣になると、終いには自分にもそれを隠すようになってしまう。」(60.; 四九)

もしこのような密告制度によって人々の間に疑心暗鬼が蔓延《まんえん》したとすれば、社会はどうなってしまうだろうかとベッカリーアは危ぶむ。「このような人々から、私たちは、祖国とか玉座を防衛できる恐れを知らない兵士をつくれるだろうか。これらの人々の間に、私たちは、自由で愛国的な雄弁によって君主の真の利益を支え増進し、あらゆる階層の人々の愛と祝福を公租tributiとともに玉座にもたらし、こうして、宮殿や掘っ建て小屋に平和・安全・運命を改善する精勤の希望・諸国家の有益な酵素や生命をもたらす健全な行政官を見出せるだろうか。」(60-1.; 四九－五〇)

このような疑義を呈しながら、ベッカリーアは、モンテスキューの次の主張を引用することで、15を終える。「『公然の告訴は共和国の方に適している(とすでにモンテスキュー貴紳Signoreが言っている)。共和国では市民は熱心に公益を求めねばならない。君主国ではこの感情は統治の本質自体によってきわめて弱い。そこでは、公共の名で法の違反者を告発する警視commissariの指定が最良の施策である。(編者注2)しかし、共和制であれ、君主制であれ、どんな政府でも、誹謗中傷者に被疑者に降りかかる刑罰を科さねばならない。』」(61-2; 五一)

編者注1　「この一節は、ヴェネツィア共和国でのスパイ行為と密告の実行を示唆している。第一稿では、ベッカリーアは、この点に関して、《ヴェネツィアでは、石の口がすべての密告者に開かれている。これは暴政の口とも言えよう》(*Esprit des loix*, V.8; 一二六)というモンテスキューの言い回し、《イタリアの幾つかの都市では、誹謗に開かれた口》という一節を引用するにとどめた。／なお、《ある共和国において、法外な権力が一公民に突然に与えられると、それは君主国、いや君主国以上のものを形成する。…。この原則の例外は、その国政が法外な権力をもつ一役職を必要としているような場合である。独裁官をもっていたローマがその例であったし、また国家秘密調査官をもっていたヴェネツィアもその例である。》(II,3.; 六一)」以下、略。

編者注2　「《ローマにおいては、公民が他の公民を訴追することが許されていた。これは共和政の精神によるものであった。共和政においては、各公民が公共善のために限りなき熱意をもつべきであり、また、祖国のすべての権利を自分の手中にもっているとみなされたからである。皇帝の治下においても、人はこの共和政の格率に従っていた。ところが、ある種の有害な人間、すなわち、密告者の一群がまず現れた。多くの悪徳と多くの才能をもち、極めて下劣な心と野望にもえる精神をもつ者は誰でも、有罪とすることが君公の気に入りそうな犯罪人はいないかと探し求めた。》(*Esprit des loix*, VI,8.；一七二－三)」以下、略。

16　拷問について

ベッカリーアは、刑罰論の一方のメイン・テーマである拷問torturaに関しては、多くの紙幅を割いて仔細に検討している。「大部分の国の慣習で認められた残忍行為が犯人の拷問である。それは、あるいは犯罪の自白を強制するための、あるいは、自白に介在する矛盾とか共犯者の発見のための、あるいは、私には分からないが、形而上学的で不可解な不名誉を晴らすための、〈最後に、告訴はされていないが、犯人であるかもしれない別の犯罪のための〉手続きを構成する。」

まず、ベッカリーアは、被疑者に残虐な拷問を加えることの不当性を主張する。「裁判官が判決を下す前に、ある人を〈犯罪者〉とは呼べないし、彼が同意した契約を侵害しないかぎり、社会も公的保護を彼から取り去れない。だから、犯人か無実の人か疑わしいのに、司法長官が市民に刑罰を科す裁判官に与える権利とは、力ずくの権利でなければ、どのようなものか。犯罪が確かか不確かのジレンマは、こと新しいものではない。もし確かなら、法律が確定した刑罰しか必要ないし、犯人の自白は無用だから、拷問は余計である。もし不確かなら、法に従えば、その人の犯罪が立証されなかったのだから、無実の人を拷問してはならない。」(62.；五二)

さらに、ベッカリーアは、拷問による自白の不当性を主張する。「しかし、さらに私は、ある人が同時に告発者で被告人であることを要求することは、すべての関係を混乱させようとし、まるで真実の基準が哀れな人の筋肉

muscoli や神経線維 fibre の中にあるかのように、苦痛 dolore が真実の試練の場 crociuolo になるということを付け加える。これは、頑丈な極悪人を無罪放免し、ひ弱な無実の人を有罪判決にする確実な手段である。（編者注1）これが、この申し立てられた真実の基準の宿命的な不都合なのであるが、人食い族にふさわしい基準である。幾つもの理由 titolo で彼らも野蛮人であったローマ人ですら、耐え難くありがたすぎる tropo lodata 特性の犠牲である奴隷だけに拷問を持続した。（編者注2）」
(62-3.; 五二―三)

「刑罰の政治目的は何であろうか。他の人々への威嚇 terrore である。しかし、私たちは、その行使の暴虐が犯人か無実の人に加える秘密裏で非公開の凌虐《りょうぎゃく》行為 carnificine にどのような判断を下せばいいのか。」(63.; 五三)

「拷問のほかの滑稽な動機は、不名誉の浄化である。すなわち、法律によって不名誉だと見なされた人は、自分の骨の脱臼によって証言を確証しなければならない。こんな濫用が一八世紀に容認されてはならない。一感覚である苦痛が、純粋の道徳的関係である不名誉を浄化すると考えられているのである。」(64.; 五四)

「刑罰の恐れ、判断の不確実さ、裁判官の機構と威厳、極悪人と無実の人のほとんど全員に共通の無知が、おそらくは、恐れる無実の人と罪を包み隠そうとする犯人を矛盾に陥らせてはならないかのように、精神が動揺していて差し迫った危険から逃れようとばかり考えて、平穏な時にも人間に共通の矛盾を増やしてはならないかのように、取り調べ中に矛盾に陥った場合、被疑者 supposto reo に科される拷問がその第三の動機である。」(64-5.; 五五)

ベッカリーアは、これらの動機はいずれも一八世紀現在に照らして正当性をもたず、古来の恐るべき野蛮法の名残であると厳しく断罪する。「まるで神 prima Cagione の中心にある永遠の鎖の環が、人間のつまらない制度 stabilimenti によって瞬間ごとに混乱させられ、バラバラにならざるを得ないかのように、火や煮えたぎる熱湯の試練、武器の不確かな運試し〈決闘〉が神の〈審判〉と呼ばれた時、このゾッとする真実の試練の場は、なお残存する古来の野蛮法の遺物である。

／拷問と火や熱湯の試練との間の唯一の違いは、前者の結果が犯人の意志に拠っているように見え、後者の結果が純粋に物理的・外部的事実に拠っているように見えるというだけである。しかし、この違いは、見かけ上の違いであって現実の違いではない。激痛や責め苦にあえば真実を告白する自由はほとんどない。ちょうど、火や熱湯の痕跡をごまかさずに見せるようなものである。私たちの意志のあらゆる行為は、源である感覚的印象の力につねに比例している。あらゆる人の感覚には限度がある。だから、拷問されている者は、限度を超えていく苦痛のショックにしか囚われないので、刑罰から逃れるために目下一番近い道を選ぶしか何の自由も残されないのである。」（65.；五五－六）

すなわち「その時、被疑者reoの反応は、火か熱湯のショックとして必然的である。そうして、はっきり無罪の人が、自白で拷問を止めてもらえると思う時、犯人reoと呼ばれるのである。真偽の間のすべての違いは、真実を発見するために用いると主張される手段そのもの（拷問）によって消え去ってしまう。〈被疑者が、無罪なのに拷問の激痛で自白してしまう実例が無数にあることを引用して、注意を重ねることは余計である。それらの実例のない国も時代もなく、人々も変わらないし、結論も出ない。密かで不明瞭な声によって自分を呼ぶ自然に向かって走るごとに、人は誰も生活の必要の観念に駆り立てられる。精神の暴君である慣習が、彼を追い返し恐怖を与える。〉」（65.；五六）

「こうして、各人は、強靭さと繊細さに応じて違っているから、拷問の結果は体質と計算の問題になる。この方法によれば、裁判官よりも数学者の方がこの問題をうまく解くであろう。無実の人の筋肉の耐久力と神経線維fibreの感度が与件とされれば、所与の犯罪を被疑者に自白させる苦痛の限度を見出せるからである。」（66.；五六－七）

こうして、ベッカリーアによれば、事実を知るための有効な取調べとは、動かぬ犯行の証拠を被疑者に突きつけた時の反応、顔の表情の変化などから判断されるものである。しかるに、拷問の激痛に苦悶・呻吟する被疑者の顔からは、真犯人かどうかを判断する微妙な表情の変化など見分けられるはずがないというのである。彼は、こんなことは歴史的にも容易に証明できると言う。

「この真実は、ローマの立法者に知られていた。そこでも、いかなる拷問もまったく人格を剥奪されていた奴隷にしか行われていなかった。これらのことは、イギリスでもそうであった。人文学の栄光、商業や富裕の優越、したがって、支配力の優越、美徳と勇気の模範の国は、私たちに法律の善良に疑いを残さなかった。(編者注3) 拷問は、スウェーデンでも廃止されたし、(編者注4) ヨーロッパの最も思慮ある君主国の一つでも廃止された。(編者注5)」(66.；五七)

こうして、ベッカリーアは、真実を明らかにする手段として不適格である拷問の持つ愚劣さを皮肉たっぷりに幾つか喩《たと》えている。

(1)「〈私は裁判官だから、かかる犯罪の犯人を見つけねばならない。たくましいお前は、拷問に耐えることができた。だから、私はお前を無罪放免する。ひ弱なお前は、拷問に屈した。だから、私はお前に有罪を宣告する。私は、責め苦の中で無理強いされた自白が何ら効力を持たないことを聞いて知っているが、もしお前が自白したことを認めなければ、再び拷問にかけてやる。〉

(2)〈諸君、この苦痛に耐えてみなさい。もし自然が諸君の中に永遠の自己愛を創造したなら、もし自然が諸君に自己弁護の譲渡できない権利を与えたなら、私は、諸君にまったく逆の感情、すなわち、自分自身への英雄的憎悪を創造し、筋肉の断裂と骨の脱臼の中にも真実を命じて、自分自身を告発するように命じてやる。〉

(3)「被疑者に告発されている犯罪以外の別の犯罪があるかどうか発見するために拷問がなされるなら、以下のような空理空論に等しい。〈お前は犯罪の被疑者だから、別のたくさんの犯罪の被疑者かもしれない。この疑いは濃厚だから、私は自分の真実の基準でそれを確かめたい。法律はお前を拷問する。お前は被疑者だから、犯人かもしれないから、私はお前が犯人であって欲しいからである。〉」(67-8.；五八－五九)

最後に、ベッカリーアは、共犯者の発見のために、被疑者を拷問にかけることの無意味さを語っている。「証人の審問、被疑者の審問によって、犯罪の証拠、実態によって、要するに、被告人の犯罪を確認するために役立つはずのそれらの手段のすべてによって、共犯者が発見できないか。逮捕された犯人の刑罰はその唯一の目的を達成している、すなわち、威嚇によって他の人々を類似の犯罪から遠ざける一方で、共犯者は大抵仲間の収監後ただちに逃亡し、彼らの運命の不確かさそれ自体が追放という有罪判決を下し、その国民をあらたな被害の危険から解放している。」(68.；五九－六〇)

編者注１　「ここともっと先で、ほとんど文字通りピエトロ・ヴェッリの文章が再録された。《犯罪が不確かか、それとも、犯罪が確実であるとする。もし犯罪が不確かなら、無罪かもしれない市民を拷問することは不正であろうし、犯罪が確実なら、拷問は無駄なことである。だから、犯人の自白は、私たちの拷問実行のためにも不必要であるし、人に自己弁護の譲渡できない自然権の放棄を義務付けることも決してできない。だから、告発者は本質的に被告発者とは別人でなければならないし、結局、これらのすべての理由から、拷問自体以外から繰り返し自白がなされなければ、拷問による自白は何にもならないと見なされるから、私たち自身がその効能を理解することを証明する。》*Orazione panegirica sulla giurisprudenza milanese*『ミラノ法制への頌詞』(1763)；なお、Montaigne, *Essais*,II,5.」

編者注２　「この語句は、おそらく、《ギリシャ人やローマ人のもとでの奴隷は…、と私は言おうとしていた。だが、私には私に反対して叫ぶ自然の声が聞こえる。》というモンテスキューの示唆を援用している。同じ章への注で、モンテスキューは、《アテナイの公民は、尊厳を侵す罪の場合を除いて、拷問にかけられることはなかった。[…]予備的拷問はなかった。ローマ人については、[勅法彙纂第九巻第八章]第三および第四法文は、尊厳を侵す罪の場合を除き、出生・高位・軍職によって拷問を免除することができると規定していた》(*Esprit des loix*,VI,17.；一九一)と書いている。」

編者注３　「イギリスの *common law*《コモンロー》は、〈マグナ・カルタ〉*Magna Charta* からと同様、〈権利の請願〉*Bill of Rights* から禁じられている拷問を決して認めない。イギリスの司法官は常に拷問に反対したが、〈共和国〉*Commonwealth*以来、まれには不規則に、ある場合には、〈星室庁〉*Star Chamber*のような、特別法廷によって、それは適用されたことがある。司法権受け入れを拒否し沈黙していた人々に対して、通常法廷でも時おり行われた一種の拷問である〈厳しく過酷な刑罰〉*peine forte et dure*も、一七二六年に決定的に廃止された。」（ヴェントゥーリ）

編者注4　「拷問は、スウェーデンでは、大多数の犯罪が関わるものでは、一七三四年末に廃止された。しかし、政治犯罪については、いわゆる「バラの部屋」で特に残酷な形態で適用され続けた［犠牲者は、前もって腐った泥土で満たされた地下の土牢に首まで埋められて、身体中を無数の昆虫に貪り食われた］。「バラの部屋」は、スウェーデン王位の支配権を争奪する二分派間の闘争の際、一七五六年に再設置され、一七七二年にグスタフ三世になってやっと決定的に廃止された。［…］だから、ベッカリーアが著述した時期のスウェーデン王、アドルフ・フリードリッヒが、実際以上の有為な光明としてイタリアでも知られていて、ベッカリーアがこの名声にあやかろうとしたことは十分あり得る。」（ヴェントゥーリ）

編者注5　「一八世紀ヨーロッパの最も著名な「啓蒙絶対君主」であったプロイセンのフリードリッヒ二世（1740～1786）は、ヴォルテールやフランス〈フィロゾーフ〉の友人で称賛者であり、彼自身文化人であった。一七五〇年に即位するやいなや、拷問を廃止した重要な『フリードリッヒ法典』でプロイセンの司法制度を再編成した」（ヴェントゥーリ）

＊筆者補注　ピエトロ・ヴェッリ、『拷問に関する論評』は、一六三〇年代の迷信的なペスト塗りデッチあげ事件の犯人の拷問と死刑の連関の不合理、非道を記している。第一稿は一七七〇年一〇月、第二稿は一七七六－七年に書かれ、彼の死後一八〇四年に出版された。

「当時訴訟が行われた方法はこうであった。監獄にいる男が、確かに被疑者だと仮定された。彼は犯人だと自白するまで拷問された。作り話をデッチあげて、他の被疑者の名を言えと強制された。これらの人々が逮捕され、前者の供述にもとづいて彼らも拷問された。彼らは無罪を主張するが、告発者の先行吟味から明らかになったすべてのことが読み上げられ、それに同意するまで彼らに拷問が続けられる。…死刑判決を受けると、灼熱したペンチではさみ、手の切断、骨砕き、六時間の車輪上の生き曝しの後、最後に首をはねる死。」（Pietro Verri, *Osservazioni sulla Tortura*, Biblioteca Universale Rizzoli, Milano, 1988, 82.; Edizione Nazionale delle Opere di Pietro Verri, Vol.VI, *Scritti Politica della Maturità*, a cura di Carlo Caora, Roma, 2010, 75.）ピエトロ・ヴェッリは、拷問にかけられたら最後、死刑に直結するという図式を示している。

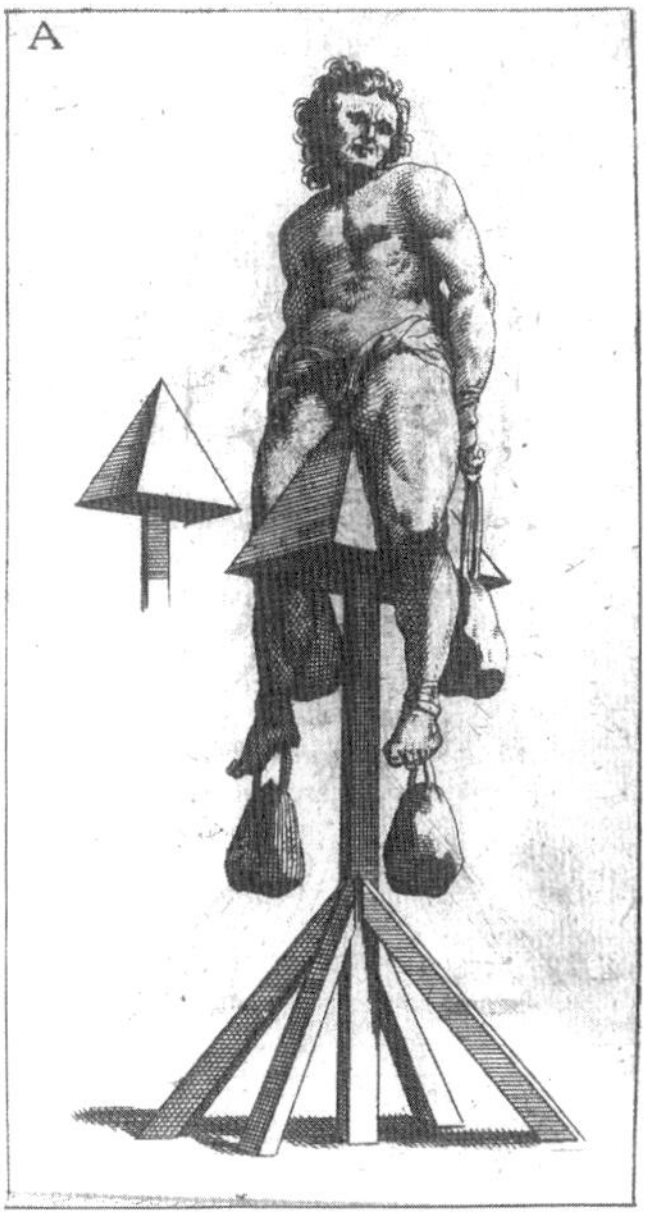

ピエトロ・ヴェッリ

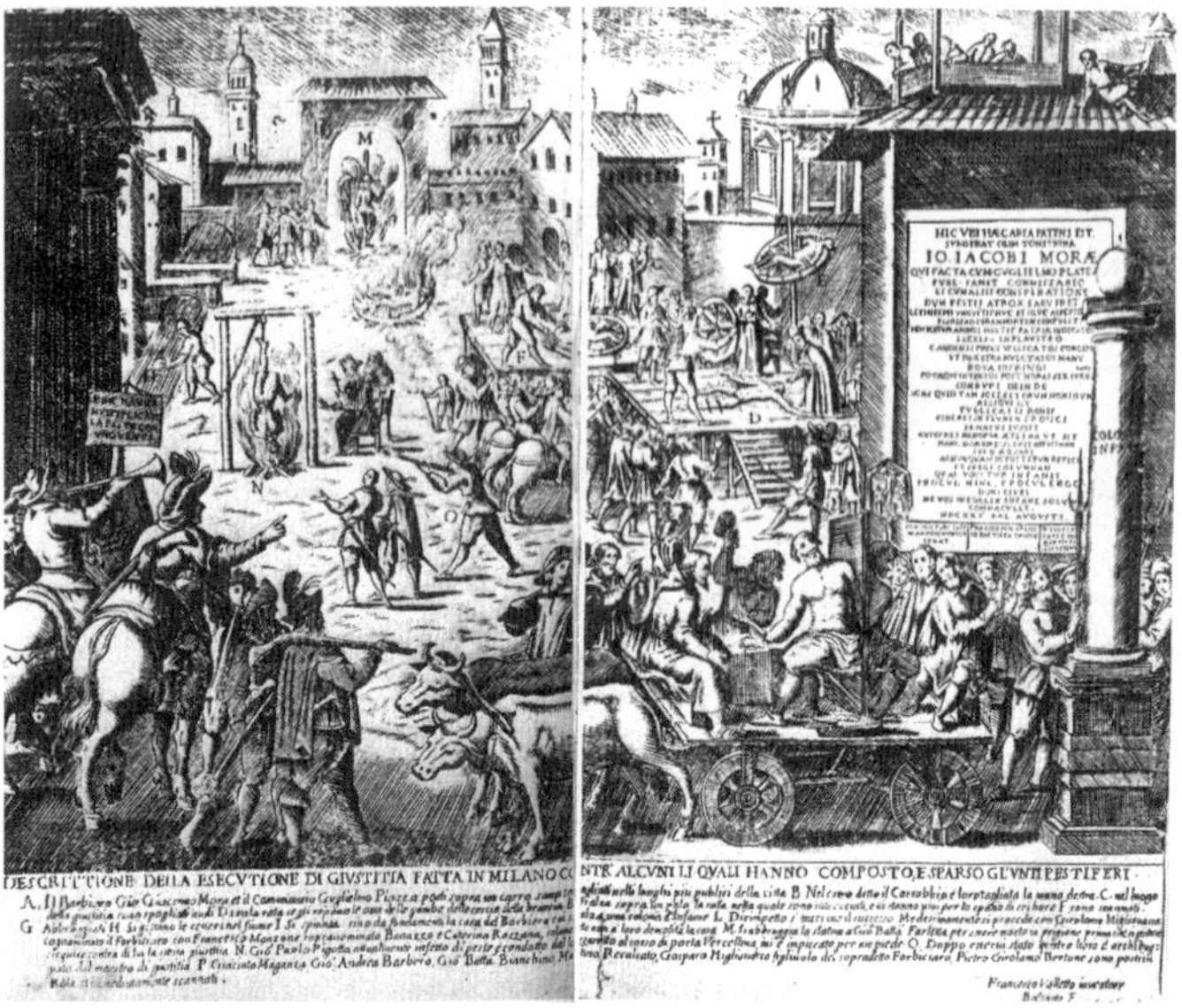

身分、財産と刑罰のあり方について

17　《国庫について》＊第五版で増補

「《かつてすべての刑罰は財産刑であった。人々の犯罪は君主の財源 patrimonio であった。公安に対する加害準備行為は奢侈の的であった。公安を守る役割を与えられた人が、それの侵害を見ることで利益を得ていた。だから、刑罰の目的は（この刑罰の徴税官）国庫・被疑者間の係争であった。公共保護によって国庫に受給者以外の諸権利を、見せしめのために、陥った以外の過ちを被疑者に与える、公共というよりむしろ私的な民法的係争問題であった。だから、裁判官は、真実の冷静な追究者というより、法律の擁護者で司法官どころか、国庫の代理人である国庫弁護士 avvocato del fisco であった。」(68-9.；六一)

「しかし、この制度では、犯罪者の自白は国庫に対する債務者であることを自白することであって、当時の刑事手続きの目的であったので、犯罪の自白と好都合で税収根拠にふさわしいようなやり方と結びついた自白が、刑法装置全部が繰り返しめぐる中心になって、いまだに変っていない。疑う余地のない証拠によって有罪が証明された被疑者は、自白がなければ、定められたよりも軽い刑罰を受けるだろうし、自白がなければ、犯したかもしれない同じ種類の他の犯罪に対して拷問の苦痛を被らないだろう。」

逆に「自白によって、裁判官は、被疑者の肉体を捕らえて、まるで手に入れた土地から可能な限り多くの利益を掘り出すために、規則的手続きに則って彼を痛めつける。犯罪の実体が証明されれば、自白は納得のいく証拠になり、この証拠を激痛と苦痛の絶望によって疑いを減らすために、同時に、平穏で無関係な当該裁判外の自白は、責め苦を伴う審問の切迫した恐怖なしには、有罪判決を下すには十分でないことが力ずくで要求される。」(69.；六一—二)

このように、国庫歳入増を名目に、裁判官（「国庫弁護士」）が自分の面子にかけて被疑者を拷問の苦痛によって犯人に仕立て上げる訴訟を、ベッカリーアは〈侮辱的訴訟〉*processo offensivo*と呼び、それに「真の訴訟」vero processo、〈情報収集的訴訟〉*informativo*を対比している。

「すなわち、それは、事実の冷淡な捜索、理性の命じるもの、軍法が採用するもので、容易でどうでもよい諸事件にはアジア的専制主義自体にも用いられているが、ヨーロッパの裁判所ではほとんど用いられていない。明らかに、最も幸せな子孫には、なんと奇妙でばかげた、信じがたいややこしい迷宮であることか。その時代の哲学者だけが、人間本性にそのような制度のありうる検証を読むことだろう。[編者注1]》」(69.；六二)

編者注1　「《自然のエキスパートで偏見から免れた未来の思想家と哲学者だけが、そのような不公平な制度の時代に積み重なったものを哲学的に正当化できるだろう。》(ジュリオ・カルナッツィ)」

18　宣誓について

「法律と人間の自然感情の間にある矛盾は、うそを言えば被疑者が最高の利益を得る時に、真実を語る人であれと彼に要求する宣誓から生じる。これでは、まるで人が自滅に力を貸す義務によって宣誓するかのようであり、利益を語る時、宗教が大部分の人に黙っていないかのようである。」(70.；六四)

「神の国の問題 affari del cielo は、人事 gli affari umani を統治する法律とはまったく異なった法で統治される。それなのに、なぜ互いに仲裁に任すのか。神の不在か自滅への道か、なぜ人を恐ろしい矛盾にさらすのか。かくして、そのような宣誓を義務付ける法律は、邪悪なキリスト教徒になるか殉教者になるかを命じるようなものである。」(70.；六四－五)

こうして、ベッカリーアは、人間の自然の感情に反する法律は無益であり、宣誓は事実を語ることを少しも保証するものではないと断定する。

19　刑罰のすばやさ

「刑罰は、すばやく実施されればされるほど、おきた犯罪に時間的に近ければ近いほど、ますます公正で有益である。私が公正だと言うのは、（長引くと）想像力の強さと自分の弱い感情とで不確かさが増える無駄で残忍な拷問を被疑者に省いてやれるからであり、自由の剥奪は、刑罰であるから、必要がそれを要求しなければ、判決に先行できないからである。」(70-1.；六六)

「だから、拘留は、被疑者が判決を下されるまでの、市民の単なる保護預かりであり、この保護預かりは実質的に辛いものだから、できるだけ短い時間で、できるだけ辛くないものでなければならない。最短時間は、先に判決を下される権利をもつ人の必要な裁判期間と先行によって、はかられねばならない。監獄の窮屈さは、逃亡させないためか犯罪の証拠を湮滅させないために、必要であるに過ぎない。」(71.；六六)

「裁判自体もできるだけ短時間で終わらせなければならない。裁判官ののんきさと被疑者のひどい苦悩との大きな違いは、どれほど残酷なことであろうか。一方での、無神経な司法官の快適と安逸、他方での、囚人の涙、悲惨は。一般に、刑罰の重さと犯罪の結果は、他の人々のために最も有効であり、苦痛を被る人のためには可能な限り辛くないものでなければならない。」(71.；六六－七)

「刑罰のすばやさが有益だと私は言った。なぜなら、一方が原因として、他方が不可欠の必然的結果として気付かないうちに考えられるように、刑罰と重罪の間にすぎる時間の感覚が短ければ短いほど、それだけ人間精神の〈犯罪〉と〈刑罰〉という二つの観念の連合が強く持続するからである。観念の結びつきは、人知の建物 **fabbrica** 全体を形成するセメント **cemento** であることが証明された。それなしには、快楽と苦痛も切り離された感情にすぎず、何の効力ももたないであろう。」(71.；六七)

20　暴力

ベッカリーアは、ここで、犯罪（暴力 **violenze**）が金で解決されてしまえば、専制の力が増すだけで市民社会の諸関係は成り立たなくなると言う。「他の諸犯罪は人に対する、その他は財産に対する侵害である。前者は、間違いなく体刑で罰せられねばならない。偉い人も金持ちも弱者や貧者に対する侵害を金銭刑罰で償ってはならない。さもなければ、法律の保護下で勤労の報酬である富は、専制政治の栄養物になってしまう。」(72.；六九)

「どんな場合にも、人が〈人格〉*persona* であることをやめ、〈もの〉*cosa* になることを法律が許すたびごとに、自由はなくなる。その時、諸君は、法律が彼に有利に与えるものである市民的結合の混乱から獲得させるものすべてに向けられた強者の術策を見るであろう。この発見は秘密の魔法であって、市民を奉仕の動物に変え、不注意な者や弱い者

侵食し穴をあける微細な昆虫は見ないものである。」(73.；六九－七〇)

の行動を縛る強者の手にある鎖 catena にする。」(72-3.；六九)

ベッカリーアは、この鎖が市民社会の死角に専制を忍び込ませる危険を警戒せよと言う。「人間は、大抵公然たる専制政治に対しては最も強固な堤防を作るが、河川の氾濫を引き起こす道を、密かであればあるだけますます確実に侵食し穴をあける微細な昆虫は見ないものである。」(73.；六九－七〇)

21　〈貴族への刑罰〉

本章でベッカリーアは、貴族 nobili と平民 plebei の間の世襲上の区別が、政府にとって有益か、君主制には必要かなどは問わず、貴族に適用される相応の刑罰だけに問題を限定すると言う。すなわち、

「〈私は、第一位の階級にも最下層の階級にも同じでなければならないことを確認するので、この階級 rango（＝nobile）に相応の刑罰だけに限定するつもりである。名誉でも富でも正当であるためには、あらゆる区別は、臣民全員が等しく依存すると考えられる法律に前もって基礎付けられた平等を仮定する。自然の自分たちのわがままを放棄した人間は、〈より勤勉な者がより多くの名誉を得て、彼の名声は彼の子孫にまで光り輝くであろう。しかし、もっと幸せかもっと名誉のある人は、それ以上を期待するだろうが、他の人々に対して提示された契約にそむくことを他の人々以上に恐れる〉と言ったと仮定されねばならない。」(74.；七二)

「そのような命令が人類の議会から出たのではなく、そのような命令が事物の不動の関係の中にあることは本当であり、貴族性から生み出されたと仮定される利益を損なわないし、その不都合を阻み、刑事免責のあらゆる道をふさいで法律を恐ろしいものにする。貴族にも平民にも与えられる同じ刑罰は、教育の相違、著名家族の上に注がれる不名誉によって、実際には同じではないと言った人に、私は、刑罰の尺度は被疑者の感覚ではなく、多く恩恵の与えられた人

によってなされれば、それだけ大きい公的損害であると、刑罰の平等は、実際には各個人によって異なっているので、(編者注1)外面的ではあり得ないと答えたい。〉」(74-5.; 七二－三)

編者注1　「刑罰の苦しみの感じ方と反応の仕方は、人によってちがっているので。」

22　窃盗

「暴力と結びついていない窃盗は、財産刑で罰せられねばならないであろう。他人によって富裕になろうとする人は、自分が貧しくされねばならない。しかし、これがふつう貧窮と絶望の犯罪でしかないように、（恐るべき、おそらく不必要な権利である(編者注1) terribili, e forse non necessario diritto）所有権が裸の生存しか許さなかった不幸な側の人々の犯罪は、〈しかし、財産刑が犯罪の数以上に被疑者の数を増やし、悪党からパンを取り上げるために無実の者からパンを取り上げることが、最適の刑罰であるかように、〉公正だと言われてもいい屈従の唯一の類、すなわち、社会契約を侵害する不当な専横を完全な自己依存で補償するための、一般社会への労働と人格の一時的屈従であろう。」(75-6.; 七四)

「しかし、窃盗が暴力と混ざり合っている時には、刑罰も体罰と労役を等しく混ぜ合わせねばならない。他の著者たちは、私以前に、多額の金を人の命と方程式にすることで、暴力的な窃盗の刑罰を詐欺的な窃盗の刑罰から区別しないことで生じる明白な混乱を示していた。」(76.; 七四－五)

編者注1　「所有権に対するベッカリーアの見解の変化を特記すべきである。初版は、この点を《恐るべきだが恐らく必要な権利 terribile ma forse necessario diritto》と叙述している。」以下、略。

23　悪評

「名誉すなわち、市民が他者に要求する権利をもつ公正な賛同部分に反する個人的な名誉毀損は、悪評infamiaによって罰せられねばならない。この悪評は、公的な誓約、祖国の信頼、社会が鼓吹する友愛というものを被疑者から取り上げる公的非難の印である。それは、法の恣意によるものではない。だから、法の悪評は、物事の諸関係から、普遍的道徳か個別制度に依存する細目、俗論とそれが鼓吹するような国民の法の制定から生まれるものと同じでなければならない。もし法の悪評が、物事の諸関係と違っているなら、実例esempiには決して抗《あらが》わない大げさな演説にもかかわらず、法は公共の尊敬を失うか、道徳や誠実の観念は消え失せるであろう。」(76-7.; 七六)

「《拘束刑や苦痛刑は、傲慢に基づいているとすれば、苦痛自体から栄誉や精神の糧を引き出す犯罪には科してはならない。彼ら(名誉毀損者)には、傍観者の自尊心orgoglioによって、ゆっくりした辛抱強い努力によって、辛うじて真実自体が解放される頑固さによって、熱狂の傲慢さを止める刑罰である嘲笑や悪評が必要である。このように、腕づくには腕づくで、世評には世評で、賢い立法者は、元の不条理を庶民の目からいつも覆い隠すうまく推論された結果である偽の原理に起因する大衆の中にある称賛や感嘆をぶち壊すのである。》」(77.; 七七)

24　無為徒食者たち

「公共の平穏をかき乱す人々、法律に、すなわち、人々が互いに我慢して擁護する諸条件に従わない人々は、社会から排除されねばならない、すなわち、追放されねばならない。(編者注1) 賢い政府が、勤勉によって蓄えられた富の無為徒食とともに、労苦と勤勉の内部に、厳かな熱弁によって紛れ込んだ政治的無為徒食の類を我慢しない理由はこれである。勤勉によって蓄えられた富の無為徒食は、社会が拡大し、行政が限られるのにつれて、必要で有益な無為徒食になる。(編者注2)」

ベッカリーアは、ここで専ら政治的無為徒食を槍玉にあげている。すなわち、「私は、労働によっても富によっても貢献せず、いまだかつて失うことなく獲得する人を政治的無為徒食と呼ぶ。彼らは、庶民からは馬鹿げた勝算によって尊敬され、賢人からは、犠牲者であるかのように、軽蔑的isdegnosa同情によって関わられている。彼らは、生活の快適さを保護し増やすのに必要である活動的生活の刺激を欠いているので、世評の情熱に全エネルギーをかなり残しておくのである。（編者注3）」(78.；七八)

「自分の祖先の悪徳か美徳の成果を享受し、当面の快楽のために、勤勉な貧困者にパンや生活必需品を売る人は、政治的には無為徒食ではない。彼は、力づくで不確かで血なまぐさい戦争の代わりに、富裕によって平和裏に静かな産業の戦争を実施しているのである。だが、いかめしく才能の乏しい何人かの風紀取締官ではなく、法律が、何が処罰されるべき無為徒食かを定義しなければならない。」(79.；七八－九)

編者注1　「《第三部類の罪は、公民の平穏を侵害するものである。そして、その刑罰は事物の本性から引き出され、この平穏に関連させるべきである。たとえば監禁、追放、矯正、その他、不安な心の人たちを立ち直らせ、既存秩序に立ち戻らせる刑罰などである。私は平穏に対する罪を秩序の単純な侵害を含む事柄に限る。なぜなら、平穏を乱し、同時に安全をも侵害する事柄は、第四の部類に入れられるべきだからである。》(Montesquieu, *Esprit des loix*, XII,4.；三四七－八)」

編者注2　「社会が拡大され、公共事業の指導が役職者の限られた部門categoriaの手に集中されるのに応じて。」

編者注3　「《政治的に無為徒食》という分かりにくい叙述は、ある種の宗教的、特に修道院の身分に適合するように見えるであろう。ファッキネィは、そのような意味に理解し、『犯罪』の著者を非難の的にしたのは、《不実でずる賢い》仕方で、修道士の考えでは、《あいかわらず、誰にもまして活動によって、才能によって、模範によって、社会全体の最大の利益に、世俗的・政治的な最も永続的な幸福に貢献したし、現に貢献している》人々を《悪魔のような人々》として描いたためであった。（ファッキネィ『ノートと考察』、78.）」以下、略。

25　追放と没収

「実際、かつてメンバーであった社会から永久に追放され排除された人は、財産を剥奪されねばならないのか。そのような問題は、異なった側面の影響を受けやすい。財産の喪失は、追放より重い刑罰である。だから、犯罪に比例して、全額喪失か一部喪失、あるいは何も喪失しない幾つかのケースがなければならない。全財産の喪失は、法律によって命じられた追放が、社会と犯罪者市民の間にある全関係を無に帰するような時であろう。その場合、彼は市民として死に、人としてだけ生きる。政治体の視点では、自然死と同じ結果をもたらすに違いない。死とそのような追放は、政治体には同じ関連だから、犯人から剥ぎ取られた財産は、君主によりもむしろ当然正当な継承者に属するように見えるであろう。

／しかし、私が敢て財産の没収に反対するのは、この些細なことへのこだわりからではない。もし幾人かが、没収は、復讐や私的横暴への抑止になると主張したとしても、たとえ刑罰が利益を生み出すにせよ、彼らはいつも正しいわけではないことを熟慮していない。なぜなら、そうであるためには、刑罰が必要であるに違いないし、利益のある不法は、未来の絶滅と目立たない数限りない人々の涙を見下して、一時的利益や幾人かの著名人の幸福によっておべっかを使う目を光らせる圧制tiranniaに全部の扉を閉じておきたい立法者によって容認されないからである。」(79-80.；八〇)

「没収は弱者の頭に値札を付け、無実の者に犯罪者の刑罰を被らせ、絶望的困窮から彼ら自身犯罪に走るようにしてしまう。(編者注1)」(80.；八一)

編者注1　「モンテスキューも同じ見解を採っている。《没収は財産の所有を不安定にしてしまうであろう。それは罪のない子まで無一文にしてしまうであろう。それは、一人の罪人を罰することしか問題でないときに、一家を破滅させてしまうであろう。》(*Esprit des loix*, V, 15.；訳、一四五)：それに反して、ベッカリーアは、ビュラマキが、この点に関して以下に主張したことには反対する。《もし人の財産を没収することになると、実際子供たちまで被害を受ける。しかし、彼らの父親が死ぬまで維持すると仮定してしか彼らに属さないはずのものだから、彼らに対しての刑罰にはならない。ようするに、あるいは、刑罰の行使をほとんど完全に廃止し損なうか、あるいは、人々が互いに持つ人事の構成や特別の関係に不可分の一種の不便が、それ自体で少しも不正ではないことを認め損なうかである。》（*Principes du droit politique*, III, IV, 42.）」

26　家族の精神について

この章は、次の27章冒頭でベッカリーア自身が（Ma il corso delle mie idee mi ha trasportato fuori del mio soggetto「本来の主題を逸れてしまったが」と（83.；八六））ことわっているいるように「犯罪と刑罰」には無関係であるが、彼は、明らかに自分の父親・ジョヴァンニ・サヴェリオとの緊張の絶えなかった家庭生活の経験を背景に封建的・家父長制的家族関係批判を踏まえて、健全な市民社会存立の無数の中核となるべき望ましい近代的家族関係を叙述している。

「これらの致命的で公認された不法は、社会を人々の結びつきとしてよりもむしろ家族の結びつきとして考えてきたために、最も開明的な人々によっても認められ、最も自由な共和国で実行されてきた。一〇万の人々、すなわち、二万の家族がいて、その各々が、家族を代表する家長を含めて、五人で構成されているとしよう。もし連合体 **associazione** がそれらの家族でできているとすれば、二万の人々と八万人の奴隷がいることになる。もし連合体が人々からなるとすると、一〇万人の市民がいて、奴隷は一人もいないことになる。前者では、一つの共和国とそれを構成する二万の小君主国があることになるし、後者では、共和国精神は、単に広場や国民集会でだけでなく、人々の幸福か惨めさの大部分がある家庭の壁の中にまで吹き込むことであろう。

／前者では、法律と慣習が、共和国のメンバー、すなわち、家族の家長の平素の感情の結果であるように、君主国的精神が、徐々に共和国自体にも導入されることであろう。それの結果は、各人に対立する利害によってだけ抑えられるだろうが、すでに、自由と平等を吹き込む感情によってではない。家族の精神は、小さいことに限られた細目の精神である。一般的原理の主人である共和国の支配精神は、主要で有力な階級の中に諸事実を認め、それらに最大幸福を要約する。家族の共和国では、子供たちは、生きている限り、家長の権威の中に留まり、彼の死によって、法律のみに依存する生活を期待せざるを得ない。」(80-1.；八二－三)

「共和国が人々からなる時、家族は命令にではなく、契約に服従するのであり、子供たちは、年齢が、幼弱、教育と保護の必要という自然の依存から解放する時、都市の自由なメンバーになり、全社会の自由な人間として、利益を共有するために、家長に服従する。前者では、子供たち、すなわち、国民の最多数で最も有益な部分は、父親の言いなりにされており、後者では、相互に与え合う神聖不可侵の必要な援助と受けた恩恵への感謝の念以外には義務付けられた絆はない。しかも、その絆が断絶するのは、人の邪心によるよりも、法律によって望まれる服従が誤解されることによってである。(編者注1)」(81.；八三)

編者注1　「ここにはルソーの幾つかの契機が再録されている。《子供が父親に結びつけられているのは、自分たちを保存するのに父を必要とする間だけである。この必要がなくなるやいなや、この自然の結びつきは解ける。子供たちは父親に服従する義務をまぬがれ、父親は子供たちの世話をする義務をまぬがれて、両者ひとしく、ふたたび独立するようになる。もし、彼らが相変わらず結合しているとしても、それはもはや自然ではなく、意志にもとづいてである。だから、家族そのものも約束によってのみ維持されている。》(***Contract social***, *I, 2.*『社会契約論』、岩波文庫、一六)」

27　刑罰の緩和

「犯罪の最大の抑止策の一つは、刑罰の残酷さではなく、刑罰の誤りのなさである。したがって、司法官の監視や非情な裁判官の厳しさは、有益な美徳であるためには、柔和な立法が伴わねばならない。懲罰の確かさは、たとえ控え目であっても、刑罰免除の期待speranzaと結びついた別の恐怖感よりもつねに強い印象を与えるであろう。なぜなら、懲罰maleは、それが些細でも、確実であれば、つねに人間精神を驚かすが、しばしば、すべてに代わる天の恵みである刑罰免除の期待は、主として、しばしば、(編者注1)貪欲と弱さが与える刑罰免除が勢いを増す時、いつも大多数の観念を懲罰から遠ざけるからである。」(83-4.; 八六)

「責め苦が過酷になるにつれて、流体が周囲の物体とつねに同水準になるように、人間精神は慣れっこになる。熱狂のつねに活発な力は、過酷な責め苦の百年後には、車刑(編者注2)ruotaしか、収監の前と同じように恐怖を与えなくなる。なぜなら、刑罰がその効果を得るためには、刑罰の苦痛が犯罪から生じる利益を超過すれば十分であり、この苦痛の超過には、刑罰の誤りのなさと犯罪が生み出す利益の喪失とが計算されなければならないからである。だから、それ以上の刑罰は余計であって、専制主義的である。人間は、自分たちが認識する苦痛の繰り返される影響で規制されるのであって、知らない苦痛によってではない。」(84.; 八七)

さらにベッカリーアは、専制主義による刑罰の限りない強化の危険を指摘して、やみくもな残虐刑の嘆かわしい帰結を二つあげる。

「犯罪を阻止するという同じ目的に反するあと二つの致命的結果が、刑罰の残虐さから派生する。一つは、犯罪と刑罰の間の本質的比率を維持することは容易ではないということである。たとえ巧妙な残酷さがきわめて多数に変形されたところで、人体の有機構成や感覚を制限する耐久力ultima forzaは超えられないからである。

／他の結果は、刑罰の免除自体が、責め苦の残虐さから生まれるということである。人間は、良きにつけ悪しきにつけ、一定の限界内に囚われている。人間性にとってあまりに残忍な見世物は、つかの間の熱狂にしかならず、法律に則らねばならない確実な制度には決してなり得ないであろう。刑罰が実に残酷であると、法律が変わるか宿命的な

刑罰の免除が法律自体から生じるほかない。(編者注3)(15)」(85.; 八八)

編者注1　「堕落した裁判官たちの金銭ずく。」
編者注2　「《最悪犯罪の犯人に科される緩慢な死刑。有罪判決者は、腕と脚の骨を粉々に砕かれてから、柱に水平に固定された車輪上に緊縛され、死ぬまで放置された。》(カルナッツィ)」本書七〇ページの図版参照。
編者注3　「《極端な方法で人間を導いてはならない。人間を指導するため自然がわれわれに与えている手段を用いるべきである。あらゆる緩みの原因が何かを調べるならば、それは犯罪を罰しないことに由来し、刑罰が軽いことに由来するのではないことがわかるであろう。／それゆえ、法律の残虐性は、その執行をさまたげる。刑罰が度を越しているとき、人は罰しないでおく方をしばしば選ばざるをえない。》(Montesquieu, *Esprit des loix*, VI, 12-13.; 一七九、一八三)」

逮捕、拘留、死刑の正当性とは

28　死刑について

この章は、16の「拷問」にもまして、ベッカリーアの『犯罪と刑罰』のメイン・テーマをなすだけに綿密な検討がなされている。

「決して人間を改善したためしのないこの責め苦の無駄な濫用は、私をして、死刑が立派に組織された政府で有益で公正かどうかの検討に駆り立てる。人間に自分の仲間を虐殺する資格を与える権利とは何なのであろうか。確かに、主権や法律から明らかになるものではない。それらは、各人の私的自由の最小部分の総体でしかない。それらは、特殊の総体である一般意志volontà generaleを代表している。(編者注1)他の人々に自分を恣意的に殺害してもらいたいと思う人が、万が一にもいるだろうか。各人の自由の最小の犠牲に、一体どうして財産の中でも最高のもの、すなわち、生命が入るだろうか。」(86.; 九〇)

「だから、死刑は〈権利〉ではない。そうではなくて、死刑は、人間存在の破壊が必要か有益だと判断するのだから、一市民と国民との戦争である。しかし、もし死刑morteが有益でも必要でもないことが証明されれば、私は、人間性の訴訟事件に勝つことになるであろう。」(87.;九〇－一)

「市民の死刑は、二つの動機によってしか必要だとは考えられない。第一に、自由がなくても、彼が、なお国民の安全に利害があるような人間関係や影響力をもっていて、彼の存在が、定められた政府形態に危険な革命をもたらす時である。だから、国民が自分たちの自由を取り戻すか失う時、あるいは、無政府状態の時、混乱自体が法律にとってかわる時、幾人かの市民の死刑は、必要になる。」(88.;九一)

では、「死刑が公正で必要だと考えられる第二の動機(編者注2)」とは何か。

「極刑ultimo supplicioが社会を侵害すると決めた人々の気を決して散らさなかった何世紀もの経験、ローマ市民の実例、少なくとも祖国の息子たちの血潮であがなわれた多くの征服と同じ価値をもつ著名な模範を、諸国民の指導者に与えているモスクワ公国のエリザヴェータ女帝王国の二〇年(編者注3)が、理性の言葉がつねに疑わしく、権力の言葉が有効である人々を説得しなかった時、私の主張が真実であることを聞くために人間本性に助言を求めれば十分である。」(88-9.;九一－二)

「人間精神に最大の効果を与えるのは、刑罰の強度ではなくて、それの期間である。なぜなら、私たちの感覚は、強いがつかの間の運動によりも弱いが反復的な印象にいっそう容易に持続的に動かされるからである。習慣の絶対権は、感覚のあるあらゆる存在に普遍的である。人が語り、歩き、他者の援助で必需品を手に入れようと努めるように、道徳観念は、永続的で反復的な衝撃によってしか精神に刻まれない。恐ろしいがつかの間の悪党の死刑の見世物ではなくて、家畜のようにされて、自分が侵害した社会に苦役でつぐなう自由のない長く辛い見せしめこそ、犯罪に対す

る最も強力なブレーキである。」[17]（89.；九二）

すなわち、自由で平穏な統治体制の下では死刑は劇的な印象を与えるが、時が経つうちに人は日常性にかまけてどんな重要な事柄でも自然に忘れていく。それにひきかえ、苦役の永久的持続という反復的見せしめは、凶悪犯罪防止のための最も効果的な刑罰だとベッカリーアは言うのである。

「死刑は、大多数の人々には一つの見世物に、ある人々には憤慨の混じった哀れみ compassione の対象になる。これら両方の感情が、法律が吹き込もうと求めてやまない効果的な恐怖の念以上に見物人の心を占める。しかし、控え目で持続的な刑罰では、支配的感情は後者の恐怖だけになる。被疑者によりも自分たちに責め苦が加えられているという感情が何にも増して見物人に優越し始める時、立法者が刑罰の厳格さを定めねばならない限度は、哀れみの感情から成り立つように思われる。

〈刑罰が公正であるためには、人々を犯罪から遠ざけるに足りるだけの強度がありさえすればよい。今たとえある犯罪に利益があろうとも、よくよく考えれば、自分の自由の全体的永続的な喪失を選んでも良いという人は一人もいない。だから、死刑に代えられた永続的束縛という刑罰の強度は、たとえ犯行の決定的意図があっても、考えをそらせるのに十分な効果をもつ。〉」[18]（90.；九三）

さらに、ベッカリーアは、犯罪予防の見せしめとしての死刑を一過性の見世物にしないための解決策を永続的束縛刑（終身懲役刑）と比較し、人間の逆説的な自然感情に即して後者の優位を主張する。

「〈死刑によって国民に与えられるあらゆる見せしめは、犯罪を仮定する。永続的束縛刑では、唯一の犯罪がきわめて多くの永続的見せしめを与えるが、もし人々がしばしば法律の力を見ることが重要なら、死刑はその執行の間隔が大きくあいてはならない。すなわち、この過酷な体刑 supplicio（車刑）が有効であるためには、刻印されねばならない印象すべてを人々に与えることが、すなわち、同時に有効で無効であることが（編者注4）必要だから、犯罪の頻発を前提するのである。」(91.; 九四)

「永続的束縛は死刑と同じくらい厳しいから同じだと言った人に、私は、不幸な束縛の全期間を考慮すれば、おそらく死刑以上になると答えたい。しかし、その束縛期間は全生涯にひろげられており、死刑は全力を一瞬に行使する。これが、その受刑者以上に彼を見る者に恐怖を与える束縛刑の効果である。なぜなら、彼を見る者は、不幸な全期間総体を考慮し、受刑者は、現在の不幸によって未来の不幸はうわの空だからである。〉」(91.; 九四－五)

　次に、ベッカリーアは、さらし絞首台や車刑が必要になる泥棒 ladro や人殺し assassino の言い分 ragionamento を代弁して、法の不備を示唆する。

「〈おれが守らねばならない、おれと金持ちの間にこんなに大きな隔てを放っておくこれらの法律とは何なのだ。法律は、おれがもらいたい金を拒否して、知りもしない苦役をおれに命じることを正当化する。誰がこんな法律を作ったのだ。金持ちやお偉方だ。彼らは、貧乏人の惨めな掘っ立て小屋を決して訪ねようともしてくれなかったし、飢えて泣き叫ぶ罪のない子供たちや涙ぐむ女房にかび臭いパンすら決して分け与えてくれようともしなかった。大部分の奴には致命的で、ほんの少しの鈍感な暴君にしかありがたくない、こんな縛りはぶった切《ぎ》ろう。そんな不正を根こそぎやっつけよう。

／おれは、自然の独立の状態に戻って、しばらく、おれの勇気と才覚の獲物で、自由に楽しく生きてやる。多分苦しみと後悔の日がくるだろう。だが、そりゃ短い時間だ。長い自由と楽しみの時間と引き換えに苦しい一日があるだけだ。少数の人々の頭《かしら》 re のおれは、運命の間違いを直してやり、偉ぶって馬や犬よりも劣ると見下していた者たちを前にして暴君たちが青ざめ、ふるえるのを見てやるのだ。〉」(91-2.; 九五－六)

「その時、宗教が、悪事をかさね放題の悪党の心に浮かぶ。悔い改めは容易で、そうすれば永遠の幸福はほぼ確実であると悪党に表示し、最後の悲劇の戦慄をおおかた軽減する。(編者注5)」

しかし、この宗教による慰撫効果に疑問を呈しながら、ベッカリーアは、終身懲役刑の有効性を重ねて強調する。

「自分たちを守ってくれる法律の奴隷ながら、自由で社交的に生きている市民同胞の面前で、生涯の全部か多年の間を束縛と苦痛のうちに過ごすことを目前に見られる人は、犯罪の結果の不確かさ、成果を楽しむ時間の短さと万事をしかるべく比較する。(編者注6)実際に、自分の軽率さの犠牲を見る人々の持続的見せしめは、囚人を矯正しないどころか頑《かたく》なにする責め苦という見世物にはないかなり強烈な印象を与える。」(92.; 九六)

「真の、最も有益な法律とはどういうものか。それは、つねに私的利害に従う語を口にしないか公益と結びつくかぎりで、誰もが遵守し提案したい契約や条件である。死刑に対する各人の感情はどういうものか。それは、各人が死刑執行人を見つめる憤りと蔑みのそぶりに見て取れるだろう。彼も、公共意志の無害な執行者であり、公益に寄与する善良な市民であり、対外的では兵士がそうであるように、国内的には公安に必要な手立てなのだが。／この矛盾の根源はなにか。理に適っているにもかかわらず、なぜ人々はこの感情をぬぐい去れないのか。それは、人間が、何よりも古い自然の根源的形式をなお維持する部分である精神の最も奥深いところで、鉄の権杖《けんじょう》で宇宙を支配する必要性の権限にしか自分の生命はないとつねに信じたからである。」(93.; 九七)

しかしながら、ベッカリーアとしても、歴史的に各国で連綿とつづいてきた死刑制度を容易に廃止できそうにないことも十分承知している。それが、啓蒙専制君主への期待に収斂するのである。

「一哲学者の声は、盲目的慣習によって導かれている多くの人々の喧騒や叫びに対してあまりにも弱い。しかし、大地に散らばったわずかな賢人たちは、彼らの心の内奥で私に共鳴するであろう。もし真実が、君主から遠ざける数限りない障害の中にあったとしても、それでもなお、玉座にまで行き着けるとすれば、万人の密かな誓願によって到達は可能だろうし、征服者の血まみれの名声もあからさまに沈み込み、正当な子孫は、ティトゥス帝、アントニヌス帝、トラヤヌス帝（いずれも賢帝の誉《ほま》れ高い）の平和愛好のトロフィーの最高位にそれを位置づけるだろう。もしはじめて法律が命じられるとすれば、平和的美徳・科学・技芸の推進者、国民の父、王冠を戴いた市民のような平和愛好の君主がヨーロッパの玉座に戻るのを、臣民の幸福を生み出す権限の増加を、今私たちが見るのは人類の幸せである。なぜなら、玉座に届いても国民のつねに真摯でつねにさい先の良い誓願が窒息させられ、不確実だから、もっと残酷な中間層の専制主義（多数者の専制主義）を排除することになるからである。」（94.；九九－一〇〇）

編者注1　「主権と法律の社会契約説的起源の注意には、EN.I, 26, nota 1.参照。だがしかし、ベッカリーアでのvolontà generaleは、固有の意味ではルソーの一般意志volonté generaleにではなく、むしろ全体意志volonté de tousに一致する。事実、ルソーによって決定された区別は、こうである。《全体意志と一般意志のあいだには、時にはかなり相違があるものである。後者は、共通の利益だけをこころがける。前者は、私の利益を心がける。それは特殊意志の総和であるにすぎない。》（*Contract social*, II.3.；四七）しかし、見られるように、ベッカリーアは、エルヴェシウスによって、特殊利益の総和だけが一般意志を生じさせると主張する。」

編者注2　「ヴェッリいわく、《『犯罪』の著者は、ルソーが「その上」（Au reste, 46.）で述べたことを展開したにすぎない》。《その上に、刑罰が多いことは、つねに、政府が弱いか、怠けているかのしるしである。なにかのことに役立つようにできないほどの悪人は、決していない。生かしておくだけでも危険だという人を別とすれば、みせしめのためにしても、殺したりする権利を、誰ももたない。》（*Contract social*, II, 5.；五六）

／しかし、ヴェッリは、次の段落で、ベッカリーアが、《死刑が公正で必要だと考えられる第二の動機》を、いかに呼び覚まされたと考えるべきか論証していることを理解しない（あるいは、理解しようとしない）。」

編者注3　「（ロシアの）エリザヴェータ・ペトローヴナ（1709～1761）は、一七四一年一一月二五日のクーデターによって統治を開始した。統治期に死刑執行の不許可の折に正確に定式化された請願の結果として、彼女は、一七五三年六月一八日と一七五四年九月三〇日の二つの勅令で、死刑を廃止した。実際には、死刑が非常に残酷な刑罰に代えられ、しばしば有罪判決者を死に至らしめたことを、すぐ後の時期の評論家に注目させたこともあっただろう。事実、有罪判決者は、額や頬に焼印を押された後、皮鞭knutで殴打され、鼻の穴を引っこ抜かれた。多くの人が死に、生き残った人は一般にシベリアに流刑され強制労働に就かされた。ベッカリーアがエリザヴェータ・ペトローヴナに捧げた賛辞が、まさに、たとえば一七八八年に、著作家・歴史家で、『犯罪と刑罰』のロシア語版翻訳者であるM.M.シチェルバートフをこの女帝の刑事立法の討論に導き、あらゆる実際的意義の否定に導いた。」（ヴェントゥーリ）

編者注4　「人々が、しばしば《法律の力》を実地に見るためには、死刑が頻繁にあることが必要である。しかし、そのためには、それだけの刑罰（死刑）に該当する犯罪も頻発しなければならない。しかしながら、それだけの犯罪が頻発すればするほど、犯罪を思いとどまらせるような印象を人々に刻印しなくなるから、逆説的に死刑がますます無効になることが示される。」

編者注5　「《褒賞の地という観念は必然的に処罰の場という観念を伴う。そして、人々が後者を恐れることなく前者を望むとき、公民の法律はもはや力をもたない。来世における確実な褒賞を信ずる人々は立法者の手に負えなくなるであろう。彼らは死を過度に軽視するであろう。役人が科すかもしれない最大の罰も一瞬の後に終り、そこから自分の幸福が始まるということを確信している人間に対して、法律によるどのような抑制の手段があるであろうか。》（Montesquieu, *Esprit des loix*, XXIV, 14. ;岩波文庫（下）、四二）」

編者注6　「《規則が間違っているかあまり良くない度に、それは過去の感覚を思い出し、現行規則と比較し、元通りにすることが肝要であることに気付く。そこからは、それが利益であるという必要、あるいは認識が生まれ、それらは、それには快楽が必要であると判断する。だから、享受した快楽とともに甘んじて受ける刑罰との比較からしか必要を知らない。》（Condillac, *Traité des sensations*, I, II, 25.）」

29　逮捕について

「自身の安全の意見[編者注1]である社会目的に反するに等しい誤りは、市民を拘留し、くだらない口実で敵対者から自由を奪い、最も有罪らしい手がかりがあるにもかかわらず、友人を刑罰免除にする法律の執行者である司法官の恣意を放置することである。拘留は、必然的に他の何とも違って、犯罪の宣告に先立ってなされねばならない一つの刑罰であるが、この特別なdistintivo特徴は、別の本質的な、すなわち、法律だけが、人に刑罰がおよぶ事例を決定できるという特徴を排除しない。だから、法律は、被疑者の監視に値し、彼を審問と刑罰に従わせる犯罪の手がかりを示唆するであろう。世間の評判、逃亡、訴訟行為外の自白、共犯者の自白、被害者に対する脅迫や不変の反目、犯罪実体、そ

の他類似の手がかりは、市民を逮捕するための十分な証拠である。」(95-6.;一〇一)

「しかし、この証拠は、裁判官や、公の法典にある一般原則の個別命題にはない時、つねに政治的自由に異議を唱えている布告によってではなく、法律によって決定されなければならない。刑罰が控え目になり、監獄から惨めさと飢餓が除かれ、同情と人間性が鉄扉に浸透し、非情で頑な看守ministriを動かすにつれて、法律は、ますます逮捕のためには弱い手がかりに異議を申し立てるであろう。」(96.;一〇一－一)

次に、ベッカリーアは、何かの事件で、不運にも訴追・拘留された人が、審理の結果結局無罪になった時には、その人の市民としての権利、名誉は完全に回復されねばならないと主張している。しかし、ベッカリーアは、ローマ帝国の頃と現在とでは、事情が大いに変わっていることを慨嘆している。

「きわめて重大な犯罪で告発されながら、後に無罪になったローマ人で、国民によって尊敬され、司法官の地位の栄誉を担った人は、どれほど多くいたであろうか。しかし、一体どういう理由で、無罪になった人の結末が、現代ではこれほど違ってしまったのか。なぜなら、現代の刑法制度では、人々の判断によれば、正義の観念に力と横暴の観念が優越しているからのように思われる。さらに、被疑者と有罪確定者を同じ穴倉cavernaにゴッチャに放り込んでおくからであろうし、拘留が被疑者の監視よりむしろ責め苦になっているからである。

／《しかも、統一されねばならないのに、法律を国内で保護する権力(警察)は、外国から王位と国民を守る権力(軍隊)から分散されているからである。こうして、前者(警察)は、法律の共通の後ろ盾によって司法権と結びついているが、司法長官直属の服従ではないし、華麗さを伴う栄光と軍隊の豪奢なさまは、全庶民感情のように、事柄以上に様式に付きものの不名誉を取り除くであろう。共通の意見では、営倉prigionie militariは監獄ほど不名誉ではないことが証明されている。(編者注2)》」(96.;一〇二－三)

「そう重大とはいえない犯罪の犯人は、監獄の暗闇に投じられるか、見せしめとして遠隔地に追放されるのが常である。しかしながら、侵害されなかった諸国民には、こんな束縛状態はほとんど無意味である。人々が、きわめて重大な罪を犯そうと瞬時に決心することはないから、重大な犯行への公開刑罰は、大部分の人々には我が身には無縁であり、起こるはずがないと考えられるであろう。しかし、そう重大とはいえない犯罪の公開刑罰は、気分がもっと身近になり、後者questi（軽い犯罪）を思いとどまらせて、ますます人々を前者quegl i（重大犯罪）から遠ざける気持ちにするであろう。

／刑罰は、刑罰同士の間でと犯罪に対して、単に力によるだけではなく、刑罰を科す方法によっても比例がとれていなければならない。ある人々は、被害者側がそれを許す場合、軽犯罪の刑罰を免除する。これは恵み深いし人間性に適った行為であるが、公益には反する。私的な市民が、赦免によって、被害者の損害賠償を帳消しにできるかのように、見せしめの必要性を排除するようなものだから。刑を科す権利は、被害者だけのではなく、市民全体か主権者のものである。私的な市民は、自己の権利の一部を放棄できるにすぎず、他者の権利部分を無効にすることはできない。」(97-8.;一〇四)

編者注1　「この点に関しては、モンテスキューに（次の見解が）見られる。《公民における政治的自由とは各人が自己の安全についても つ確信から生ずる精神の静穏である。そして、この自由を得るためには、公民が他の公民を恐れることのありえないような政体にしなければならない。》(*Esprit des loix*, XI, 6.;二九一)」

編者注2　「拘留の不名誉な性格の理由の一つは、統一されているべきなのに、軍隊**esercito**（《王位と国民を外敵から守る》力）が、警察**polizia**（《法律を国内で保護する権力》）から分離され別になっている事実からなる。しかしながら、もし軍隊が、司法府に従属せずに、監獄の監視という任務を帯びていたら、つねに軍隊に伴っている華麗と豪奢なさまは、共通の意見で、営倉**prigioni militari**が監獄（**prigioni civili**）ほど不名誉だと考えられない事実が証明したように、監獄に繋がれた不名誉の観念を消し去る結果をもたらすであろう。」

30　訴訟手続と時効

「証拠が見極められ、犯罪の確かさが計算されれば、被疑者に時間と自己弁明するのにふさわしい手段を認めてやることが必要である。しかし、私たちが、犯罪の主要な抑止手段の一つと見なす刑罰の迅速さを損なわない程度の時間である。誤解された人間愛は、この時間の短さに反するように思われるが、もし無実の処罰の危険が立法の欠陥によって増加することが反省されるなら、あらゆる疑いは消え失せるであろう。」(98.；一〇五)

つづいて、ベッカリーアは、被疑者が自己弁明する時間の長さをどれくらいにするかは、裁判官の裁量によってではなく、犯罪の重大さに応じて、法律によらねばならないことを強調する。

「しかし、犯罪の証拠のためと同じく被疑者保護のため、法律は一定の長さの時間を決めねばならず、もし裁判官がある犯罪の証明のために、必要時間を決定せざるを得なければ、彼は、立法者にもなるだろう。同様に、人々の記憶に長く残る凶悪犯罪は、証拠があがったならば、逃亡で逃れようとする被疑者のためには、時効prescrizioneは何の役にも立たない。しかし、軽い目立たない犯罪は、時効によって、市民の境遇の不確かさを取り除いてやらねばならない。なぜなら、長期間犯罪を包み込んだ闇は、刑罰の免除の模範だと認めず、その間被疑者にもっとましになる力を残すからである。」(98.；一〇五－六)

「しかし、犯罪の起こる可能性はそれらの凶悪さの程度に反比例しているので、これらの時間は、犯罪の凶悪さに正確に比例して増加するものではない。だから、審問の時間は短縮し、時効の時間を延長しなければならないであろう。このことは、判決に先立つ拘留か時効の期間を刑期として考量すれば、等しくない犯罪に等しい刑罰を科し得る、という私の発言に矛盾するように思われるであろう。読者に私の考えを説明するために、私は、犯罪を二つの等級に区別する。」(99.; 一〇六)

「前者は残忍な犯罪である。これは殺人から始まり、他のすべての残虐行為を含む。後者はほんの軽微な犯罪である。この区別は人間の自然に基礎をもつ。自分の生命の安全は自然の権利であり、財産の安全は社会の権利である。人間を哀れみという自然感情のもっと向こうへ駆り立てる動機の数は、幸せでありたいという自然の熱望によって、人間の心にではなく、社会の契約の中にある権利を侵すことに駆り立てる動機の数よりはるかに少ない。これら二つの等級の可能性の最大の違いは、違った原理で規制されることを必要とする。

／残忍な犯罪には、非常に稀《まれ》だから、被疑者の無罪の可能性が高いために、審問は短い時間でなされねばならず、犯罪の残忍さによって損害が増える刑事免責という甘い期待を取り去ることは、ある人の無罪か有罪かの決定的な判決によるのだから、時効の期間は延長されねばならない。しかし、ほんの軽微な犯罪では、被疑者の無罪の可能性は小さいので、審問時間は長くしなければならず、刑事免責の損害は少ないから、時効の期間は短くされねばならない。」(99.; 一〇六－七)

31　立証困難な犯罪

前章で検討されたように、犯罪事実の認定は犯罪の軽重にかかわらず慎重でなければならないが、実際問題としては、犯罪の確実な立証は必ずしも容易にできるものではない。本章で、ベッカリーアは、そうした実際問題を危惧し、解決策を模索する。

「これらの原理を考慮すれば、理性が諸国民の立法者であったことがほとんど一度もなかったし、きわめて残忍か、あるいは、目立たない・空想まがいの犯罪、すなわち、ありそうにも思えない犯罪が、憶測congnietureやもっと弱いあいまいな証拠で立証されたとしか考えない人には、現実は奇妙に思えるであろう。まるで、法律と裁判官は、真実を追及することにではなく犯罪を証明することに関心があるかのようだ。」(100.;一〇九)

「社会には頻繁に起こるが、同時に立証が難しい何らかの犯罪がある。これらの犯罪では、立証の難しさが無実の可能性の代わりをする。刑罰免除の損害は、これらの犯罪が頻発するとは考えられないので、刑事免責の危険とは別の原理に依存している。審問の時間と時効の期間は、等しく短くされねばならない。立証が困難な犯罪である姦通、ギリシャ風淫蕩(編者注＝男色sodomia)も、受け入れられた原理によれば、〈準証拠〉、〈半証拠〉(あたかも、ある人が〈半・無罪〉か〈半・有罪〉、すなわち、〈半分・罰し得て〉、〈半分・無罪放免〉であるかのように)という暴君的推定が認める刑罰である。そこでは、非道な冷淡さで、規範と法律によって裁判官に没頭する何人かの法学博士が教えるように、拷問が、被疑者、証人、不幸な家族全員にまで、残酷な絶対権を行使する。」(100-1.;一一〇)

ベッカリーアは、姦通の頻発が自然発生的である原因を説明しながら、それは、社会の設立以前からあり、それはむしろ社会設立の原動力になったとすら述べ、法律や慣習による抑制は無駄だと主張する。なぜなら、

「夫婦の貞節は、つねに結婚数と自由に比例している。(編者注1)相続上の偏見が支配していて、家庭内の権威がそれを結んだり解いたりしているところでは、女性に対する思いやりは、原因は大目に見て、結果に対して大げさに語ることを努めとする庶民道徳にもかかわらず、密かに絆を断ち切ってしまう。しかし、真の宗教に生き、自然的結果の力を矯正するさらに高尚な動機をもつ人にとっては、そのような考慮は不要である。」(101-2.;一一一)

編者注1　「《なしうるはずの婚姻の数を減らせば減らすほど、すでになされた婚姻をますます腐敗させるということは、自然から引き

出される原則である。そして既婚者が少なければ少ないほど、婚姻における貞節が少なくなる。ちょうど盗人が多ければ盗みもまた多いように。》(Montesquieu, *Esprit des loix*, XXIII, 21. ; 三七八)」

32　自殺

「自殺は、厳密に言われる刑罰が認められないように思われる犯罪である。刑罰は、無実の人（編者注＝自殺者の家族）にか冷たく無感覚の死体にしか科しようがないからである。彫像を鞭打つのと同様に、このことが生きている人に何の印象も与えなかったなら、そのことは不正で横暴になるであろう。なぜなら、人間の政治的自由は、刑罰は純粋に本人個人に科すことを必然的に仮定しているからである。」(103. ; 一一四)

「自殺する人は誰しも、国境から永久に出て行く人よりも社会に害を与えない。なぜなら、前者は財産全部を残すが、後者は自分自身と財産の一部を移転するからである。それどころか、もし社会の力が市民の数から成り立つとすれば、近隣国民に自分自身と財産を持ち去ることによって、単に死ぬことで社会から消え去る人に比べて二倍の損害を与えることになる。だから、問題は、故国を永久に離れる自由を社会のメンバー各人に残すことは、その国民にとって有益か有害かを見極めることになる。」(104. ; 一一五)

ベッカリーアにとって、守られねばならない社会秩序はあくまで、公共の福祉の前提として考えられているから、秩序壊乱を助長せず、あまつさえ死後財産を残す自殺は、本来の刑罰の対象になりえないのは当然である。

「市民を祖国に引き留める最も確実な方法は、各人の相対的な財産を増やすことである。貿易収支を順調にするためにあらゆる努力がなされねばならないように、幸福の総体が周辺諸国と比較していっそう大きいことが、君主と国民の最大関心事である。奢侈lussoの快楽は、たとえこれが、富が一人の手にだけ積み重ならずに、国民の発展と共

に大きくなる不平等に対する必要な救済手段であったとしても、この幸福の主要な要素ではない。」(105.; 一一七)

「ある国の国境が人口の増加以上の比率で拡大していくところでは、奢侈は専制主義に好都合になる。《確かに、人口密度が低下すればするほど、勤勉 industria の度もますます低下するからである。勤勉の度が低下すればするほど、ますます貧乏人の豪奢への依存のほどが大きくなり、抑圧者に対する抑圧された者たちの団結が困難になり、その心配もなくなるからである。》」(105-6.; 一一七)

ここにすでに現れている「奢侈」が公共の福祉で果たす役割について、ベッカリーアは、後に『公共経済学原理』の第四部第五章「奢侈について」で、効用の視点からさらに検討することになる。ともあれ、ベッカリーアは、この章では「自殺」にことよせて、刑罰論をこえた公共の福祉の問題に進み出ているのである。

「しかし、(逆に) 人口が国境の拡大以上の比率で増加するところでは、人々の勤勉と仕事を活気づけるから、奢侈は専制主義に対抗する。依頼心を強める人々の見栄っ張りが蔓延するから、[編者注1] 必要が金持ちに有り余る快楽と快適さを提供する。

／だから、広大で弱い人口まばらな諸国では、もし別の原因が邪魔しなければ、見栄っ張りの奢侈が便利品の過剰より優越するが、領土から見て人口稠密な諸国では、便利品の過剰が見栄っ張りの奢侈をつねに減退させると指摘していい。しかし、商業と奢侈の快楽の通過は、たとえ多くの人々の手を通して作られるにせよ、少数の人々から始まり、少数の人々に終わるという不都合をもつ。きわめて少数にすぎない人々が、大多数の人々を損なう。大多数の人々は、生活実感でよりも比較感で惨めだという感情を消せないからである。しかし、法律のみによって限られる安全と自由は、この幸福の主要原理を構成するものである。安全と自由によって、奢侈の快楽が住民に恩恵を与えるのであり、それらなしには、専制主義の道具に成り果てるのである。」(106.; 一一七)

「だから、臣民を自分の国に閉じ込める法律は、無益であり不正であることが証明された。だから、自殺の刑罰も同じことになるであろう。たとえ神が罰する罪であるにせよ、死後にはじめて罰せられるのだから、人間の前では犯罪ではないし、刑罰は、（自殺した）被疑者自身に科されるのではなく、彼の家族に科されることになってしまうからである。」（107.；一一八－九）

編者注1　「《必要に駆り立てられた卑しい庶民の勤勉》（カルナッツィ）」

33　密輸

「密輸は、主権者と国民の利益を侵害する本当の犯罪であるが、密輸がなされても、世論で不名誉にもならないから、その刑罰は不名誉になるわけでもない。人々にそのような不名誉な世評を与えない犯罪に名誉毀損罪を科す人は誰でも、本来不名誉である人々に対する不名誉の感情を弱めてしまう。キジを殺した人、人を暗殺した人、あるいは、重要文書を偽造した人に同じ死刑が科されるのを見れば誰でも、これらの犯罪の間に何の違いも認めないであろう。こうして、人間の精神にきわめて緩慢にしか生み出しがたい何世紀もの多くの流血の事業の成果である、道徳感情が破壊されるのである。」

「関税gabellaを増やせばつねに利益も増えるから、この犯罪は法律自体から生まれる。しかしながら、密輸する誘惑とそうする容易さは、監視すべき境界線（の延長）や商品自体のかさの縮小と共にひろがる。関税を免れた商品（密輸品）とそれに付随する運搬手段を没収する刑罰はきわめて正しい。しかし、関税をさらに低率にするほうがもっと得策である。人間は、事業の好結果が生み出す利益に応じてしか危険な賭けをしないからである。」（108.；一二〇－一）

「しかし、なぜこの犯罪は、君主に対して、結局は国民に対してなされた窃盗なのに、犯人に不名誉の原因にならないのか。私は、人々が自分たちには及ばないと考える損害は、密輸をした人に対する公憤 publica indegnazione を生み出すのに十分なほどの関心をよばないからだと答える。密輸とは、まさにそのような犯罪なのである。」（108.；一二一）

だからといって、密輸という犯罪を放置しておいていいはずがない、国家の基礎をなす税制をないがしろにする密輸は相応の刑罰を必要とする、とベッカリーアは強調する。

「しかし、失うべき何ものも持たない人に対するそのような犯罪を罰しないでおかざるを得ないのか。否《いな》である。密輸は、立派な法律の中で、非常に本質的で困難な部分をなす租税の本質に関わるものである。だから、そのような犯罪は投獄自体、拘束にいたるまでのかなりの刑罰に値する。しかし、投獄も拘束も犯罪自体の性質に一致する。たとえば、タバコ密輸業者が、殺し屋や泥棒と同じ監獄に一緒くたに拘禁されてはなるまい。密輸業者の（強制）労働 lavoro は、詐取しようとした現物（編者注1）regalia に見合う労役や拘留に限られ（編者注2）、刑罰の性質に最も見合うものになろう（編者注3）。」（109.；一二一－一二二）

編者注1　「《*regalia*》は、女性単数（ラテン語の *regalia* の中性複数から）では、とりわけ、財政徴収の問題では、王の至高権を意味する。」

編者注2　「有罪判決を受けた密輸業者の強制労働は、彼が免れようとした君主の従物に相当する租税を賠償することになろう。」

編者注3　「この主題に関しては、ベッカリーアが、『カフェ』に発表した〈密輸に関する分析的試論〉も見られるべきである。そこでは、彼は、問題を《国家に出入りする一定量の商品の密輸が評価されねばならない》と提起し、『犯罪』のこの箇所で示唆したことに依拠するように思われる原理を決定することになる。《王権 regalia が、出入りする商品に対する賦課を要求する時、それはふつう、賦課を免れようとする人に対して、賦課に従う商品の損害に応じて刑罰を科す。だから、王権の危険は〈賦課〉に、商人の危険は商品〈価値〉に比例する。もし〈賦課〉がその〈価値〉に等しければ、危険を冒すか冒さないかの度合いは等しいであろう。もし〈賦課〉が〈価値〉以上に重ければ、商人が王権に対して危険を冒す度合いは大きくなるだろうし、〈賦課〉が〈価値〉より少なければ、商人が王権に対して冒す危険は小さくなるであろう。もし商人の危険が監視に応じて増すとすれば、商品量に応じて減ることも付け加えておく。》（EN.

Vol.II, 35-6.;『カフェ』、174.)」

34　債務者について

「契約の確かな遵守、取引の安全のためには、立法者は、破産した債務者の身柄を債権者に確保せざるを得ないが、私は、詐欺的な破産者とやむなく破産した者を区別することが肝要だと思う。前者は、貨幣の贋造者に科されるのと同じ刑罰で罰せられねばならない。なぜなら、市民の債権証書の担保である鋳造貨幣の価格を偽ることは、債権証書そのものを偽造することに等しい犯罪だからである。

／《しかし、やむなく破産した者、すなわち、厳しい審問の後、他人の悪意や災難とか、人の分別では避けられない浮き沈みとかが、すっかり財産を剥ぎ取ってしまったことを裁判官の面前で立証した彼は、どんな野蛮な動機によって投獄されねばならないのか。それによって彼は、裸の自由という唯一のわびしい財産も失うのである。》」(109-10.;一二三)

この「やむなく破産した者」の事情に鑑み、ベッカリーアは、契約遵守、取引の安全という商業秩序の維持を脅かす破産を区別し、それに相応した刑罰を科し、不公正を未然に防ぐ方策を探る。

「《故意の破産か重過失、軽過失の破産は区別できるし、さらに、軽過失と完全な無過失破産も区別できる。最初の故意の破産者には貨幣贋造の刑罰が、二番目の重過失者には、自由剥奪は伴うが、もっと軽い刑罰が科され、最後の無過失破産者には権利回復手段という自由選択を維持しておいて、第三の軽過失者には、権利回復を剥奪して、債権者の自由にできる。しかし、重過失と軽過失の区別は、裁判官の危険で恣意的な慎慮によってではなく、がむしゃらに公平な法律によって決定されねばならない。境界の決定は、数学でと同様、政治でも必要である。それは、大きさ

の尺度でも公益の尺度でも同様である。[編者注1]》」(110.; 一二四)

こうして、ベッカリーアは、契約の公式登録義務、関連文書の自由閲覧義務と共に、無過失破産者の救済措置を提言するに至る。この提言が刑法書の枠をはみ出していることは明らかである。

「全契約の公開明瞭な登録やキチンと整理された文書の市民閲覧の自由、順調な商売に基づいて賢明に割り振られた税金から形成され、不運で罪のない商売仲間を適正な金額を交付して救済することを予定する公立銀行は、現実に何の不便も生じないし、限りない利益を生み出せる。しかし、国民の内部に豊かで強固に広めるためには立法者の合図しか待つ必要のない、容易で、単純で、偉大な法律、世代から世代へ承認の不滅の頌歌で満たされる法律は、大して知られていないし、望まれてもいない。[原注a]」(111.; 一二五－六)

「第五版補足、原注a《商業、財の所有は、社会契約の目的ではなく、それを獲得する手段であろう。多くの組み合わせから生まれる害悪に社会の全成員をさらすことは、目的の手段への従属、全科学、特に政治学の背理paralogismoであろう。私は、先行の諸版でそれに陥っていて、やむなく破産した者は、債務の担保として監視されねばならないか、債権者の仕事に奴隷のように使ってよいと述べた。私は、こう書いたことを恥ずかしく思う。無宗教だと非難されたが、それは当たらない。煽動だとも言われたが、それも当たっていない。[編者注2]私は、人権を侵害したが、誰もそれについて非難しなかった。》」(111)

編者注1 「《法律の文体は単純でなくてはならない。直截な表現の方が、推敲された表現よりも常によく理解される。[…。]法律の文言は、すべての人の心に同一の観念を呼び起こすことが重要である。[…。]法律は決して精緻であってはならない。それは、普通の理解力を持つ人々のために作られるのである。それは、論理の技巧ではなく、家父の単純な道理である。[…。]法律には、一定の純潔さがなければならない。人間の邪悪さを処罰するために作られたのであるから、法律は、それ自身、最大限の潔白さを有していなければならない。》(Montesquieu, *Esprit des loix*, XXIX, 16.; (下)、二七五、二七七)」

編者注2 「これも、ファッキネイの『ノートと批評』に含まれた批判を暗示している。」(111.)

35　保護

「私には、なお検討すべき問題が二つ残っている。一つは、保護[編者注1]は正しいかどうか、二国家間で相互に犯人を引きわたす条約は有益か否か。一国の国境内には、法律から独立したどんな場所もあってはならない。肉体についてまわる影のように、法の効力に全市民が従わなくてはならない。[編者注2]刑罰の免除と保護は多少の差しかない。刑罰の印象は、刑罰の力からよりも刑罰に出くわす確信からなるように、保護は刑罰が遠ざける以上に犯罪を招く。保護を増やすことは、多くの些細な主権を組織することである。」（112.；一二七）

ベッカリーアは、保護を全面的には否定しないものの、増えすぎると犯罪を助長する傾向を生むとの現実認識を示す。啓蒙主義者ベッカリーアの判断も慎重にならざるを得ない。

「しかし、二国間での犯人の相互引渡しが有益だとしても、私は、人々の必要に最も合致した法律、最も軽微で恣意や世評への依存から無縁の刑罰が、無実の抑圧や美徳の嫌悪を取り去り、安全を確保しない限り、敢てこの問題に決定を下すつもりはない。」（112-3.；一二七－八）

編者注1　「《避難の権利は、あらゆる神聖な建築物、教会、修道院の不可侵性を認めている。避難してきた者は誰でも、世俗権力から逃れて逮捕をまぬかれられる。そのような権利は、当時の幾つかの法律にも残っている。》」（カルナッツィ）

編者注2　「すでにロックによって強く主張された法の前の絶対的平等とそれへの総体的依存の原理と同じである。（*Du gouvernemant civil*, VI, 18.）；ヴェッリのノートでは、〈避難〉に関する段落の出所は、モンテスキューに特定される。《法律の執行に対するどんな種類の抜け穴 **asyle**（= **asile**）も貴族政を滅亡させる。そして、その近くに暴君政がある。》（*Esprit des loix*, V, 8.；（上）、一二五）なお XXV, 3.「神殿について」（下）、六〇～三も参照。」

36　懸賞金について

ベッカリーアは、35で提起した二つ目の問題をこの章で検討する。

「もう一つの問題は、名うての犯人の首に値をつけて売ることが、つまり、市民各人に武装させて、死刑執行人にすることが有益かどうかである。犯人は、国境外にいるか国内にいるかどちらかである。国境外にいる場合には、君主は市民に犯罪をしろをけしかけ、他国の領土内で権威を侮辱し横領することによって、彼を責め苦にさらす。このようにして、犯人は、他の諸国民に自分と同じことをする権限を与える。国内にいる場合には、君主は自己の弱さを証明する。自分を守る力をもっている人は、それを金で買おうとはしない。

／さらに、そのような（懸賞金の）布告は、どんなわずかな風でも人間精神の中で消えてしまう道徳・美徳の観念全部をめちゃくちゃにしてしまう。ある時は、法律は裏切りを誘い、ある時は裏切りを罰する。立法者は、片方の手で、家族、親戚、友情の絆を結ぶかと思えば、別の片方の手で、それを断ち切り寸断する人を褒賞するのである。」（113.；一二九）

ベッカリーアは、こんな布告は、弱体な国家だけが採用する方策にすぎず、犯罪を予防することには繋がらず、かえって犯罪を助長するといって退ける。しかしながら、

「一国民に理性の光が増してくるにつれて、善意や相互信頼が必要になり、ますます真正の政治と入り混じるようになる。策略、陰謀、分かりにくく回りくどい手段は、大抵予想され、万人の感覚が各人の個別の感覚をはねつける。公衆道徳が人々を私的な道徳に従うように仕向けてきた無知の何世紀そのものが、啓蒙された何世紀かの教育と希望の役に立つ。」（113.；一三〇）

37〈加害準備行為、共犯者、刑罰の免除〉

「〈法律は意図だけでは処罰しないとはいえ、あらかじめ犯罪の実行をはっきり示す何かの行為でしかかる犯罪は、たとえ犯罪を実行した場合よりは軽いにせよ、刑罰に値しないことはない。加害準備行為の予防の重要性が刑罰に根拠を与える。しかし、加害準備行為と犯罪の実行の間にはある隔たりがあるように、やり尽くされた犯罪に留保される最大の刑罰は、（実行犯人に）後悔の念を引き起こすであろう。

／ある犯罪に何人かの共犯者がいる場合にも、全員直接の実行犯ではなく、動機がさまざまだから、同じことが言えよう。何人もの人々が一つの危険の中に混じり合う時、危険が大きければ大きいほど、彼らは全員に危険が等しく及ぶようにしようとする。したがって、他の共犯者たち以上の危険は引き受けないから、実行犯であるに違いない者を見つけることはますます難しくなる。実行者に特別報酬が決められた場合だけが、唯一の例外的加害実行だろう。その場合、彼が最大の危険と引き換えにそれなりの報酬を得るのであるが、刑罰もそれなりに最も重くされねばならない。」（114.；一三一）

「若干の裁判所は、自分の仲間を密告する重大犯罪の共犯者に刑罰の免除を申し出る。そのような方策には不都合と利益がある。不都合とは、国民が、悪党間ですら質《たち》が悪いとされる裏切りを公認するということである。なぜなら、国民には卑劣な犯罪よりも度胸を要する犯罪の方がまだましだからである。すなわち、度胸を要する犯罪はそう頻繁には起こらないし、公益に仕向けることで役に立つことも期待できるからである。ところが、卑劣な犯罪は、ありふれていてもっと伝染しやすく、ますます自分自身にしか熱中しないからである。」（114-5.；一三二）

「どんな犯罪についても、それを密告した共犯者は罰しないとする一般的法律は、各共犯者が、自分だけが犯人にされるのではないかという彼ら相互の恐怖から結託が起こらないようにするから、個別事件の特殊判決に限る方が望ましいように思える。裁判所は、個別事件で彼らの密告が必要とされる悪党を大胆にしないほうが良い。だがしかし、そのような法律は、密告者の追放と刑罰の免除を組み合わせねばなるまい。〉」（115.；一二一－二）

結局、ベッカリーアは、仲間を密告した共犯者を刑罰免除に付し、密告を奨励することは「公的信頼の記念碑」、「人間道徳の基礎」である「神聖な法律」の主旨にもとるとして否定的態度をとる。

38　〈誘導尋問、供述〉

「〈私たちの法律は、裁判で〈誘導的〉と言われる尋問を禁じてきた。すなわち、法律は、〈特定〉specieを尋問する法学者たちdottoriによれば、犯罪の状況では、〈一般〉genereを尋問すべきであり、誘導尋問は、犯罪に直結するのに、被疑者に（犯行を）即答〈するように勧める〉からである。刑法学者によれば、尋問は、いわば、事実に向かって一直線に進むのではなくて、それをらせん状に包み込まねばならない。この方法の根拠は、あるいは、被疑者に告発から安全な返答を〈するように勧め〉ないために、あるいは、おそらく、被疑者が直接自分を告発することになって、自然自体に反するように思われるからである。

／たとえこれら二つの根拠にもかかわらず、そのような（誘導尋問を禁ずる）慣行と一緒に、（誘導尋問を強要する）拷問を正当化している法律の矛盾は注目すべきである。だとすれば、苦痛で自白〈するように勧める〉以上の誘導尋問があるだろうか。第一の根拠は、拷問で確認できる。なぜなら、苦痛は、身体が頑丈な人には最悪の刑罰を最小の刑罰に変えるために、強情な沈黙を〈勧める〉が、身体がひ弱な人には当面将来の苦痛よりも目下の耐え難い拷問から逃れるために、自白を〈勧める〉からである。第二の根拠にも同じことが言える。なぜなら、もし〈特定の〉尋問が、自然権に反して被疑者に自白を強要するなら、拷問の激痛はいとも簡単に自白を強要できるからである。〉」（115-6.；

一三四）

ベッカリーアは、被疑者が尋問に応じない時には〈法律によって命じられた最も重い刑罰〉に値すると言って、供述、ひいては自白を促がしているが、その有効な手段については考えあぐねている。

犯罪の予防策、不処罰をめぐって

39　特殊な種類の犯罪について

「本書を読む人なら誰でも、ヨーロッパに人間の血を浴びせ、生きた人間の身体を火であぶるための致命的な薪の山を積み上げた、ある種の犯罪を省略したことに気付いたであろう。その折には、ものの分からない大衆にとっては、黒焦げの骨の軋《きし》む音とまだぴくぴく動いている内臓のジュージューいう音との中から、人間の四肢の燃える黒煙の渦巻く中から出てくる悲惨な者たちの声にならない不明瞭なうめき声を聞くことは、見世物にもなり心地よい調和もかもし出した。（編者注1）

／しかし、理性のある人なら、場所、時代、問題が、そのような犯罪の性質を検証することを私に許さないことを知るであろう。多くの国民の例に反して、一国での思想の完全な一致がいかに必要にならざるを得ないかを証明することは、私の主題からあまりに離れすぎている。人間の能力からあまりに隔たった幾つかのきわめて些細であいまいな違いのために、彼らだけの間でも異なっている評価opinioneとして、一方が他方に優先されないなら、公益を台無しにするかもしれない。評価の性質は、幾らかは対立を伴って沸き立ち、共に対抗して、危険にさらされる一方、本物を優位に立たせることで、偽物が忘却の中に沈んでいく度合いで形成されるので、むき出しの不変性によっては保証されない他の評価は、権威と力を身に帯びなければならない。

／征服だけでは偽りだから権威の失墜である、人間精神に対する力の絶対権が憎むべきことのように見えようとも、どのように証明するかは、私たちにはかけ離れたことである。たとえ私たちが大いに尊敬する理性と権威に命じられた温和と友愛の精神に反するように見えようとも、人間精神に対する力の絶対権は必要不可欠である。（編者注２）」（117-8.；一三七－八）

編者注１　「ピエトロ・ヴェッリの『ミラノ法制に対する頌詞』の一節から採録されている。《球状に渦巻く煙と炎から出てくる彼らのやわらかく軽やかな叫び声を聞くこと…。》」（*cit.*『犯罪』への補遺、ヴェントゥーリ、128.）以下、略。

編者注２　「初版によって完全に明らかになるように（189, r.18～190, r. 一二,本文と注）、この段落の大部分の対象は、むしろ意図的にぼかされているが、宗教と宗教的信仰である。（〈本文へのノート〉から分かる、268-71.）文章の慎重な偽装は、しかしながら、ファッキネイの非難からベッカリーアを保護するには不十分である。」以下、略。

40　効用に関する間違った観念

ここで、ベッカリーアは、「誤りと不正の源泉」である「立法者が形成する効用の間違った観念」を三つ列挙している。

（１）効用の間違った観念とは、個別の不都合を一般の不都合に、すなわち、意識を呼び起こすのではなくて感情に命令することを、論理に命じること、すなわち、服することに優先させることである。効用の間違った観念は、放火するからといって火を、溺れさせるからといって水を人々から取り上げたりするという、つまり、損害の埋め合わせにはその元を消滅させるしかないという、不都合か想像上のつまらない結果のために、無数の現実の利益を犠牲にすることである。」（119.；一三九）

（２）「効用の間違った観念は、感覚的な存在である大衆に、確実に力強く作用する目下の動機すら省みず、無機質の素材だけが耐えられる均斉や整然とした配置を与えることである。」

（3）効用の間違った観念の最後は、物事を名目の犠牲にして、公益を全個人の利益から分け隔てることである。そこに自然状態から社会状態への違いがある。自然人は、自分自身の利益になる限りでしか他人に損害を与えない（編者注1）が、社会状態の人は、時おり自分の利益にならないのに他人を侵害する悪法（編者注2）に動かされる。専制者は隷属民の精神に恐れと落胆を投げつけるが、それらは、もっと大きな力で跳ね返って彼の精神を苦しめるために戻ってくる。」（120.；一四〇）

最後に、ベッカリーアは、「効用の間違った観念の恐るべき帰結」を次のように予測する。

「恐れが孤立して家庭にこもっていればいるほど、恐れを自分の幸福の手段にしている人には危険はなおまだ小さい。しかし、恐れがすべての人々に知られ、大多数の大衆が行動するようになると、自分の目的に人々を動かそうとする無思慮、絶望的か大胆な抜け目ない人がますます容易にでてくる。彼らは、非常に心地よいうっとりするような感情に呼び覚まされて、危険な企てが多人数の人々に行きわたり、不幸な人々が自分の生存に与える価値は、彼らが耐え忍ぶ悲惨に比べて小さくなる。」（120-1.；一四一）

編者注1　「このようにルソーの未開人がもたらされる。《憐憫が、すべての健全な未開人に弱い幼児とか病弱な老婆から奪うことを思い止まらせるだろうし、自分自身で他所に自分のものを見付けられそうなら、自分の生活資料は、骨折って手に入れる。［…］自然の憐憫によって、他人を侵害することを自分自身で差し控える。》（*Discours sur l'origine et les fondemens de l'inégalité*, in: *Œuvres complètes*, vol.III,156 e 170.）」

編者注2　「《だから、徳に対する大抵の人間の怨恨は、その本性の堕落の結果ではなく、立法の不完全さの結果である。［…］人々の悪徳と徳は、つねに立法の必然的結果である。》（Helvétius, *De l'esprit*, III, 16 e 22）なお、EN.Vol.I の44の注1に引用された類似の一節も見よ。」

41　どうすれば犯罪は予防されるか

この章の内容こそが、ベッカリーアのみならず、全刑法体系の最終目的となるものであろう。

「犯罪は罰するより予防する方がいい。これが、人間を最大幸福と可能な限りの最小不幸に導く技術であるあらゆる優れた立法の主要目的である。[編者注1] そのことは、生活の得失を全部計算して語られる。しかし、今までに充用された手段は、提起された目的に対して大抵間違っていたし反していた。人間の騒然とした行動を不規則さや混乱なしに幾何学的秩序に変えることは不可能である。

／それでもなお、これは、手中の指揮権をもつ限られた人々の幻想chimeraである。多数のどうでもいい行動を禁止することは、生じるかもしれない犯罪を予防することにはならず、あらたな犯罪を創り出すことになる。そのことは、永遠のとか不変のとかくどくど説かれる徳と悪徳を、好みで決めることになる。犯罪を誘発するかもしれないことがすべて禁止されねばならないとしたら、私たちはどうなるのか。人は五感の使用まで奪われねばなるまい。」(121.:一四二) 行き過ぎた禁止措置は犯罪の予防には繋がらず、人間生活を不自然に窮屈にして、かえって犯罪を助長しかねないというわけだ。

「犯罪を予防したいなら、法律を明確、単純にして、国民の総力がその擁護に凝集されるようにし、誰一人法律を侵害する者がいないようにしたまえ。〈法律を人々の諸階級のためによりも人間自身のためになるようにしたまえ。〉人々が、法律を、法律だけを恐れるようにしたまえ。法律に対する恐れは有益であるが、犯罪を宿命的にし多発させるのは、人間の人間に対する恐れである。隷属的な人々は、自由な人々よりも淫蕩で、放縦で、残忍である。[編者注2]

／自由な人々は、科学、国民の利益に関して熟考し、大きな目標を想起し、それを見習う。しかし、今日に満足する隷属的な人々は、放蕩生活の喧騒の中で、目先の蕩尽《とうじん》にお慰みを求める。」（122.；一四三）

しかしながら、厳然たる実情に対して望ましい刑法制度を求めてやまないベッカリーアの苦悩は深い。厳しすぎる刑罰制度は避けるべきだが、「法律の不確かさ」は現実には致命的である。

「もし法律の不確かさが、淫蕩だが精力的な国民で生じるなら、彼らの活動を各人の心に不審の念を撒き散らし、裏切りや隠し立てを用心の基礎にする無数の細かいペテン cabale や詐欺に分散させるであろう。もしそれが、勇気があり力強い国民で生じるなら、その不確かさは、前もって、自由から隷属、隷属から自由へと大きく動揺しながら、最後には取り除かれるだろう。」（122.；一四三－四）

編者注１　「《…よき立法者は、罪を罰するより、むしろ予防することに意を用いるであろう。身体刑を科するより、むしろ習俗を確立することにつとめるであろう。》（Montesquieu, *Esprit des loix*, VI,9.；（上）一七四）」

編者注２　「事実《極端な服従は服従するものにおける無知を前提とするが、それは命令する者においてすらも前提となる。［…］専制的な国々においては、［…］知ることは危険であり、競争は有害であろう。さらに、徳については、アリストテレスによれば、奴隷に特有な徳が一つでもあるなどとは信じられていない。》それに対して、共和制諸国家では、こうである。《法律への愛、祖国への愛。この愛は、自分自身の利益より公共の利益を常に優先させることを求めるから、すべての個別的な徳を生み出す。》（Montesquieu, *ibid.*, IV,3 e 5.；（上）九三－四）」

42　学問について

本章で、ベッカリーアは、人間の知恵の結晶として法律に収斂する学問の意義を自由のあり方を中心に検討する。

「犯罪を予防したければ、理性の光が自由を伴うようにしたまえ。認識力から生まれる害悪は認識力の流布に反比例し、善はそれらに正比例する。つねに俗悪な人間ではない大胆な詐欺師は、無知な人々の崇拝をあつめるものの、啓発された人々のブーイングにあう。認識力は、対象の比較を容易にし、視点を倍増することによって、相互に修正される多くの感情をあれこれ対比させる。比較が容易になればなるほど、他人にも同じ視点と同じ反発が予想し易くなるからである。」(122-3.；一四五)

「学問が人類に常に有害だったということはない。そうだったとしても、人間に不可避的な害悪であった。(編者注1) 地表にいる多数の人間が、戦争を起こし、必要から生まれ、必要が失せればなくなる最も粗野な技芸、一時的な協定(編者注2)である最初の法律をつくった。これが、人々の最初の哲学であって、それのわずかな構成要素は、彼らの呑気さや知恵足らずが自分たちを誤りから保護したので、正義にかなっていた。／しかし、人間がますます増えるにしたがって、必要も増えていった。だから、ますます不幸になる社会状態以前への度重なる回帰を思いとどまらせるもっと強く、持続的な印象が必要になった。それで、偽の神の地に住みつき、私たちを統制する目に見えない宇宙を創造する最初の誤りが、人類への大きな利益（いわば、大きな政治的利益）になった。敢て人々を驚かし、無知で従順な者たちを祭壇に引っ張っていく人々が、人類に恩恵を与える者となった。(編者注3)」(123-4.；一四六)

ベッカリーアは、これが社会の第一期 la prima epoca であって、そこでは、認識力、もっと正確には世評は有害であった。

「第二期は、誤りから真実へ、底知れぬ暗黒から光明にむかう困難で恐ろしい移行のなかにあった。多数の弱者にとっての有益な真実に対する少数の有力者にとっての有益な誤りの計り知れない衝突、その折に呼び覚まされた熱情の接近と発酵作用が、惨めな人類に限りない損害を与えた。何がしかの合間の後、主要な時期に関しては、似通っている歴史を熟考する者なら誰でも、無知の闇から哲学の光明への、その帰結である圧制から自由への痛ましいが必要な移行で後を継ぐ諸世代の幸福のために、一世代全体が犠牲に供されたのを何度も見出したであろう。」(124-5.；一四七)

こうして、誤りに代わって、真実がはじめはゆっくり、やがて急速に浸透していき君主国の玉座に就き、さらに共和国の議会では、崇拝 culto と祭壇 ara を得るに至るとベッカリーアは説く。

「真実には至らない見解しかもてない人による不可避的な誤りという害悪に前もって付け加わるのだから、平均より劣る不明瞭な知識よりは、盲目的無知の方がましだとすれば、啓蒙された人々は、国民を、つまり自分自身を主権者にし、神聖な法律の受託者で番人にする最も貴重な贈り物である。真実を見ることとそれを恐れないことに慣れ、大部分の人間の徳を試す一度も十分に期待に応えたことのない大部分の世評の必要もなしに、もっと高い視点から人類を熟考することに慣れて、彼の前では、自国民は兄弟の家族になる。」(125.；一四八)

こうして、真実の確実な担い手を求めてやまないベッカリーアの結論は自ずと明らかになる。

「哲学者は、俗人には認識されない必要と関心をもつ。特に、暗がりの中で説教された諸原理を公共の光の中で翻すようなことはしない。彼らは、真実そのものを愛する習慣をもっているからである。そのような人々を選ぶことが国民の幸福を生み出すのであるが、もし優れた法律が、つねにはびこる誤った人選の可能性を減らすほど増えなければ、一時的な幸福でしかないであろう。」(125.；一四八)

編者注1 「これは、ルソーの『学問芸術論』*Discours sur les sciences et les arts* への論争的暗示である。すなわち、ベッカリーアは、「未開状態に関する考察」(cfr. EN.Voll. II, 284~92.)で、幅広くこの問題を展開することになる。(19)」

編者注2「社会契約に先立ち、人々が彼らの間で一時的な協定を結んだかもしれないという思想は、ロックによって主張された。《自然状態を終わらせる何の同意もない。しかし、人々が、進んで社会に入ることによってはじめて国家を構成する。人々が、彼らの間で生み出す他のあらゆる種類の契約や条約が、彼らを自然状態に残す。》(*Du gouvernement civil*, I,ii.)

しかし、ベッカリーアは、《人を強制せず、形成した一時的必要のかぎりで持続する何かの自由な連合体》に関して、ルソーによって主張されたことをここで再録しているように思われる。(Discours sur l'origine et les fondemens de inégalité, in : *Œuvres complètes*, Vol. III, 166.)」以下、略。

編者注3 「おそらく、以下のルソーの文章の模倣。《賢者たちが、普通人にむかって、普通人の言葉でなく彼ら自身の言葉で語ろうとすれば、彼らのいうことは理解されないだろう。ところが、人民の言葉に反《翻》訳できない観念は、沢山ある。あまりに一般的な見解、あまりにもかけ離れた対象は、ひとしく人民には手がとどかないものである。各個人は、自分の個別的利害に関係があるのでなければ、どんな政府案も好まないのだから、良法が課する永続的な不自由からえられるにちがいない利益を、容易に認めようとはしない。〔…〕こうして、立法者は、力も理屈も用いることができないのだから、必然的に他の秩序に属する権威にたよる。その権威は、暴力を用いることなしに導き、理屈ぬきにして納得させるようなものである。

このようなことから、あらゆる時代を通じて、建国者たちはやむなく、天の助けにたより、彼ら自身の英知を神々のものとしてほめたたえたのである。それは、人民が、自然の法則にしたがうのと同じように国家の法律にしたがい、人民の形成と国家の形成とのなかに同じ力〔がはたらくの〕をみとめ、自由な心で服従し、公共の幸福のクビキをすなおにうけるようにするためだったのである。

この崇高な理性は、普通の人々の手のとどかないところにあるが、立法者はその理性の決定を不死のもの〔神々〕の口から出たもののようにし、そうして人間の思慮によっては動かしえない人々を、神の権威によってひっぱって行ったのである。》(*Contract social*, II,7.：六五－六)。なお、『文体に関する探究』(EN.Vol.II, 161.)も参照。」

43　司法官

「犯罪を予防する別の手段は、法律の執行者会議が法律の腐敗によりもむしろそれの遵守に関心をもつようにさせることである。その会議を構成する人数が多いほど、法律に対する侵害の危険は小さくなるであろう。なぜなら、互いに監視しあうメンバーの金しだいの風潮は困難になっていくからで、自己の権威を高めることに関心が薄れるほど、主として企ての危険と比較される各人に属する分け前も減るからである。もし君主が、権力機構、壮麗によって、布告の厳格さ、抑圧されていると考えている人の公正・不正のいずれもの告訴の不許可によって、臣民に法律よりも司法官を恐れさすように慣らせてしまったなら、司法官たちは、自分と公共の安全を得られないということ以上にこの恐れを利用するであろう。」（125-6.；一四九）ベッカリーアが初版からこの章を設けたことが、当時いかに司法官の金銭ずくがはびこっていたかを物語る。

44　報償

本章は、EN.国民版でわずか七行しかない最も短い章であり、ベッカリーアが犯罪予防に対する報償措置に消極的であったことを暗示する。

「犯罪を予防する別の手段は、美徳に褒美を与えることである。(編者注1) この点に関して、私は、現代の諸国民の法律で全般的に沈黙が守られていることに気付く。」（126.；一五〇）

ようするに、ベッカリーアは、有益な真理の発見者に与えられる褒賞は、有徳な行為azioni virtuoseを増やすことに役立つとだけ言ってこの章を終えるのである。

編者注1「見られるように、《徳に大きな褒賞》を与える任務を立法者に委ねるという見解はエルヴェシウス（cfr. note 6 à 41 e 1 à 44.）にある。なぜなら、《刑罰と褒賞は、特殊利益を一般利益に結びつけるただ一本の紐帯だからである。》すなわち、賢明な立法者は、《立派な行為に付けられる褒章、および悪行に科せられる刑罰によって、［…］彼らの誠実と引き換えに支援のための個人的利益を与えて、市民に徳を強いるのである。》（*De l'esprit*, III,4.）」

45　教育

「最後に、犯罪を予防する最も確実な、しかし最も困難な方法は、教育を完成することである。教育はあまりに広く、私が定めた境界をこえた目的であり、敢て言いもするが、つねに公共の幸福のきわめて遠い先の時代まで、不毛でごくわずかの賢人だけが耕す畑ではないから、本来あまりにも政府の本質に関わる目的である。(編者注1) 自分を迫害する人々を啓蒙する偉人(編者注2)が、人々に真に有益な教育の主要原則が何かを詳細に見せてくれた。すなわち、それが、不毛な多数の対象よりも主要原則の選択と正確さから、偶然か作為かが若者の初々しい精神に提示する道徳的・物理的現象で、複製のものを元来のものに代えることから成り立つことを見せてくれた。」(126-7.; 一五一)

編者注1　「《人間を形成する技芸は、どの国でも政府形態に固く縛られていて、おそらく、国家の構造自体を変更せずには、公教育で何か重要な変更を行なうことはできないだろう。》(Helvétius, *De l'esprit*, IV, 17.) それは、『教育論』と題する著作の最終章で扱われている。」

編者注2　「あらゆる可能性から見て、J・J・ルソーを暗示している。『エミール』は、一七六二年にジュネーヴで公に焚書された。」

46　《恩赦について》＊第五版で増補

「《刑罰が甘いものになるにつれて、寛容と赦免の必要は少なくなる。そうであることが致命的になる国民はなんと幸いなことか。だから、時おり君主にとって彼のすべての義務の補足であった美徳である寛容は、刑罰が甘く裁判手続きが規則的ですばやい完全な立法では排除されねばならない。この事実は、法律の不条理と刑罰の残忍さに比例して、赦免と恩赦が必要である刑事制度の混乱の中で生きている人には厳しいように思われるであろう。恩赦は、君主の最も美しい特権であり、統治権の最も望ましい属性である。」(127.; 一五二)

すなわち、ベッカリーアは、時として犯罪者に「寛容や恩赦」が実施されるのは、現実社会では完全な法律が制定されてもいず、刑罰が適正に科されていないからであると言う。だから、法律の厳正な適用が不可欠であることも確認する。

「しかし、寛容は立法者の美徳であって、法律の執行者のではない。寛容は、法典で輝かねばならないのであって、もはや個別の裁判でではない。それは、犯罪が容赦されること、刑罰は必然的結果ではないことを人々に示すことである。そうして、刑罰免除の甘い期待を誘発し、刑罰が許されるかもしれないから、許されない刑罰は、正義の発現よりもむしろ腕づくの暴力であると信じさせることである。」(128.；一五二－三)

「だから、法律は峻厳なものであり、法律の執行者は個々のケースで峻厳であるが、立法者は、穏やかで、寛大、人間的である。賢明な建築家は、自己愛の基礎の上に自分の建築物を聳《そび》え立たせるであろう。一般利益は、各人の利益の結果であろうし[編者注1]、不公平な法律、混乱を極めた対策によって、いつでも公益を個々の利益から分離し、民衆の救済の幻影を恐怖と疑惑の上に立ち上げることを強制されるものではなかろう》」(128.；一五三)

編者注1　「エルヴェシウス：《一般利益、それは個別利益全部の集合である。》(*De l'esprit*, III, 4.) 類似の示唆を、ベッカリーアは、すでに、四〇章 (cfr. 120.) で、特に二八章 (cfr. 86. e nota 3) で提示した。」

47　結論

最後に、ベッカリーアは、文明発展論的文脈の中で、近代市民社会の刑罰のあり方を論ずる。

「刑罰の大きさは国民の状態そのものに対応していなければならないという、ひとつの考察を本書の結論とする。未開状態をやっと出たばかりの人々の硬直した精神に対する印象は、非常に強烈で感覚に著しく響くものでなければなるまい。銃撃に向かってくる獰猛なライオンを倒すには雷の一撃が必要である。しかし、精神が社会状態の中で穏やかになるにつれて、感受性が高まる。そうなれば、対象・感覚間の関係を確実に維持したいなら、刑罰の強さは弱

められねばならない。」(128.; 一五四)

ベッカリーアは、この「感受性の高まり」や「対象・感覚間の関係」の人間の五感への影響について、次著『文体に関する探究』で詳述することになる。

「これまでに知られたことから、非常に有益な一般的定理が導き出される。しかし、諸国民の最も普通の立法者は、ほとんどその慣例に準じていない。すなわち、〈あらゆる刑罰は、私的な市民に対して一人か多人数の暴力にならないためには、本質的に公開、迅速、必然的で、所与の状況で、犯罪に見合った、法律に命じられた可能な限りの最小限度のものでなければならない。[編者注1]〉」(129.; 一五四)

編者注1　「本書が結論とする《定理》は、字句でベーコンの一節を想起させる。(*De dignitate et augmentis scientiarum*, VIII, 3, aph.7.)」

おわりに

今や「刑法学の聖書《バイブル》」[20]と言われるベッカリーアの『犯罪と刑罰』の初版は、一七六四年七月に匿名で出版された。[21]さらに同年中に第二版が、六五年三月には増補改訂した第三版が出版された。この間、バッロンブローザ修道院の修道士フェルディナンド・ファッキネイの「『犯罪と刑罰』と題する書物についてのノートと考察」(*Note ed osservazioni sul libro intitolato dei delitti e delle pena*, 1765)での「イタリアのルソー、社会主義者、ペテン師」というあらぬ非難を受けたこともあったが、ベッカリーアの『犯罪と刑罰』は、ピエトロ・ヴェッリの父ガブリエーレ Gabriele（1695～1782）が旧刑法制度維持の強硬な主張者であったミラノ上院は除き、イタリアはおろかヨーロッパ全域で概《おおむ》ね好評をもって迎えられた。

しかし、『犯罪と刑罰』がイタリア語版だけに止まっていたら、ベッカリーアは、世界で罪刑法定主義の主唱者、刑罰制度近代化の先駆者としての評価を得ることはできなかっただろう。ベッカリーアにヨーロッパ的名声を与えることになったのは、ダランベールなどの協力を得たアンドレ・モルレの一七六五年末出版のフランス語訳であった。この翻訳はイタリア語三版を底本とし、前記のように章別編成を異にするものであったが、モルレとの手紙のやり取りから明らかなように、ベッカリーア自身がこの変更を容認している。この事実は、主体性を二の次にしてもベッカリーアのヨーロッパ的デビューへの野心と無関係とは言えないであろう。

一方では、F・ファッキネイの非難に対して、自分のことのように激しく反論したことから明らかなように、『犯罪と刑罰』の編成に深く関わったヴェッリ兄弟にしてみれば、こうした「配慮」によって、後に名声がベッカリーア一人に集まったことは、穏やかならぬ心境を生んだであろう。ことにパリでの啓蒙主義者との邂逅の際にも、気の効

三版さし絵

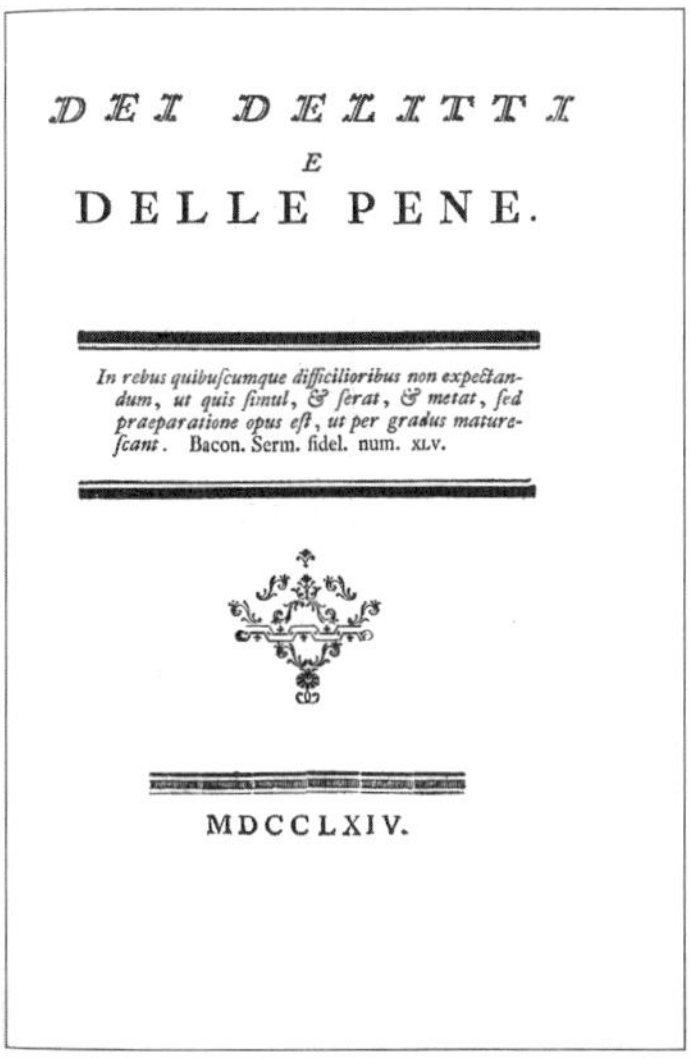

DEI DELITTI
E
DELLE PENE.

In rebus quibuscumque difficilioribus non expectandum, ut quis simul, & serat, & metat, sed praeparatione opus est, ut per gradus maturescant. Bacon. Serm. fidel. num. XLV.

MDCCLXIV.

初版表紙

かないのろまなベッカリーアは、『犯罪と刑罰』への「拳の会」のメンバー、とりわけ、ヴェッリ兄弟の親身な協力の事実について彼らに紹介することもなかったであろう。こうした葛藤が、パリ旅行を境とする両者の友好関係の亀裂を画した一因であると推測できる。[22]

そうした角逐に先立つ時期の一七六六年三月に第五版が出版された。ベッカリーアは、この版で「『犯罪と刑罰』の序文にあたる「読者に」および第一七章「国庫について」、第四六章「恩赦について」を追加し、さらに既存の章にも、長短一三個所の書き加えをおこなっている。第五版での増補部分は、量的にいうと、第三版の約一割半にあたる。」[23] この版は、最もベッカリーアの独自性を示すものであり、後のイタリア語版系統の決定版になる。

ベッカリーアは、『犯罪と刑罰』第五版の「読者へ」で、まず、なお現行法のもとになっているローマ法、ロンゴバルドの慣習を、「最も野蛮な何世紀にもわたる排水」として退け、あるべき法の根拠を「公共の福祉」を実現しうる「最大多数に分け与えられた最大幸福という観点」におくと述べている。ベッカリーアは、近代の社会契約論と功利主義原理を近代市民社会の秩序原理の前提と考えているのである。すなわち、ベッカリーアの刑罰理論は、中世以来の野蛮刑の名残である拷問の廃止と、死刑に代わる終身懲役刑の主張で不滅であることはもちろんだが、単に封建身分制秩序を打破した諸個人の利害関係の整合性だけでなく、刑法理論の枠をはるかに進み出て、近代の社会秩序全般の形成をめざす内容も含んでいた。

しかし、ベッカリーアが、新しい社会秩序を形成する意図を現実のものにするためには、『犯罪と刑罰』で検討された刑罰理論の枠をこえて、さらに、近代市民社会形成の前提となる諸個人の自律的勤勉によって、犯罪の原因である貧困の除去を可能にする別種の科学、経世の学としての経済学の構築が必要であった。

第一部　注

（1）「嫁資」については、さしあたり次のものを参照。清水廣一郎「家と家を結ぶもの　中世イタリアの嫁資」（『社会史研究』日本エディタースクール出版部、一九八五年、八八〜一五三ページ所収）

（2）EN.Vol.IV, Beccaria àd André Morellet, pp.219~28, pp.220.68.（Milano, 26 gennaio 1766）

（3）*ibid.*, p.222.

（4）Franco Venturi, Settecento riformatore L'Italia dei lumi（1764-1790）1987, pp.433-4.

（5）EN.Vol.IV, *op.,cit.*,p.224.

（6）この論文の末尾にはA・の頭文字がある。EN.編者注1「この頭文字Aは、Alessandro Verriの作であることを示唆するだろうが、誤植である。」B.B.版のFrancioniも「序文」でこれにふれ、誤植と認めベッカリーアの作品であることを確認している。p.CXXVI.

（7）Giuseppe Armani, p.XI.

（8）Bousquet, Giorges-Henri［1960］*Esquisse d'une Histoire de la science economique en Italie, des Origines à Francesco Ferrara*, Libraire Marcel Riviere et Cie, Paris.（橋本比登志訳『イタリア経済学抄史』嵯峨野書院、一九八三年）。pp.43-4; 九一ー一二ページ。

（9）Esopo（イソップ、アイソポス、前六世紀頃のギリシャの寓話作家）、Fedro（ファイドロス、前二〇頃〜後五〇頃、ローマの寓話作家）。なお、EN.Vol.II, p.48. 編者注（1）も参照。

（10）Carlo Cattaneo, *Scritti Politici*, p.389.

（11）Luigi Firpo, Cesare Beccaria, *Dei delitti e delle pene*, Strena UTET,Torino,1965, p.13.

（12）*Carteggio di Pietro e di Alessandro Verri*, a cura di Emanuele Grippi e di Alessandro Giulini, Vol.I, Parte I. Ottobre 1766-Luglio 1767.Milano, Casa Editrice L.F. Cogliati, 1923, p.1

（13）EN.Vol.IV, André Morellet à Beccaria（con una postilla di d'Alembert）182~199, 60.（Parigi, 3 gennaio 1766）A・モルレは、「援助を得てソルボンヌの神学部に学ぶ道をとることになる。しかしありきたりの聖職者にはならず、啓蒙思想の流れに飛びこみ、一七五〇年代に『百科全書』の神学関係の項目を」執筆した（石田、前掲書、一一二ページ）。

（14）現代世界への『犯罪と刑罰』の広範な普及ぶりは、*Cesare Beccaria and Modern Criminal Policy*（1990）収録のベッカリーアの刑法理論に関する英・仏・伊・西語による「世界各国からの寄稿」から見て取れる。これらの「寄稿」も、確認はできないが、イタリア語第五版ではなくイタリア語第三版を基礎にしたモルレ・フランス語版に依拠したものが多数あるように思われる。以下、寄稿者名と国名を記しておく。

「中東」　Ahmed F. Sorour（エジプト）、M.Zeid（サウジアラビア）
「アフリカ」　Adedokun A. Adeyomi（ナイジェリア）
「西ヨーロッパ」　Inkeri Anttila（フィンランド）、Luis Arroyo Zapatero、Antonio Beristain、Francisco Buenos Arus、Roberto Martinez Perez、Miguel Polaino Navarrete（スペイン）、Jorge De Figueiredo Dias（ポルトガル）、Pierre-Henri Bolle（スイス）、Francesco Forte（イタリア）、Joseph Haussling (R.F.A.)、Marie Mavrommati、Constantin Vouyoucas（ギリシャ）、Reinhard Moos（オーストリア）、Alvar A. Nelson（スエーデン）、Jean Pradel、Louis Edmond Pettiti（フランス）、Hengel Rostad（ノルウェー）、Simon A.M. Stolwijk（オランダ）、Francoise Tulkens（ベルギー）、
「イギリス」　Leonard H. Leigh (U.K.)
「北アメリカ」　Michael A. Defeo (U.S.A.)
「オーストラリア」　Richard W.Harding
「アジア」　Kuniji Shibahara（日本）、Hira Singh（インド）、Shutong Yu、Huang Feng（中国）
「東ヨーロッパ」　Ljiubo Bavcon、Zeljko Horvatic、Dorde Ignjatovic、Zvonimir Paul Separovic（ユーゴスラビア）、Eric Buchholz (R.D.A.)、Jacek Kurczewski（ポーランド）、Felix M.Reschetnikov (USSR)
「南アメリカ」　Nodier Agudelo Betancur（コロンビア）、Lolita Aniyar de Castro（ヴェネズエラ）、Bernardo Beiderman、Eugenio Raul Zaffaroni（アルゼンチン）、Paulo Jose Da Costa（ブラジル）(pp.153～445.)

(15) E・ギボンは、『ローマ帝国衰亡史』(七)第四四章で、ローマ法の根本概念に触れて言う。「罪・悪徳・犯罪、これらは神学・倫理学・法律の対象である。これら三つの判断が合致する場合には、互いに確実にし合うのである。しかし、意見を異にする場合には、賢明な立法者は社会的害傷の尺度に準じて罪と罰とを評価する。この原則において、一私人の生命財産への最も大胆な攻撃も、国家の尊厳を侵害する反逆罪または謀反罪にくらべれば甚《はなは》だ軽微と判定される。」(岩波文庫、一四二ページ)「あまりに残忍な見世物」はローマ法の根本概念にすら悖《もと》るであろう。

(16) 小林昇は、モンテスキュー『法の精神』の歴史的意義を炯眼にも次のように指摘している。「モンテスキューの『法の精神』(一七四八年)は一八世紀の中央に聳立《しょうりつ》する社会科学の巨編であった。経済学がまだ法学の一部であり、しもべであったこの時代においては、やがて前者の独立を果たしたアダム・スミス『国富論』(一七七六年)といえども、急速な普及という点では『法の精神』に比肩しうべくもなかった。したがって、一八世紀後半における西欧の社会科学史は、『法の精神』の継承および批判という視点を軽視して描くことは許されない。」さらに、「モンテスキューの思想と学問とは、その保守主義的基盤にもかかわらず、それが蔵する混沌と矛盾とのゆえにかえって、現代になお生命を保っており、この生命力の点ではルソーと双璧を成すといえよう」(『小林昇経済学史著作集

X　J・スチュアート新研究』、未来社、一九八八年、一三九ページ）と。

　だから、ベッカリーアはじめ、拳の会の面々が『法の精神』を耽読したのは当然だったし、EN.Vol.I, の編者注7の指摘どおり、『犯罪と刑罰』への反映も抜群に多様である。

（17）J・ベンサムは「快楽と苦痛の価値計算について、『この原理の最初のヒントを得たのは、ベッカリーアの犯罪と刑罰に関する小論文からであった』と言っている」（山下重一訳『道徳および立法の諸原理序説』（以下『序説』と略）、中央公論社『世界の名著』38、一九七七年、一一五ページ、訳者注（一））。なお、訳者は、その根拠として、本書の引用文の箇所をA・モルレ、フランス語版『犯罪と刑罰』第十六章としているが、イタリア語第五版では第二八章になる。ベンサム自身が、実際にどの版を利用したかは不明。

　さらに、訳者は「これは死刑廃止論の一節であるが、ここにベンサムが快楽と苦痛の基準とした七条件のうち、強さ、持続性、確実性、遠近性の四つが明白に示されている」と注釈している。

　さらに、ミッシェル・フーコーは、『監獄の誕生』第二部第二章「刑罰の穏やかさ」で、フランス革命時に制憲議会議長だったシャブルー Charles Chabroud（一七五〇〜一八一六）の『祖国を裏切った場合にも閉じ込められ、父親を殺した場合にも閉じ込められるわけであり、想像しうる一切の犯罪〔デリ〕は、まったく画一的なやり方で処罰される。私はどんな病気にも同じ治療を加える医者を見ている思いがする』（同書、一三五ページ、注（三一）、『議会古文書』第二六巻、六一八ページ）という述懐を紹介し、さらに続ける。

　「フランスだけに限られない速やかな交替。他の一切は同じだと度外視した場合、この交替は諸外国にも見出される。たとえばエカテリーナ二世は『犯罪と刑罰についての論考』が公刊される（一七六四年刊）や数年後に《新刑法典》草案を作成させるが、その場合、刑罰の種別性と多様性にかんするベッカリーアの教訓は忘れ去られたのではなく、ほとんど逐語的に採りいれられている。すなわち、『犯罪法が個々の刑罰を個々の犯罪〔クリーム〕の個別的な性質から引出すさいには、市民的自由の勝利となる。そうなると、専制の一切は停止し、刑罰はまったく立法者の恣意にではなく、事態の性質にもとづくわけであり、人間に暴力を加えるのは、まったく人間ではなく、人間の行為じたいとなる。』（注（三二）、エカテリーナ二世『新刑法典草案の起草委員会のための訓令』第六七条）」（一二一ページ）

（18）カッターネオは、「将来のイタリア立法における死刑について」という論考で、一七六一年一月三〇日トスカーナ大公国での新刑法第五一節を引用しながら、以下のように指摘している。「〈我が国の事件以来（すなわち、一七六五年来）、我々は、主要義務の一つとして、刑法の吟味と改革を検討する。…我々は、裁判所への訓令や命令と個別の布告で厳格さを臨時に緩和することに努める。それらによって、死刑、拷問、行過ぎた不相応な刑罰は廃止された〉と、さらに、一七八六年の改革では、〈いかなる犯行者に対しても永久に死刑を廃止し、死刑は、極度の過酷な体刑の名目で終身労役刑に代えられ、しかも、しばしば、同情に変質する一時的恐怖ではない持続的な見せしめに役立った。〉これらの文言は、ほとんど文字通りベッカリーアの著書から採られた」（*op.cit.*, p. 389.）と。

（19）ベッカリーアは、「諸国民の野蛮と文明および人間の未開状態に関する諸思想」*Pensieri sopra la barbarie e coltura delle nazioni e su lo*

stato selvaggio dell'uomo の冒頭箇所のの第二段落で、「私は、言葉を定義することをどこでも遮られたが、この唯一の手段で、不安定で不確実な科学を正確で持続的な科学に、悪党の口実と血と悲惨の制度を国民の友愛的な科学で人類の保護者にすることを期待できる」(**EN.Vo.1.II, p.284.**)と言っている。

(20) 石井、九八ページ。なお、詳しくは、内田博文「『犯罪と刑罰』の意義」第三章「『犯罪と刑罰』のバイブル化――「理論的な物の歴史化」――」(東京刑事法研究会編『啓蒙思想と刑事法』勁草書房、四三〜四八ページ所収、参照)。

(21)「初版は、著者名も印刷所、発行所等も一切存在しない。中を開けば、目録もなければ章節もなく、序節も本文ものべつ幕なしで百四頁が一気に書き下されている。ただ、ところどころらん外に小さな見出しがついている。」(風早野八十二・五十嵐二葉訳『犯罪と刑罰』(岩波文庫)、「拙訳台本について」、二〇〇―一ページ)各版の出版事情については、堀田、前掲書、一五九―一六〇ページ。さらに、小谷、訳書、「『犯罪と刑罰』のテキスト問題」一八一〜八九ページ、参照。

(22) ヴェントゥーリは、ピエトロ・ヴェッリのベッカリーアに対するその後の対抗意識の発露を以下のように記している。

「『犯罪と刑罰』が出版されたリヴォルノの同じ印刷所から、ピエトロ・ヴェッリの『経済学に関する熟考』***Meditazioni sulla economia politica*, 1771** が出版された。他のどの作品にもまして彼の世代と時代の要請に応えた傑作であった。経済学研究では、ヴェッリは、経済最高委員会、現物納入、徴税請負、とりわけ、ミラノ食糧管理政策に対する争いでの最近五年間の自分の経験全部を凝縮しようとした。野心、ライヴァル意識が彼を駆り立てた。ベッカリーアは、世界中で有名であったが、彼はそうではなかった。ベッカリーアは経済学 **l'economia politica** を教えていた。ベッカリーアに対して、彼は、うまくいかなかったが、穀物取引の自由に関して反論せざるを得なかった。『ミラノ公国の貿易収支』***Bilancio del commercio dello Stato di Milano*** の何部かの見本を印刷させるという彼によってなされた企てが、自分のキャリアの芽を摘む危険をうんで以来、彼はもう多年にわたり一冊の本も出版しなかった。ベッカリーアに対する彼の復讐 **rivalsa** は明らかになったろう。《公共経済学の教授に対する私の復讐 **vendetta** は、彼にそれを教えることである。》(一七七〇年一〇月一〇日のピエトロのアレッサンドロ・ヴェッリへの手紙)」Venturi, *op.cit.*, p. 511.

(23) 堀田、一六〇ページ。

補論　『文体に関する探究』

はじめに

ベッカリーアが、『犯罪と刑罰』で旧来の刑罰理論の根本批判をとげるとともに、野放図な諸個人の利己心の抑制を通して近代市民社会における公共の福祉の実現をめざす意図をもっていたことは明らかである。しかし、彼は、『犯罪と刑罰』の刑法理論の範囲に止まり、社会秩序の維持だけをめざしている限り、その目標達成は不可能であることを認識していたし、その目標達成に必要な別の知識も気力も備わっていた。[1] そのために、啓蒙思想家ベッカリーアにとっては、来るべき近代市民社会のまだ見ぬ主体形成を展望することが当面の課題となった。ベッカリーアのその課題解決の糸口を知るためには、彼がミラノ王室学校で官房学を講じ始めた時期に書いた、法律学にも経済学にも無縁のように見える『文体に関する探究』（一七七〇年）の内容を検討しておく必要があろう。本書は、ベッカリーアが、ダランベール **Jean Le Rond D'Alembert** の『文学、歴史、哲学の雑録』*Mélanges de litterature, d'histoire et de philosiphie* 第五分冊（一七六七年の日付で、一七六六年末に出版）の内容を逐一焼き直すかたちで、『ヨーロッパ文芸抜粋』*Estratto della Letteratura europea*（ガレアッツィ **Giuseppe Galeazzi** によってミラノで発行された季刊誌 **trimestrale**）に一七六七年から六八年にかけて発表した「ダランベール雑録第五分冊抜粋」（EN.Vol.II, 313～46.）などに見られるように、『犯罪と刑罰』以後にも学び深めた近代感覚論的構想のもとに、前出の『カフェ』掲載の「文体に関する断章」の内容を一新

コンディヤック

して大幅に書き広げたものである。

ベッカリーアは、近代社会における公共の福祉の実現の前提として、封建的諸関係の解体と新たな社会を担う主体形成が急務であることを認識した。そのためにベッカリーアは、本書の「読者へ」で、その主体の「真の源である人間本性の中に政治的・経済的真実をさがして」、まず「善良、効用、美の諸科学である道徳、政治、美術」という「諸原理の一つの幅広い同一性をもつ諸科学」(編者注1)にたどり着いたと、さらに「これらの科学は、すべて唯一の原初的科学、すなわち、人間学scienza dell'uomoから派生した」(編者注2)(EN.Vol.II, 71-2.)と言う。

ベッカリーアは、まずジョン・ロックが「人間精神と全科学」の「偉大な建造物を建てはじめ」、「おそらく、今世紀の数学者の中で最高の人物、哲学者である」ダランベールが、「精神の哲学」を『百科全書』の「雄弁術」で取り扱い、コンディヤック(2)が、「私たちの能力の中に、私たちの理解や感じ方の中に、良い趣向buon gustoの起源と法則、人間本性であるかのような不変の法則を探しはじめた」ことに同意し、「善の知識、すなわち、善の感覚は、それらの完全な実施への最も確実な素因である」(74.)と説く。

こうしてベッカリーアは、人間に本来備わる感覚にもとづいて美や善の認識を喚起し、雄弁術と文体の訓練を通じて人間精神の覚醒を図ろうと試みるのである。

編者注1 「類似の概念はコンディヤック『感覚論』で表現された。《善と美は相補的に適合する。》すぐ別の箇所で、《効用は善と諸物の美に寄与する。》(IV,III, 4-5);モンテスキューも参照。『趣味論』(『百科全書』Vol.VII, 1757.)に《したがって、美、善、快感などの源泉は、我々自身の中にある。その理由を求めるなら、我々の魂の快楽の原因を求めることになる。》(71.)」。

編者注2 「すでに、『犯罪と刑罰』で《人々の不変の感情が共謀することによって》もたらされるこの科学における《公正と快楽の技芸》と政治の間の対比があった。」(EN.Vol.I, 77.)

序論

「私の目的は、雄弁術や詩情全体の命令を与えることにはなく、主として発明の競争者で最も偉大で重要な真実、すなわち、表現あるいは文体を永続化するものである、これら二つの技芸の分野をめぐって論じることだけである。もし私の努力が、文体について語って、そのような問題に新たな光を撒き散らさなかったとしても、少なくとも、イタリア人の精神を揺さぶり、偉大な巨匠たちが私たちに隠したその秘密を発見しようとする燃えるような悩みに向けることに役立つだろう。

／そうしてこそ、見事に書くことに責任がある限り、これは自然の賜物ではなく、何かの原理や不変の基準によって導かれる芸術の研究であることを、私の読者に少なくとも一部は納得させたと信ずる。」(80.)

まず、ベッカリーアは「表現、文体の永続化」が「最も偉大で重要な真実」であり、「見事に書くこと」は「自然の賜物」、才能ではなく「芸術の研究」の成果であると言う。すでに、ベッカリーアが、一七六四－五年に『カフェ』に書いた「文体についての断章」が、本書の雛形だとすれば、その文明史的文脈からして、文明的実質の最たるものである芸術の与える恩恵が社会にしだいに浸透、普遍化していくということにほかなるまい。

Ⅰ　一般原理の説明

ベッカリーアは、「文体の名の下に言葉で表現する方法が、私たちの精神を共通に理解する」という。したがって、「あらゆる議論は一連の観念に一致する一連の言葉である。あらゆる議論は一連の理路整然とした響きである。だから、あらゆる文体の違いは、あるいは、観念の違いから、あるいは、代表的な響きの違った連続からなる。観念の違いは、あるいは、同じ観念かそれらが準備した順序か、あるいは、一方と他方が同時であることからなっている。」(81.)「私は、単に必要であるそれらを観念あるいは観念のための主要な感情 sentimenti principali と呼ぶ。」「私は唯一必要であり、力を増し印象を強める主要なものに付け加えられるそれらの観念と感情を付随観念か感情 idee o sentimenti accessori と呼ぶ。」

「それらの一致した言葉で構成され、発表される主要観念か感情は、文体を構成しない。だから、文体は、あらゆる論議の主要なものに付け加えられる付随観念か感情から成立する。私たちの観念か感情のすべては、単なる感覚 sensazioni から発生するものと考えられ、人間の五感かそれ以上の感覚になり、内部的か外部的なものになる。」(編者注1)(3)(82-3.)

こうして、ベッカリーアは、「文体の美」における「主要感覚」sensazioni principali と「付随感覚」sensazioni accessori の関連を述べる。「感知できるものの快楽は、感覚を通じてでなければ人間精神には感じられない。だから、文体の美はそれらが表現されることに、それを示す言葉が精神をかきたてる感知 risentimento に直接依存することになる。だから、文体は、主要感覚に付け加わる付随感覚から成り立つ。」(83.)

ベッカリーアは、言葉、文体の美を形成する感覚間の関連のさらなる探求にすすむ。

「だから、私たちのすべての探求とすべての検討は、感覚自体とそれらの結合をめぐってなされねばならない。言葉は、多かれ少なかれ、主としてそのような感覚か感覚の直接の挑発者として検討されねばなるまい。

基本感覚が連合し、それらの間で集められるにつれて、注意attenzioneが抵抗し、対象すべてのエネルギーが後を追うまで快楽が増加する。しかし、多様だが確実で感じるあらゆるものに固定された限界をこえると、感覚そのものの包み込みが快楽そのものを減らす。対象の諸側面の多重性は弱々しく暗くなり、頼りない注意に示される。[編者注2]」(85.)

編者注1　「用語は感覚論の基準的なものである。このように、外部的と内部的への諸感覚の分割《熱情、注意、想像力、記憶》は、『百科全書』(Vol.XV.,1765)のために、ルイ・ド・ジョクールLouis de Jaucourtによって執筆された〈感覚〉の項で確認できる。根本的部分は、認識活動での感覚にあてられるべき部分である。すなわち、ベッカリーアは、『探求』ではコンディヤックの方法から離れていないが、ロック、ヒューム、特にダランベールから用語体系と定義を引き出している。」(83.)

編者注2　「《器官は明確には一定数の感覚しか把握できない。精神も一度には一定数の観念しか比較できない。あまりに多数だと混乱する。だから、それらは快楽を、したがって、ものの良さと美をそこなう。》コンディヤック『感覚論』IV,III, 7.」

ベッカリーアは、明らかにコンディヤックの『感覚論』にしたがって、感覚過剰の顛末《てんまつ》を、以下のように説明する。

「感覚の数が多ければ多いほど、自分の内部でうなるのを感じる弦cordeの数が多くなるのを感じるために、主要観念をめぐって光り輝き、読んだり聞いたりする人には、快楽が多くなる。／しかし、一定数をこえれば、それに提示されたあらゆる新たな印象に従おうとする注意を抑えて、疲れて不確かに最も関心のある幾つかに立ち止まることになる。すなわち、他のすべては、知覚できないまま残って、感覚と快楽を遮断することになり、そのような遮断は、不快に感じられざるを得ない。」(85-6.)

観念と対照について

Ⅱ　表現された観念と単に示唆された観念について

ベッカリーアは、ふつうの「読み聞く人の想像力」の形成に関して、表現されたり、示唆されたりする多くの観念の間にある関連を検討する。

「提示される多数の付随観念のうち、私たちは、表現されるためにどのように選択し、単に目覚めさせられるためにどのように蓄えるのか。第一に、相互に間違いなく目覚めさせられる多くの類似の付随観念とそれらの間のきわめてよく似ているもののうち、一つだけが表現され、他はそっとしておかれる。なぜなら、もし全部が表現されれば、各々の表現は他の表現全部を反復して、過剰で冗漫になり、嫌気、倦怠、時間の浪費を生み出すだろうからである。」(97.)

したがって、前章末で指摘したように、表現される観念は過剰だと感じられないほどに限られねばならない。

そうした前提が守られれば、「表現された付随観念が大きく強くなればなるほど、黙示的だがそれらによって必然的に目覚めさせられる観念もますます多くなるであろう。なぜなら、前者の効果が、全部の関心に偏見を抱かずに、非常に急速な飛翔によって表現されなかった観念を抱擁するために突進する注意を集中し強めるからであり、もっと大きく強くなるにつれて、諸観念の考察にもっと多くの時間を充てざるを得なくする私たちの精神の法則が明らかにされるので、もっと大きく強い表現が、読み聞く人の想像力を安定させるからである。」(98.)

Ⅲ　物体の観念と道徳の観念について

本章で、ベッカリーアは、感覚器官自体が直接に受けるイメージの表現と思考の媒介をへた表現、すなわち、道徳感情を意味する表現の関連とその帰結を述べる。

「文体の構図 tessitura dello stile に役立てられる多数の感覚全部は、二つの主要なクラスに分けられる。すなわち、物体 oggetti fisici を示すイメージの表現と思考される存在の快楽か苦痛の感情表現 espressioni di affezioni、あるいは、道徳感情 sentimenti morali である。

／ここでは、私たちの感情や熱情の印を示す表現と道徳感情を意味する表現を混同してもらいたくない。たとえば、悲しみの無言のうめき、注意深い瞑想と虚栄心の強い研究者、愛人の従順な、いかがわしい無思慮な眼差しは、これらの熱情の外的、物質的外観の表現である。しかし、私が、悲しみ、虚栄心、愛と言う時、各人の内的熱情を表現しており、人間活動の是認か否認、功績か落ち度を指摘するそれらすべてのように、なお〈正義、名誉、法〉や類似のことのように、指摘する言葉は道徳的な言葉である。

／すなわち、これらの言葉すべては、明らかに物的活動の、したがって、感情の全体を指摘するが、私がそのような行動を考える限りで証明する感情に関係をもつ。原因となる観念を受け入れる前に、道徳的な言葉が観念を意味する言葉を目覚めさすことが必要である。そこから、道徳性、すなわち、是認か否認の感情が明らかになる。」(101.)

さらに、ベッカリーアは、見えるか聞ける単なる物的対象の限られた印象に対して、道徳的形容辞がいかに「多様な感覚を目覚めさせ」、文体の美を増加させるかを指摘する。

「道徳的形容辞 aggiunto morale が、物的対象 oggetto fisico よりもいかに美を増やすかを確信するには、快楽とか苦痛とかいう単純な愛着 affezioni ではない道徳感情がこみ入ればこみ入るほど、感覚への関連を弱めることを第一に考察しなければならない。なぜなら、見えるか聞ける物理的現在の感覚に集められる印象総体を明白に知覚させるだけなので、それらのこみ入り方がそのような感情の元になる諸要素の明らかさと違いを消させるからである。結局、まさに現実的には、単純な愛着よりも多量に、事物のイメージや愛着よりも多くなる。したがって、道徳的形容辞は印象を大量に増やし、同時に、私たちの中に新たなもっと多様な感覚を再び目覚ますだろう。」(103.)

Ⅳ　対照について

本章で、ベッカリーアは、文体の美を増やす手段として文体相互間の「対照」contrastoを検討する。

「文体のための美の主要源泉の一つは、それらの間の対照である。しかし、どうすれば諸観念を対照できるか。二つの対象を互いに対照する。すなわち、第一は、互いに排除しあうなら、一方の存在は他方の存在を排除する。第二は、これらの対象が極めて離れていたら、ますます、それらの間は極端である。文体について言えば、これら二つの場合には互いに対照される二つの観念が比較される第三の観念が仮定される。」(106.)

ベッカリーアは、この「第三の観念」は、「想像力」immaginazioneの作用によって、分散していた「注意」attenzioneの役割を復旧することに役立つと言う。

「対照は、想像力にとって好ましい。なぜなら、私たちの感受性をますます占有し、対照を示唆する比較の観念に助けられて、同時に、対立するかそれらの間の極端に違った観念をつなぐ中間観念idee intermedieが急速に現れる対照的な付随観念の間に、通過する注意をいとも易々《やすやす》と回復させるから。[編者注1] だから、あらゆる文体の根本原理、すなわち、それらの間を組織できる諸感覚の極限を得ることになる。

直接に諸感覚を示す表現間の対照は、常に想像力に好ましい。なぜなら、二つのイメージの表現は生き生きして明白になり、対照的な観念間の隔たりが連結する中間観念を示唆するからである。」

しかし、ベッカリーアは、「注意」が多くの観念に分散しすぎると、そのために道徳的表現が弱められ、対照による文体の美を損なうことになるとも言う。

「しばしば、諸感覚の直接表現と複雑なあるいは道徳観念の表現の間の、すなわち、もしまず、対照する諸観念の一つ、物的表現が生き生きし光り輝いていて、そのモデルの簡潔さと確かさを考慮すれば、注意が多くの観念に分かれ散らばっていて、道徳的表現が弱いために他の諸表現が精神を目覚めさせないなら、現実の観念が私たちの空想を目覚めさせられない表現の対照は、冷淡で不快になる。対照は現れないし、精神もあるものから他の物へ急速に飛躍できない。」(108.)

だから、ベッカリーアは、「対照があまりに頻繁に探求される文体は、結局うんざりさせ、飽きられることになる。逆に、最も美しいものは、期待されず思いがけないもの、対照されない多くのものの後、私たちに提示されるものである」(110.)とも言っている。

編者注1　〈中間観念〉に関して、Locke, *Essai*, IV, I, 9.

V　別の種類の対照について

ベッカリーアは、今まで『文体論』をほぼ人間一般を対象として論じていたのに、本章では、驚きという精神の動揺の際生じる「笑い」risoという現象にことよせて、人を教養人と無学者に分けてそれぞれの反応の仕方を対照している。「ここで何がしか指摘することが有益な別種の対照がある。これは、何か新しい対象の印象によって不意に驚かされた時、私たちの精神が証明する結果である。」(113.)

「教養人uomini coltiは、対立し絶望的な観念をつなぐ中間観念をすぐ見つける。すなわち、そこで熟慮し興味を示す。そのため、彼にあっては笑いの外部的印に一致する精神の動揺はすぐやむ。したがって、賢人saggioの微笑とばか者scioccoのあごがはずれるような大笑いの間には違いがある。前者は大抵、後者が笑うことで笑わない。たとえば、言葉の冗談では。なぜなら、教養人は、言葉が、それらが示すものと親和的な本性と符号で何にも繋がらない印segno（i）であることを経験や反省で、だが、連想associazioneだけで確信しているからである。（編者注1）

／逆に、ばか者は、言葉のそれによって、ものの違いか似寄りを混同して判断するから、さらに、反省の先に導く傾向にも慣れていないので、すぐに笑う。逆に、賢人は、ばか者が笑わない多くのことについて、すなわち、対照と驚きが直接表現されず、諸観念の微細な関係が背後に隠されていて、心に感じられ、駆り立てられて、反省の幾らかの時間を必要とするところで、笑う。」（114-5.）

最後に、ベッカリーアは、逆に人々を笑わせない場合を指摘している。「私たちが何の目的も何らの意図も何の覚悟も仮定せず感知しない諸対象は、それらの間で対照されても、直接驚きを生み出しても、驚きは持続せず、私たちを笑わせない」（117.）と。

編者注1　「ここでは印segnoの随意arbitrarietàの理論が主張されている。用語はベーコンとホッブズを通じて感覚論に至る。」

形容辞と隠喩

Ⅵ　形容辞について

「文体の最も難しいデリケートな部分の一つは、狭いスペースに表現をまとめることで、多くの美を議論に付け加え、エネルギーを増やし、いつでも、ますます私たちの感受性を占有する形容辞aggiunti（あるいは、付加形容詞epiteti）である。

／形容辞の本質の手短な分析は、私たちに原則の適用を明確にするだろう。ある対象に与えられる形容辞は、あるいは、同じ対象の永続的質を、あるいは、一過性で可変的な質を、あるいは、同じ対象の熱情を指摘する。しかし、永続的なものの中に十分活気があり面白いものがない時には、私たちは一過性で可変的なものを選ぶとしよう。ここでは、二つのことを考慮しなければならない。」(118.) それは、「広がり」estensioneと「運動」motoである。「広がりには、一方が諸対象をまとって変化させれば、他方が互いに限定し分離することで、観念の王国全体で最も広くて楽しい領域を構成する色と形の第一の感覚がつねに伴われた。さらに、運動は、必然的に仮定する運動への対象の広がり以上に、それを考える人にとっては、同じ広がりの、あるいは、同じものの他の広がりや他のものへの絶えざる継続的応用以外にはないから、最高に楽しい[編者注1]。」(119.)

ベッカリーアは、それらの具体例として、名詞によって直接示唆される狭い形容詞のつく「〈白い雪〉*bianca neve*という言葉は退屈で我慢ならない」が「〈冷たい雪〉*fredda neve*という言葉なら我慢できる」と言い、後者の場合「まさに形容辞が名詞によって直接示唆されず、しかも、雪の名で十分に指摘された白さである有力な質の知覚perceziоneも排除せず、なお〈冷たい〉という形容辞は、視覚とは大違いの感覚sensoに属する生き生きした感覚sensazioneを必然的に指摘するからである。そのために、〈冷たい雪〉という言葉direは二つの感覚に占められるが、〈白い雪〉という言葉は一つの感覚（視覚）にしか占められない[編者注2]」(120.)とその理由を説明している。

さらに、ベッカリーアは、「白い雪」はダメだが「〈雪の白い小片〉*bianca fiocco neve*」や「〈白雪よりも色の白い女〉*donna piu bianca della bianca neve*」(120-1.)は楽しめると言う。これが「狭いスペースに多くの美」を付増《つけま》す形容辞の妙の一例である。

編者注1「ベッカリーアは、（Condillac, *Traité des sensations.* の第二・三部で説明された）デカルトやマールブランシュによって周知の、したがって、ダランベール（*Mélanges*, Vol.V, 109 sgg., なお EN.Vol.II, la nota 2 a 327, e *Pensieri staccati*, の第13節279.も参照）によって再説された見解に対する認識活動における触覚tattoの優越に関するコンディヤックの仮説を暗示する。それらが彼に視覚senso della vistaを優先させた。ベッカリーアが、後者を装う観念連合論associazionesmoは、おそらく『エミール』（*Œuvres complètes*,Vol.IV, 396. Paris,1969.）の第二冊でルソーによって試みられた観想にまで下る。」

編者注２「修飾や《比喩的表現》の類似の論究は、ダランベールの『雑録』*Mélanges*にあった（Vol.V, 116-7.）が、〈白い雪〉の例は、コンディヤックの字句である。（Condillac, *op. cit.*, I, I, II,14.; 邦訳『人間認識起源論』（上）、四〇－一）」

Ⅶ　形figureについて、隠喩traslati以前

「文体をもっと面白くする言葉の形は、あるいは、私たちが隠喩traslatiと言ういわゆる言葉の綾《あや》tropiであり、あるいは、そうでないかである。言葉の綾か隠喩は、文字通りそれらが意味するのとは違った意味に使われる言葉全部であろう。（編者注1）そのようなものが、ギリシャ語や神秘的語彙とともに、隠喩metafore、換喩metonimie、提喩sineddocheなど呼ばれるのである。」（127.）

「隠喩の普通の運命は、人々に普通で通俗的になると、すなわち、庶民が自分たち自身を自由にする進歩の単なる原因である必然性が、隠喩的表現を使用せざるを得なくすると、（編者注2）隠喩の質を失い、示す対象の固有の表現になる。この現象の原因は、隠喩的表現のその固有のものではない対象との永続的連結である。」

この隠喩の説明は、すでに『カフェ』の「文体についての断章」でほぼ同文で表現されたものであることは言《い》を俟《ま》たない。

「換喩と提喩に対して、一方が他方によって互いに前件と後件、原因と結果、全体と部分、内容contenutoと含むものcontinente、印と印されるものを得ることになる。

これらの違った言葉の綾tropiには、他のきわめて多くのもの、すなわち、一般的に諸観念を示す言葉すべてが付け加えられ、必然的にまもなく連結される他の諸観念をもつ言葉が互いに取り上げられ、それらの意味を交換される。」

（128.）

ところで、「言葉の綾」ではなく「隠喩の他の使用は、冗長と反復を節約して、議論をいっそう簡潔なものにするだろう。時には、全体と部分、含むものと内容等を心に目覚めさせ、精神に示すことが、主要観念系列には必要だろう。その際、二つの表現の退屈から逃れるために、それらの各々は、固有の意味をこえて、連結の必然的な絆のおかげで、他方の意味を再び目覚めさせるから、議論で表された他の観念をこれほど明白に示唆する表現の連結を示せば十分だろう。」（130.）

ベッカリーアには、社会が文明化されるには、隠喩による「言葉の綾」と「冗長と反復の節約」の匙加減《さじかげん》の妙が、世間の人々にあまねく理解されることが必要だと思われたのだ。

編者注１　「真っ先に確定された意味に対して、それと違った意味を言葉に与える時に。」（デュマルセ Dumarsais、『百科全書』の *Figure* 項）

編者注２　「隠喩は《まずはじめに、必要によって発明された》と主張したのはコンディヤックである。」（『人間認識起源論』、II, I, XIV, 141.）

Ⅷ　他の形について

本章でベッカリーアは、各国語には付きものの文法用語の限定的な役割を説明している。

「隠喩ではなく、固有の言葉からなる言葉の形がある。」その理由は、「第一に、卓抜な著作者たち[編者注1]によって証明されたように、同じものを正確に表している別の言葉はないから。第二に、たとえあったとしても、まず、まったく等しく表された同じ観念と別の言葉の、次に、議論の違いや継続とこの観念の二重比較をするという外観の違いによって物事の違いを議論しがちの私たちの精神に二重の労苦がのしかかるだろうから。」（135.）

こうしてベッカリーアは、無駄な言葉を排除して議論に明確さを加え、新たな印象を刻み、新たな別の感覚に注意を導くために、文体における文法の必要性に説き及ぶ。

「文法用語(編者注2) parole grammaticali、すなわち、直接には感覚も感情も表さない言葉は、単純でも複雑でもあり、諸観念の内的連結の絆を外観上宣言するためであれ、共在や継続、外部対象の結合、分裂を表現するためであれ、役目を果たす。…。文法用語は明確さのために有益で必要であり、文体に力を添える。／しかし、諸観念の連結が諸対象の自然的で習慣的な集合と分裂と等しい歩《ペース》で進めば、文法用語は、構文論の機械的規則性しか削減できないから、弱く退屈になり、いわば、議論の織り成しを空隙や裂け目でいっぱいにするだろう。」(137-8.)

ベッカリーアによれば、確かに教養人にとっては、文法用語は所与の前提であり、むしろ煩わしいものになるかもしれないから、それの有用性は限定的であると言う。

「だから、普通でなく、確実になく、容易に予測できない、連結できないか私たちの精神に容易に連結できない集まりか分裂、共在か継続を示すそのような言葉は有用である。」(138.) 言い換えれば、文法用語は「直接には感覚も感情も表さない言葉」だから、「諸観念を分離し遠ざけるためのみにふさわしい。」すなわち、

「この諸観念の分離と隔離は、諸観念の各々が幾分複雑であって、精神にそれら総体と広がりを抱擁するスペースと時間を与える一定の距離が必要である時以外は、役に立たないだろう。その場合には、何ら重要でない文法用語が、議論を交差させ、注意に休止や便宜を与えて、そのような観念の間をとりなすことに役立つ。」(138.)

編者注1「ロック、*Essai*, III, X ; デュマルセ、*Des tropes*, 301～10.」

編者注2　「すなわち、冠詞articoli、前置詞preposizioni、語形変化declinazioniの抑揚」：*Appendice*, 217.

各種の文体、調和と熱狂

IX　別種の文体について

本章でベッカリーアは、「上品」、「厳粛」な文体を説明している。

「文体は、同じ付随観念が反復される時、さらに、それらの間がごくわずか違うものが多い時に普及する。文体は、多数であるためよりむしろ、主要観念に比較して付随観念の重要性が低いために普及する。（ほぼ同文が「文体に関する断章」EN.Vol.II, 40. にある。）」（141.）

「文体の上品さ、厳粛さ、威厳は、それらの間で本質的に違わない質である。（編者注1）付随観念の選択で、私たちが、共通でもポピュラーでもない諸観念しか示唆できないもの、いわば、著名な系譜学をもつものを選べば、文体は上品だと言われる。それらが、感覚の最初の快感の共通で豊かな源泉から派生するように見えるのではなく、この共通の起源を非常にまれで繊細で、しかも単純ではない愛着やイメージ一式で隠しているからである。／さらに、その文体は、上述の質以上に、物的よりもむしろ道徳的重要性について、それらの愉快、不愉快な質よりむしろ物事の結果と関係を検討する重要性について、付随観念が重要である時、厳粛である。この種の文体は多くの観念を目覚めさすが、それを少ししか表現しない。」（142.）

編者注1　「…表現の選択に関して繊細、趣味、気遣いが加われば、最も一般的な用語によってしかものの名を呼ばない注意で、文体は〈上品〉になる。その最初の動きに不信、ひっくるめて軽蔑も加われば、輝きしかなくなり、あいまいさや冷やかしへの確実な嫌悪が、文体を〈厳粛〉にし、〈尊厳〉そのものにする。」（ビュフォン、*Discours*, 503.）

X　単純、平均、至高の文体について

「文体は、ふつう単純semplice、平均medio、至高sublimeの三種類に分かれるのが常である。それらの種類については、大抵繊細で美しい観察が備わる卓越した模範をそえることに多くは満足するが、個別には、正確にあれこれ個別であり、あらゆる場合に、各個共通であることを少しも指摘しないから、いつも漠然としたあまり正確ではない定義しか与えられない。」(145.)

(1)まず、単純な文体。「文体が単純であることをよく理解するためには、まず、私たちに無用ではない認識、単純さについてどんな観念が人々に生じるかを知らねばならない。〈単純な〉*semplice*と〈単純さ〉*semplicità*は、〈一つ〉*uno*が〈それ以上〉*più*にや〈単数〉*unità*が〈複数〉*pluralità*に対置されるように、〈構成された〉*composto*と〈複雑さ〉*complicatezza*に対置されているように思われる。／〈単純さ〉は必然的に比較に対して非常に多くの対象に言及し、それらの間でそう違わずもっと一様な部分が少数で構成されたものが〈単純な〉*semplice*と呼ばれる。だから〈一つ〉はものの量を、〈単純さ〉は質を表わす。」(145.)

「私たちが、多くの対象で構成された一つの対象に言及する時、実際に私たちの心animoに複数や多数moltitudineが宣言されるが、私たちは、それらを似たようなものだと考えて、各々が無関係にそれらを示す集合名詞nome collettivoですべてを記す。私たちは、このように一種の動詞と文法の単数を構成するだろう。そうしなければ、言葉と話し方の習慣が消え失せるだろう。」(146.)

このように、ベッカリーアは、「言葉と話し方の習慣」で似かよった複雑で多数の対象を一つにまとめる「集合名詞」の重要な役割を強調し、それを文体に当てはめながら「単純な文体」の結論に導き、その限界も指摘する。

「文体にこの考えを当てはめれば、私たちは、単純な文体が、それらの個別選択が導くそれらではなく、付随観念が一連の主要観念によって要求される違いしか認めないものであることを知る。そのような付随観念は、一定量の観念を目覚めさせもしなければ、物事の多くの違った視点を示唆するはずもない。対象の単なるむき出しの活写 **pittura** にすぎない。まったく隠されていて知られないのではなく、それらの固有名詞 **nomi propri** による最も明らかな質 **qualità** の展示である。物事の起源や結果ではなく、それらの現状 **stato attuale** である。」(146-7.)

（2）平均的文体。次に、ベッカリーアは、「本、慣習、市民的結びつきで」人々を楽しい感覚で満たす条件として平均的文体を吟味する。

「教育自体も装飾や美を求める。人が、私たちが望む道に沿っていくためには、目的が有益ならいい。それ自体が愉快でなければならない。文学的でも政治的でもない教育では、目的を欲し、提案し、説得し、要求すれば十分である。手段自体が気持ちよく、愉快で、感知できなければならないし、労苦の報酬がそれの程度からまったく隔たり、溜め込まれるのではなく、進むはずの全経歴に配分され、まき散らされねばならない。」(147-8.)

「この目的を平均的文体が満たす。すなわち、それは、付随観念に満ちていて、それらの間に、主要観念とともに構成される最大の印象 **il massimo d'impressioni** を生み出す文体である。そのような主要観念が相互に近づけられる必要をもたないものである時、主要観念が、単に自ら担えるか、装飾によってそれらの結びつきが逸らされずに担わねばならないほどすぐ興味がわかない時、その時に、私たちは、この文体を利用しなければならない。それは、私たちがこれらの『探求』で数え上げてきた楽しませ方を全部、それらの最大限の拡大解釈 **la maggior loro latitudine** と豊富さで認める文体である。」(148.)

ここで、ベッカリーアは、まず「至高性」を概念規定してから、得てして明白に分類しにくい「平均的文体」と「至高の文体」を比較検討し、最後に「単純な観念を示す単純な表現」が「至高の概念を構成」すると結論する。

（3）至高な文体。「単純な文体のきわみで、時にはそれと混同されて似てくる至高の文体が、明白に展開される時、私たちは、平均的文体をもっとよく理解するだろう。このことを理解するために、実際に人々の概念における至高性sublimitàとは何かを見よう。この言葉は、固有の意味では、他の諸実体の共通で入り混じった高みを越え、それから、いきなりそれを観想することによって、下に多くのものを見つける究極に高められた場所を示すことにあてられた。

／文体の至高さにそのような物的概念をあてはめて、主要観念が他の近接観念全部を目立たせ支配し、付随観念が精神に主要観念を目立たせず、それに目印を残さず、それを危険にさらさず、補強させず、逆に、主要観念が付随観念を示唆し、それどころか、むしろ自己の概念の中に包み込むようなものであれば、私たちは至高であると言う。」(148.)

「同様に、本性で極端に高められた諸対象は、先端で狭くなり、基部の方へ広げられる。それらの周囲には、多数の下位の対象が集められる。諸観念の至高性は、高められた実体のこの特性と何か似ていなければならない。すなわち、単純な観念を示す単純な表現が、至高の概念を構成するそれでなければならない。」(149.)

XI　他の種類の文体について

ベッカリーアは、前章で「至高の文体」とは何かを検討したのち、本章では、それに随伴する「豊かで壮麗な文体stile copioso e magnifico」や「文体の繊細さdelicatezza di stile」、「文体の虚弱さmollezza dello stile」に触れる。

（1）まず、豊かで壮麗な文体。「文体の豊かさ、壮麗、偉大、エネルギー、力が何かを定義することは容易である。豊富さ、素晴らしさ、富裕は、そのことが形成する快楽、装飾、待遇をめぐって中都市 una mezza città を占めている。全技術・全生産が競争に寄与している。それらすべてが、壮麗・豪華で衆目を集める。そこには、たとえ大方の欲望や推測 conghietture（congetture）で先を越そうとしても、望み、推測するものは何も残っていない。豊かで壮麗な文体とはそういうものであろう。」

すなわち、「豊かで壮麗な文体」とは、庶民よりも教養ある読者が望みうる究極の文体ということだろうか。

「さらに、文体の力とエネルギーは、付随観念が、常にそれらから要求される主要観念ともつ非常に緊密な関係からなる。だから、合間や中断なしにいろいろ面白い観念の背後に広げられたり移されたりせず、明らかに緊密な観念コレクションがあらわす表現によって集中され、とどめられたわずかの表現と私たちの注意を必然的に要求する。精神は、その各々を主要観念に要求し、そこでは示唆された諸観念は、表現されずに、表現ともっと深く強い関係をもたねばならない。」（152.）

（2）文体の繊細さ。「さらに、私たちは、手軽にデリケートに扱われる必要があるために、強くふれられ、操作されると、容易に堕落させられ、ダメになることをデリケートだと呼ぼう。したがって、その文体の繊細さは、主要観念を辛うじて示唆し、いわば、それをかこみ、目覚めさせるが表現はしない付随観念によって、諸観念を表現するもの、さらに、物事の支配的で主要な質を避けて、著作者の一定の勤勉と配慮を示すものであろう。この箇所には、物事と主要観念、明確に表現される状況が、文体に質を決定するに違いないことが明白に現れるだろう。

／なぜなら、楽しく美しいか望まれる質と、物的にであれ、道徳的にであれ、嫌か不快の混ざり合った質をもつので、私たちは、後者をひたすら隠し、前者を人目にさらそうとする諸対象にデリケートに触れるからである。」

（3）文体の虚弱さ。「文体の虚弱さは、長く生き生きした注意が、過剰に効かせられる前に、余興trattenimentoを要求するが、ぎこちなくも熱烈でもない箇所で、あるいは、主要観念が、強められるよりもむしろ弱められる必要があるような、官能的で快楽的な箇所で使われるだろう。」(154.) さらに、ベッカリーアの饒舌は、フランス語の〈ありのままの〉naif、イタリア語の〈ありのまま〉naturalezzaと〈温和〉bonarietàの文体にも触れているが、省略する。

Ⅻ　文体の欠陥について

ベッカリーアは、「多くの良質な文体」を検討した後、本章では一転して、読みたくもない望ましくない文体について指摘している。(4)

「多くの良質な文体を数え上げると、欠陥のある文体がどうかを、たとえば、膨《ふく》れたgonfio、生気を欠いたfreddo、飽き飽きするnoioso、弱々しいlanguido、わざとらしいstentato、鈍重なlegato、生硬なduro、その他の文体を理解し定義することは容易になるだろう。たとえば、私たちは、多くのボリュームに少ない材料しか含まないものを膨れた文体と呼ぶ。」

「膨れた文体とは、自己の付随観念を語ることで鳴り響く十分な表現の下に、わずかでつましい観念を閉じ込める文体だろう。そこでは、隠喩である付随観念が、間接的で修飾が多い、意味がなんの価値ももたず、主要観念と付随観念の束には余計であるが、直接の意味が残り全部と何も繋がっていないが、豊かで強い隠喩なのである。」

「生気を欠いた文体とは、運動が何ら心を刺激せず、直接の感覚が何もなく、ただきわめて弱々しく離れていて、心に観念、判断、比較の連鎖を生むために辛うじてこと足りる文体だろう。こうして、生気を欠いた文体は、四肢をしびれさせ、身動きを取れなくし、同様に、読む人の心は愚鈍で無感覚になり、言葉という聞くか見るかの直接感覚でしか動かなくなり、結局、何らの配慮もなしに、現実の諸対象の印象を受け入れる時、証明するよりも、あまりに一様で劣った状況になる。」

「こうして、文体は、諸観念がそれほど無秩序にされ、すなわち、著作者の観念速度 rapidità delle idee が読者の観念速度より遅い他の主要観念を惹起する表現によって、あまり明白に表明されない時、わざとらしくなるだろう」し、「付随観念が読む人の思考に主要観念によって自然に提示される観念よりも生気がなく目立ちもしない文体は、弱々しくなるだろう。」

さらに、「同様に、私たちは、付随観念が自然よりも文法的関連によって、諸観念が順序よく結ばれている論理的関連によって、むしろ強く結ばれている文章を鈍重な〈文体〉と呼ぼう。」(158.)

XIII　文体の調和について

「至高の文体」、「壮麗な文体」、「文体の欠陥」が検討された後には、「文体の調和」が述べられねばならない。但し、ここでベッカリーアは、文章を音読した場合に耳にどう響くかを想定して「文体の調和」を論じている。

「響きの頑固さ durezza や邪魔 intralciamento は、単に耳に不快なだけでなく、諸観念の容易な継続にも有害である。言葉は、相互に伝えあう手段で、伝えられる響きの滑らかな流動性 volubile fluidità だから、諸観念を相互に伝えるための伝達手段として役立つ。

／注意attenzioneが、それ自体で伝えるもの全部に占められ、作用自体の損害で作用に役立つ道具istromento（strumento）によって逸らされないために、この手段は、最も直接的で、最もすばやく、最も容易で有効で、できる限りそれ自体に占領されないものでなければならない。

／もし言葉が、響きが相互に途切れ、粗く、バラバラで、こじれたように準備されたら、心animaは、たとえ愉快で面白かったとしても、観念全体を暗くしかき乱すひどい苦痛を被り、著者の観念に同意するよりも、この撹乱《こうらん》を避けるために気遣われるだろう。」(160.)

逆に、「響きの継続がいっそう調和し反響し、声がいっそう多様に文章の丸みを帯びてよどみなく出るほど、中断や休止なしに、ますます多くのそれらが心に入る。だから、その度にいっそう多量の観念が輸送手段によって入るし、入るはずである。」(163.)

XIV　文体に関する熱情

「ある熱情は、同じ対象すべてに向けられた私たちの感受性sensibilitaの常に確かな印象である。(編者注1) それは、常に再生される何かを得ようとするか避けようとする欲求であり、私たちの精神の中では、ほとんどあらゆる状況で、常に再生された。熱中しない人々を一掃し、注意をさまざまな部分に分ける諸観念と諸対象の混乱は、絶えずそれを要求するように結ばれるから、この唯一の支配的な欲求を集中し強化する。」(165.)

こうしてベッカリーアは、熱情の諸段階は、連結される諸観念の量で、すなわち、目覚めさせられる諸観念の量で推定できると言う。(編者注2) しかも、印象による観念の伝達手段として、五感のほかに「内心の第六感」が加えられる。

「それ独自の方法で、他の感覚が生じさせるものから区別される他の知覚を、独自の仕方で心に生じさせる内心の第六感 sesto senso interiore を仮定すれば、その意図は容易に達成できると思う。この第六感を認めるには、もっと確実な心理学的原理から離れる必要はない。この重要な問題に注意する人は誰でも、そのような使用に役立つ神経 nervi を通じて、外部対象の印象を受け入れる感覚諸器官が、これらの同じ神経が共通の起源をもつ大脳の本質にそのような印象を伝えることを知っている。

／ところで、この共通の起源は共通センサー sensorio comune と呼ばれ、さらに、それの運動には諸観念と心の知覚が一致する。(編者注3) このセンサーで生み出されたような多くの運動には、心の同様なものとは違った観念が一致する。だから、運動が多ければ観念も多い。もし運動が別々なら、なお観念も別々である。」(167.)

「だから、これらの運動が精神の中で引き起こす知覚は、相互関係の法則によって辛くなるだろうし、いかなる法則によって、共通センサーで別々のそのような運動に、そのように決定された別々の観念が、心の中で一致するのか。だから、バラを見てすぐ、それをかぎ分ける欲求が、自分に目覚めたと感じたら、私はそわそわするのを感じ、この私の欲求が満たされないうちはかすかな辛さを感じる。目を通して、すなわち、バラの色や形の印象によって、私はそれの甘美な芳香の思い出が目覚めるのを感じる。そこに、光と形の印象から嗅覚器官に通じる印象への共通センサーの伝達がある。」(169.)

さらに、ベッカリーアは、第六感による共通センサーが作動する別の事例をあげる。

「人は、飢餓の苦痛感情が食物で癒《いや》されるように、内心で促迫された観念が現実になる時、すなわち、内部感覚の神経線維 fibra (e) から外部感覚のそれに印象が目立たされる手段を見つける時、初歩的でつらい、すなわち、引き離されて孤立した感覚が、快感を生むようにまとまって近づく時、このことは、他の観念と他の中間的で持続的感覚によってなされる。こうして、そこから自分の欲求を満足させる、すなわち、観念自体を実現しない限り、あるいは、他の観念のひしめきがない限りやまない内的苦痛を取り去る努力が生まれる。」(171.)

次に、ベッカリーアは、人々に「好奇心」curiositaが生まれる理由を「必要な中間観念idee intermedie necessarieの欠如」に求める。

「第一に、中間観念量に比例して好奇心が増えるのではなく、それを動かす観念の活発さvivacitàに比例して増えるのである。なぜなら、欠如の直感を与える内的線維で掻きたてられるつらい運動motoは、外部感覚の線維の運動movimentoに比較してもっと大きいからである。

／第二に、私たちの好奇心は、後に私たちを苦しめ、おそらく、なお引き続いてもっと大きいが、終わらせなければならない苦しみを生み出す諸観念になお広がる。なぜなら、私たちは、持続して他の楽しみを取り上げる現在の苦しみを癒すためにイライラするからである。この楽しみの剥奪が、同様に感じられるので、苦しみの量を増やす。だから、私たちは、もっとひどい苦しみが現にあることも厭《いと》わないが、次の楽しい観念に引き下がることを選ぶ。」(172-3.)

こうしてベッカリーアは、苦しみに対抗する楽しみの発揚としての「好奇心」の発動の証拠を、ことに「最も下品な人々」uomini i piu volgariが、「極悪な、めったにない見世物に走る熱望」に見出している。(編者注4)

「文体に属する限りで、熱情の問題に戻れば、もし他の熱情が、絶えず熱情的な男が受け入れる観念の最大部分から反響し、再び呼び起こされた欲求でしかないなら、明らかなことは、この種の文体の付随観念が、もっと普通でもっと容易にそのような種類の欲求を目覚ます観念であると言おう。さて、これらの欲求は、欠乏の苦痛感情が定義されたので、欠乏し欲求されている対象を排除する諸対象が、精神に欠乏の感情を感じさせ反復させた。それらは、自然に熱情の対象と共存し連結されていて、いわゆる欠乏感情を他者に宣言する。

／これらの唯一の源泉から付随観念は選ばれねばならないが、それらの各々が熱情の対象の欠乏を感じさせることに寄与するように、かかる一様の対象は、常にそれ、主要観念だろう。すべてある共通の主要観念になり終わるような付随観念が多様であればあるほど、文体はますます熱情的になるだろう。苦痛感情の共通のきわめてきつい絆で相互に結ばれて、もっと多くの直接感情を再び目覚めさすのだから、文体はそれだけ美しいだろう。」（173-4.）

編者注１　「『文体に関する断章』43.；この〈熱情〉の定義については、Condillac, *Traité des sensations*, I,III,3-4.；Louis de Jaucourt によって『百科全書』（Vol. XV,1765）のために書かれた〈自意識〉*Sens internes* 項の前半。」

編者注２「熱情が《肉体の中で、とりわけ脳の中で、自らの保存に有益な運動全部を実行する》というジョクールの〈熱情〉*Passion*（『百科全書』、Vol. XII,1765.）の項は参照に値する。ベッカリーアは、行論のうちでヒューム（「熱情は、諸観念と感情の間で決定された比率に基づいている。」（*Reflexions sur les passions, Œuvres philosophiques de M.D.Hume*, Vol.IV, 135~80.）とエルヴェシウス（「彼の用語体系では、あらゆる熱情の源泉によって決定された要素である快楽と苦痛の間の対立が非常に重要になる。」（*De l'esprit*, III, 6~15,82. の la nota 1も参照）の掘り下げを考慮しながら、自己の理論をホッブズ体系（『リヴァイアサン』、I,VI.）に依拠して展開する。」

編者注３「アリストテレスの *sensum commune*（*De anima*, III, 1）に動かされて、ロックは、《悟性 entendment が観念の形成に現れる時に、心がその異なった働きをなす認識 connoissance》を、〈反省〉*reflessione* に当てはめた（*Essai*,II,I,4.）。これらのテーマは、デカルト主義者や機械論者に嫌われて、（コンディヤックもそれを否定することになるが、彼によって *immaginazione*〈想像力〉に調和させられた連結力 potere associativo は考察されるべきである。ここでは、EN.Vol.II, 90, nota 1参照）、主として、《内部感覚》と *sensorium commune* という術語を応用したビュフォンによって、生物学的思索で展開された。（『哲学全集』*Œuvres philosophiques*, 323. sgg.,368. 参照）

　ベッカリーアは、論争の極を熟知していることを示している。まさに、彼の初歩的心理学をビュフォンに従わせるとしても（それには『百科全書』「内部感覚」の項も参照）、触覚 tatto の認識形而上学的優越に関する〈論争〉*querelle* で仄めかされたので彼に知られたディドローの『盲人書簡』（1749, 119.）、『エミール』（ルソー『全集』、Vol.IV, 280,417,504.）、しかし、とりわけ、（EN.Vol.II. 328. に見られる）《印象の伝達》での《内部感覚》の重要性が断言される、ダランベール『雑録』*Mélanges* 第五巻に、他の諸要素が見られる。」

編者注４　「デカルトの理論の再録である。（Les passions de l'ame, XCIV-XCV.）」

XV　熱狂について

「私たちは、熱情を熱中させせられた人の精神にその度《たび》に絶えず反復される欲求だと定義した。そこには他の熱情もある。言い換えれば、その熱情状態によく似た私たちの心の別の状態がある。すなわち、これは、今まで最も生気ある人々によって、そこから引き出す結果とともに、それを取り巻く状況によって、見事に叙述された熱狂entusiasmoの、霊感estroの状態である。（編者注1）」(183.)

「観念の連結が何かを知る人はみな、一つの観念から他の観念に直接飛躍することは、明らかに私たちの主権baliaにはなく、一つの観念を他の観念と結ぶ中間観念le idee intermedieを通らなければならないことを知らねばならない。遅かれ早かれ、これらの中間観念によるこの不可避的な移動によらなければ、第一の観念から第二の観念に決して到達できないだろう。」(183-4.)

「中間観念」の媒介によって、「熱狂は、人egliの活動領域内にある心全部を通して広がり飛翔し、精神が他の諸観念で満たされ、他の支配的中心的観念をめぐって占められたのを認めるほど普及してやっとやむ。／特に、各々の問題をめぐって熱狂している人々に対して、乏しく不毛な心によって後悔するその種の混乱、その怠慢、無頓着そのもの。諸事の最も些細な関係に急いで向かい進み出て、隔たった類似の最小の兆しを明白な証拠の光りでとりあげるはずの慣習そのもの。熱狂の接近、同時に、最も隔たった絶望的な諸観念の結びつきに即興詩を浴びせること、最も隔たった諸物の接近を証明する時に、そのような人々の響きtempraであるこれらすべての欠点。／これらすべての欠点と言っておく、それとこれらの良質さは、精神で確認されねばならない同時的な三条件以外には、人間の中に熱狂があることを指摘しない。すなわち、第一に、多数で多様な観念の集合。第二に、これらの面白み、第三に、すべて副次的であること。それらは、中心に向かう線のように、すべての同盟やすべての呼びかけである一つの観念に合致し、多数の観念が行き来する視点として役立つ。」(184-5.)

結局、ベッカリーアは『文体に関する探究』の最終章をなす第XV章「熱狂について」の内容の「徹底究明」は、「訓練esercizio、教育educazione」を語るはずの第二部でとりあげると、さらに「そのために、心の哲学、すなわち、偉大な思想と偉大なことだけが依存する哲学は、私の努力と試みが、研究され完成されるそれらの機会を提供できる限り、イタリア人の天才によっている」[編者注2](186.)と言ってこの章を終わる。

編者注1 「たとえば、コンディヤックによって、『人間認識起源論』(I,II,XI,105.)で、ディドローによって、『私生児に関する対話』(1757)、『劇詩論』(1758)で、しかし、直接対象は、サヴェリオ・ベッティネッリの『美術の熱狂』、アゴスティーノ・パラディージの『美術の熱狂に関する形而上学的試論』とである。両著とも1769年にミラノで出版された。」

編者注2 「『探求』の目的は、まさに文体の研究を《心の哲学に従属させること》にあった。第一部の結論(第二部のために書かれた唯一の章が、著者が生きて出版できなかったことを想起させる。)は、彼らによって《哲学する新たな方法》を完成させるために、序論の〈読者へ〉で《イタリア人の天才》に向けられた奨励をこのように繰り返す。」

XVI 文体研究のための一般原理

「ところで、多くの表現の中から最善のものを選ぶのに役立つ唯一の原理がある。しかし、私たちは、多くの表現の中から、その他全部よりましな表現、すなわち、それ自体の間と全部が結びつけられる大多数の観念を目覚めさせる表現を見極めるには不十分であることを、なお、知性と私たちの空想を容易に示唆し、選択するこれらの多くの表現を掻き立てることに私たち自身を慣らす必要のあることを知った。

／だから、私たちにいつでも選ばれるべき豊富で多様な表現のこの示唆と励起eccitamentoを手軽に速やかにする手段と、一定の仕方で想像力と記憶を柔軟にし、どんな形にも変えられる私たち自身によって探し求めねばならない教育が、この第二部の主要対象になるだろう。」(188.)

ベッカリーアは、第一部でと同様、ルソーの『人間不平等起源論』、『社会契約論』、ピエトロ・ヴェッリの『幸福論』に依拠しながら、「人類の不変の伝統と豪奢の永遠の記念碑の時代を前にして、ここで、時代の沈黙の夜に隠されたあいまいでこんがらがった言語の歴史にはまり込む必要はない」(189.)と言って、冗長な歴史的叙述を避ける。

こうしてベッカリーアは、さらにコンディヤック『人間認識起源論』に依拠しながら、「言語」は「異なった諸対象の印象によって違った自然の叫び **gridi naturali** を表現する（編者注1）」(188.)こと、「多弁は教育を受けた成人の特徴」で、「表現の乏しさと活動の多さは、幼児と未開人の特徴である」(189.)ことを確認するために、主要三時代を簡潔に要約する(5)。

「まさにこれが、彼らが話しているか話した各言語によって人間の諸観念がもつ関係の主要な三時代である。すなわち、

（1）言葉よりも観念が多く、これらは相互にほとんど結びついていない。(「諸国民の未開、原初状態」)

（2）第二に、同じ観念数と直接諸観念を要求する同数の言葉が、相互に釣り合って結びついている。(「諸国民の詩的で、イメージ的、雄弁な状態」)

（3）第三に、要求される諸観念数よりも多くの言葉が、観念相互間にあるよりも多数の言葉が、相互に結びついている。」(193.)「文明国民の言語のさまざまな富と豊富さ」(200.)

ベッカリーアは、諸観念のもつ関係の第三段階で、ロックに依拠しながら、「正義と人々がそれについて形成するその観念の起源を探究していることを認識しよう」(202.)と言う。

すなわち、「人間、家族、生計の資、労苦などのように、正義の起源 **origine della giustizia** を探究するこの折に、目

覚めさせられるわずかな目立った特別な観念をめぐって注意を向ける配慮をすれば、人 **egli** は、平和、平穏、不確実さ、安全、権利、人間本性などの一般的な言葉をそれらと共通にもつことを知るという目標を決して失うことなく、明らかにそのような観念をイメージし、目立たせるように精一杯努力するであろう。(編者注2)」(203.)

このように、ベッカリーアは、人類史における言語の発展の歴史を論じて、「正義とその観念の起源の探究」にすすみ、人類の共通目標である「平和、平穏、不確実さ、安全、権利、人間本性」の観念に読者を導く。

「こうして、人 **egli** は、飢え、渇き、季節と野獣の残酷さから身を守り、自衛する必要を必然的に前にするように、自身と他の諸個人を自分自身に示すであろう。…。

だから、人は、自分の必要充足をもっと不確実にするから、戦い互いに殺しあうよりもむしろ、土地の自生的果実を求めるために分散し、あるいは、戦利品 **spoglia** (e) を分け合うために最も弱い動物を絶滅させに集合することをこれら諸個人に示すであろう。だから、土地にむかい、獲得されたものも一部をそこに移転し、温和な動物を馴らし、土地に隠された物の再生を鑑みて、自己労働によって、援助し手助けすることを示すだろう。

／したがって、他人が占有しているものを何ら略奪する必要なしに、食糧や生計に最も有用なものがもっとずっと増えるのが分かるから、所有の観念が生まれる。すなわち、労働の観念をもつような人の観念の、労働自体を通じて再生産される決定的な土壌の観念の永続的な連結が生まれる。(編者注3)」(204.)

こうして、ベッカリーアは、ジョン・ロックの自己労働にもとづく所有権という観念を一国民の所有権の権原にまで敷衍する。「もし、生まれては滅び、その灰がそれらの地帯の野原のほこりと混ざり合う諸世代の組織に固有の必要の最初の必然的結果まで継続的にさかのぼれば、最終年の再生産が先年の生産、すなわち、他者の生産の必然的結果だったとすれば、どうして新来者よりむしろ、諸国民がある領域の排他的所有者と考えられてはならないのか。」(204.)

編者注1「コンディヤックの用語法の文字通りの再録である《《自然の叫び》les cris naturelsは、《新しい言語を作るためには》原初の人々にはモデルとして役に立つ。それらは、数回繰り返し、注意を喚起させようとする対象を指し示す何かの身振りを伴って、新しい音をはっきり発音し、ものに名をつけることに慣れる。『人間認識起源論』II, I, I, 6）が、ルソー『人間不平等起源論』（*Œuvres complètes*, Vol.III, 148.）で扱う《自然の叫び》でもある。」

編者注2「ここで、ベッカリーアは、それらの言葉に明白に別の観念を結びつける必要性を証明するために、すでにロックの分析対象であった〈正義〉*giustizia*という用語に自己の方法の適用を試している。《〈正義〉*Justice*という言葉はみんなが口にするが、大概は漠然とした不確かな根拠の意味しか伴っていない。人が、その複雑な観念が構成される全部とは別の蒐集物collectionを精神の中にもたなければ、いつもそんなものである。それらの部分が他の部分を包含していても、結局、それを構成する単純な諸観念になるまで、またそれらを分割できるに違いない。そうしなければ、たとえば、〈正義〉という言葉の、あるいは、それとは何か別の言葉の濫用になる。》（*Essai*, III, XI, 9.）」

編者注3「労働による所有権の正当化は、ロック『市民政府論』第二部の模範にもとづいてモデル化された。（この事実は、）David Mazel版、*Du gouvernement civil*（Amsterdam, J.Schreuder, 1755.）, IV,12 e 26. によって、ベッカリーアに知られた。」

『文体に関する探究』第二部は第XVI章だけの未完に終わったが、(6) ベッカリーアの本書執筆の目的が、人々の表現力を高めることによって「人間本性の永遠で不滅の観念」である正義の観念を教育することにあることは明らかである。(編者注1) しかも、ベッカリーアは、第二部の「首尾よく卓越した著作者に成功したい人の主要な技巧」の原理は、第一部で説明した原理と同じであると言う。したがって、ベッカリーアは、『文体に関する探究』で、旧制度の身分や権威の高みから離れて、言語、文体の技巧の習熟によって文学の栄光をあまねく広め、道徳、美術の諸科学の認識を高めることによって、最終目標として政治的・経済的真実を探求しようとしたのである。

その意図は、「文体に関する探究」第二部の中断によって必ずしも明確には表現されなかったが、ベッカリーアの当面の課題は、処女論文「ミラノ公国での貨幣の混乱と救済策」以来関心が保留されていた経済的真実の探求、公共

経済学の研究に移ったのである。(7)

編者注1　「《永遠不滅の》観念、なぜなら《正義の観念は、真実が私たちの外部で生じることには少しも左右されない諸観念の収集物の中にあるので、誰もが正しい行為に一向に出会わなくても真実だろう。》(コンディヤック『人間認識起源論』、II,II,II,26.)」

補論　注

（1）　ベッカリーアが王室学校の講座を開講する直前の一七六八年一一月三〇日のウィーンからの手紙（前出）で、書記官シュペルジュ Sperges が、『犯罪と刑罰』を称賛した後、「閣下は、幸せな才能を発揮するかなり幅広い分野、内政、財政学、公共経済学・商学（編者注）といったような輝かしい諸原理をバックに、ミラノ青年に手ほどきするために、あらかじめ陛下に選ばれたのです」（EN.Vol.IV, 690, 254.）と述べたことは、あながち外交辞令だけとは言えない。

編者注　「シュペルジュは、ここで、一七六五年から一七六六年の間に出版された。ゾンネンフェルスJ. von Sonnenfels の著名な著作『内政・商業・財政学原理』*Grundsatze der Polizey, Handlung und Finanzwissenschaft*,3 Vol. を忠実に転写している。F. Pascher（*Joseph Freiherr von Sperges, op. cit.*, p.117.）によれば、ベッカリーアに、彼の講壇の名称を《官房学》scienze camerali から《公共経済学》economia publica に変更することを進言したのは、まさにシュペルジュであったことが明らかになる。」（EN.Vol.IV, p.690, nota 2.）

（2）Etienne Bonnot de Condillac, *Essai sur l'origine des connaissances humanes*, 1746.; 古茂田宏訳『人間認識起源論』（上）（下）、岩波文庫、一九九四年。*Traité des sensations*, 1754.『感覚論』

（3）「ダランベール雑録抜粋」第七節では、「視覚」と「触覚」の役割が、以下のように比較されている。「視覚 senso della vista だけが、触覚 tatto とは独自に、私たちのとは違った対象の存在を認識させられるかどうかという問題が、長いこと議論された。ダランベール氏はそれを確信した。彼によれば、視覚 vista は、触覚よりもずっと速やかに広がり estensione の明白な観念を私たちに与えることは確かである。なぜなら、光線の反射の差異が、触覚よりも速やかで完全に隣接していることを知らせると同時に、まさに広がりが成り立つ各部の相違も知らせるからである。私たちの身体による、私たちへの同じ身体のさまざまな対象の印象の違いは、ダランベール氏にとって、彼の仮定を広く証明するためのひとつの原理である。」（*op.cit.*, p.327.）

（4）コンディヤックは、『人間認識起源論』第二章第三節「注意によって形づくられる観念結合は、いかにして想像、観想、記憶を生み出すか」第三四項で、「想像力と記憶の過剰な極に近づけば近づくほど、精神を正確で、首尾一貫した方法に忠実なものにさせる性質を人は失うことになり、反対の極の方に近づけば近づくほど、精神を楽しみに満ちたものにする性質を人は失うようになるのである。前者は過剰に優美で気取った文体で書き、後者は過剰に四角四面で鈍重な文体で書く」（訳（上）、七七ページ）と言っている。以下のベッカリーアの文脈に即して言えば、この場合、前者が「膨れた文体」、後者が「生気を欠いた文体」に該当することになろう。

（5）ベッカリーアは、すでに『雑録』第二節の「最も単純な観念と定義」で、「最も単純な観念」と「最も一般的な観念」である「感覚」sensazione の関連を次のように説明している。「ダランベール氏は、抽象的観念の起源に関する詳細な分析に入り、各言語にきわめて豊富な抽象的観念があることに気付く。彼は、定義できない単純な観念は他に分解できないが、一般化はできると指摘する。こうして、見る、理解する、触れるなどの言葉に付着した最も単純な観念が、感覚という最も一般的な観念を生み出す。」(EN.Vol.II, p.317.)

(6) ベッカリーアは、「読者へ」の末尾で、「私は本書を二部に分ける。目下第一部しか刊行されていないが、ほどなくincessantemente(編者注)何ヶ月後かに第二部がつづくだろう」(*ibid.*, p.79.)と言っている。

編者注「《incessantemente》は(絶えず、ひっきりなしにではなく…筆者)、フランス語のincessamment(すぐにimmediatamente、長い合間なしにsenza lunghi intervalli)の意味に理解されるべきである。(第一六章だけが届けられた)『探求』の第二部に関しては、la nota al testo, *ibid.*, pp.400-1.参照。」

(7) 堀田は、ベッカリーアの諸著作での『文体論』の位置づけについて、「スミスにおいて『国富論』と『道徳感情論』の間にあるような、社会秩序の客観的分析とそれを支える主体の行為規則の自立的=内面的形成という関係を、ベッカリーアにおいて、『文体論』と『公共経済学』の間にみることはできない。ベッカリーアのばあいは、主体形成と客観的秩序の分析の間がきれている。ベッカリーアを経済学へむかわせた契機としては、『公共経済学』が講義ノートを基礎としていることから推測しうるように、経済学講座への就任も大きかったであろうが、それのみに帰することはできない。かれは、はやくから経済問題に関心をもっていたからである。」(二一七−八ページ)と書いている。

確かに、ベッカリーアの啓蒙思想を検討する場合『文体論』を見逃すことはできないが、それが未刊で終わっている以上『文体論』を彼の他の著作と整合的に関連づけることには無理がある。

さらに、法制度改革を急務とするロシア政府の好条件のオファーを蹴って、すすんでミラノ王室学校の官房学教授に就任したことから明らかなように、ベッカリーアの関心領域が経済学に向かっていたとしても、彼はもっぱら経済学研究に取り組もうとしたのでもない。第三部でふれるように、ベッカリーアは、教授就任以前から経済最高委員会のポストを求めていたからである。

第二部　経済学者ベッカリーア

はじめに

一七六四年七月の『犯罪と刑罰』の匿名出版および一七六五年末のアンドレ・モルレのフランス語版の流布によって、チェーザレ・ベッカリーアは、一躍ヨーロッパ思想界の寵児となった。刑法をはじめ法律・社会制度全般の近代的改革を喫緊の課題としていたヨーロッパ諸国は、こぞって『犯罪と刑罰』に示された内容に賛意を示し受け容れようとした。時のオーストリア宰相カウニッツは、ウィーンの宮廷に文化国家の威信にかけてベッカリーアのミラノ引き留めを進言した。宮廷も時機を逸することなく反応して、ミラノの王室学校に官房学の講座を新設し、ベッカリーアをその教授に迎えることにした。

尤も前述のように、『犯罪と刑罰』フランス語版で評判をとってフランス啓蒙思想家たちにパリに招かれた際、旅行中やパリ滞在で同行者アレッサンドロ・ヴェッリによって苦渋とともに記されたベッカリーアの内向きな態度から見ると、ベッカリーアは到底ミラノを後にすることはできなかったであろうが。このミラノ王室学校の教授に就任するに至る顚末《てんまつ》は、ウィーン当局担当官たちとの手紙のやりとりから確認できる。

一七六八年一一月一日のウィーン全権大使フィルミアン Carlo Giuseppe di Firmian からベッカリーアにあてた手紙はこう記している。

「パヴィア大学の新計画で、令名高い貴殿に予定されたこれらの王室学校 Scuole Palatine に本拠がおかれる官房学の新講座の発議は、宮廷の完全な同意を得ただけでなく、貴殿の功績を考慮して、まさにその計画に指定された他の科目すべての中で、それが際立つことを配慮して、総合計画の是認を待たずに、新学年の初めから官房学講座が開講されることも命じました。

カウニッツ

フィルミアン

そういうわけで、新講座の実施の準備に時間をおとりになるように、令名高い貴殿にお知らせしなければなりません。その足しに基礎(編者注1)となる諸原理が指示されたその計画の三二項目の写しをここにまとめて送ります。王室学校の土地の狭さが、さしあたって講義の便宜(編者注2)を何も与えないなら、その学校の公式の初講義後、便益を受けたい学生を自宅に招くことは貴殿の意向に任されます。

件の講座の謝礼は、令名高い貴殿の功績にではなく、むしろ研究基金で判断され、さしあたり二、〇〇〇リラで、本日から発効になります。(1)」

編者注によれば、報酬金額について、オーストリア宰相カウニッツは、全権大使フィルミアンに一七六八年一一月一七日に、ベッカリーアへの俸給は三、〇〇〇リラが妥当だと書いた。フィルミアンは逆らったが、「実際に、増額は、一七六八年一二月二二日付けの、一七六九年一月三〇日にミラノに届いた国王の公文書で認められた。」(679.)

ベッカリーアは、一七六八年一一月一八日のカウニッツへの手紙で、官房学教授就任の取り計らいに対して、「私は、かくも偉大な大臣に感謝する最良の方法は、飽くことなき熱意をもって忠実な臣下として、宮廷が私に重要な講座を担わせるにふさわしいとされた信頼にお応えすることだと存じています。こうして、私は全知全霊で実行することを決意します」(686, 252.)と謝辞を述べている。

＊編者注1「《経済学・商学》economia e commercio 講座の目的が明らかにされた三二項目の計画は、ランドリィ Eugenio Landry によって公表され、マウリ Achille Mauri によって十分引用され注釈された。」
＊編者注2「王室学校にはブロレット宮の一室だけが充てられ、そのうえ〈不便な階段で〉しか近づけなかった。」(679. 脚注)

『犯罪と刑罰』の評判に応えるべき待遇が、財政改革（緊縮）が急務の宮廷の事情からしてこの文面どおり三、〇〇〇リラだけだとすると、他国の君主が提示した諸条件よりウィーン宮廷のベッカリーア引止めの条件は格段に劣るようだが、ミラノに居つきたい一心のベッカリーアにはこれで十分だったのだろうか。

ともあれ、ベッカリーアは、一七六九年に王室学校の官房学 scienza camerale 教授としてミラノ公国の公的生活に入ることになり、この官房学担当教授という地位が、『犯罪と刑罰』の啓蒙思想家ベッカリーアを、公共経済学者ベッカリーアとしても世に立たせることになったのである。

しかしながら、ミラノ王室学校官房学教授就任の事実はひろく知られても、公共経済学者ベッカリーアの業績の研究はなお十分になされているとは言いがたい。

ロザルバ・カネッタは『ベッカリーア全集』の「政府文書　テキストへのノートと用語解説」[2]で、「ベッカリーアの名声」が、「彼の著作『犯罪と刑罰』[3]とそこで展開された刑罰制度の偉大で革新的な改革提案に結びついている」としながらも、「緊密な科学的性格を帯びた彼の作品の部分、特に有機的経済理論の形成への顕著な貢献をなす『公共経済学原理』[4]は、なお少ししか明らかにされていない。特に、ベッカリーアがミラノ公国の高官の密度の高い流れの中で生み出した政府文書についてはわずかに考察されるにすぎない」[5]との現状認識を示している。

また、一九八八年のベッカリーア生誕二五〇年記念学会報告論集『チェーザレ・ベッカリーア―ミラノとヨーロッパの間―』[6]の序文で、ロベルト・マゾッタは、「ここに集められた論文に特に十分浮き彫りにされたように思われる新たな経済学の誕生へのベッカリーアの寄与、経済分析の彼の『歴史』(『経済分析の歴史』)で「イタリアのスミス」と定義したシュンペーターの熱狂にもかかわらず」、経済学の単なる講義ではなく、完全に「「官職の責務のために準備されたベッカリーアによる文書の浩瀚な全体」と考えられる「一九六四年の短い研究でマリオ・ロマーニ[7]によって展開された招待にもかかわらず、その貢献へのイタリアでのあまりに少ない評価と研究という外観をあまりに強調しようとしても、その銀行(メディオバンカ)の総裁に寛恕されるだろう。」(*C.B.t.*,p.VIII.)と、「経済学者」ベッカリーアの注目度の低さを嘆いている。

さらに、前出の一九九七年三月四日の学会報告論集『チェーザレ・ベッカリーア―啓蒙の実践―』[8](二〇〇〇)で、ジャンニ・フランチョーニは、その論文「『全集』の作業場からの報告」で、「広く〈哲学的〉意味でのベッカリーアの著作の部分を結論づけるためには、なお(ジャンマルコ・ガスパーリ編の第三巻をなす)『経済学著作』の出版が欠けている。本書は〈一七六二年のミラノ公国の貨幣の混乱と救済策〉、(ミラノ王室学校)講壇就任表明でベッカリーアによって述べられた「開講講義」、教育に関する小論文以上に―いかに幅広く恣意的に手を加えられようとも―今日まで一八〇四年のクストディ版で名高い『公共経済学講義』の最初の決定版を含む予定である。」(4.)との現状報告をおこなったが、この第三巻は今日なお未刊である。

以上のように、ベッカリーアの経済学に関する本格的研究は、すでに世界的に枚挙に遑《いとま》のない『犯罪と刑罰』研究に比べれば、著しく遅れなお準備段階にあると言えるが、研究史上一八世紀のイタリア啓蒙期においてベッカリーアがおこなった経済思想的営為とその業績に注目する価値のあることも、すでに指摘されている事実である。

以下第二部では、第一章で、ベッカリーアの経済学にかかわる研究史、第二章で、彼の経済学の成立過程、第三章で、『公共経済学原理』の内容を順次検討して、経済学者ベッカリーアの実像を探る便《よすが》としたい。

第一章　ベッカリーア経済学の研究状況

経済学者ベッカリーアについての記述は、イタリアでは早くも一八一一年になされた。公共経済学・商法教授、カヴァリエーレ・アンジェロ・ビニャーミによって、一八一一年五月二日にパドヴァ大学で講演「チェーザレ・ベッカリーアの経済学 Sulle dottorine ecinomiche di Cesare Beccaria discorso inaugurale」(9)が行われた。その中でアンジェロ・ビニャーミは、ベッカリーア経済学の諸側面を次のように概括している。

「ベッカリーアは、経済学の主題で書いたかぎりでは、市民として、教授として、行政官としての三つの側面で考察される。第一の側面では、彼が属していた国民の所有を間近から検討した論文の著者である。彼は、それで幾つかの重大な混乱を取り除くために最も好都合な措置を考案し、社会体をそれほど致命的な事実から将来保護するために、最も賢明な原理を推奨した。何人かの友人は、それらの措置の利益とその原理の正しさを知っていたので、たとえ当時必要な慎重さを教えて、国家の外部で出版を実行しなければならなかったにせよ、一七六二年に彼にそのような思想を公表するように納得させた。

／彼は、ミラノ王室学校の教授であった。一七六八年に指名されて、直ちに教壇から講義を行うための準備を始めた。その講義の中で、彼はかつてその都市では一度も公に発表されていなかったその科学の対象をもっと人口に膾炙《かいしゃ》させることを就任の理由とした。

／さらに、国事行政官の任にあって、彼は経済政策を指導し、非常にしばしば最も重要な問題に関する会議が彼に依頼された。（Milano,1811, 21-2.）」

さらに、アンジェロ・ビニャーミは、ベッカリーア経済学をおおむね（一）「最大量の有用労働」（生産的労働）、（二）「農業政策」（大規模と小規模）、（三）「諸技術と工業」（才能の応用）、（四）「商業精神と効用」（価値と貨幣）の四大テーマに要約して論じている。

次に、ジュゼッペ・ペッキオは、『イタリア公共経済学史』[10]（*Storia dll'economia pubblica in Italia*, 1829.）で、ベッカリーアの経済学の形成に対して次のような認識を示していた。

「ここで、ベッカリーアという立派な名前に到達した。それはイタリアにとって誇りであり、イタリア人哲学者のうちで最も雄弁な公共経済学の主要な著者の中に、その科学のために数え上げる誉れである。おそらく、ルソーの精神に関して、非常に浩瀚で奥深い精神が与えられたベッカリーアは、逆説を避け、実践的真実を愛した。彼は、ジュネーヴの哲学者のように人間の条件を苦しくし絶望感を促迫するためではなく、救済策を指摘することによってそれを和らげるために、社会の害悪と欠陥のわだちをたどった。最初の作品は二七（二四）歳の時のものである一七六二年に刊行した「ミラノ公国の貨幣の混乱と救済について」Sul disordine e dei rimedi delle monete dello stato di Milano（以下、「貨幣の混乱」と略）の若干の観察であった。」

さらに、ペッキオは二二ヶ国語に翻訳された『犯罪と刑罰』（一七六四年）が、ベッカリーアに得させた名声が、「かくも著名な人物を危うくイタリアから奪うところであった。ロシアの女帝エカチェリーナは、最高に豪華な提供物でペテルスブルグに住まわせるべく、その著者を招待した。その時、オーストリア政府は無関心からたたき起こされ、即座に彼のために一七六八年にミラノに公共経済学の講座を創設して彼を祖国に引き止めた。これがイタリアで設立された（経済学の）二番目の講座であり、その後パヴィア大学に移された。」こうして、ペッキオは、ベッカリーアの公共経済学の概要を分析している。

ついで、一八五二年にはカルロ・ルスコーニが『経済学序論』[11]（*Ploleggomeni della economia politica*, 1852.）でベッカリーアにもふれている。彼は、まず第二章「経済学をめぐる予備的指摘」で「イタリアは、最悪の貨幣と貨幣について書かれた最良の著作でつねに顕著であった」という文脈で、「ジェノヴェージ、ベッカリーア、ヴェッリ、フィランジエーリ、ジョイアが輝かしい伝統を受け継ぎ、当時ヨーロッパ中で競い合っていたその科学（経済学）の創造に力強く協力した」（20.）と述べ、第三〇章「さまざまな国民における経済学の概説　学派と著者」で、ベッカリーアについて個別に検討している。

ジェノヴェージの後を受けて「ミラノ人、『犯罪と刑罰』の著者ベッカリーアは、分業の諸現象を提示した。彼は真っ先に生産資本の真の機能と後にイギリス経済学者によって展開された人口をめぐって展開された多くの原理を分析した。しかしながら、彼は、その深い知性がもたらすはずがないほどのケネーの信奉者であった。」（238.）

なお、一八五七年にはトリノで、ジェローラモ・ボッカルドが『経済学・商業事典』[12]でベッカリーアを採り上げ、「多年熟考され、二ヵ月半で書かれ、二二ヶ国語に翻訳された『犯罪と刑罰』が、外国人が彼（ベッカリーア）を知る唯一のものである」と述べてから、「ここでは、我々は、哲学者、文人ベッカリーアを語るのではなく、「公共経済学講義」であきらかになった経済学者ベッカリーアについて語る」と限定して、『公共経済学原理』の内容に若干ふれている。

ボッカルドは、「体系の栄光」はともかく「幾つかの点では、彼はアダム・スミスの先行者であった」と述べ、〈分業論 **divisione del lavoro**〉の一節を引用し、ベッカリーアが「産業労働」、「資本の真の機能」、「人口」、「不変の度量衡」を分析した最初の人であると評価している。

ルイージ・コッサは、一八九二年に『経済学研究への序論』(13)で、「たとえ彼がフィジオクラートの学説を受容したとしても、これによって重商主義の規範を完全には放棄していない。彼は同業組合と戦い、禁止を認めない。ガリアーニ同様折衷主義的ではあるが、食料調達問題ではさらに自由へ傾斜していて、輸出報奨金を擁護し、保護関税の決定的信奉者である」(302.)とやや両義的に解釈している。

カルロ・アントニオ・ヴィアネッロは、『チェーザレ・ベッカリーアの生涯と業績』(14)(一九三八年)で、ベッカリーアの経済思想をロンバルディアの経済構造との関連で分析し、「研究者の自立的活動の場の欠如、ロンバルディア文化へのフィジオクラート学説の憂鬱な影響、登場せざる大産業が、なお自生的ではなく政府による奨励的、保護的、融資的な散発的現象であった農業に最も近接した繊維産業、あるいは同業組合的職人を例外としたなおほとんど排他的な農業国の経済的装備自体が、地方の研究者の調査や洞察にイギリスの大工業や広大な国際貿易が提供する経験の活発で多産な領域を提供しえなかった。」(147.)と精確に論評し、ベッカリーアのフィジオクラート的残滓を指摘した。またヴィアネッロは、『一八世紀ロンバルディアの二流経済学者』(15)(一九四二年)では、つとに『公共経済学原理』のクストディ版が著者の意に沿うものではないと主張し、それのベッカリーアの自筆原稿版の必要性を指摘した。

前述のロベルト・マッゾッタが指摘したシュンペーターは、『経済分析の歴史』(16)(一九五四年)で、「イタリア人の貢献の高い水準」で、次のようにベッカリーアをスミスと比較分析している。「しばらく我々は、イタリアのスミスといわるべきベッカリーアに集中したい。この二人の人物とその業績との間の類似性はまことに目をみはらせるに足るものがある。さらに、両者の社会的地位にさえ、幾らかの類似性がある。また彼らの生涯―ならびに、その職業によって制約されている態度―にも類似性がある。もっともベッカリーアは、なんらかの創意を実行する可能性をも持っていない、下属の地位を占めていたにすぎないアダム・スミスに較《くら》べて、はるかに多く役人であったが、アダム・スミスは、わずか二ヵ年しか講義をしなかったベッカリーアよりも、はるかに多く教授であった。」(179-180.：東畑訳、第一分冊、三七三－四)

次に、シュンペーターは、『公共経済学原理』の経済学の主題の定義と『国富論』第四篇の序論の規範的方法の類似性を指摘した後、前者の内容を要約し、最後に両者の優劣は労力の投入分野の違いによって決まったとしている。

フランコ・ヴェントゥーリは、『改革者の一八世紀』(17)(一九五八年)で、全ヨーロッパ的インパクトと同時に、イタリア経済学形成の展開の中で、ピエトロ・ヴェッリや英仏思想家との関係、ベッカリーアの王室学校での「開講講義」の意義とその内外への反響を詳細に論じた(433~510.)。さらに、ヴェントゥーリは、『イタリア啓蒙思想家』(18)第三巻に『公共経済学原理』を抄録するに際して綿密な文献学的考証を行い、ベッカリーア自筆原稿による「決定版」の欠如によりクストディ版に依拠せざるを得ないことを嘆いている。

ブスケーは、『イタリア経済学抄史』(19)(一九六〇年)の第三章「ジェノヴェージ、ベッカリーア、ヴェッリ」の三節で、ベッカリーアの経済学的貢献として、「ミラノの貨幣に関する、青年時代の一業績(一七六二年)」、「『カフェ』という文芸雑誌(第一巻、一七六四~六五年)に載った「密輸に関する分析的試論」と題する一論文」、「最後に公刊を望んでいなかった講義ノート、『公共経済学原理』の三つが数えられる」(43.;邦訳九〇－一)とだけ記している。

近年に至って、前出の学会論集『チェーザレ・ベッカリーア　ミラノとヨーロッパの間』(一九九〇年)、『チェーザレ・ベッカリーア　啓蒙の実践』(二〇〇〇年)が出版され、ベッカリーアの多面的な業績が確認されるに至った。本章の研究史では、経済学にかかわる研究だけ取り上げておく。

まず、ジャン・パオロ・マッセットは、「ベッカリーアの著作における経済学と刑罰」(20)で、コモで発生した失業絹糸紡績工の暴動鎮圧後の措置のために、一七九〇年一一月一〇日の政府委員会からの命令書を受け取った後のベッカリーアのこの問題への対応を軸に『犯罪と刑罰』と『公共経済学原理』によって彼の経済学と刑罰の関連を位置づけている。この現地調査と対策結果の報告については、第三部第三章「コモへのミッション」（本書三一五－一二〇）で詳述する。

パオロ・マッセットによれば、ベッカリーアにおいては「経済学と刑罰の関係はすでに決められていた。私的利益が一致せず、それらの間で共通利益を得るように公的利益にまとまらない場合のみに、法律の、刑法の介入が必要になる。ベッカリーアは特殊利害の均衡力としての自由に大きな信頼をおく」（289.）。

さらに「公共経済学」の任務は、「我々は自分たちをもはや孤立した一部ではなく、社会、法律、君主の息子だと考える。排他的熱情が消えていき、社会的愛着が広がり」、「我々は常に事物の誤った手段から生まれるあらゆる卑しさ、卑劣さ、悪徳から遠ざかる」ように、「自己利益を公益と結合する手段を」（289.）考察することであると、パオロ・マッセットは「開講講義」から引用している。

次に、ピエール・ルイージ・ポルタは、「チェーザレ・ベッカリーアの経済学講義」[21]で、カルロ・アントニオ・ヴィアネッロ、ヴェントゥーリ、シュンペーターの評価を紹介しながら、「経済学者ベッカリーアのパーソナリティは、公共経済学という実践問題の論議に積極的に没頭した人のそれである。このことは、単に彼の講義の態度ばかりではなく、他の活動、たとえば、貨幣の混乱に関する青年期のそれや審議官の活動も当然証拠となる。彼の公共経済学の法学的母型は、おそらく彼の推論に特徴的な実践的性格に根があるだろう」（357.）と、ベッカリーアの経済学者としての特質を簡潔に要約している。

さらに、アルベルト・コヴァは、「ベッカリーアと貨幣問題」[22]で、彼の研究対象が、『公共経済学原理』の第四部第二章（「貨幣について」）とベッカリーアの処女論文「貨幣の混乱」であると限定して議論を進める。コヴァによれば、ロンバルディアの貨幣制度の状況は、「一七〇〇年と一七二〇年の間に、貨幣に関する一二の対策が出され、一七二三年と一七五〇年の間には、交換の単なる修正のために、八つの対策が出された。しかし、二〇年たってようやく社会は、当然理論的貢献は乏しいが、政治家や仲介人の多くが参加した議論の展開によって、問題の重大性の自覚を獲得したように思われた」(408.)。

そのような状況下にあるイタリアでの貨幣問題の解決策は、「とりわけ、ロック、ムロン、デュ・ト、カンティロンの研究に、イタリア人に関しては、ダヴァンツァーティ、モンタナーリの古い著作に、ブロッジャ、ベッローニ、ガリアーニ、コンスタンティーノ、ファッブリーニ、ネーリ、カルリの新しい著作に基礎を置いている」(410.)。ここから次のような訂正手段「すなわち、所与量の銀の含有で「リラ」と呼ぶべき貨幣単位の定義、それら各々の金庫に金属に基づく他の貨幣による平価の定義、あらゆる種類の鋳造金属の量と質の安定、融合・銅貨と名目価値・内在価値間比率が上昇するようにさらに高品位金属の含有への改鋳貨幣の造幣局での要求、個々の国家内部での低位貨幣の流通制限、金属実質から独立した全金属の租税支払いの受容、最後に、上で定義された貨幣単位で表現された価格が出てくる」(411.)とコヴァは要約する。

まさに、このような関連でベッカリーアの思想は、若年期の「貨幣の混乱」からはじまり「貨幣問題が経済現象のいっそう広範な分析に統合され」、「開講講演」と『公共経済学原理』で「有機的で成熟した形成」を見ると言うのである。ベッカリーアの貨幣理論がコヴァが言うほど整合的であるか否かはさておき、本論文は、概説的でなく、貨幣問題に内在特化した論及であるという点では注目すべき研究である。

日本では、まず一九七七年に上原一男が『講座経済学史Ⅰ』[23]所収の「イタリアの初期経済学」で、先駆的に『公共経済学原理』を採り上げ、ベッカリーアのフランス重農主義者に同調する「大規模耕作」の評価、「商業・企業の自由」、

「分業」の指摘の先駆性について簡潔に論じている。

堀田誠三[24]は、まず一九八〇年に『公共経済学原理』の経済学者ベッカリーアの研究意義を確認し、ついで一九八四年には「ベッカリーアにおける『批判的経済学』の形成―ケネーからヒュームへ―」[25]（『ベッカリーアとイタリア啓蒙』[26]所収、一九九六年）で、イタリア啓蒙思想研究の幅広い視野から『公共経済学原理』にふれて既述のように、「二つの「公共経済学」」の文献学的考察をおこなった。

堀田は、その著書でピエトロ・クストディが『イタリア経済学古典選集』の一冊として一八〇四年に出版した現行版がベッカリーアの意に沿うものではないことを再確認し、「『公共経済学』には、原型をなす講義録（清書稿）とその改訂稿という二系統が存在する」（二二三）ことを確認するとともに、第二節以降で、その事実が両手稿間でのケネーからヒュームへの評価の転換となって現れていることを論証している。

なお、三上禮次は、一九九五年「チェーザレ・ベッカリーア『犯罪と刑罰』および『公共経済学の諸要素』」[27]、九六年には「市民社会論と君主機関説の経済学」[28]を相次いで発表しているが、ともにヴェッリ兄弟の影響をはじめベッカリーアの周辺的事実の確認もなされておらず、内外の研究状況にもまったくふれていない。さらに三上は、一九九七年に『公共経済学原理』を『公共経済の諸要素』[29]として翻訳している。この訳業は随所に再検討の余地を残したが、ともあれ、経済学者ベッカリーアを日本でも身近な存在にしたと言えよう。

第二章　処女論文「ミラノ公国における貨幣の混乱と救済策」・「開講講義」

第一節　「ミラノ公国における貨幣の混乱と救済策」

一七六二年の「貨幣の混乱」(30)は、ベッカリーアの公表された最初の論文である。その時期には、マリア・テレジア政府が、金銀混合貨幣の有害な流通を排除し、さまざまな貨幣間の価値比率を設定するために、完成を準備していた貨幣改革が声高に語られていた。「一七六二年のはじめにはジッリャートgigliato（ユリの印章入りのフィレンツェ、ナポリの旧貨幣）の非公然の流通増加に対して、平価の再検討とあらたな交換水準を承認する四月二一日の布告の発表が決定された。(31)」

貨幣論研究は「最悪の貨幣が顕著なイタリア」(32)では、盛んに行われていた。すでにナポリでは、ガリアーニ（Ferdinando Galiani, 1728～1787）が、一七五〇年に『貨幣論』(33)を書いていたし、ジャン・リナルド・カルリ（Gian Rinaldo Carli, 1711～1774）は、一七五一年に『貨幣の起源と取引について』(34)を書き、さらに一七五四年から六〇年までに『貨幣とイタリアの造幣所設立について』(35)という貨幣論の基本文献を出版していた。

ベッカリーアは、その「序文」で「貨幣の混乱」の執筆意図を次のように述べている。「私は、多くの本にちりばめられている原理を三つの定理tre teoremiにして、我々の現実の不均衡の本質を熟慮して、混乱をおさめ、そうすることで経済学のこの部分の概念を哲学者の仕事部屋の沈黙から国民の手に移すために有益だと思っているすべてのことを提起した。」(S.7.)

「貨幣についての一般原理」

第一部「貨幣についての一般原理」で、ベッカリーアは、「我が貨幣の現実の混乱を語る前に、貨幣の起源と本質に全般的に一瞥を与え、平凡だが十分理解されていない用語に明白で正確な思想を適用しておくことが必要である(原注1)」(8.)と述べてから、「羊、羊毛、牛、小麦粉など」の「物々交換」から「庶民が〈冒険〉*azzardo*と呼ぶことから」「貨幣の導入」がはじまった」(8.)と説き起こす。

「火事、地震、川砂が、人類にまことしやかに金属を知らしめ」、「少しずつ金属の使用が拡大するにつれ、それを所有したいという欲求が増え」、「重量で販売される輝くいくつかの小片で余剰品を交換する渇望が生まれた。」(8-9.)

さらに、金属の属性自体が、「持続的使用、完全に一様に細分する容易さ、輸送の耐久性と便宜が、他の全商品の等価物として、人々の気付かないうちにそれを尊重するように慣らした。(原注2)」(9.)「〈価値〉*valore*とは、人間が事物についてなす評価をはかる量である。〈貨幣〉*monete*は、リッブラ(libbra,約300g)やオンスが重さを、ピエーデ(piede,30.48cmフィート)やブラッチョ(braccio,約60cm)が広さをはかるのと同じく、〈価値〉をはかる金属の小片である。(原注3)」(9-10.)

こうして、貨幣は、熟練と費用を要する科学的作業による貴金属の〈精錬〉*raffinazione*によって純化され、〈公的な担保〉*pubblico pegno*、取引の基礎となる〈商品〉*mercanzia*に内在する〈尺度〉*misure*になる。〈貨幣価値〉*valore delle monete*は、天地の現象が普遍的な重力に左右されるように、事物の本質に依存する。以上のような事実を指摘した上で、ベッカリーアは、「定理」teoremaとして、貨幣論の一般的命題を提示する意図を次のように明言する。

「以下の定理は、これらの根本的事実をもっとも明るい光の中におく。私は、これらのきわめて興味深い概念を経済学のこの部門について熟考するために人生の本分を捧げた人にも扱いにくくしないために、その科学の限界を取り払う研究をするつもりである。」(12.)

原注1　「貨幣、造幣問題は、…非常に大きく困難な神秘のために、すでにそれ自体真にそうだからではなく、それらの利益のために、神秘的であいまいな理解できない言い方でその問題を扱い、秘密(及び、その利益はこれにある)を包み込むためにあると理解されるべきだと見なされた。さらに、それらの言い方は、何か意義あることのために人々に受け入れられても、主題の困難の先見的評価によって、その職業に携わる人しか容易に入り込めない仕方で、検討されずに時の過ぎゆくのに任された。」Locke, *Nuove considerazioni* ecc.; Parte 2, art.2, sez.1.

原注2　「金属を使用しなかった時、アテナイ人は牛を用い、ローマ人は羊を用いた。しかし、一頭の牛は他の一頭と同じものではなく、金属の一片を他の一片と同じにしうるのとは違っている。」Montesquieu, *Esprit des lois*, XXII, chap.II.; 訳(中)二九九.

原注3　「金銭が物の標識であり、これを表示するのと同様に、それぞれの物も金銭の標識であり、これを表示する。そして、一方で金銭があらゆる物をよく表示し、[他方で]あらゆる物がよく金銭を表示するのに応じて国家は繁栄する。」訳(中)二九九－三〇〇。

「定理Ⅰ」〈同じ量の金属は、各貨幣で同じ数のリラに一致しなければならない。〉

ベッカリーアは、「定理Ⅰ」にそむく怠慢の「一般的事例」l'esempio universaleをあげる。ミラノ公国の関税表は、ジッリャートgigliatiの一〇〇もサヴォイア・ツェッキーノzecchini(元ヴェネツィアの貨幣)の一〇〇も、ともに四八八グレイン(grano,0.064g)の純金を含有しているとしている。しかし、実際にはサヴォイア・ツェッキーノ一〇〇リラにつき、純金の含有量が四〇グレインも、率にすれば八%も少ない。

事態がそうであれば、内外の金融業者、貴金属商、貨幣の内在価値検査官は、こぞって国民からジッリャートを奪い去り、そのツェッキーノを与えることで「ミラノ公国にとって破滅的な取引commercio rovinosoの仲介人」になるだろう。しかも「禁止法によって、それを阻止することも期待できない。利益への誘惑はあまりに強く、あまりにたやすく失望することになるだろう。／同じ議論が金・銀貨と同じくあらゆる貨幣でなされるし、〈金属の量をリラの数に〉等しくしないでおくことが、直ちにある時には金、ある時には銀を消し去る魔法の指輪 magico anello であると、公然と考られた。(原注1)」(12.)

原注1　「国家は、同じ法定貨幣価値に二倍の内在価値を、あるいは、同じ内在価値に二倍の法定貨幣価値を与える時、長期間流通を停止し、金属総量を減らす。」Forbonnai, *Elem.du Commerce,*『商業要論』tom.II, chap.9, 85.

「定理Ⅱ」〈流通金属の総額が他の金属の総額になるように、ある金属の所与の部分は各貨幣で他の金属の相当部分にならなければならない。〉

ベッカリーアは、「銀のグレイン、オンスは、それ相応の金のグレイン、オンスに妥当するだけ、いつでも流通銀総量はその金総量を含んでいる。(原注1)たとえば、ヨーロッパには、取引で銀は金の一四倍あり、その時金の銀に対する比率は一対一四になるだろう。貨幣を規制して金と銀を、あるいは銀と金を交換すれば、貨幣の形態とか刻印は何であれ、私は、つねに純銀一四オンスに対して純金一オンスを与える(原注2)」と述べて「定理Ⅱ」を証明していく。「もしある国が、適正以上の金を、たとえば金一グレインを銀一四グレインではなく、一五グレインと評価するなら、その場合には、他の商業国民はすべての金をそこに送り込み、引き換えに銀を引き出すだろうし、不注意な国民は、金一グレインに銀一グレインを、すなわち、引き出される銀価値の一五分の一を損するだろう。このように、貨幣を規制する布告は、銀貨の布告や純金七一グレインのジッリャートごとに純銀七一グレインを、すなわち、一フィリッポ（ミラノのフィリッポ二世の銀貨）の七分の一以上を、すなわち、ジッリャートごとに二〇ソルド（soldi,二〇分の一リラ、五チェンテージモ）以上を外国国民に贈れ、という臣下への命令と同断だろう。これは七％以上（の損害）に妥当する。（原注3）」(14.)

逆に、金が適正以上に「たとえば一グレインの純金が、一四ではなく一三グレインの純銀に評価されるなら、その場合には、その国民からはすべての金が流出し、入ってくるはずの一四分の一少ない銀しか入ってこないだろう。それは、同じく七％の損害になるだろう。」(14.)

その他、ベッカリーアは、当時の「〈エローザ〉*erosa*という銅貨の混乱」についても同じように説明し、「定理Ⅱ」の逸脱結果を次のように強調する。「さらに、もしクローネ貨**corona**を造幣する諸国民が、彼らの類似の造幣所で貨幣屑**feccia di monete**を偽造することによって、国家の最も貴重な骨髄を抜き去るならば、破滅はきわまるだろう。」(15.)

原注1　「この計算をするためには、取引諸国民間の正確な流通金銀量を求める必要はない。それは不可能であるが、それらの価格表でどんな価格かが分かれば、それらの各々が、そのようにして平均価格を得ることを銀に基づいて金に委ねる。銀に対する金の割合を1.*a*, 1.*b*, 1.*c*, 1.*d*, で約分すれば、平均価値は

$$\frac{a + b + c + d.\ ecc.}{1 + 1 + 1 + 1.\ ecc.}$$

になるだろう。」

原注2　「金と銀の価値**pregio**の決定では、…各々の国民が、所有している部分だけでなく、世界商業圏内に見いだせる全体量を包含し計算することで保たれる固有の利益法則によっている。」Locke, *Saggio sopra il giusto pregio delle cose*, ロック『事物の公正価値に関する試論』、Parte I, sez.2,5.

原注3　「社会全体が、金銀**metaux**が印か等価物である外国の必要品をもつから、私たちが語るものが、他の社会よりも相対的に割高に外国の必要品に支払い、結局、外部から同じほどものを買えないことは明らかである。もし売っても、他人の評価よりも少ない価値しか売ったものから受け取れないことは等しく明らかである。」Forbonnais, chap.9, p.73, tom.II.

「定理Ⅲ」　〈貨幣価値の決定では、融合*lega*、造幣費、幾つかの貨幣の最良精錬などは一切考慮せず、純粋金属の純量だけ考

慮されるべきである。〉

ベッカリーアは、まず「融合」には、ゼロに等しいほど取るに足りない採掘estrazioneとごく少ない価値しかないと退ける。(原注1) 次に「造幣費」に関しては、彼は、①国民負担にすることは適正だが、貨幣自体にそれを押しつける必要はないとし、(原注2) この価値増加は金属の固有量には支えられていないから、前の二つの定理が、我々に回避せよと教えている不均衡という混乱に再び陥らせるとし、②「同じ推論が、精錬された貨幣はもはや精錬されていない他の貨幣以上に評価されてはならないことを我々に証明する」(16-7.) として、いずれも貨幣の価値形成要因として認められないと言う。

原注1　「たとえ多額の貴金属で、融合が何か目に見える価値を増やせても、それでもなお、融合貨幣が不純なものだと考えられないことは、最高に精錬された金貨が最も純粋な貨幣だと評価されないことになってしまう。こうして、互いに相殺し合うこれらの二つの与件の無視は、貨幣の議論をいっそう単純に従順にする。」

原注2　「等しい銀の量は、それが貨幣の位置についても、それは商品と考えられて、ひとつの同じ場所では価値がひどく多いとか少ないということは適切ではないから、それ自体が計られるために使用されるひとつの同じものは、計りも計られもせず、多少大きかったということになる。」Puffendorf, *Droit de la nature et des gens* ; liv.5, ch.1,16.

こうして、ベッカリーアは、以上三つの定理の「論理的帰結」を次にように導き出す。「国民がこれらの原理から遠ざかるにつれて、貨幣が減少し、貨幣不足が資本利子の上昇、それとともに債務、のちの破産、取引を不可分にする国民の運命によって、公的信用を失うことになる。／流通量増加の間は、祖国と善良な大衆の帰依者がつねに灯し続けなければならない聖火であり、国民の福祉と生活を形成する産業は増加する。産業が減少すれば、取引は衰退し廃墟の上に貧困が立ち上がる。それは、スパルタやローマの自由の守護神であった富の偉大な軽蔑者ではなく、最下層民からはじまって徐々に王位にまで上がっていく諸国民の貧困と意気阻喪を生み出す怠惰である。／ホッブズObbes《ママ》が、人々がそうなっていると考えた戦争状態は、取引や貨幣で確認される。そこでは各国民が、他国民の貧困によって豊かになろうとし、武器でよりも産業で戦っている。（原注1）歴史をひも解けば、怠惰によって最も隆盛な諸国民が砂漠や独居に変えられるのが見られる。（原注2）」(18-9.)

「貨幣の過度の規制は、間接的に、国民が貧しくなるために、直接的に、悪貨を刻印することで得られる一時的利得によって、良貨の名称と価値を与えた悪貨そのもので公租を受け取るために、明らかに君主の利益に反している。／布告では、事物の不変の関係も変えられないし、原因がそのままになっていれば、結果は除去できない。貨幣の真の価値に反する布告を発する国民は、縁を削り取った贋金造《にせがねづく》りと同じ悪事を働いているのである。祖国の公共の福祉に目を向けず、かなりしばしば、国民の利益に反する自己の利益の領域にそれを限定する金融業者や商人と貨幣について相談することは、将軍が行われるべき作戦計画を敵と相談するのと同じことだろう。」(19.)

見られるように、ベッカリーアは、国民の福祉を実現する手段として、もっぱら実質価値ある貨幣流通の活性化だけに言及して、結局真の産業発展への展望にふれずに第一部を終える。

原注1　「この種の喪失は、片方の岸が損すると同様に反対側で得する河川の浸食と同じである。おそらく、有能な政治家は、イギリスやオランダの商人の帳簿を調べて、他のヨーロッパ諸国民の幸福と貧困を計算できるだろう。」

原注2　「今日、コルキスはもはや広大な森林にすぎず、そこでは日ごとに人口が減り、その人民はトルコ人やペルシャ人に小出しに身売りをしてかろうじてその自由を守っているにすぎない。これを見ると、ローマ人の時代、この地方には数多くの都市があり、そこへの商業が世界中の国民を呼び集めていたなどとはとうてい言えそうもない。この国にはそれを示す事跡はなに一つ見出されない。その痕跡はプリニウスとストラボンの中にしかない。」Montesquieu, *Esprit des Lois* [Lib.XXI,cap.V]; 訳(中)二二九。

「一般原理の応用」

第二部「一般原理の応用」で、ベッカリーアは、一七〇年以上にわたるスペイン支配下で生じた貨幣の混乱を指摘し、逆にオーストリア支配の「真の原理の有益な結果」を感じるべきだと外交辞令を弄しながら、ミラノ公国における貨幣の混乱の実情を分析し、その解決策を模索していく。

「我が国で貨幣の政治的病気 malattia politica がはじまる宿命的時代は、以前には大いに繁栄したのに、後には、すなわち、前世紀初頭にはまたもや衰退した我が国の商業に対して没落が言われた時代と重なっていた。ほとんど全イタリアで金銀比率が悪化しただけでなく、低額貨幣に混ぜ物をしたり、回りを削り取ったり、想定価値に、形而上学的価格を与え、アリストテレス学派 Peripato の専制が大学から政府に忍び込んだといえる、貨幣と商業に法律を与えもする時代であった。／法律を与えることに慣らされたイタリア人は、状況の必要が認めた後でも、他者に従う明敏さをもたなかった。他の諸国民とともに、元の水準に戻すために確固たる原理に支えられた規則も作らなかった。」(20-1.)

こうしてベッカリーアは、ミラノで施行されている現行法と自己の「各貨幣の価格と純粋金属によるミラノの換算表」Tariffa di Milano col prezzo e metallo fino di ciascheduna moneta にもとづく金・銀貨をはじめ全貨幣の交換比率の是非を検討していく。

「我が国の貨幣の現実的混乱を最も明るい光にさらすためには、我々は現に流通している貨幣を規制している法律を検討しなければならない。したがって、私が提出する第一表(略)は、各貨幣に対して、私がそこに含まれているかぎり、金属量に異議を唱えたミラノの最新の換算表を含んでいる。

／〈カラット〉*caratto*（二四分の一オンス）、〈マルク〉*marco*（約二五〇グラム）、〈ペッジョ〉peggioなどの名称は、私の目的には有益だと思う。したがって、私の表は、他の著者たちのそれとはまったく違っている。この科学の教授たちのためだけではなく、公正な判断をするすべての人々のために、私は書く決心をし、もし彼らが、私が追究しようとしている真実と明確さを見出すなら、かかっただけの時間に見合うだろう。」（21-2.）

ベッカリーアは、〈同量の金属は、各貨幣で同数のリラに一致しなければならない〉という「定理Ⅰ」が、現実にどうなっているか、換算表を使って異なった貨幣の一〇〇リラが、どれほどの純分を含んでいるかを計算する。「計算結果は、比率は各貨幣で異なっているということである。したがって、銀貨間でサヴォイア・リラとジェノヴィーナ**genovina**を採り上げると、外国諸国民は、交換で我が国の損失で一〇〇リラにつき一〇リラ八ソルド四ダナーロ稼げる。金貨間で、ジェノヴァ・ドブラ**dobla**をサヴォイア・ツェッキーノと交換すると、我々の換算表の誤りによって、我々と取引する諸国は、一〇〇リラにつき一六リラ九ソルド八ダナーロの利益を引き出せる。」（23-4.）

次に、ベッカリーアは、金貨と銀貨を比較し、〈金は銀と妥当で確実な比率をもたない〉ことが、すなわち、「定理Ⅱ」から乖離し、「ある時は一二分の一に、ある時は一六分の一になるほど恣意的であることが分かった」（24.）と言う。しかもこれらには、さらに、二つの混乱が付け加えられる。すなわち、「第一は、フィリッポ銀貨とミラノの五ソルド銀貨の間にあるはなはだしい不均衡である。なぜなら、ミラノの五ソルド銀貨は純銀一五グレインを含んでいて、一〇〇リラごとにフィリッポが約六、九二六グレインなのに、六、〇〇〇グレインにしかならないからである。したがって、差額は、九二六グレインである。

／第二は、二〇ソルド銅貨とリラ銀貨の間にあるきわめて大きな差額である。だから、二〇ソルド銅貨は、私が関与する第二分冊の四六八ページのカルリ伯の明確な計算によれば、内在価値の二〇分の一四と架空価値valore chimericoの二〇分の六しかない。したがって、その銅貨の一〇万リラは、真の実質価値七万リラと想定価値三万リラにしかならない。」(25.)

見られるように、ベッカリーアは、換算表の誤りを指摘したのち、損害に対する救済策を有効にするために、前もって、商業で貨幣について日常的に繰り返し聞かれる一般的意見を検討する。

「まずある人々は、この問題の神秘的な結び目が、〈金か銀のどちらかの選択〉を決定することにあると思っている。この当惑は、原理への完全な不案内を仮定している。それどころか、少しも〈選択〉を与えないことを教える。他の人々は、東方Orienteの、特に中国Chinaの主要取引が、ヨーロッパ人によって金を排除して銀だけで行われている情報を受けて、銀を選好したがるだろう。その誤りは、すでに〈ヨーロッパ平均価値〉で考えられた同量を二度計算したことから生まれる。」しかしながら、「東インド貿易から引き離された我が小国（ミラノ公国）住民は、極東から何の直接的影響も期待してはならない。」(25-6.)

または、「〈我々は小国なので、貨幣に規則を決めることも法律を課すこともできない〉と言う人がいる。もしこの命題が常識的に理解されたなら、正しい原則になるだろう。すなわち、我々は、法律を課すのではなく、受け入れねばならないのだから、金属の比率を変えるために、ヨーロッパに十分な影響力をもっていないのである。しかし、このように語る人は、おそらくこの原理を目指していないのである。どっちみち、小国も〈通貨価値〉が〈内在量〉に確実に一致し、〈金属から金属への比率〉*proporzione da metallo a metallo*も確実に維持されるように貨幣法を規制できる。」(27.)

さらに、ベッカリーアは、貨幣の選好には次のような一定の傾向があると言う。「外国人、銀商人、両替商は、現金価値が内在価値を伴っている貨幣だけを受け取り、住民は一般的に多く受け入れられる貨幣の方を選ぶだろう。真実に適した法律が制定され、住民の不従順、もっと正確には法律の誤りはやむだろう。(原注1)

／私は、貨幣の規則の主な敵として銀商人をおそれる人々の見解に与《くみ》しない。彼らは、確かに我々の誤りで得をするだろう。しかし、真実を語る法律が制定されれば、あるいは、彼らは、金銀を流通外に移すために貨幣を溶解するだろうし、単に同量の金属だけではなく、製品価格によってもっと多量の金属も再び流入することは確実である。」(28-9.)

こうして、貨幣の混乱の実情とそれに反応する人々の一般的傾向を検討した後に、ベッカリーアは、以下のように本稿を結論付ける。「現行貨幣制度の混乱と俗に提案された手段が不十分であることが分かったので、今や結論に至って、毎日大いに猛威を振るっていて、政府会議と住民の談論のテーマであるこの病気の治療法を提示する時である。／第一の治療法は、同量の純金が、つねに各貨幣の同数のリラに相当する換算表を作ることである。すなわち、〈物理的価値〉と〈通貨価値〉の間の確実な方程式があるということである。さらに、それでは、カルリ伯が、彼の第二巻でほとんど全部それを明らかにした今日、これがヨーロッパの真の平均比率なのだから、金は銀と一対一四と二分の一という確実な比率で換算されるべきである。／第二の治療法。さまざまな金属間の比率は、商業や鉱山のさまざまな変化によっているので、貨幣に対する永続的法律を制定することは期待されない。しかし、不変の原理を永続化すれば、ヨーロッパの不安定な水準を助長することになってしまう。したがって、将来の混乱を未然に防ぐためには、手にすべての国民の換算表を持って比率の交換を監視し、このバロメーターによって貨幣価格を必要に応じて改変し、試金という手段で導入される新貨幣の価値を決定するこの問題に特に献身的な政府の選択が不可欠だろう。」(30-1.)

以上のように、ベッカリーアは、本節冒頭で引用したように、「多くの本にちりばめられている原理」、すなわち「貨幣の混乱」の原注からも明らかなように、キケロ、ダヴァンツァーティ（Bernardo Davanzati, 1529～1606）、カルリ伯などのイタリアの理論家だけでなく、ロック、モンテスキュー、フォルボネ、プーフェンドルフ、ヒューム、ムロンの著作からも多くの重要な示唆を受けながら、「三つの定理」を導き出し、貨幣の混乱の収束の手立てを探求した。その際、ベッカリーアの視野は、彼がつねに各貨幣の「ヨーロッパの平均比率」を念頭においていたことから明らかなように、単にミラノ公国の狭い経済圏だけではなく、イタリア全土、さらにはヨーロッパ全域、東方諸国との関連にも拡げられていた。ベッカリーアのこの論文には、貨幣流通論という性格上、産業industriaの活性化という以外、確かに生産論的、産業の連関的発展の視点は見られない。

しかし、若きベッカリーアは、貨幣論の重要な課題の解決努力を「哲学者の仕事部屋」から「国民の手」に移すと宣言した。「拳の会」で培われたその実践的態度は、すでに見た『犯罪と刑罰』の新社会秩序、『文体に関する探究』の人間認識発展論的展望を媒介として、啓蒙思想、経済思想の知識を基礎とするその後のミラノ公国行政官としての精勤から明らかなように、公共の福祉を目的とする法と経済学の実際的適用となって現れるのである。

原注1　「人々は一瞬逸脱するために自分の良い本質を過度に愛好する。これに反する法律は決して効力をもたない。これには、破壊的な時に屈服する青銅とか大理石に以上にぬぐい去れない文字で人間の心に書かれた自然の基本法が抵抗する。根拠のない恣意的な法律は、自己利益に宿命的なものとして法律違反を考慮しないことに人々を慣らすほかはない。人々の不従順はほとんど常に立法における不備の結果である。」(『犯罪と刑罰』の予備的考察のようにも見える。…筆者)

第二節　「開講講義」

ベッカリーアは、ウィーン政府の意思を受けたオーストリア・ロンバルディア全権大使フィルミアン伯の要請により、一七六九年一月九日ミラノ王室学校の講壇にのぼり、官房学講座の「開講講義」をおこなった。それは、ガレアッツィ Giuseppe Galeazzi（ミラノの書肆）によって印刷され、ピエトロ・ヴェッリが弟アレッサンドロへの手紙で辛らつに批判したように[36]、たしかに、フランス、イギリスの経済学者によって主張された主要部分の要約といった内容であり、叙述はベッカリーア独自の「掘り下げ」、「概念含み」によって冗長で具体的ではないが、一般には好評であった。

まず、ベッカリーアは、ロンバルディアにおける一般的な思想状況とそれに対する経済学の効用、およびその教育の必要性を確認することから講義をはじめる。

「普遍的な知識が、世論の規律とともに濫用を予告し、無数の偏見が、何度でも最も賢明な命令に対抗し、臣下の精神において最も真摯で有益な決定を毒している。笑うべき恐れ、悪意ある先入観、不毛の慣習に保護された誤謬が、最も有益な創意、結局最も気遣われた創意につねに抵抗している。知識を大衆に流布させることによって、これらの悪意ある妖怪は消え失せ、至高の命令に帰せられる従順が、自発的で合理的になるので、いっそう速やかに甘美になる。／真実が非常に複雑で困難なもつれの中で意表をつかれ、それによってのみ法律学が完成される迅速で奥深い計算と比較の精神が習慣になるためには、国家の個別状況への熱心で正確な勤勉に適用されたあれこれの啓蒙的で偉大な原理に、熱烈な若者の明快な才能が吸収されることが必要である。」(S.366-7.)

こうしてベッカリーアは、自己の経済学の課題が、公共の福祉の実現にあることを明らかにしていく。「公共経済学は、私法体系の苦痛に満ちたあいまいな錯綜に光を投げかけるだろう。それによって、しばしば、公共団体の問題が入り混じっている私事を判断し、扱う人は、特殊の公正という虚偽的で不安定な規則を避け、疑わしく不確実な事例を忖度《そんたく》することで、効用という果てしない法則と公共経済学の原則にもとづくすべてのものである普遍的公正という永遠の規範をつねに直視できるのである。

／のみならず、類似の隣接科学をなおざりにしてそれの限界を狭める人は、その科学では決して偉大で著名にはなれないだろう。計り知れない網の目がすべての真実を結んでいるのである。さらに、公共経済の諸科学は、自己の利益を公共の利益に結びつける手段だと示唆することで、家計という私的目標自体を大きくし、威厳を持たせずにはいない。社会問題を考慮し、一般利益という思想を改めることに慣れれば、我々が、多くの知的快楽をかきたてる推論と目的にみちびく自然愛が、衰えた祖国愛に再び火を灯《とも》す。我々は、もはや自分を孤立した部分だとは考えず、社会、法律、君主の子供だと考える。我々の感情の領域は、いっそう大きな活力あるものとなり、排他的熱情は減退する。」(368-9.)

次に、ベッカリーアは、イタリアにおける経済学研究の現状認識が、いかに不十分なものであるかを指摘し、公共経済学発生の必然性とその内容を検討する。

「これほど必要で有益な科学が、人間精神で最後のものになり、なお変更しうるように思われる完成の最終段階に達していない。すべての技芸と科学は、最初の必要、すなわち、なお孤立し己のみに放置された人間が、必然的に強く感じるそれらから、および、次の必要、すなわち、好奇心、顕示欲、倦怠からの逃避のように、相互に観察し模倣することで、社会にまとめられる人間が感じるそれらから生まれた。

／一方では、自然的必要を満足させることがいっそう容易になるので、他方では、ものを考える人の群れによって精神活動が盛んになる。だから、人間の間にはいつも公共経済学が存在したのである。いつでも、物と互いにありすぎる必要物の、物と活動の、活動と活動の交換があったのだ。古今あらゆる交換の原理がある。」(370.)

こうしてベッカリーアは、狩猟から貨幣の発生にいたる人間の素朴な発展過程にふれながら、貨幣を媒介とするヨーロッパ、アジアの商業の具体的な発展過程を展望していく。「最初の職業は狩猟だった。それの持続的習慣が、彼らに草食動物を知らせることになり、彼らは牧人になった。その時、ひじょうに無為で平穏な状態で、それほど粗野で厳しくもない生活に身を任せることによって、観察の精神、交換できるもの、取引への刺激が生まれた。しかし、やはり必要と人口が増えると、技芸と自然の自生的生産によって手助けする分野が生じ、人々は農耕者になった。しかし、金属の発明は、人類をあらたな革命に駆りたて、もっと上位の運動、結局完成に高めたのである。／技芸の使用によるこれらの耐久性、勤勉と力量の記念碑による顕示欲求、ひじょうに有益で高価であった物に与える人間の不安げな機敏さが、探求と希少性に比例して異なった金属を探求させ評価させた。こうして、それらの外観の一様性とその分割の便宜が加えられることで、少しずつあらゆる農産物の交換ルート、結局それらの一般的表象になった。」(371.) つづいて、ベッカリーアは、人間努力による取引の外延的広がり、競争原理の強まりによる経済発展の実現への展望を示す。

「我々の時代に知られたアジアは、最初の商業中心地だった。フェニキア人の航海の評判は、我々の間にも鳴り響いていた。オリエント、アフリカ、ヨーロッパから、これらの大胆な航海者たちは、疲れを知らぬ精勤によって貧弱で小さい地帯には拒否された自然の賜物すべてを求めた。彼らのそれらを不足している場所と再び交換し撒き散らし、数限りない交易によって自分たちの国の中につぐんでいた諸国民に納税義務を与え、互いに競争し交戦し合うようにした。」(372.)

さらに、ベッカリーアは、古代においては、カルタゴ、アレクサンドリア、ローマという商業的覇権系列、近代においては、まずヴェネツィア、ジェノヴァ、ピサ、フィレンツェというイタリア諸国の「海の支配と工業の優位」(373.)、次いでポルトガル、スペイン、イギリス、フランスの覇権争いを順次説明する。その説明の中でベッカリーアが特に強調したことは、一方で、スペインが「すべての快楽の代表である金属の貪欲」に無数の犠牲を払い、「技芸と農業に無頓着なそれ（金）の直接的所有者」（374-5.）になったのに、他方で、イギリスが「エリザベスと議会の叡智」によって、「工業の優位と海に支配権をもたらし」、フランスが「ルイ一四世とコルベール」によって、「あらゆる種類の産業を再び活性化」したという事実である。

これらの事実の確認は、「アリストテレス的迷信の神秘的な偶像」を排して「哲学の奥深く観察的な精神」（375.）から生まれた近代のイギリス、フランスの近代思想、ひいては経済学の受容を宣言したものである。

ベッカリーアは、以上のように、自己の依って立つ思想基盤を明らかにした上で、これから実施する講義の範囲と方法について述べることで「開講講義」を終わる。「私は、農業 agricoltura、商業 commercio、工業 manifatture、国内行政 polizia interna、財政 finanze をめぐる最も確実な原理を説明することで、つねに明白、簡潔、精力的に真実の言葉を語る公教育を任務付けられたすべての人々に課された神聖な義務を決して忘れないということだけを、ここでは厳かに約束するにとどめる。

／多くの報告と訂正によってあまり妨げられないから、対象をそれら原初的起源に引き戻すことで、定義は恣意ではなく正確になるだろう。その明確さは、それらの要素の複雑な概念の解きほぐしから、最も一般的で複雑な真実に対する最も単純な命題のきちんとした推論から生じるだろう。同時に、私は、すべての科学が神秘的で近づきがたいように思われるので、経済原則 massime economiche を我が国の状況に対する持続的適用によって現実のものにして、不毛で抽象的な思弁からも、学術用語の壮大な装置からも身を遠ざけるつもりである」（376-7.）と。

見られるように、ベッカリーアは、自分の講義内容を「商工業」、「国内治安、財政」と定め、「最も単純な命題」から「複雑な真実」を推論して「経済原則」をきわめ、それを学生が理解できる具体的で分かり易い言葉で説明し、ロンバルディア公国の経済政策に援用することを宣言したのである。

第三章　『公共経済学原理』

はじめに

すでにふれたように、ピエトロ・クストディは、トリノの出版業者レサンLeycendから買い取って『イタリア経済学古典選集』に収録した『公共経済学原理』の手稿の内容が、ベッカリーアの意に副わない不完全なものであることに気付かなかった。クストディは、『選集』序文の末尾で、「経済学講義について、パリ旅行（クストディは、一七六六年のこの旅行を一七七六年と誤って記している）にもっていくためにベッカリーア自身によって書き写された手稿を利用した。私は、筆写生の多くの誤りと筆者の文体に対する明白な無頓着さをできる限り正すように注意した」[37]と言っている。だが、それには、「開講講義」でふれられた最後の二部分、「財政Finanze」と「国内行政polizia interna」が欠けていて、今日では、ベッカリーアがそのままでは公刊するつもりがなかったことが確認されているものである。

さらに、堀田が報告しているように、「主人公ベッカリーアの息子、ジュリオの手になる抹消部分などを付録として整理した清書稿が、同（ミラノのアンブロジアーナ）図書館に所蔵されて」いて、「この清書稿の複製が一九七八年に刊行された」[38]が、『公共経済学原理』所収予定の『全集』EN.第三巻は、目下なお未刊行である。

したがって、現行Sansoni版の『公共経済学原理』は、やむなくクストディ版にしたがって、（一）一般原理と視点、（二）

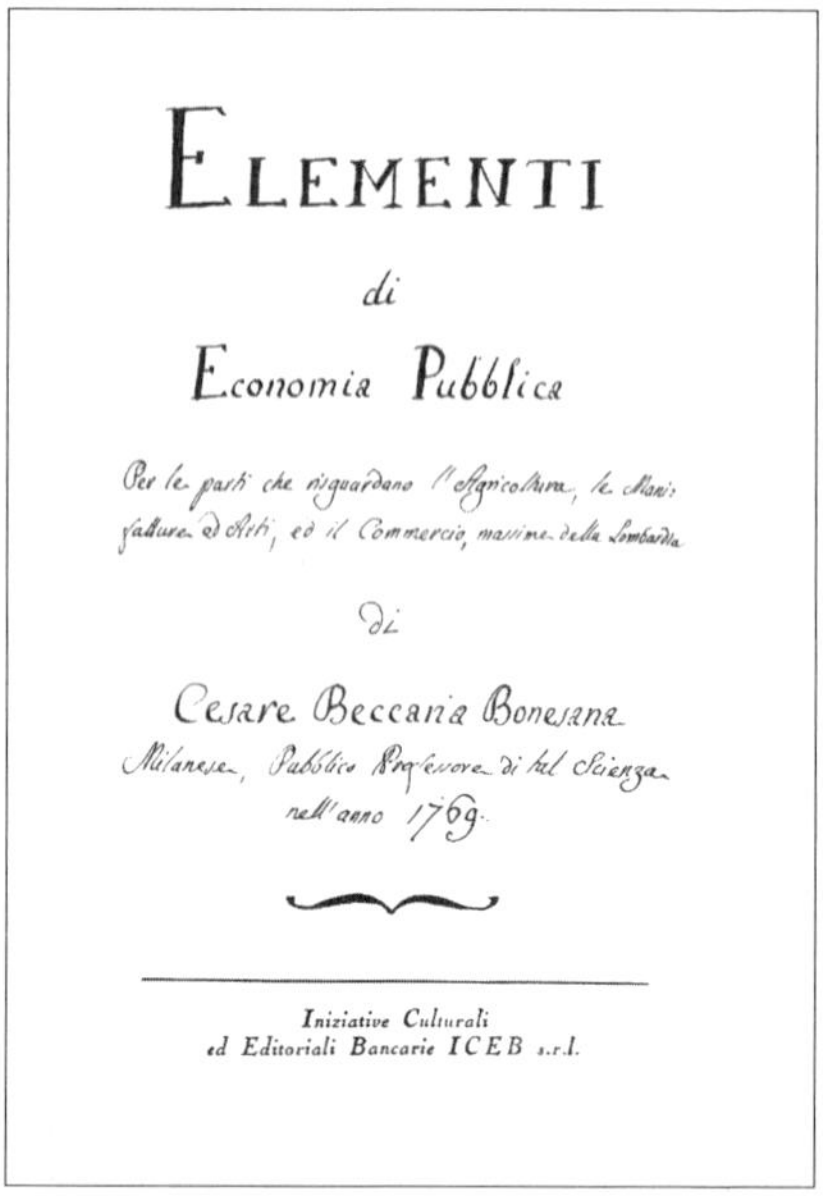
ELEMENTI

di

Economia Pubblica

Per le parti che riguardano l'Agricoltura, le Manifatture ed Arti, ed il Commercio, massime della Lombardia

di

Cesare Beccaria Bonesana

Milanese, Pubblico Professore di tal Scienza

nell'anno 1769.

Iniziative Culturali
ed Editoriali Bancarie ICEB s.r.l.

清書稿の複製の表紙

農業政策、(三)技芸と工業、(四)商業、の四部構成になっている。[39]全構成を示せば、以下のとおりであり、各部には、各章をつらぬいて「段落」の通し番号が付けられている。しかしながら、同じSansoni版には『公共経済学原理』の前に、編者のノートのほか「教育計画　官房学あるいは市民経済学講座のために」(341～49.)と「公共経済学の講義計画　この科学の教授によって二年間で与えられること」(一七七〇年?)(350～58.)が付されている。前者は、第一部から第五部まで通して全三九章からなり、「第五部〈財政について〉」は第三〇章から始まっているから、講座全体の四分の一がそれに充てられていることになる。

さらに、後者は、1から9まで通し番号があり、8第五部「その科学全体の第四の対象〈財政〉」と、9「講座全体の第六で最後の部〈国内行政〉」となっている。10(略)。11と12は講義で使用する教科書を問題にしている。

このような事情から、以下では、まず現行Sansoni版『公共経済学原理』の内容を検討し、然る後に、「教育計画」、「講義計画」に現れた「財政」および「国内治安」部分を補足として付け加えておくことにする。

第一部　一般原理と視点

Ⅰ　一般原理
Ⅱ　労働と消費の本質について
Ⅲ　人口について

第二部　農業政策について
Ⅰ　農業の改善に対する傷害とそれを除去する手段について
Ⅱ　土地の大規模耕作と小規模耕作について
Ⅲ　農業発展のための計画
Ⅳ　土地の異なった耕作間の比率について
Ⅴ　食糧調整について
Ⅵ　他種の農産物耕作について
Ⅶ　牧畜について
Ⅷ　鉱業、漁業、狩猟について

第三部　技芸と工業について
Ⅰ　技芸と工業の異なった分割と外見
Ⅱ　技芸はいかなる理由で衰退、消滅し、いかなる手段で回復するか
Ⅲ　さまざまな技芸と工業の選択と配置について
Ⅳ　技芸で遵守されるべき規律について

第四部　商業について

第一部　一般原理と視点

はじめに

まず「前文」1でベッカリーアは、「公共経済学」、「富」、「国民」を定義する。「公共経済学 Economia pubblica は国民の富を維持増加し、そのために最良の利用を実現する手段と定義された。富 ricchezze は、ただ必要だけではなく快適で好ましくもある物の豊富にほかならない。諸国民 nazioni は、すべての外敵から互いに身を守り、その内部で自己の利益を得ながら、共通利益に貢献するために社会で生きていく多数の人々である。」(S.383.)

2で、ベッカリーアは、「農業」、「工業」、「商業」という「公共経済学」研究の三つの目標設定を行う。「人間の食料、住居、衣料に役立つすべてのものは、そこで育つ野菜、潜んでいる鉱物、放牧される動物によって、土地から我々に供給される。だから、人間をみちびき勇気づける技芸は、土地からできるだけ多くの分け前を引き出すために、すべての経済活動の根本的基礎になるだろう。この技芸は、公共経済学の第一目標である〈農業政策〉*agricoltura politica*と呼ばれる。

／しかし、これらの土地から供給された原料は、予定されたさまざまな使用に適用されるためには、人間の勤勉で模倣的な手腕によって相互に手交わされ変形されねばならない。我々が土地から受け取った状態にあるかぎり、それらは原料materie primeと呼ばれる。次に、人間の多様な用途のために加工をなすと、それらは、公共経済学の第二目標である〈工業〉*manifatture*と呼ばれる。人間はしばしば、他人に不足している何かを豊富に持っているのに、他人が豊富に持っている別の物に不足している。…。だから、土地の生産物であれ、彼らの勤勉の成果であれ、互いに交換される。そのような交換は公共経済学の第三の目標である〈商業〉*commercio*と呼ばれる。」(384.)

3で、ベッカリーアは〈財政〉*finanze*を第四目標とする。「人間の労働と相互交換は、もし労働に精励する大衆が彼らに損害を与え、他人の汗の結晶を奪い取る外敵から保護され、援助されないなら、平穏無事に行えない。…。だから、軍隊と法律によって社会の内部活動を指導し、社会を外敵の攻撃から防衛し、人々の日々の無気力を運動と仕事に駆り立てる至高の指導者が必要になる。だから、大衆は、これらの至高の指導者にこのような目的を達成できる手段を提供しなければならない。これらの手段は、〈公租〉*tributi*と呼ばれ、それらを徴収する技芸は、公共経済学の第四の目標である〈財政〉*finanze*と呼ばれる。」(384.)

4で、ベッカリーアは、〈行政〉*polozia*を第五目標とする。「しかし、もし彼らが影響を受ける事物の道徳的物理的法則を知らなければ、土地の産物も、手の成果も、相互取引も、公租も決して完全確実には人々から得られないだろう。…。だから、すべて〈行政〉*polizia*の名の下に含まれる目標である科学、教育、公序良俗、安全、公安は、公共経済学の第五の、最後の目標になるだろう。」(385.)

見られるように、ベッカリーアは、「前文」で「農業」、「工業」、「商業」、「財政」、「行政」という公共経済学の五つの目標を設定した上で「一般原理」に進む。

第一章　一般原理

6で、ベッカリーアは、「一般原理」として人類史における農耕労働の価値形成的意義を強調することからはじめる。「ある人数のなみの家族が、何かの理由で、人間本性の自然の能力が、彼らに授けるもの以外には技芸も他人の助けもなしに、未開でなお人間の手が触れない国に投げ出されたとしよう。／これらの家族は、…長いこと動物、水、土地、野生の果実、樹木、野の自生の根源を消滅させて生きるだろう。／手を触れない川、きわめて高い山、なお未調査の海に不安をおぼえる初期の住民の経験、きわめて多くの出来事の観察、必要性が彼らに技芸と補助的労働によって、むしろ土地の自生的産物を増やせることに気付かせた。

／ここで私は、人間が、野蛮状態の狩猟者から社会状態の農耕者まで導いたはずの原因すべてをいちいち細かく列挙して、長々と展開されてもいいことをきわめて短く包み込んだ。」(386.)

7で、ベッカリーアは、「耕作の基礎資本」capitale fondatore della coltivazioneの概念と拡大再生産の視点を明らかにする。「したがって、これらの土地の成果を増やすために、人々は長いこと多くの困難を克服しなければならなかった。土地を切り拓き、石を取り除き動かし、灌漑を施し肥沃にしなければならなかった。

／今日、これらの作業のすべては、労苦と時間、土地を耕すのにふさわしい道具、それを肥沃にする材料、再生産し増やす目的で再び土地に蒔くために、すでに生み出された種を必要とする。しかし、この時間と労苦の間中、人々は物を食べて着て、自分の仕事場近くに住み、土地で再生産を永続するのに役立てる必要のある物を所有しなければならない。／だから、我々は、未耕地を肥沃にするのに基礎的に必要なこれらすべてのものの総体を耕作の基礎資本と呼ぶ。」(386-7.)

9ここで、ベッカリーアは、『公共経済学原理』で特に注目される「技芸と人間の仕事の多様性」すなわち、分業と「階級と身分」の分化を論じる。

「これらの家族によって、あるいは、この我々の国民という観念によって上述のことがすべて順調にいっている間に、必然的に技芸と人々の仕事の多様性が生まれることになる。各人は、経験によって、つねに同じ種類の作業と産物に手と才能を用いれば、各人が孤立して必然的に自分だけですべての仕事を行うよりも容易に、豊富でよりよい結果を得ることに気付く。それによって、他の者は羊を飼い、他の者は羊毛を梳《す》き、他の者は織る。飼料を栽培する人、パンを作る人、衣服を仕立てる人、農民や労働者に家を建てる人が、技芸を増やし、結び付けることによって、共通の私的利益を通じて、人々はさまざまな階級と身分に分かれるのである。」[40](387-8.)

10で、ベッカリーアは、「人間労働」の必要性と労働価値についてふれている。彼は、「何であれ、労働に与えられるすべての価値は、原料の価値とこの原料に加工する人の快適な生計のために与えられる賃金salarioからなる」(387-8.)とする。11では、ベッカリーアは、「賃金、あるいはこれらの快適な生活に必要なものは、どのような仕方で変形されようとも、つねに土地生産物だから、これらの土地生産物の増加は、分配される賃金の増加であり、これらの生産物部分の全滅は、賃金部分自体の全滅である」(389.)と言う。

13は「小括」である。「あらゆる経済活動の第一原理は、有用で取引できる産物の可能な最大量を奨励し、そのような産物のこの最大量を減少させるものを取り除くことである」（390.）とされ、15では、次のように経済学の二大原理が確認される。

「第一原理は、国民の基本となる農業経営economia agricolaであり、第二原理は、農業の技術的、工業的経済活動である。／しかし、農業国民によって耕作された肥沃な土地が存在しなければ、手の勤勉や作業だけで生き延びるような国民は存在しないだろう。」（390-1.）

17ではそれを受けて、次のように言われる。「したがって、上で指摘された諸原理を一つにまとめて、国民に有用労働の可能な最大量を、すなわち、取引できる産物の最大量と手労働にかなり少額だができるだけ頻繁に賃金を供給して奨励し、有用労働のこの可能な最大量を減少させがちなことすべてに対抗することが、経済政策の一般目的で同時に指導原理である」（391.）と。

こうして、ベッカリーアは、18で、自己の経済学原理の内容を次のように明言する。「このきわめて単純な真実全体の分析的推論から経済学が発生する。私は、これらの知覚でき、きわめて明瞭な公理を少しずつ展開し、人事を適用しながら、この科学（経済学）の最も秘められた理論に導くつもりである。」（391.）

第二章　労働の消費と本質について

20でベッカリーアは、本章を「農業と諸技芸をあつかうことに充てられた箇所」と規定する。23では、社会的分業体系を「不均衡な積み重ねにではなくピラミッドのように、賢明な立法者によって立てられ促されねばならないすべての技芸の相互依存」とし、24で「次の二つの結論を出す。」

Ⅰ　「労働階級が、なお有用であればあるほど、その場合にだけ有用労働の最大量と多様性を、したがって、食糧の最大量と最も公正な分配を生み出すのだから、すでに我々が分割したような割合で、ますます互いに内部連鎖をなしていくということ。」

Ⅱ「人口増加は、つねに生活手段の現在の必要性と出生地に対する人間の貴重でほとんど不滅の習慣が彼らのあらゆるあり方に作用し、生きるために最も安全な手段を得るように駆り立てるので、労働を増加させる。」(396-7.)

こうして、ベッカリーアは、労働の価値評価を試みる。まず25で彼は、「労働の評価では、労働自体が持続する時間に配慮する必要があり」(397.)、さもないと26「人間労働の内在価値を数学的正確さで決定することはできない」(398.)とし、まず、農業労働の適正価値の決定を試みる。

「たとえば、農民の労働の適正価値を知ろうとすれば、まず土地が平均的地味の村を探し、労働能力ある労働者を、彼らによって維持される子供や衰えた老人のような人々から区別し、彼らの各々がいかほどの土地面積を耕すか、そのような土地の産物の量を調べ、彼の食糧、労働不足を彼が穴埋めしなければならない人々のそれ、これらの人々すべての住居、衣服の価格、…最も粗末なすべての家財道具の価格を、彼が、地主と君主に払うものから分離することが必要だろう。」(398.)

こうして、ベッカリーアは、28で技芸の担い手の職人の労働価値にも言及する。「すなわち、すべての労働価値は、結局一定量の食糧と消費物に細分されること、したがって、職人の収入は、多かれ少なかれ、食糧の等価物を自分に引きつけることからなるということ」(400.)と。なお、家族の扶養分については、ベッカリーアは38で触れる。

第三章　人口について

「人口論」には「死亡年齢表」も含めて第一部では最も多くのページが充てられている。ベッカリーアは、本章の段落31で、「さまざまな人口分布の歴史的分析」から、六つの結論を引き出している。

「Ⅰ　村落と人口が密になればなるほど、土地は、ますます多くの所有者の間にか、少なくとも所有者自身のために、土地から利益を上げるますます多くの労働者の間に分割される。

Ⅱ　技芸は自然にところをなし、職人は彼らの成果が容易に売りさばけ、それらの輸送が便利で費用がかさまない所に居住する。

Ⅲ　人口は、土地所有者が自分の産物に、用途に、無為で損をするという想像を与えるさまざまな管理になお比例する。

Ⅳ　人口は、政府のさまざまな性質に応じても異なるが、その検討は、公共経済学の目的ではない。

Ⅴ　人口には場所によって超えられない一定の限界が自然にあることが、きわめて多く認められるものである。維持、増加されるものである人間というものは、彼の給養に見合った物の産物である。これらのものは、土地から産出され、土地は再生産を一定限度まで増加できるが無限にではない。

（Ⅵ）最後に、人類 **nostra specie** の繁殖は減退することもあるが、不明で異常な肉体的あるいは道徳的変化 **rivoluzioni** を度外視すれば、無限ではない。なぜなら、産物の価値下落や代表的富を少数者の手に帰する流通困難のように、生計手段を減少させる内在的原因自体が、この状態に陥った国民を他のすべての国民から孤立させ、そのため以前欠乏していた手段自体をふたたび有り余るようにする原因だからである。」（404-5.）

だから、「人口は、生計手段が人口の結果であるよりむしろ生計手段の結果」（405.）である。ここで、ベッカリーアは、〈男と女が、控え目に暮らせるどんなところにも結婚がある〉（405.）というモンテスキューの一文を引用している。

次にベッカリーアは、人口減少の原因について、「死亡年齢表」を掲げて、物理的、道徳的に殊のほか詳細に論じていく。

「33人口減少の原因はさまざまであり、あるいは物理的、あるいは道徳的である。物理的原因では、第一に、気候と健康状態があげられる。土地から立ちのぼる蒸気が滞留する山間の地方と湿地があり停滞した水で満ちた土地／絶えず病気、結局死亡が頻発する土地である。良好な秩序と安定した幾つかの措置が、これらの人口減少の原因を一部埋め合わせられる。このことは、内政を扱う箇所で見よう。」(407.) このうち健康被害を及ぼす汚染された空気の問題について、ベッカリーアは、後述第三部第三章「ミラノの水田」で調査結果を踏まえて報告している（本書三四五～七、及び三五二・三ページ、参照）。

「34第二の物理的原因は、各種伝染病である。それは、まず医学の完全さと十分な規則で、次に、経済的対策で解決される。医学は、解剖学、自然史、化学の研究、肉体の特性と活動の完全な探求で完全になる。これらすべての知識は、正確な推論と哲学精神が人々の評価で第一位にならなければ完全にはならない。／経済的対策は、伝染病を遠ざけ絶滅させる。伝染病は、近東とヨーロッパの海洋諸国民の熱心で用心深い治療で遠ざけられた。」(409.)

その他の物理的混乱の例として、ベッカリーアは、「秘伝を自慢し、オカルト的、神秘的科学を気取るイカサマ師」「草や膏薬を我々に持ってくる放浪している、だから疑わしい人々」をあげ、「立法者の果断な手腕がかかる詐欺を打ちのめさねばならない」(409.) と言い、「やわな子供がどれほど無頓着と偏見にさらされなかったか」(410.) と幼児のケア不足とそれどころか虐待の事実にふれている。

つづいて36で、ベッカリーアは、道徳的原因は多数で、これらを取り除くことは非常に困難であると述懐する。37で、その第一原因が「野蛮と無知」に、38では、第二に「多くの原因によって、さまざまな地方で非常にまれになった結婚の異なった慣習」(411.) にあると言う。

「第一の原因 cagione は、家族の扶養は貧乏人には無理だから、勤労意欲を減退させるすべてを含む。人口を増加させるためには、一市民の最大の働きが、少なくとも妻と三人の子供を扶養するだけの対価を持たなければならない。／だから、結婚が奨励されるためには、一人の最大労働の最小対価が、少なくとも五人の日々の糧に値しなければならない。」この指摘によれば、ベッカリーアは、子供が三人いる家族を標準家族と見ていることになる。

「結婚という慈善の第二の原因は、慎重な立法者によって、反応する想像でそれをいっそう貴重にする絶対的で直接的禁止ではなく、性急な若者を動揺や無軌道から平穏な秩序や夫婦の結びつきという甘美な平安へと少しずつそらす間接的障害によって制止される快適な放埓生活である。」

「結婚がまれな第三の原因は、個人の自由選択に対するあまりによくある障害である。／破滅的わなに飛びつく性急な若者の善意に関しては、私は、法の制止と無制限でも恣意でもなく、人が自主管理できて、成人して動機、理由に応じて比較できる年齢まで父権を提案する。」

「その第四の理由 ragione」は、「過度の豪華と不必要な盛大である。嫁資 doti は、つねに莫大になり、もっと自然などの考えよりもむしろずっと巨額が要求され、これらは、結婚生活で使い果たされ消えてしまう。」(412.) ベッカリーア自身、嫁資不足でテレーザ・ブラスコとの結婚を父をはじめ親族から反対された経緯がある。

「その第五の原因 cagione は、遺言のあいまいで恣意的な自由からくる財産の並外れた不平等である。財産所有がそうなっていると、不平等が社会に不可避になる。いくつかの家族は、他のいくつかの家族の消滅で肥え太り、しまり屋と守銭奴が浪費家に対して財産を準備する。」(413.) ベッカリーアは、遺産相続問題では死ぬまで悩まされ続け、死後にも問題を残していった。

つづいて39では、大きな「人口減少の第三の原因は、独身 celibato の過度な拡がりである。」ベッカリーアは、「宗教的独身の神聖さは尊重する」としながらも、それがあまりに拡がると「都市を僧院 claustro に、国民を修道士の集団にしてしまう」(414.)と揶揄《やゆ》する。

逆に、結婚を促がす手立てとして、ベッカリーアは、「勤勉をうながし、技芸と労苦を推進する手、多数の人に生活手段を分配する同じ思慮深い手が、夫婦のきずなを有用で利益ある仕事の中で強めて、不毛な放埒によって横領された食物を無気力とその判断から引き去ることだろう」(415.)と指摘する。

さらに、ベッカリーアは、「諸君の家政の簡素が楽で役に立つので、汗をぬぐいながら諸君の息子たちに、それを受け取ろうとする幼い手を伸ばす勤勉と祖国の息子たちに、粗末なパンを分け与える時、諸君の貞節な伴侶の情愛のこもった心遣いに見とれる時、私は、監禁された世捨て人の観想を喚起し、自然と社会を征服できたという、それほど強力な魅力でそれを自分に引きつける感嘆によって、ふたたび目覚めるのである」(416-7.)とも言っている。

「40人口減少の第四の原因は、有益な諸階級を犠牲にして、一番無益な諸階級を養うような奢侈lussoである。それは、生産を根源でダメにし、耕作の基礎に役立ち、再生産を永続化するために必要な本源資産を取り去る費用である。」(417.)

「41人口減少の第五の原因は、移民emigrazioniである。これらは、Ⅰ 生活手段と仕事の不足から、Ⅱ 課税が取り去ったあまりの額の大きさかそれへの憎悪から、Ⅲ あまりに大きく無遠慮な兵役から生じた。」(417.)

「最後に、人口減少の第六の原因は、農村とその技芸を犠牲にした都市の拡大l'accrescimento della cittàである。／その場合、最も有用で生産的な技芸は放棄され、人々は、怠惰と放縦の技芸が容易で豪勢な報酬を与える都市に走る。そのため、生活手段は不足し、見かけの人口は増加し、真の実質人口は減少する。」(418.)

以上のように、人口減少の六つの原因を述べてから、ベッカリーアは、「急いで農業のいくぶん詳細について語らねばならないので、公共経済学に関するかぎり、ここではただ各地方が、概略であれ詳細であれ、できるだけ正確に人口数を知るべきことを熟慮すれば足りる」(418.) と言っている。

また、彼は44で、一国の人口数決定のさまざまな方法についてふれ、45では、一七六八年にベルリンで出版された『有益な統治原理』*Principi d'un buon governo* と題するフランス語文献の「出生、結婚、死亡間の比率」(421.) の「注記」をイタリア語訳して引用し、さらにゼロ歳から九六歳までの死者、生存者、平均余命の表(略)を掲げている。

第二部　農業政策について

はじめに

ベッカリーアは、前文1で、「最も偉大な著述家たちが、〈農業〉のためにおりなした賛歌や称賛をここで繰り返すのは適当ではない」(434.) と言い、3では「我々の目的は、農業が改良され奨励されるために、それのさまざまな産物の状態の豊富さにいかなる影響を持つか、土地のさまざまな産物と人間の技芸や職業の間にはどんな比率がなければならないか、上述の産物はいかに指導されねばならないか、農業そのものに抵抗する障害はどうなっているのか、どにように除去されねばならないかの手段を研究するだけである」(436.) と言う。

その上で、ベッカリーアは、その内容として「農業政策として、我々は、すべての技芸が派生する人類の五つの原初的技芸、すなわち、農業、牧畜業、漁業、狩猟、鉱業の指導と理解する」(436.) と規定している。

第一章　農業の改善に対立する障害とそれを除去する手段について[41]

ベッカリーアは、4で、「公共の利益は、個別利益の結果にすぎず、それらを相互に相容れなくする悪法がないかぎり、これらの個別利益は公共の利益に対立しない」と言う。

次の5では、彼は、九つの農業の障害を列挙・検討する。

「6第一の障害」は「農機具の不完全さ」である。そのために、「農民は、彼らの旧型の犂、重くて窮屈な形の馬車、彼らの残りの農機具類全部を永久に受け入れることになる。」

「7第二の障害は、最も勤勉で社会に最も有益な階級にわずかな配慮しかなされていないことである。」(437.) ベッカリーアは、「農民の窮状」を同情的に描いている。

「粗末な黒パン、しばしば濁った泥水、すっぱく未熟なわずかなワイン、悪臭鼻を突く食べ物が、疲れを知らぬ農民の食べ物になる。着古されて汚れた衣服、きわめて狭い家々に多数の家族がひしめき合い、あるいは、動物の濃い汚れた息の間に身を隠す。これが我が同胞の運命である」(438.) と。

次に、ベッカリーアは、その原因究明への意思を示す。「もしそれらが、農民身分の必然的結果ではなく、むしろすべての面で産物が品質を下げ、限界と契約を拡げるための源泉が枯渇し、財と生活の快適全部の泉を汲みつくす場所で農業が行われる方法の結果であるなら、なぜ私は、これらの貧困のまわりに目を向けているのか。／この国民の後ろ盾《うしだて》部分が、しばしば愛する家族の細やかで優しい助けからほど遠く、貧乏人の苦しみの間で冷淡で生硬な人々の投げやりでぞんざいな保護の下で、貧困、病気の憔悴、病院への不快な搬送に委ねられている。」(439.)

しかし、貧農の悲惨な生活状態の認識は確かであるが、遺憾ながら、それに対するベッカリーアの明快な救済策は示唆されていない。

「8第三の障害は、農村で生活している人々自身の教育不足である。」この点に対して、ベッカリーアは、次の処方箋を示している。「読み書き、計算、彼らの職業の几帳面で単純明快な要素、甘美でいわくありげな道徳が、彼らの唯一の広い知識とすべての知恵を養成せずにはおかない。しかしながら、それは、誤った活動が非難され、おそらく無知が、人間の最後の階級の犯罪の最も頻度の高い原因である避けられない不都合や害を計算に入れることを学びながら、彼らの考え一つに秩序を与え、農業の発展のためにそれらをいっそう甘美に、自分の利益のいっそう賢明な研究者にすれば十分だろう。」(440.)

「9第四の障害は、農産物を座礁させ、価格を高騰させる輸送の困難である。この価格騰貴は勤勉で生産的な当事者の利益にならない。」(440.) この点に対するベッカリーアの処方箋はこうである。「経験と理性は、輸送が高くつかず、農産物取引をいっそう容易にするので、道路の修繕としっかりした保全だけが農業を増進することを我々に証明する。価格騰貴は、産物、すなわち、それの売り手の利益になるなら、農民の実益を増す。農業は、下位の技芸を増やし、そのように続いていく。その場合、そのような増加は、農産物のより多くの販売、したがって、それの相当する技芸により多くの食糧を仮定する。」(441.)

「10第五の障害は、国家の土地があまりにも少数者の手に限られていることである。土地は、分割されすぎたとしても、実際農業にはいささかの支障もきたさない。なぜなら、あまりに多数の人に分割された土地は、人間の腕を増やすことによってしか耕されず、彼らは、純生産物に比例して出費が多くなるために、地主には動物よりずっと高くつく。／逆に、少数の地主にまとめられすぎた土地は、普段は無視されていて、再生産を維持するために土地に絶えず捧げられねばならない富は、地主自身によって財の不平等に比例して増す奢侈の気ままと評価の欲望を満足させるために向けられる。」(442-3.) ベッカリーアはこの問題の詳細な検討を次章に委ねている。

「11第六の障害は、農産物の流通不足である。農産物価格が下がりすぎると、すなわち、一般的競争以下で引き渡す時には、労苦は見合った利益を引き出さないから、出費に対する代償を得ず、農民は、自分には余計で無駄なしばしば有害でさえある労働をなおざりにする。」

「農産物の再生産は流通が妨げられると、少しずつ止められていき、豊富の迷信は悲惨な不毛を生む。よそで農産物が足りなさすぎれば、それが買い手を妨げ、それに依存する技芸は中断し動かなくなる。だから、その国の異なった場所で豊富が欠乏を補い、互いに適正水準を保つ必要がある。すべての物が、最も自由な内部交通に開かれねばならないその国の諸地方で、孤立し独立した各地の統一をなすことが強く求められ、悪法のつねに確実な違反が一部でも混乱を埋め合わせなければ、すべての物が衰えてしまう。」(444-5.) 緊急時の超法規措置も辞さないベッカリーアの実際的主張である。

「12農業の改善の第七の障害は、この国が陥った最近の不況である。」(445.)

「13農業発展の第八の障害は、ほとんどすべての経済学者によって第一の必需品である農産物の外国取引に見出された。それは、大きく重要でデリケートなテーマであり、すぐ後に語ることにする。」(446.)

「14農業進歩の第九の障害は、税の過剰かそれがまったくないことであろう。過剰は、人間労働は決して無償ではないから、税が土地労働の産物の総計を超えれば、あるいは、単に地主の手に耕作費用を超える純生産物が何も残らなければ、土地はしだいに耕作されなくなるだろう。逆の理由で、租税がないか少なすぎれば、公共支出はありえないし、所有の必要な安全も取引の容易さも道路の修復もないだろう。」(446-7.)

第二章　土地の小規模耕作と大規模耕作について

「15すでに我々は、第一部第一章で、国家の繁栄に貢献するのは、正確には、生産物の絶対的総体的最大量ではなく、有用な、すなわち、利用可能な生産物の最大量であることを見た。この生産物の一定量が、生産者によって直接消費されたとすれば、販売価値をもち、職工の賃金を支払い、国家から出て行き、公租を支払い、ようするに国民の経済利害機構全体を動かす剰余しか残らないだろう。／たとえば、一〇〇万の量に対して、生産の直接経費でこれらの五〇万が消費されたなら、国家の利益として五〇万しか利用できないだろう。しかし、逆に、耕作の指導と方法が変わって、生産物が八〇万の量しかなく、二〇万だけ生産者によって直接消費されたなら、剰余は六〇万に、すなわち実質生産物量が多い場合よりも少ない場合の方が利用可能な量は多くなるだろう。だから、政治家や立派な財務・政務官の主要目的であらねばならないことは、生産物の総量よりも利用可能生産物の増加であり、絶対的収穫高ではなく、費用を控除した上述の収穫高の余剰である。」(447-8.) この生産効率向上の視点が、ベッカリーアの農業政策の中心テーマである。

16では、耕作で活用する「役畜の維持と増殖」の費用分析と販売可能な産物の検討がなされる。

この視点からベッカリーアは、17で「大規模耕作」と「小規模耕作」の是非を検討する。ベッカリーアによれば、フランスの経済学者は、「馬の前躯に頼って賃貸の便宜で経営され、自分の裁量で生産物を処分して地主に金を払うものを大規模耕作と呼び、生産物を主人と分け合い、牛で耕作するマッサーロ（リ）massaro (i) やピジョナンテ pigionante（分益小作農）によって経営されるものを小規模耕作と呼ぶ。」(42) (448.)

18で、ベッカリーアは、耕作規模の是非を問い、「私的農民は、自分の経験の結果だけから大規模耕作が小規模耕作より有利かどうか決定する立場にない」と指摘し、こう結論する。「意志が強く知性的な農民だけが、大規模耕作の経営に適していることは明らかである。なぜなら、収穫を得る以前の根源費用は、たとえこの収穫が後にもっと多くなり、純生産物を増加させる希望がほとんどなく、収穫の大部分を耕作維持の継続費用で使い切るとされる小規模耕作でよりも、年間の後の費用が、収穫と比べて比例的に少なくなるにしても、かなりのものだからである。」(449.)

19から22までで、ベッカリーアは、役畜として飼育の容易さ、牽引力、耕作能力など、さらに、土地の形状で馬と牛のどちらかが有利かを検討し、次のような結論を導き出す。

「各国がおかれた多様な状況のために、きわめて紛糾した問題に思い切って私見を述べれば、我々にとって本質的な論点は、牛と馬のどちらを使役するかではないし、本質的にこのことに大規模耕作と小規模耕作の相違は起因しないと思う。そうではなくてむしろ、それは、自分が労働に就く土地に富裕の資本を誘致できず、乏しい純生産物が地主の恩恵、技芸の原料、公共支出の緩和に引き出されるために、怠惰で金のかかる地主から尽きせぬ些細でうまく充用されない費用を要する貧弱な農機具だけを受け取る貧しいマッサーリやピジョナンテの間に土地が分割されていることに起因する。

／大規模耕作は、土地自体の資本価値に付け加えられる富裕を土地にもたらす。しかし、これ（大規模耕作）は、商品価格が低い時、地主と農民の生計以上に、土地の消耗とともに埋め合わせられるだけの余剰が認められないから、費用と比較して利益がない時には、決して導入されない。」(452.)

見られるように、ベッカリーアの考えるここでの「本質的論点」は、牛か馬かの役畜の選択はもとより耕作規模の問題でもなく、費用対効果の有効性の問題とともに、土地所有の問題に帰するのであった。(43)

第三章　農業発展のための計画

23で、ベッカリーアは、「農業発展の手段」を次のように概括する。「補助科学scienze adiutriciの研究、保険管理、農民資産保護、農民の適正教育、何にも増して自由と競争から生ずる生産物の適正価格が、農業発展にとって有益な手段であろう」(453.)と。

さらに24で、ベッカリーアは、それを推進する手段に言及するが、イタリアの伝統に対する慨嘆の念も吐露する。「だから、この光明と探求の世紀に、有益な哲学が、我々が持っていて、植物の成長作用と生命の目立たない発達を果たすためにすべての努力が結集される土地に、天体corpi celestiから唖然《あぜん》とした眼差しを向けたことはきわめて有効だろう。

／アカデミーの多くの虚飾の中で、あるいは、無駄な言葉が耳に快く織り成され、あるいは、暗いローマ人の馬鹿な願いが刻み込まれた所では、時とともに磨り減った石の上で、資格を盛んに見せびらかしながら、凍りついた古代研究者が見守っている。なぜ、我がイタリアでは、人間の永遠の効用、結局、生活の便宜と快楽の増加に不眠と探求が捧げられる自然の富のきわめて古い座が、ようやく幾つか数えられるだけなのだろうか。」(453.)

27でベッカリーアは、農業発展の具体的方策として「彼らの個別目標に応じて、統一的にその科学に専念し、社会にそれらの結果を伝える人々の組織」(454.)を提言し、28で、その構成と役割を定めている。

「第一に、経験ある指導者と賢人の下に、教養があり、彼らの何人かが、地理学と年代学が歴史学の性質を持つといわれるように、農業の視点をもつ科学である化学と力学の十分な認識を結び付ける農業の異なった細目に通じている十分な若者を集めることがきわめて有益だろう。

／第二に、この集団は、自分の処置に十分な土地の面積を得、結果を確実にできる実験が、大規模になされる異なった状況が同時に捉えられるために、国のさまざまな地点に分散されねばなるまい。

／第三に、この力量ある組織の最初の作業は、空疎な話し声や偶然の教義の寄せ集めにならないために、前述の同意済みの作業計画を編成することになろう。」(455.)ベッカリーアの念頭には、当然「拳の会」のような若者の集まりがモデルとしてあっただろう。次の29では、「精勤で賢明な農民」への君主による「報償」の制度が提言される。

第四章 土地の異なった耕作間の比率について

30で、ベッカリーアは、一国のあるべき農業構造について検討している。「幾人かの経済学の著作者が、根本目標、すなわち、最大量の有用労働が得られるには、一国の土地の多様な耕作の間にどのような比率があるべきかを懸命に研究した。

／第一に、各国の状況に応じて変化するはずの数字的一般的比率を決定することは不可能である。気候、状況、政府形態、隣接国民の状態、将来の希望が、交互に多様な決定を与える結果と原因になる。だから、そのような問題の個別的解決を与えることなどは、ましてできはしない。第二に、私は、実際の比率は、生産物の自由な捌け口が与えられるどの場合にも、それ自体で決定されるという意見である。」(457-8.)

「それにもかかわらず、これらの比率の研究で、農業が公共経済学の残余の部分ともつ関係をいっそう明確に示すことができるので、私はここで手短かに、何か偶然の状況によって、そのような比率の発見に役立つかもしれない若干の考察をしたい。」(458.)

31で、ベッカリーアは、まず「唯一の農産物(小麦)の単一耕作uniforme coltura」の結果を考察する。彼は、「単一耕作の場合、誰が最大の直接的利益を感じるだろうか」と問い、「農民と土地所有者の二つの階級である」(458.)と答える。しかし、「大部分の技芸は、補助的原料を欠き、それらは、遠隔諸国から引き出されねばならないだろう。農民から土地所有者にいたる国民の富すべての直接的飛躍は、これらが最大の活力全体を持っているので、中間的技芸に必要量を流入させないだろう。そのような富のかなりの量が、その富が補償に我慢がならず侮蔑的であるだけ、いっそう容易に外国の技芸の維持に役立つだろう。」(458.)

こうして、ベッカリーアは、「単一耕作」の是非を次のように結論する。「だから、耕作の単一性は、国民に有利であっても、土地の状況がそれに耐えられるなら、確かに、何ほどか多様な耕作ほど有利ではない。前者の場合には、労働、すなわち、食糧の必要だけ刺激があり、後者の場合には、その必要自体と原料の便宜の二つがある。…。十分調整された国の土地の単作があるはずがないことも事実である。」(459.)

33で、ベッカリーアは、農産物、製品、外国貿易の関連にふれる。「原料価格のあまりの安価は、あまりの高価と同様、技芸に有害であるから、外国貿易は、農業が費用を超えて利益を生むように農産物価格が上昇にいたるかぎり有益であり、それらの製品は、技芸の盛衰につねに比例していると繰り返し言っておく。」(462.)

36では、「複合耕作colture inclusive」についてふれられる。「複合耕作は、互いに我慢し合い、時には相互に助け合いながら、成長作用の物理法則によってであれ、道徳的配合によってであれ、他の原理と指導に従う。なぜなら、少量の土地に多数の人手が充用され、同時生産の産物が増加して、耕作活動と農業維持資産が増やされるからである。だから、これらは、耕作と生産物が同時に存在して、価格の不均衡がふたたび均衡を与えるために、一方が、他方に抜きん出ることは非常に困難だから、同時に増進される」(465.)。

37で、ベッカリーアは、次のように主張し、結局複合耕作の優位を認める。「これらの理論から、我々は、論理的帰結として、必要と販売の容易さで互いに場を占める二つの技芸か工業のうちで、原料が、他の耕作を排除するものよりも、それらに組み合わされるものを選び、奨励する方が得策であることを引き出す」(465.)。

第五章　食糧調達について

第五章に入り、ベッカリーアは、39で大いに議論された農産物の自由取引の問題とその解決手段を探っていく。41

では、まず「輸送費spesa del trasporto」に言及される。「諸国民間の小麦の相互取引で、主に考慮されねばならないことは輸送費であり、その費用は買い手が払うか売り手が払うか知る必要がある。どの場合にも確かであることは、さまざまな地方から唯一の場所へ何が輸送されるにしても、一商品の競争では、売り手が互いに競争し合って、共通価格が形成されることである。」(468.) ベッカリーアは、「商品は共通価格を超えて決して売られないから」、利潤は価格の高低より輸送費如何で増減すると言う。

42では、農産物が過剰な場合が考察される。「しかし、農産物が過剰になり始めれば、まったく別の考察がなされねばならない。この過剰が検討されねばならない視点が、非常に障害になり始める。…。どの国でも、農民が生産物の余剰に出口を開く必要があることは明らかである。これが、あらゆる取引の、すなわち、不足しているものを得るために過剰であるものを売りつくす原理である。」(469.)

ベッカリーアは、「規制の信奉者partigiani dei regolamento」に対して、小麦の適正量の確保と適正価格の形成のために「自由の信奉者」として次のように主張する。「輸出であれ輸入であれ、自由流通にまかせよ。第一に、価格は多量でも下落せず、そんなに貴重な耕作は失われないし、第二に、他国民の多量が、それの不足を補填するからである。量でも下落せず、そんなに貴重な耕作は失われないし、第二に、他国民の多量が、それの不足を補填するからである。／君主の継承や平和条約しだいである諸国家の政治的国境は、平野の広がり、地質と山脈、川の流れ、海岸や内陸の位置などに由来する商業国民の国境とはまったく異なっていると言われる。労働力は、国家に有益な労働力は、商業国民の共通価格によって規制されるから、規制の場合よりも完全な相互的自由の場合の方が、ずっと早く均衡する。まさに、自由は、規制制度では価格は共通価格以下になるのに、商業国民の商品の共通価格以上に価格を高めるばかりである。」

49では、「自由の信奉者」ベッカリーアは、逆に関税の有効性を指摘する。「農産物が国家から出て行くにつれて、それはますます欠乏することになり、売り手の数は減り、買い手の数は増えるから、価格は少しずつ上がる。だから、価格の上昇から、国境内の無制限の契約と完全な自由が仮定されれば、小麦の豊富か欠乏が分かる。だから、価値valoreが最も適正だと考えられる限度を超えれば、農産物価格は下がらず、労働力が他の諸国に対してあまり高価になるから、食糧がひどく入手困難なほど高くならないために、繰り返せば、価格が限度を超えれば、その時には関税gabellaをいわば国境に伸ばして、物理的にではなく経済的に輸送を困難にすれば、価格は再び諸技芸の利益と国民の安心の範囲内に下落するから、売り手には国外より国内の販売の方が有利になるし、すべて輸出に向かう農産物が国内にあふれる。」(479.)

51で、ベッカリーアは、農産物の輸出入につきものの、つとに『カフェ』に論文を掲載したテーマである「密輸contrabbando」について検討する。「国境は単に隣接諸国との単純な分割線をなすだけではなく、陰険な密輸が乗り越える地点を一つではなく多数もち、頻繁な失敗の可能性で抑えられるように、それから始まり幾分国内地域に伸びる地帯をもなすはずである。」(480.)

だから、「それを絶えず監視して阻止する一方の、多かれ少なかれ、人間が抑えきれない衝動による他方の、二つの異なった力によって増減する密輸の本質を考察しなければならない。」

こうして、ベッカリーアは、「絶対的禁止」と「比例関税gabella proporzionata」の場合を比較検討する。「我々によって示唆されたさまざまな原理で規制される関税が仮定されると、あるいは監視人は、密輸業者に対して関税を横取りし、後者は、それでもなお輸出を邪魔することになる遅延に関して、同じ結果をもたらす関税自体よりも多額になるかもしれない負担増大につねに従属する、あるいは、監視人がいなければ、彼(密輸業者)は、関税をごまかそうとするが、その場合、私は、彼がそうする動機は絶対禁止の場合よりも少ない、すなわち、関税の禁止に違反する人のリスクは、横取りされた商品の喪失か、なお他の何かもっと大きい価値であると言うのである。
／だから、ここにはこの処罰と関税の間の分け前がある。密輸業者のリスクは一定の価値に、彼の稼ぎは関税の節約に値する。しかし、絶対的禁止があれば、彼のリスクは商品価値に値し、彼の稼ぎは、国内で売られる商品自体の価値と国外で売られる商品自体の価値の差額に値する。この差額は、絶対的禁止がある場合には、国外追求価格を下げる国内的豊富に応じてつねに大きくなる。そのために、密輸業者の稼ぎはいっそう多くなるだろう。だから、密輸を生む動機は、関税に対するよりも禁止に対する方が大きいだろう。」(481.)
54以下では、「禁止」より得策とされた「関税」とともに、食糧調達の他の三つの方策「公設市場《いちば》 pubblici mercati、奨励金 gratificazioni、公設倉庫 pubblici magazzini」が論じられる。
55では、「公設市場」の利益が述べられる。「市場は買い手と売り手との集合と選択の場である。そこでは多くの人々が、与えられた商品を売り買いしようとする。これらの市場が一国で頻繁に立つと、物価の決定で一方が他方の基準の役割を果たす。だから、これらの市場では、売り手と買い手の一般的で敏感な相互競争によって、商品の最も公正で有益な、すなわち、低すぎも高すぎもしない価格が決定される。
／相互競争の保護と管理の下で実際に売買する多くの人々の競争、多くの場所に分割され散らばったそのような競争、住民の快適な集合所に選ばれ配置されたこれらの場所は、何とか独占が予防され、顧客を失う容易さが不正行為を阻止し、ようするに、多くの対立した利害の殺到が、それらの間で交差し合って、少数者の手に一商品の過剰な蓄積を阻むことになる。」(483.)
さらに、ベッカリーアは、57でそのメリットを付け加える。「確かに、多くの公設市場があれば、独占が存在する危険はない。それらの頻繁さや良好な配分、同時の多くの異なった売買が、独占業者の最も抜け目ない投機をかき乱す。」(485.)

59では、関税制度を有効にするために、「奨励金」のメリットが述べられる。「我々は、関税 i dazi e le gabelle は、商品販売が国民に不利益である時、これらの販売に対する抑制や障害であると言った。逆に、奨励金は、国家に有益で役立つ取引を指導するから、促進と刺激である。関税は、商人が利益を減らすような他の取引をする時、君主と国家への彼の支払いである。奨励金は、国民に有益と考えられるような他の取引をする人への君主と国家の支払いである。関税は輸送の遅延と障害であり、奨励金はそれの短縮と容易化である。／だから、奨励金は、関税に対して、算術 aritmetica でのマイナスに対するプラスにあたる。それは、我々にとって、過剰な生産物の輸出を容易にし、輸送困難のために取引が被る損害に報い、必需品を一国の内陸部へ引き戻すのに役立つ。」(485-6.)

60では、「公設倉庫」の効用と害が述べられる。まず、ベッカリーアは、その効用について、「多くの人々によって提案される第三の方法は、公設倉庫、すなわち、諸個人の小麦の公的管理、あるいは、むしろ公共団体や自治体が収穫時に、国民にまずまずの価格で再販売するために、輸出が許可される前に必要な小麦になす貯蔵ということである。公設倉庫の第一の方法は、我々が見たように、契約の自由を妨げず、総体的に販売とその価格が自由に任される簡潔自由な貯蔵でしかない場合には有益であろう」と指摘する。

逆に、予想される害に対して、ベッカリーアは、「行政官とそのような倉庫の監視員は、小麦の独占的で私的な取引の手段とたやすさをもっており、公的備蓄勘定による小麦の国民への再販売は、大衆の負担増にならず、建物、監視員、備品、行政官、書記、転写係、ほとんどつねに公的準備に伴うかさばる装置すべての費用が償われるためには、販売の低価格が少数者に限定された利益から補填されるために、少数の誰かへのパン製造の独占を仮定し、そのような倉庫の経営は、土地所有者の個人的利益に託されない場合には、無数の危険にさらされがちになるので、つねに活気がなく危険であると考えられる」(486-7.)と結論している。

こうして、ベッカリーアは、食糧安定供給の方策を当面次のように結論付ける。「62前述の仮定では、適切な絶対的自由が確実に行きわたるどこであれ、問題に性質自体によって扱われる単純で一般的なあらわな規制が定められる前述の制限が必要と考えられるどこであれ、思うにパン製造をめぐるましな法律は、〈望む者がパンをつくり、不正は罰せられよ〉しかない。」(488.)

「何か特別の状況が、別のやり方で、すなわち、重さと価格が、パン焼き人に固定されねばならないことを求める場合であっても、この制限の結果は、〈望む者がパンをつくれ〉という法を排除するものではなかろう。自由の制限は、商業であれ、他のどんな社会関係であれ、改善目的の結果ではなく、混乱を避ける必要性の結果であるにちがいない。」(490-1.)

第六章 その他の農産物耕作について

67で、ベッカリーアは、当時の社会生活では主要な燃料であった「薪legna」の産出と供給について論ずる。とりわけ、69で、ベッカリーアは、森林破壊と薪産出の特殊性に次のような認識を示している。彼は、後述第三部第二章でも実地調査を踏まえてこの問題の実情を報告している(本書二八八~九一ページ、参照)。

「三〇年か四〇年の期間でしかなされない遅いその再生産は、他の農産物の急速な生産とかなり違っている。だから、この時きわめて重大な損害と個人的消費やすべての技芸に同じく必要な原料のかなりの不足が生じるかもしれない。それには、輸送がかさばって厄介な薪の場合よりも、他の原料は、はるかに容易に外地で生産されたものによって補償されることが付け加えられる。最後に、たとえそうできても、我々が必需品で他の諸国民に依存するようになることを避けるのが、最も健全な政策の原理である。／だから、森林の保全は、絶対的自由の一般制度にもかかわらず、何らかの規制に左右されるかもしれない目標の一つだろう。」(493.)

さらに71で、ベッカリーアは、森林保全の必要性をこう言い換えている。「森林は、消費が関わることで、原料農産物、したがって、諸個人全体に一般的で分配できる食物の必要に見合った薪の必要と考えられるべきであると繰り返すことで応える。／しかし、多くの技芸と工業の必要が、家庭内の必要を超えて、かなりの割合を消費する。だから、技芸の必要につれて、森林と他の土地の間の関係は深まらねばなるまい。」(496.)

こうしてベッカリーアは、74で、森林の必要の代替物として、「石炭 carbon fossile」に着目する。「必要な消費の豊かさと同時に、人間と技芸の養い手である、他の耕作に用いられる土地の節約を生み出す、石炭の発見が望まれよう」(497.)と。

75で、ベッカリーアは、土地の節約の恩恵に浴する養蚕用の「桑 gelsi」の耕作の実情を概観する。「その他の重要で法律のすべての注目に値する耕作は、桑のそれ、結局蚕の飼育であり、きわめて幸運なインド諸島から遅ればせの西洋に運ばれて、当初富裕な諸個人の遺憾な奢侈の対象になり、事物の現存関係を諸個人に関してのみ考察する厳格な哲学によって拒絶され、しかも、古代ローマ法によっていかに評判を落とされ抑圧されようとも、勤勉と労苦の義務のある無精者の傲慢な虚飾にした耕作である。それは、次にそれを試みることが不可能なために、征服の恐ろしげな天才が消えた後、復活した諸国民によってまわりをすべて包み込まれて、平和だが少なからず武器の支配する技芸に不安定な活動を向けたイタリアで貪欲に拡大され奨励された耕作である。」(497.)

こうして、現にイタリアでは、「きわめて巧みな我が政府の下で、多くの至高の方策の蘇生の声によって、この国に少なからずそのような耕作が回復した。それら実際の耕作状態にある土地に公租が定められ、租税の増加なしに収入増加を与える必要と熱望によって、桑の耕作が勇気付けられた。」(498.)

その他、79で、ベッカリーアは、「利益の多い工業の源泉で、貨幣のかなりの流出の節約にもなる」「亜麻lino」、「大麻canape」、「かなりの消費を予想するブドウが賢明で目先の利く栽培者の探求と義務が、選択により公共の福祉に関与する人の注目に値する」ワイン用の「ブドウの木vigna」(499.)の栽培促進を提言している。

第七章　牧畜について

82で、ベッカリーアは、「牧畜」と他の農産物の互恵的効果と重要性について、次のように説明している。「人間の友、僕《しもべ》、恩恵物、生け贄である雄牛、雌牛、馬の飼育をめぐる政治的考察は、牧畜に帰着する。もし我々に羊用の牧場が不足していても、我々は、確実な富である他の豊饒で十分安心な産物をもっている。これは、自然によって不潔で塩分を含んだ水の沼の床に運命付けられていた砂地で不毛なローディジャーノLodigianoを被《かぶ》っている広大無辺のいわゆる〈ベルガモ床〉*Bergamine*からなっている。／そこが、不断の倦むことを知らない人間の技芸によって、尽きせぬ富が引き出される肥沃で生産的な土地にされた。感嘆すべき技巧によって、その地域全体が有機的構造を兼ね備え、あらゆる方向に縦横無尽に横断的にきわめて均等な表面のあるゆる地点を、正確適切な灌漑によって活気づけられる水路が張り巡らされた。これは、絶えず牧草を食《は》む大型家畜群によって肥沃度が維持され、小麦、亜麻、絹糸、米、チーズといった多様な互恵的なvicendevole耕作に向いている。この後者は、残りすべての基礎のように思われる。家畜が無に帰したら、不毛が以前の支配を取り戻すだろう。」(503.)これは、イタリア、とりわけロンバルディア地方の農業生産の維持増進のためには重要で切実な指

摘である。(44)

第八章　鉱業、漁業、狩猟について

85では、ベッカリーアの金についての意見が述べられる。「金は、つねに土地の快楽と苦悩の担保で代理であることの金属の所有を渇望する人々の願望の対象であった。しかし、真の政治家は、つねに自然にそれを所有するよりも獲得する方が得策だと考えてきた。すなわち、それを獲得することは、あらゆる政治体の精神で生命である運動、活動、労苦を仮定する。それを自然に所有することは、あらゆる勤勉と労苦を無感覚にする麻薬を所有すると言える。」(505.)この主張は、前述のベッカリーアの「開講講義」でのスペインに対する英仏の工業の優位と産業の活性化の政策受容に対応している。

87で、ベッカリーアは、「漁業pesca」を「経済学の注目に値する」「職業occupazione」と言い、「だから、主要目的は、国内漁獲高の増加によって、領海外に支払っている租税を控除することになろう」(507.)と結論する。

最後に「狩猟caccia」についてベッカリーアは、「定住しない野蛮人の最初の職業である狩猟は、農業に有害な猛獣がいる所(その根絶に最も速やかで適当な刺激は奨励金だろう)、さまざまな有益な工業に皮革、毛皮その他を供給する動物がいる所では、奨励され維持されねばならない」(507.)と言う。

第三部　技芸と工業について

まずベッカリーアは、「前文」で全四章からなる第三部の構成を次のように概括している。「Ⅰ　人間の必要と貪欲から発明された非常に多様な技芸が考察されるべき異なった様相の簡単な枠組み。Ⅱ　いかなる原因で同じものが価格を下げ、いかなる手段で奨励され活気づくか。Ⅲ　相互の優先とそれらの最善の配分。Ⅳ　維持されねばならない良好な秩序と規則。」(510.)

第一章　技芸と工業の異なった配分と様相

まずベッカリーアは、技芸を五つに分類する。「2第一に、経済学者たちは、もっぱら使用する素材の種類によって技芸を分割するのをつねとする。それらが、自然の産物であるとおりに、彼らは、それらを動物界、植物界、鉱物界の技芸に分割する。その経済学的というより物理学的な分割は、正確な命名法の組織立てには役立つが、政治学が要求し、必要な細目全体が危うくされ、かつ統一され、秩序立てられる高い一般的視点に委ねるには役立たない。／しかし、この分割によって、一国民にとって、それが我々に提示する非常に多様な快い感覚によって労苦を償うので、同時に、つねに使用と用途が増えるので、我々のすべての富を目に見えるようにする研究である自然科学研究の奨励が、いかに大切かを学ぶことができる。」(510-1.)

第二に、「3技芸の他の分割は、国内で生産される原料の技芸と外国から我が国に送られた原料の技芸になるだろう。」(511-2.)

「第三の分割は、必要、快適、快楽、豪華、虚飾の技芸になるだろう。（第一の）必要の技芸は、諸国の個別立法から最も独立したものであり、人口や気候によって制限され、非常に力強く悪法に立ち向かい非常に迅速機敏に破壊の打撃と政治的不運から逃れる。すなわち、それらの主な支えは、農業と土地生産物の消費である。／第二の、すなわち、快適のそれら（技芸）は、諸国民の文化、科学の啓蒙の普及、誤謬の霧の希薄化、習慣の破壊的狂暴性の沈静化、人々の異なった条件を知らせ、連続的にすること、富の集積のより多くの人手への配分によってしか拡大しない。／さらに、第三、第四（、第五）の、すなわち、快楽、豪華、虚飾のそれらは、より洗練された社会に依存し、財の不平等に比例する。」(512-3.)

「4第四の分割は、原料価値が製品価値よりずっと大きい技芸、原料価値が大体製品価値の水準にある技芸、最後に、原料価値が製品価値よりずっと少ない技芸である。我々は、原料価値は、それの再生産に用いられる人と全時間によって消費されるはずの食糧と、そこで協力する全手段によって示される食糧に値すると語った。そこで、製品価値は、それの形成に貢献する全食糧、全手段・時間に値しよう。」

「5第五の分割は、相互依存の技芸と独立の技芸になるだろう。各技芸は基礎に原料をもち、各技芸は多くの技芸をもち、多くの技芸は各技芸に従属し依存している。」(515.)

第二章　技芸はいかなる理由で衰退し消滅し、いかなる手段で回復するか

まずベッカリーアは、諸技芸と工業の衰退原因を「原料の障害と不足、労働力の障害と不足」の二つと見る。すなわち、「9第一種類の第一は、明らかに、その国で産出される原料の不足であり」、「10第一種類の第二は、原料を産出者から製造業者に移す際に出会う困難だろう。」(518-19.) それらは、「Ⅰ 国内関税と負担や重荷が拡がる形式がらみのその全後遺症、Ⅱ 生産者への過重負担」、Ⅲ「製造業者の排他的特権」(519-20.) である。

つづいてベッカリーアは、二つ目の障害を八つ上げる。「11労働力、すなわち、製造業者の障害は、Ⅰ ある製品に属する技芸で原料の準備をする人の無知のために、生じる製品の評判と美が、偏見が少なく原料をめぐる活動と保護に努める他国民のそれよりも劣る結果に終わることがしばしば起こるので、労働に適合する原料が被るさまざまな準

備の継続的不足である。我が国の絹糸がその例である。それの紡績は、ピエモンテや他の隣接諸国の紡績と異なり劣っているので、作業場は原料の準備不足に悩んでいる。」(520.)

「12第二の障害は、人口が、一国が維持できるよりも少ない時には絶対的になる労働者の不足だろう。それは、良質の、役立たずの、未耕の土地の量と各家族が耕す土地の量で知られる。なぜなら、もしこれらが、人手の能力を超えていて、家族がそれを持ちすぎていれば、可能な選択のすべてを引き出す必要はなく、並みの耕作と労苦でこと足りるので、そのような土地は、非常に多数の人々を維持できる証拠だからである。」(521.)

「13第三の障害は、生活必需品が高価なため、労働力自体が高価であることである。一日の労働の価値は、その労働者に約五食を与えねばならず、それ以上でも以下でもない。なぜなら、もしそれ以上与えれば、彼は、労働の価値の過剰がうみだす食糧分の日数だけ労働を止めるか、もっと力なく、あるいはいい加減に労働し、同じことだろうから。しかし、もし労働にそれ以下しか与えなければ、労働者は労働を止めるだろうし、どうしても五食分の価値を得なければならないので、その後、労働自体の減少によって、労働の価値は法外に上昇するだろう。」(522.)

「14第四の障害は、製品や人間の個人的勤勉に課される税の過重である。そのような重課は、実際には買い手によって償われるが、一定限度を超えると製造は縮小し、別の場所にその追求が向かう。買い手が減るので製品価格は下げられねばならず、租税はすべて労働者と製造業者の肩にかかってくるだろう。この負担は、彼らの活動と勤勉の成果と希望を圧迫して、技芸を麻痺させ、少しずつ消滅させ、もっと甘い条件とあまりきつくない目立たない租税によって誘われる場所へ逃避させるだろう。」

「15第五の障害は、技芸自体が、取るに足りない細部を大げさにし、決してすべてのことを全体的に熟慮する高みに立てもせず、立とうともしない人々によってやむ終えず従う形式formalitaである。検査、免許、許可、規定、徒弟を雇う義務が、ある職に就くことを遠ざけ厄介にする。」(523.)「16第六の障害は、利子、終身年金などを支払う公立銀行、年ごとに確実な収益や潤沢な純益を供給して、所有者を技芸artiや産業industriaから遠ざける基金全部にもとづく資本の運用である。これquesta(industria)から実現困難なほどの代償が求められるだけ、それella(industria)は意気消沈し不活発になる。」「17第七の障害」は、原料の場合と同じく「製品流通の困難」(524.)であり、「18第八の困難は」「排他的特権である」(525.)とベッカリーアは考える。

以上、八つの技芸発展の障害に対して、ベッカリーアは、19以下で、その回復手段を提言していく。「19技芸の確立を妨害する主な困難が決定されれば、いかなる手段でそれらが繁栄するかを見いだすのは容易なことである。なぜなら、障害と呼ばれることをせず、それどころか、逆をやれば、具体的に行うべきことは、ごくわずかになり、このわずか二つの主要項目になる。」(527.)「20第一に、諸技芸と工業は、名誉を与え褒賞すれば促進される。名誉onoreを検討することによって、内心で自分自身にふれ、いつでも人間が、この社会感情に持つ多様で無限の概念によって感じることを比較する個人は、それが社会の有益な概念に負っていると考える。／21庶民volgoの中に、すなわち、習慣や作法に依存せずに生まれた人は、野心によってより現実的で実際的な利益の希望によって心を動かされる。だから、報償が、技芸の最良の促進剤であり、無気力を労働へと反《そ》らせ、彼らの作業を発案や仕上げで俊敏で勤勉にするだろう。」(528.)「23第二に、公正な原理によって設定された関税によって、一国民の国内工業は鼓舞される。」(530.)さらに、ベッカリーアは、国家間の原料調達、製品販路、輸送の利害得失を比較対照する。「製品は、原料とそれに与えられる形態の二部分からなる。原料は、あるいは国内で、あるいは国境外で生えて、これは、国内か国外でひとしく加工される。もし国内で生じた原料が、自然のままで国外の所有者の手によって加工されずに得られるとすれば、それを使用するかもしれない国内製造業者は、国外製造業者と競争してそれを買わなければならないだろう。もしそのような工業が、あるいは国内に存在しないか、散漫で不確かな販売のために弱々しくしか存在しないとすれば、もし逆に、外国の同じ工業が、活発で幅広い成果を得ているとすれば、後者は、国内工業よりも幾分余計に原料に支払うことができよう。確かに、国内での距離の短い原料輸送に対する、同じ原料の外国へのもっと長距離の輸送の差額が、外国業者に対して国内業者に利益を与える。」(530.)

このような検討の結果を踏まえて、ベッカリーアは、適切な関税設定の原則を以下のように概括するのである。「国産原料輸出への関税と外国産原料の自由輸入が、調整原則になるだろう。しかし、この関税は、Ⅰ 国内流通が自由であるために、一国家の国境にしかあってはならない。Ⅱ 国内と国外へ販売された原料価値の差額にもとづいて予め計算されねばならない。差額が、すなわち、国内価格に対する国外価格の余剰がより大きく、輸送がより些細で短い時には、関税はそれだけ重くなければなるまい。逆に、これらの価格差が少なく、輸送が長距離で割高である時には、関税は、この対象に完全に負担にならなくなるまで低減されねばなるまい。」(532.)

第三章　さまざまな技芸と工業の選択と配置について

「我々は、本書第一部で、なおこの第三部第一章でと同じく、いかなる技芸を選択しなければならないかを直ちに知るために、原理を十分指摘しておいた。だから、ここでは、この問題について手短に暗示すれば足りるだろう。」

そのために、ベッカリーアは、まず社会における諸財の効用系列を検討する。「我々は、食糧を示すのに最も近い技芸が、選択されるべき技芸だと言った。その後に、…最もなくてはならない必要をみたす技芸を、近い技芸と呼ぶ。だから、最も勤勉な階級の諸個人を覆う粗末な衣服は、…最も洗練された工業が形成するものよりもっとずっと大きな総額をなすからである。より直接的に容易にみたされる国民の一次的、二次的必要は、取るに足りない種々雑多な契約のための最も遠く無関係な技芸の必要よりもずっと農業を促進する。」(538-9.)

こうしてベッカリーアは、洗練された技芸と必需品をなす「国民的生産物」充足の技芸の望ましい生産序列を提示する。「まずもって使用される必需品製造が十分に確立されれば、その時には国内労働で国民の必需品と広く一般的な要求が充足されて、最も洗練された製品の利益が、他国民にもとづいて得られ、結局その国の多量の富、すなわち、多量の有益で快適な物品か、少なくともそれを代表し、それを獲得する権利を与えるものを増やすだろうから、最も洗練された製品にまで達することで、事物自体の条件が自然に我々を導く以上に、つねに最も適切に発展を加速させるだろう。」(540.)

つづいて、ベッカリーアは、最良の工場立地の問題に移る。「さまざまな技芸の選択をめぐっては十分語られた。今や最良の工場立地について幾分ふれることが適当だろう。それは、一言で、都会よりも田舎の方が、重要で基礎のしっかりした発送に便利な道路に近い田舎でなければ、水路輸送が製造業者の負担になる支出をより少なくしてくれる河川や湖の近辺の方が良いと言えよう。」(541.)

ベッカリーアは、その理由として、何らかの事情によって、工場が操業を中止した時の影響如何に注目する。「慣例がなおヨーロッパに捧げる服喪が、何度か中断させ、かなりの数の工業が行き詰まり、戦争やその他の事件が同じ結果を生んでいる。もしそのような工業が、その都市に集積していたら、計り知れない数の労働者が、大衆の重圧か日ごとに自己資本を減らして破産する工場主自体の重圧で、パンも生活の手立てもない状態になる。

／すなわち、もし田舎にあれば、労働者たちは、同じ土地で臨時に働いて補償を得ないほど、自分たちの周囲の現在地と決して無縁ではないだろう。これらの労働者たちは、農民家族から出ているのだから、つねに一緒に利用できる何ほどかの土地の小片をもっている。だから、彼らは、工業が中断してもあらゆる種類の労働や生産をやめないだろう。この点だけでも、都会と田舎の工業の間にどれほど大きな違いがあることか。」(542.)

第四章　技芸で遵守されるべき規律について

31で、ベッカリーアは、「あらゆる技芸と工業で追及される三つの点」は、「良質、多様、安価」であると言う。「Ⅰ 予定された用途で最高に期待に応える時、Ⅱ 各部も全体も丈夫である時、Ⅲ 純粋である時、すなわち、同じ技芸で現在使用される必要のある材料しか使用されていない時、製品は良質であると呼ばれる。」(545.)

しかも、文明的で洗練された諸国民間では、「人々は気まぐれ、嗜好、感じ方」は多様である。「それらは、人々の能力の最初の作業ではきわめてよく似ていても、後に最も複雑な作業ではきわめてちがってくる。…。この多様性が必然であればあるほど、それはますます、単にちがった人間にだけでなく、暇で一様性に飽きて、変化と新奇を求める同じ個人にも認められる。」(546.)

文明社会のそのような要請に答え、洗練された技芸の更なる発展のために、ベッカリーアは、32で、次のように提言する。「良質は製品の信用を維持増進し、多様性はあらゆる種類の人々を魅了し招きよせ、安価は、外国と国内の顧客をともにまとめて増加させる。今や、公共経済学は、その種の他の工業よりもむしろこうした工業が、その生産物に上述の三つの良質を結びつけることではなく、これらが、国内製品の大規模な捌け口を得るのにふさわしいやり方で、大部分支配することを目的とする。

／十分な自由が、工業のこれら三つの資質を自ずと得るだろうし、多くの経験の後、商品に上述の三つの資質を可能な限り与える工場主に販路が固定され、それらを欠く商品から完全に消えうせるので、利益の最も確実な手段になるだろう。そのために、自由の膨張力と自ずと精神に利益の競り合いをさせる活力を諸技芸に任せた方が、それ自体困難な危険に満ちた事業から精神を苦悩させ無縁にする多数の規定、厳格な命令による以上にうまく目的が達成されるだろう。だから、技芸の規制は、私的利益が公共利益に結びつくに至ることがまったくないか、あまりに遅くなることが予想されたり、不正行為の発覚が遅れて隔たり、持ち出す利益が現にあり、かなりの額でないかぎり、強制的であったり立法によってはならない。」(547-8.)

さらに、ベッカリーアは、新たなかつ特定の工業誘致の際の条件についても提言する。「工場の完成が、本質的に複雑な準備と費用の前払いを要する時には、明らかにことがうまく運ばなくても行なわれる方がいい。そうすれば、こうしたことが行われない条件を課す強制法、違反者に見合った刑罰は、同じ技芸に対する個人間の競争が増大することによって、全技芸の信用が失墜し、一国の生産力の一部が消え失せる誤りに誤りを、欺瞞に欺瞞を重ねないために、明らかに有益である。」(548.)

33で、ベッカリーアは、「少量で大きな価値を示す材料」・「金、銀、宝石」の技芸に必要な特殊な条件に触れている。「これらの技芸は、彼のメンバー全員が近くからしっかりと観察していて、自分自身の集団で大衆に責任を持つ連合体に統一される他のすべての技芸と異なっている必要があるように思われる。これらの視点からなお、上述の諸技芸が諸都市に散在せずに、相互に擁護しあい与え合う一箇所だけにまとめられるという一般的慣例が生まれる。これらの技芸では、なお成分が複雑で、不正が容易である諸技芸でのように雇用されたがる人に試験と証明、すでに公認され適格と認められた親方の所での多年の奉仕と訓練を要求する慣例が承認される。」(547-8.)

第四部　商業について

はじめに

ベッカリーアは、ここで農業につづく商業の成り立ちを次のように指摘する。「農業の後、我々は、最も興味深い、これらの『公共経済学原理』全体の最も広範な部分、言い換えれば、その範囲全体で、すなわち、派生する起源と結果で、それを増加させるか減少させる手段で取り扱われる商業に達した。」(551.)

しかる後、彼は、文明の発展とともに人間の相互的で多様な欲求充足の手段としての分業と商業の発展を概観し、価値と価格の考察にすすむ。

「経験によって、違ったものを作るよりもつねに同じ物を作る方が容易であることが分かると、各人は、結局後に、他者によって同じ見方で作られ増やされて、自分たちが、必要とする他の諸物と交換できる必需品の余剰を得るから、単一生産物の量を増やす気になる。

／こうして、我々が、それにのみで人類の洗練、文化、現在の美点を認めねばならない商業諸国民のものである商業、個別国家、人類の時代形成が生じる。価値という観念と言葉を派生させる生活の必要と快適を充足するための、すなわち、目的をかなえる力、習慣、能力をもつための有用性に比例してでなければ、以前には何も評価されなかったように、最近では、諸物は、他物の入手に適格になるのに応じて評価され始める。そのため、絶対価値は、結局相対価値、販売価値になり、他物全部と交換される各物をもつ執政長官podestàを象徴した。各物につき他物によって与えられねばならない量が決定され、これの価格を宣言した。だから、この部の第一の対象は、諸事物の価値と価格の理論になるだろう。」(552-3.)

第一章　諸物の価値と価格について

ベッカリーアは、本章で価値論を展開するが、経済学史的に見て、その内容はきわめて注目すべきものであった。

「1それ自体で考察されたものすべては、価値と呼ばれ、多かれ少なかれ評価される。まず、すべてのものは、必要を満たし、快楽を増し、生活の喜びを育むことに寄与するにつれて、第二に、得ることがますます稀に困難になるにつれて、そのような要求や目的を満たすべき同等の能力に寄与するにつれて、いっそう評価される。ありきたりのどこにでもあるものは、空気やほとんどつねに水のように、いかに必要欠くべからざるものであっても、何の価値もない。同じく、いくら稀少であっても、快適とか快楽の使用目的が何もないものは、少しも評価されず何の価値もない。しかし、この諸物の効用と希少性は、つねに絶対的で普遍的ではなく、きわめてしばしば変化し多様である。他のもっと入手が楽で有用なものに取り替える方法が見いだされれば、多くのものがまったく有用でなくなる。」(555-6.)

見られるように、ベッカリーアは、明確に「効用 utilità と希少性 rarità」を価値の根拠にしている。

「2このことから、人々が、さまざまな物とさまざまに行う諸々の物々交換、これら各々の市場価格、すなわち、他物と交換されるはずの多いか少ない能力が生まれる。ここに、二商品だけ、一方がワイン、他方が小麦を持つ二個人だけがいる。もし一方が、自分自身に必要とする小麦量を、他方が手元において置こうとするワイン量を取っておくとすれば、両者もそれらを相互に交換するために、ワインと小麦の各々の残りを投げ出すことに無関心であれば、一方の小麦の残り全部は、他方のワインの半分に相当するように、前者の三分の一は、後者全部の三分の一であり、こうして小麦が、ワインの二倍、三倍、四倍あったとしても、二商品の諸部分全体と分数に等しい。」(556.)

次に、ベッカリーアは、現実的な一定の需給関係による価値決定の例示に移る。「こうして、一方の小麦の余剰が一二壺あり、他方のワインの余剰が同じ壺で六しかないとすれば、小麦一二は、ワイン六に相当するだろう。前者の六は、後者の三であり、前者の四は、後者の二なるだろう。しかし、一物の価値は、他物と交換される能力である。だから、その価値は、交換で受け取れるものの量が多ければより大きいし、少なければ小さいだろう。だから、私は、我々が他商品を多く受け取るために一商品をますます少なく与えるほど、その商品の価値は、それだけ他商品よりも大きいというのである。だから、この場合、ワインは小麦よりも大きい価値をもち、ワインの価値は小麦の価値に対して、一二対六、すなわち、二対一になるだろう。」(556-7.)

「小麦を所有するかの人が、ワインの所有者が小麦を必要とするほどにはワインを必要としないと仮定しよう。そのような場合には、小麦の所有者は、より少量の小麦を与えようとするか、同量の小麦でも、もし必要と要求が互いに等しく一致した分であるなら、要求したよりも多くのワインを要求するだろう。」(557.)

こうして、ベッカリーアは、さらに現実的な事例へと進む。「二人の契約者間だけでは、不等な追求が一物の価格を上げ、他物の価格を下げる量の計算はできない。各人は、できるだけ少なく与えようとし、できるだけ多く受け取ろうとする。しかし、小麦一二単位misureが、二人の間に分けられ、それらの一方は七、他方は五だと仮定しよう。等しく同時の必要と要求に対して、小麦を持つ二人は、前の事例でと同様、ある人のワインを買うことは確かである。しかし、もし必要と要求が不等なら、小麦七の所有者はワインをより多く必要とするから、小麦の価格は下がるだろう。すなわち、そのために一般的には、一物の価値は売り手の増加によって低下する。

／今、最初の事例でと同様、小麦一二単位の所有者と他のワイン六単位の所有者、それから、同様に、他のワイン九単位を持つ第三の所有者を思い描こう。小麦一二単位を持つ一人だけは、彼が、各々別々に与える二人によって、六単位だけ持つ人からワイン一単位、九単位持つ人からは、一・五単位だけ得るだろう。それにもかかわらず、ワイン六単位を持つかの人は、等しく必要とする他者に余儀なくされて、彼のワインにそのような価格をつける小麦二につき一・二与えねばなるまい。だから、我々は買い手が増えるにつれて小麦の価値が増えることを知る。すなわち、一般的には一物の価値は、その物の買い手が増えるにつれて増えるのである。」(557-8.)

以上の価値、価格論の展開では、価値 valore と価格 prezzo の区別もなしに、商品の需給価格論に終始したように見えるが、ベッカリーアは価値について別の考え方もあると言う。

「しかし、この諸物の価値は、もし小麦の所有者がワインの所有者から隔たっていて、前者が後者からそれを運搬するか後者が前者から運搬するなら、なお別の考えによって変更される。輸送は価値を持つ労働である。運搬する人は自分の労苦の補償を望む。」(558-9.) こうして、ベッカリーアは、輸送費も価値に加算する。

3で、ベッカリーアは、皮革所有者という第三の当事者を登場させることで、小麦を全商品の共通の尺度の位置につける。「さらに先に進もう。今小麦一二単位を持つかの人とワイン六単位を持つあの人のほかに、皮革四単位を所有し、他の二人が、一方のワインと他方の小麦を持つ必要以外に、皮革を得たいと望むように、ワインと小麦を必要とする第三の人がいるとしよう。これら二人は、すでに彼らの間でワイン一単位につき小麦二単位の契約を結んでいるものとしよう。皮革の所有者は、小麦三単位につき皮革一単位を与えるだろう。すなわち、今小麦三単位でワイン一・五単位を所有できるだろう。だから、彼は、ワイン一・五単位につき皮革一単位を与えるだろう。したがって、小麦は、皮革とワインの共通の尺度と考えられよう。こうして、次々に他商品が付け加えられて、各商品は小麦と小麦は全商品と交換され、我々は、各商品によって得られる小麦量で各商品価値を比較できる。」(559-60.)

さらに、ベッカリーアは、全商品価値の共通尺度である小麦との関連で皮革職人を登場させ、商品価値が、その加工に要する時間で決定されると実質的に投下労働価値説を主張するに至る。「これらの皮革の各個を調えるために、彼（皮革職人）が、自分の食料として小麦一単位を消費しなければならない時間労働しつづけたか、他物を製作してそれを得ようとしたとしよう。皮革を必要とする人は、これらの整えられた各皮革を、なお鞣《なめ》す前の四単位の各価格である小麦三単位＋《プラス》一単位と評価する用意がある。さらに、皮革の加工業者は、これが、他の加工業者が、それに与える条件か限度であることを知っているので、自分の稼ぎか、もっと正確に言えば、自己労働を失う恐れから、この価格でそれを譲渡するだろう。だから、鞣革《なめしがわ》は生革《なまかわ》が各々小麦三単位、ワイン一・五単位にしかならないのに、各々小麦四単位、この仮定ではワイン二単位に相当するだろう。

／だから、加工物の価値は、それの加工に必要な時間に比例して増加することになる。すなわち、もし多くの人々が、同時にこの加工に雇用されれば、それは、上述の労働に雇用される人数に比例しても増加することになる。さらに、上述の比例を一つにまとめるには、時間と人間のこの価値尺度は、我々が、第一部で説明したように、上述の時間にこれら全員によって消費される小麦であると言えば十分だろう。」(560-1.)

最後に、ベッカリーアは、同時間で製品を倍増する場合を想定し、その場合には労働者は低価格に満足しないけれども、労働力の買い手は元の価格で買うことに慣れているから、その分買い手は儲けるのだと言う。また、競争者がいる場合には、「最低価格で労働を与える人によって決められ、この最低価格の限度は、労働価値valore della mano d'operaに、すなわち、上述の同じ労働を行なう最低時間でできるだけ小人数に消費される給養になるだろう」(561.)と主張する。

第二章　貨幣について

ベッカリーアは、前章の検討を引き継いで、本章「前文」で、全商品の共通価値である貨幣を導入する。「前章の終わりの諸段落で、我々は、小麦、ワイン、生皮、鞣革の四契約者間で、いかにこれら雑多で異種の商品すべての比率と共通尺度が、小麦によって決定され、結局それら商品間でも物々交換されたかを見た。だから、諸国民の商業、習慣、必要の事情によって、すべての物と逐次交換される性質を獲得する商品が、各物と交換されるさまざまな量の全商品の価値を導く共通尺度を保持するために、〈貨幣〉*moneta*と呼ばれる。」(562.)さらに、「各物に与えられる貨幣量が価格と呼ばれる。」(563.)

次に、ベッカリーアは、6で、「貨幣は、すでに文明的で商業的な全社会では、これらの貨幣の各々に価格を決定する公的権威によって造幣された金、銀、銅の金属片からなる」(563.)と貨幣の素材についてふれる。

逆に、7では、彼は、非ヨーロッパ諸国では、さまざまな商品が貨幣として機能したことを指摘する。さらに、8では、「商業の事情によって、一般的追求と契約が生じ、諸部分に分割し易くいっそう均等で同種の商品が貨幣になり、これらのうち、保管と輸送が楽なために、最少量で最大価値を持つそれが特に威信を得」て、「これらの理由から鉄や銅より金や銀がえらばれること」(566.)が再確認される。

10では、貨幣の変造とその対策、純分の確認がなされる。「貴金属の希少性と追求は、ある人々をして少ない価値でかなりの価値を得るために、外観を維持することで追求者の善意と緊急さを悪用して、それらを偽造し、純粋さを損なうように仕向ける。」しかし、「この不正行為が頻繁にある諸国民との取引は敬遠され、それらは貨幣としての金属ですべての価値の表象と担保という二つの属性を少しずつ失う」から、「当局は、おそらく金属片の重量と大きさの恣意は私人に任せて、それの品位と純度の公的で正式の保証を示す表象を押すことを承認した。しかし、さらに、乱用、相違、混乱が、大衆とか管理者でこの大衆の最高代表である君主に、もっぱら金属を諸部分に分割し、もっと便利だと思う仕方でそれを表象する権限を留保することを要求する。」(570.)

そこで、「金の品位を鑑定し評価するために、貨幣の重量を各二四分の一に分割し、これら各部分のどれだけが純分でどれだけが合金か見出す方法が一般にとられた。想像上の分割のこれらの部分が二四カラットと呼ばれ、純度の低い金が、二三、二二、二一、二〇と二分の一カラットになっていく。」(571.)

11で、ベッカリーアは、金銀比率の問題を検討する。「もしある国民に金の全量が一〇〇リッブラ、銀の全量が一、〇〇〇リッブラあるとすれば、銀量は金量の一〇倍になるだろう。だから、金は、仮定では量が銀の一〇分の一しかないのだから、銀の一〇倍に評価され、金の一リッブラ、一オンス、一デナーロ、一グレインは、銀一〇リッブラ、一〇オンス、一〇デナーロ、一〇グレインに相当するだろう。」(572-3.)

ところが、「前に一対一〇と言われた金銀比率が、一対一四に上がったとする。その場合には、たとえば、純金一〇〇グレインを含有する各金貨は、純銀一、四〇〇グレインを含有する銀貨と交換されるだろう。同じ交換は、その場合には、もっと少量の金と引き換えに同量の銀か、同量の金と引き換えにもっと多量の銀を与えねばならないのだから、銀量が増加する代わりに金量が減少しても生じるだろう。」(573-4.)

12では、流通経路と需給関係にもとづく比率変更とその限度が述べられる。13、14では、金銀貨と銅貨の間にも同種の比率関係があること、16では、同金属貨幣間の価値変更、すなわち、悪貨の横行とその弊害が述べられる。本章末の段落17では、ベッカリーアは、当時の世界の主要諸国の金銀比率を列挙している。「ドイツでは一対一五と二分の一、オランダでは一対一四と五分の一、イギリスでは一対一五と九分の一、フランスでは一対一四と一〇〇分の四七、日本では一対八、中国ではヨーロッパの古い比率である一対一〇、東インド諸島では一対一一」(585-6.)と。

第三章　流通と競争について

第三章の前には、「第二章の補遺」があるが、内容的には第二章の概括であるので、割愛して第三章にすすむ。
18で、ベッカリーアは、貨幣流通とその流通量および流通速度の経済的意義に言及している。「貨幣流通は、市民によってなされる諸活動の忠実な代理だろう。第四部第一章で説明された価値の本質を注意深く考察した人は誰でも、たとえば一ツェッキーノが、一定量のワイン、次に一定量の小麦、それから、一定数の皮革を次々に代表するのを知るだろう。このツェッキーノの流通が速ければ速いほど、ますます多くの物をそれは計り代表するから、それだけ多くの指図と測定がなされただろうし、流通が遅ければ遅いほど、いっそう多くの人手を通じて、それだけ少ない活動を代表しただろう。だから、市民の活動数は、流通貨幣量、貨幣が流通する人手、それが通過する時間の短縮に比例することになるだろう。」(597.)

つづいて、ベッカリーアは、「あらゆる価値の普遍的代表は、食料 alimento、すなわち、消費 consumazione である」(597-8.)とし、流通速度と関連付けて貨幣量と一国の富、繁栄の実体を説明する。

「流通量が増大すれば、確実に現実の消費は増大するだろう。富裕が相対的に等しいと仮定し、実際の消費が増えれば、流通量は確実に増加するだろう。…。何よりも流通は、実際の消費ではない物のために実質的な代わりをしていることだけが考察される。貨幣三〇、〇〇〇個を持つ一人と各々商品一五、〇〇〇個を持つ二人がいる。貨幣三〇、〇〇〇個は物三〇、〇〇〇個に相当するだろう。しかし、物一五、〇〇〇個の所有者でしかない一人は、売られた物一五、〇〇〇個の価格で貨幣一五、〇〇〇個を受け入れるや否や、これらで他者から別の物一五、〇〇〇個を再び買うことができるだろう。

／次々に二人の手を通過すれば、貨幣一五、〇〇〇個で、貨幣三〇、〇〇〇個に等しいということだ。だから、流通貨幣量は、次々に代表されていく活動数によって増加していって、すべての物が一度に契約されたとすれば、すべての活動と同時に得られた物の総価値に等しいだろう。…。だから、一国の富と財産を形成するのは、実は、貨幣の絶対量ではなく、その活動の速度や機敏さである。市民の力と幸福を形成するのは、表象segniではなく活動である。」(599-600.)

生産活動が富の主たる源泉である点は、19でも強調される。「生産的で有用な活動は、何であれ推進的原因によって動かされる流体の波動として、互いに刺激し合う。一国で表象量の増加は、これらの表象の量と堆積が増加したからではなく、その増加中にこれらの運動数が増加させられ、すでに生まれた運動の速度を速め、新しい運動を生み出すから有益なのである。」(600.) 言い換えれば、ベッカリーアは、貨幣表象の背後の貨幣の動態的反映としての生産活動の活性化こそ国富増進の根拠であると言うのである。

第四章　商業について

ベッカリーアは、貨幣流通の意義の分析後、それを媒介とする商業の検討に移る。「23双方で交互に生み出される経済活動の流通から、貨幣流通によって、同じものを作り、それらを売るための多数者の、あるいは消費の、あるいは利用のためにそれらを買う多数者の競争によって示されることで、商業が生まれる。」(602.)「24商業は、国内と国外に等しく分けられる。一国の国境内で行われる取引が国内取引と呼ばれ、産出されるか製造された、あるいは少なくともその国家を構成するメンバーによって作られた何らかの価値か、なされた何らかの活動が示す何らかの物を、他の諸国の似た性質の物と交換する取引が外国貿易と呼ばれる。…。／商業は、等しい物と等しい物と交換するためにではなく、あまり役立たない物をなるべく与えないようにし、役立つ物をますます多く得るためになされるのである。商業が、相互に平等、すなわち、我々が見たように、物の価値を決定する類似の評価を仮定することは真実である。しかし、この評価は、さまざまな時さまざまな場所で、状況にしたがって変わる。だから、もし一定量の販売商品について、私が、一〇ではなく一二と評価された時ふたたび売れば、二の利益を得ることになる。」(603.)

この仮定の効果を、ベッカリーアは、25でさらに次のように敷衍《ふえん》する。「同じ商品が示すより少数の表象は、少ない富を、だから、表象以上の評価を表す。したがって、貨幣を持つ人々は、より多くの評価がある、すなわち、より多くの価値がある、あるいは、評価が低く価値が少ないから少しの物しか得られない場合よりも、多くの物を得られるそれを遣《つか》おうとするだろう。そのために、等質の商品に関しては、貨幣の豊富な諸国民より乏しい諸国民の方が選ばれるだろう。こうして、かなり多くの流通量をもつ国民は、生産物の質と量が等しいとすれば、流通量の少ない国民との競争で損をするだろう。／すべてのことから、単に貨幣流入の利益増加だけでなく、貨幣流出の同様に有益で時には不可欠の捌け口によっても、外国貿易の増大と維持が、いかに重要であるかが理解できる。」(605.)

27では、国外取引における貿易差額のメカニズムが論じられる。「一般にもし販売総額を示す価格、すなわち貨幣が、購買品総額を示す価格、すなわち貨幣よりも多いなら、その国民は順の取引をしていると言われ、もし購買品総額の価格が販売品総額の価格よりも多いなら、その国民は逆の取引をしていると言われる。もしこれら二つの価格が等しくそれらの間で補償され合うなら、その国民は均衡状態にあると言われる。」(606.)

ベッカリーアによれば、現実の外国貿易では、諸国民は、「彼らの間に継続取引と情報開示および物品の絶えざる行き来があり、互いにそれぞれ続けて逆調になることはありえず、絶えず均衡を目指す」から、「何人かの著者によってなされた、幾つかのヨーロッパ国民を彼らの取引全部の総額に関して、一定の持続的逆調にあるかのように示す、かの絶望的な計算はすべて偽《いつわ》りである。」(607.)

こうして、ベッカリーアは、28で個別貿易差額論を主張し、一国の繁栄の指標を導き出す。「きわめて有益なことは、一国の貿易差額を知ること、すなわち、諸国民によって諸外国となされる売買の状態を時々刻々調査することである。だから、もし一国が、実際に損をしたとしても、時には生産活動の縮小によってしかそれは生まれないから、いかに確実であっても、それ自ら再建に向かうに任せるべきではない。この正確な貿易収支に変える方法は、かなり複雑で骨が折れる作業である。主としてその最高の正確さは、多かれ少なかれよく管理された関税登記簿に依存する。／なぜなら、もしこれらで商品の輸出入が混乱していれば、商品が流入し発送される場所が正しく指示されず、数値は、原産地の不確実と混乱を記入し、国民が総額でどれだけ損をし、儲けたかを抽象的に知るのではなく、むしろ、かの種の産業を奨励し、他の種の有害な取引を抑えるために、どんな地域に対してどんな商品でこの国が損をし、他のいかなる地域に対して他のどんな商品で儲けたかを知ることからなる、その作業の主要な利益が失われるからである。」(607-8.)

こうして、ベッカリーアは、一国の繁栄は、四つの指標、すなわち、「一）人口増加、二）面積でと同じく密度での農業の繁栄、三）貨幣利子の低下、四）物価全体の上昇」で表されると主張する。

さらに、30では、商業との関連で農業と工業の視点から、一国の繁栄の四手段が述べられる。「第一は、売り手も買い手も、望まれれば国内か外国でも最大限の競争による。これは、大いに望む取引をする万人への最大限の自由によって得られる。…。第二の手段は、労働力の低価である。その低価は、競争自体から、怠惰な者が無為に生きる手段を除去することから、競争と自由から生まれる農産物をめぐる自由取引から生じる。…。第三は、輸送の最大の容易さからなり、それは運河、堅固で安全な道路、準備の行き届いた宿泊施設、輸送用馬車や役畜の容易な賃貸しから得られる。最後に、第四の手段は、低い貨幣利子からなる。これらの低い利子も農産物取引の競争と自由から生じる。」

（611.）

第五章　奢侈について

31で、ベッカリーアは、経済学で扱われる奢侈の由来、定義、影響について言及し、奢侈が公共経済学でもつ効用を検討する。

「巨大な取引全体から、少数の手に土地が狭められることから、ある人々に莫大な資本が蓄積されることから、富の総額での不平等から、人々にそれらの違った利用方法が生じた。…。奢侈とは、人がおかれた境遇以上のすべての出費のことか。しかし、かつて誰が、これらの境遇を区別する限界を定め、かくかくの出費が市民の境遇のであり、しかじかが貴族の境遇のであると割り当てられたのか。我が学院は、そのような探求にのめりこむことなく、奢侈によって、経済学的に何が理解されねばならないか、〈奢侈〉と呼ばれる人々のこの生活、消費方法が、国家経済でどんな影響があるかを正確に決定することにする。」（612.）

まず、ベッカリーアは、「奢侈」を「快楽の剥奪である苦痛を除去するためになされるすべての支出」（614-5.）と定義する。32では、「快楽の欲望、すなわち、不明瞭な喪失感、すなわち、倦怠感と目立ちたがり、すなわち、虚栄」が、「奢侈の二源泉」（615.）であると言われる。

さらに33で、ベッカリーアは、「奢侈の種類」を「快適の奢侈と虚飾の奢侈」に分け、これらのうち、「経済学的奢侈」のみに限定して論ずる。「奢侈の費用を生産物を生産物と交換するものか生産物を活動、たとえば個人的奉仕、多数のお仕着せなどと交換するものに分けよう。」（617.）

ここで、ベッカリーアは、農業や技芸で労働力が不足していない場合、後者の奢侈の経済学的効用に注目している。

「土地が高度に耕作され、諸技芸が最大限の競争で繁栄し、すなわち、両者とも最大限可能な自由に達していれば、活動と生産物の奢侈の契約は、生産物と生産物の奢侈の契約と比較して数を減らすのみならず、この自己活動の代価を受け取った人は、他の何かの生産物とそれを交換するので、損せずになされるからである。…。それどころか、無益な活動でも、この流通が非常に急速になり、非常に拡大するように、社会で時間と生産の損失の原因にならないようになり、いやむしろ、他の状況では、無益で堕落した同じ活動が価格を高く維持して、土地の元の唯一の富が活力を維持するから、消費物の売り手のために買い手の競争という最良の成果を生むようになる。」(618.)

ようするに、ベッカリーアは、農業や技芸で労働力が不足していない場合、奢侈は富者の再分配効果として「無益な活動」(不生産的労働)にも購買力を与えるから、経済学的効用を生むと考えている。

第六章　貨幣利子について

36で、ベッカリーアは、貨幣利子だけではなく、財から引き出される効用の対価(利子)についても説明している。「すべての富の源泉である土地の利子は、確実で周期的なその再生である。労働の利子は、それによって受け取られる賃金である。奉仕、研究などの個人的活動の利子は、報償や報酬である。工業の利子は、費用などが控除されて、工業の成果にもとづいてつくる所得である。産業の利子は、商人か企業家が、それを稼動する権利か手段を保持するかぎり、産業自体から引き出される全利潤である。貨幣は、土地、労働、活動、工業、産業の取引といったこれらすべてのものの価値尺度である。だから、貨幣利子は、その個々の効用を生み出すこれらの価値の何であれ、代表として貨幣から生まれる効用だろう。」(622.)

こうして、「土地生産物が、貨幣利子の真の尺度だから、これらの生産物価値、すなわち、借入利子と比較された土地の利子が、諸国家の真の繁栄を判断するために真の基準になる」(623.)とされる。このことは、土地生産物、食料こそが全価値物の共通尺度、一般的代表であるとするベッカリーアの認識の当然の帰結である。

第七章　為替理論

37でベッカリーアは、利子の概念に時間的要素を導入する。「土地所有者の手にある価値の担保である貨幣は、それ自体によってではなく、土地片の指標で等価物として時間とともに新価値を生み出すかもしれない。だから、貨幣利子は時間の利子、すなわち、効用である。為替、すなわち、他の場所で等価物を得るためにある場所で譲渡される価値には、特別で個別の利子がつく。このように為替の利子は、土地の効用になるだろう。」(625.)

こうしてベッカリーアは、次に為替の本質を指摘する。それは「二箇所の別の遠隔地間の債権債務の相互補償により一箇所でなされた支払補償」(626.)である。「しかし、これらの契約の信用や連続的契約を認めるために当事者側から信頼に足る認知された担保を保証し保護する公的権威がなかったならば、互いに隔たっていて異なった時間にいる個人間の然るべき実質価値の支払いとか、輸送なしになされるこの契約を確認することはできないだろう。だから、為替と呼ばれるこの種の補償は、法律で認められた形式によって代理債務者によって支払われるそれの持参人、すなわち、代理債権者に権利を与える手形とか利札によってなされるだろう。」(626-7.)

ベッカリーアは、この後で、ミラノ・ジェノヴァ間に二組の逆の債権債務関係がある場合、各々当地での決済ですむ具体例を示している。

さらに、彼は、38で、多くの「中間地luoghi intermedi」の介在についてふれ、「そこでは、何の実質支払いもなしに対応している二人の商人がいたとしても、相互交換されたさまざまな為替手形も次々に転送されていく」(628.)と指摘している。

最後の46で、ベッカリーアは、為替の限定的な効用について次のように結論する。「為替は、契約の流通量、容易さ、数を増やし、多数の契約によって土地生産と産業労働にある得る価値のすべてが与えられ、各人ができるだけ高く売り、できるだけ安く買うように、すべての利潤を平均化する競争を促進するから、きわめて有用であると言おう。だから、それは、流通を刺激する主要なバネの一つであるが、本質的に不毛であり、積極的な取引ではない」(636.)と。

第八章　公立銀行、計算と信用貨幣について

47で、ベッカリーアは、銀行設立の理由を四点あげている。すなわち、一）富の「確実な保管」、二）契約で生ずる「輸送費の節約」、三）富を代表としての「貨幣」で計算すること、四）君主の入用の「救済手段」である。まず彼は、「そこで彼（君主）自身が、国家全体の名目で彼に必要な貨幣を貸す事情にある特別な何人かに対する債務者になる。これらの類似の状況から、ヨーロッパ各地、すなわち、多くの私人が富を集めた場所に、かつてあったし、現にある公立銀行が生まれた」(638.)と言う。

48で、ベッカリーアは、「富の統合が、銀行を形成し、特徴付ける本質的事情である」とし、銀行を「個人の富の連合」(638.)であると位置づけ、50では、「銀行貨幣 moneta di banco」を定義する。「実物貨幣 moneta reale は、その重量と品質に比例して、一定の価値をはかり、保証する一定の金属片である。金、銀、銅のグレイン、デナーロ、オンスが、ヨーロッパ諸国民の実物貨幣である。元々はこの貨幣しかなかったが、後に、この実物貨幣が、その分割部分に呼称を与えるのに役立ち、実物貨幣相互のさまざまな関係を示すことになった。」(640.)

ベッカリーアは、つづいてこの事実をリラ lire を例として説明している。シャルルマーニュの時代には、リッブ

ラlibbraは、銀一二オンスの実物貨幣であったが、時代の推移とともに変質して、その名称だけがリラに退化しdegenero、「金貨全体の価格と価値をはかるのに役立つ」(641.)に至るのである。

次に、ベッカリーアは、「計算貨幣moneta di conto」を導き出す。「そのような一定の鋳造貨幣片が、実質的に一致する呼称に対して、計算貨幣は貨幣ではなく、これら鋳造貨幣のさまざまな小片全体の一様で単純な尺度であると仮定して、これから銀行貨幣moneta di bancoとは何かを見てみよう。」こうして、彼は、銀行と媒介手段としての貨幣の機能を具体的に説明する。

「ある人が、銀行に預託で、単純に、利得のため、どんな仕方であれ、三〇、〇〇〇リラ預けたとしよう。何らかの仕方で、それをそこに持ち込んだことが彼には有益なのだから、彼が、この価値を持ち込んだことは確かである。しかし、何らかの仕方で、彼に有益であるとすれば、彼が、保管、登録、銀行の本質が要求する何であれ、管理に必要な費用を支払うのは当然である。

／さて、計算の便宜のために、銀行に持ち込まれた三〇、〇〇〇リラが、それらが銀行にある時間中六、〇〇〇リラの費用がかかると恣意的に仮定しよう。所有者は、三〇、〇〇〇リラの債権を受け取るために、三六、〇〇〇リラ支払わねばならないか、もし三〇、〇〇〇リラ支払うなら、二四、〇〇〇リラだけの債権を受け取るだろう。もし二四、〇〇〇リラの銀行債権を持つかの人がこの債権を売ったとすれば、最初の債権者の権利に代わる勘定が帰するかの人から、彼に三〇、〇〇〇リラ支払われただろう。だから、銀行の二四、〇〇〇リラは、実際には三〇、〇〇〇リラと等価だったろうし、銀行が支払う全貨幣は、この価値に、すなわち、二〇対二五のこの関係に従って比較されるだろう。

／債権が銀行で換金される時、債権者は、銀行でなら二四、〇〇〇リラに相当する貨幣で支払ったろうし、銀行外でなら、三〇、〇〇〇リラ費やしただろう。この恣意的な場合には、彼は、あたかも銀行の債権者が、預託銀行に二〇％という途方もない利子を支払ったのと同じであると誰もが考える。このことは偶然ではないし、ふつうは一か二％が、せいぜい債権者が支払わねばならない銀行の報酬だから、銀行貨幣と銀行外貨幣の間の差額はそれほど甚大でもない。」(641-2.)

最後に、51で、ベッカリーアは、信用貨幣 moneta di credito としての公正手形 viglietti autentici の機能に言及する。「貨幣は価値の表象である。手形も同様に価値の表象であり得る。貨幣は、他の商品を買う権利を与える売却商品の担保である。だから、商品の相互交換の中間担保である。我々の事例では、いつでも流通している価値の現実量ほど多くない一定数の公正手形は、信用がある時なら同じ目的が得られる。すなわち、商品の相互交換の中間担保になれる。だから、これらの条件だけで実物貨幣になれるが、換金可能でなければ決して商品になれない。貨幣は、鉱山のない国民がそれを持っていなければ、完全に自己の取引が自由だとすれば、それを持っているに違いない人をひょっとして越えて、それ自体で換金できる。しかし、これらの手形発行に必要な限界を認識し、抑制することは困難だろう。」(642-3.) この指摘は、ベッカリーアの貨幣準備を基準とする紙幣発行派の展望と見ることができるだろう。

第九章 公共の信用について

ベッカリーアは、第四部の概括として、53で、個人間、国民間の信頼にもとづく公債を論ずる。

「さまざまな国民の取引の容易さと混交から、国内でも国外でも取引の自由と活力から〈公共の信用〉*credito pubblico* と呼ばれる政治的道徳的現象が生まれる。それは、臣下が他の臣下に対して、一国民のメンバーが他国民の彼らに、望みうる他者とともに所有する価値を安全容易に交換し交渉できることを証明する信頼や信用にほかならない。人々の間であれ、諸国民の間であれ、この相互信頼が生まれれば、それは相互利益になる。繁栄と取引の容易さの結果であるこの信頼自体が、相互に取引自体のより大きな繁栄と取引自体の容易さの原因になる。どのようにしてそれが得られるかを、我々は、これら第四部全体で証明した。」(645.)

さらに、彼は、公共の信用維持の方策としての罰則にも言及する。「流通の容易さ、農産物と産業労働の自由取引、売り手の競争と買い手の競争はそれを増加させ、なお一定限度までそれを維持するだろう。しかし、熱情と欲求のある所、すなわち、人間のいる所、同様に不正行為を罰し、悪意を予防することも必要である。さもないと、富は閉じこもり、まずく配分されるか、あらゆる再生産が、活力を失うような用心と不信によって交渉がなされ、結局、富も諸国家の維持能力も無に帰すのである。」(645.)

本稿『公共経済学原理』を終えるにあたってベッカリーアは、55で、その後の経済学研究の課題として、一）経済取引commercio di economia、二）貴族は商業活動をおこなって良いか、三）いわゆる投機取引speculazione mercantileを展望する。

その結論を要約すると、ベッカリーアは、一）には、経済取引を行う才覚industriaが得る以上の価値を得ず、それは物を増やさず、土地だけがそれをなすと、二）には、貴族を商業から排除することは、競争を減少させるから、経済的に有害であると、三）には、投機業者は、商品を少しずつしか輸送しないと言いながら、結局、評価を保留すると答えている。

補足・「教育計画」と「講義計画」

「教育計画 第五部〈財政部門について。財政について〉」

「第三〇章。財政行為の本質。簡素、普遍性、迅速、活力。雇用される人に必要な資質について、能力、応用力、忠実さ、毅然さ。

第三一章。その国の認識について。申告の最良の方法について。統計法 aritmetica politica の計算と原則について。

第三二章。公租 tributo について。公租の起源、公正さ、必要性、効用について。それの自然的限界について。国家あるいは主権者の公的必要と必然性。

それは、俗に信じられているように、君主の世襲財産の対象ではなく、万人の幸福の指導的政治的手段であること。公租の重荷がどこまで記せば、勤勉は増加せずに減退するか。

第三三章。公租を課すさまざまな方法について。それをめぐる一般原則。すなわち、賦課が、最も甘く、最も普遍的で、最も感じられず、同時に、できる限り各人の能力に釣り合っているか。土地に対する公租について、それを課す最善の方法について。すなわち、国勢調査を実施し・維持する大きな利益と方法について。しかも、この問題に対しては、尊厳なる慈悲によってすでに実施されている我が国の規範より優れたものは得がたい。消費品に対する公租について。闇取引、あるいは、資産評価に対する公租について。輸出入料金に対する公租について。賦役という公租について。そのような種類の公租に、結局他のすべてがなると言えるのかどうか。塩、タバコのような、個別消費品に対する公租、あるいは諸事業について。そのような事業の不利益と利益。

第三四章。そのような事業が、最も甘く、同時に最も確実な方法で運営されるための最良の法律について。

第三五章。王室直轄 regia によるにしても請負 ferma によるにしても、公租を徴収するさまざまな利益と不利益について。条件、契約、法律、適切な兵役の管理について、濫用を予防するための諸手段について。密輸について。密輸に走る誘惑は関税の重さで増えるということ。密輸業者は、自分の密輸の成功と失敗の間で自分の利益をいつも計算するということ。密輸の性質に影響を与える国境監視について。

それを予防する最良の法律について。農産物と商品の自由な国内流通について。

第三六章。公収入の、まず共有財産の使用について。現状のままでいいのか、どんな性質であるべきか。第一部局は主権者、神父、及び都市と市民の行政監督機関に属する。それらの運営について。

第三七章。共有財産の名目で、個人とか家族にではなく、団体、聖堂 luoghi pii、共同体、神学校、教会のように、何か共通利益のために指定された階級に属する財産全部が理解されるということ。

そのような財産の利用と適切な規制に対する最高の検査は、直接の独立した権利によって主権者に属するということ。真に有益な聖堂とそれらの運営はいかなるものか。

第三八章。一国家の多様な支出について。国家に残るそれらと出て行くそれらの重要な区別。新しい工場の導入者への支援について。公共の記念碑、公共の建物、報酬について。

第三九章。公収入と主権者の譲渡について。その仕方について。判断する人の補償によってそれを救済する永遠の譲渡できない〈法〉*ius* について。これらの場合には、王権 regalia、国有財産管理 demanio の権利が含まれる。その権利は、自ずと個別法体系を構成し、全時代のゆるぎない法律と文明諸国民の同様の行使によって立証されねばならない。

講義の最後まで時間が進めば、重要な二章が補足として付け加えられる。ひとつは、教授によって与えられる教育に見合った国家全体に対する経済学的一瞥であり、もうひとつは、ヨーロッパの商業実体に対する総体的視覚である。

それが、若者の物の見方を広げることに資するだろう。自国内や祖国の雰囲気に限られている人は、決して大人物ではない。

おそらく、幾つかのテーマは省略されるが、主要諸点には触れていると銘記してくれる人を仄かに期待する。」(347-49)

「講義計画　第五部〈財政〉、第六部〈国内行政〉」

「8第五部は、この科学全体の第四の主題、すなわち〈財政〉を含む。賦課の起源、必要性、公正さ、効用が語られる。これは、決して譲歩されない王室の至上権のひとつであること。公租 tributo の平等について、あるいは、もっと正確には、各人の能力に見合ったそれの比例配分について。それから、それがもつべき他の二つの属性、すなわち、徴収の確実さと容易さについて。あらゆる課税に必要なこれら三つの属性は、どのように上手に結び付けられるか。したがって、それを課すさまざまな方法が検討される。すなわち、扶役という公租、消費に対する公租、産業に対する公租、商品の輸出入に対する公租、土地に対する公租。公租を課すこれらすべての方法の商業と経済学に関わる利益と不都合が検討される。土地に対する公租は、かつて計画され実施されたうちで最も完全な経済法のモデルである現行国勢調査の原則を説明することよりうまく検討されようがない。これらの公租の徴収は、王室直轄 regia で維持されるか法網 ferma に託される。これらの徴収手段相互の利益と不都合が検討される。

／次に、財政の行使は、監視、国庫収支の正確さ、それらの給与支払いと公正な配分、商業と技芸に与えられる支援と奨励、至高の主権者 Sovrano が、偶発事件などのために、国庫、あるいは、基金をもつことからなる。教授は、計画を広げすぎても、自国で行われることの検討や判断を控えすぎてもいけない。なぜなら、このことは、至高の主権者が任務を、しかし単に、彼が育成する学生たち allievi が、問題の性質と取り扱いを訓練される一般的で根本的な原理を説明することを託した人に属するからである。これらがいかに専ら至高権に属していようとも、これは独りで全部はできないので、多くの臣下に実行を託さざるを得ない。したがって、至高の先見の明ある命令を忠実に実行するためには、彼らが教育を行わざるを得ない。

9全講義の第六の最後の部は、国内行政polizia internaを含む。その名称には、一国家の公序良俗、経済問題全般の容易さに貢献する全規則が含まれる。清潔、安全、安価buon mercatoは、あらゆる市民の治安の主要対象である。伝染・感染病予防での衛生や病人のケアおよび病院に関する清潔、犯罪予防や怠惰根絶および公安を攪乱するすべての抑制による安全。善意や不正行為の阻止によって奨励・維持される商業が行き詰まり、産業が衰えるのは、それらが欠けているからである。公設道路の管理、国境警備、都市の照明、公教育は、その教授によって検討される主題である。次に、安易は、都市の容易な補給から、公設市場の規則から、本書の終わりとなる輸送からなっている。その時になれば、無駄な博識と好奇心のためよりも、研究熱心な若者の視野を広げるためのヨーロッパの全取引の簡単で含蓄のある枠組みをもつ全講座が終わる。」(354-56.)

11で、ベッカリーアは、経済学の教科書の選択で悩んでいる。「目下、経済学では、その間学生の利用に役立つ完全、便利で、状況に見合ったイタリア語の本はない。この科学は、雑然とさまざまに扱われてきた。諸部分のあれこれは検討・議論されるが、主としてイタリア語で、自分の指導で経済学を教えねばならない教授がするようには、誰も講座全部の正しい範囲をまとめた者はいない。ジェノヴェージ神父だけは、『市民経済学講義』で、明らかにこの目的を果たしたようにみえる。しかし、本書は、学生がまったく買う気にならない分厚い二巻本になっているからだけでなく、完全であることからは遠いし、経済学の多くの部分を欠いている。別の意味では、経済学が扱うには余計で無縁な多くのことを含んでいるので。

／さらに、それは、我がロンバルディア地方の地域状況や法律によりも、ナポリ王国のかなり違った状況や法律の方に適応している。」(357.)

一方、外国本についてもベッカリーアは否定的である。「公共経済学を扱うフランス語や英語の本はあるが、これらは一学校の言語でもないし、現在翻訳された本でもなく、不完全でロンバルディアの状況に適してもいないし、手本として教授に託された事柄にも何ら叶っていないから、ふさわしいはずがない」(357-8.)と。

こうした経済学書の出版状況の下で、ベッカリーアは、教授職二年目の一七七〇年九月二〇－二五日のカウニッツへの経済最高委員会就任を依頼する手紙で、自分の後釜に提供すべき自著の出版の準備と後任候補者を示唆している。すなわち、

「これら王室学校の事情に、私の優先には何もメリットもないから、公共経済学の講壇を守るために別の人を割り当てることに関して、何も困難が生じないなら、私が、まさに似た事情で示そうとすることに関して、すなわち、この二年で、印刷にまわすためには最後の手を加えさえすればよい講義の蓄え scorta delle mie lezioni と、私の援助で、陛下が別の対策を好まれない限り、王室奉仕のこの役割をまったく適格に埋め合わせられる一人以上の学生を養成してきたことを、寛容に傾聴されんことを貴顕にお願いします」(編者注1)(EN.Vol.V, 190,341. ; S.Vol.II, 903.)と。

編者注1　「いかにベッカリーアが、印刷される前に少し手を加えるだけでいい完成された著作と同等に、その講義を考えていたかを示すこの示唆の価値は強調に値する。ベッカリーアが講壇のあり得る後継者として考えた学生は、おそらくAgostino Carli-Rubbiと次点でGiuseppe Biumiだったろう。」(EN.Vol.V, 192,nota 2.)

おわりに

ベッカリーアは、一七七一年四月二九日経済最高委員会の委員に選ばれ、当面は、ミラノ王室学校教授職も兼務するが、翌年には、講壇を離れ、官僚としてミラノ公国の政務に励むことになる。第三部で見るように、ベッカリーアは、経済最高委員会、後に王室政府委員会の有力メンバーとして、多方面の国家政務に精励し、任務の実行過程で諸問題の対応策を示唆し、救済策を提案し、政府計画や布告に対して意見を具申した。

第二部の最後に、これまでのベッカリーアの経済学的営為の検討から、彼の経済思想の特質を再確認しておくことにする。

G・P・マセットは、前出の論文の中で、「ベッカリーアが、深い感受性を示し、高級官僚の具体的活動の役割と同様、『犯罪と刑罰』と『公共経済学原理』に重要なページを捧げたテーマは、善意の保護と不正行為の予防と抑止のそれである。」(*op.cit.*, p.307.)と述べている。だが、当局の介入、立法措置は、あくまで市民的自由と勤勉を妨げず、経済的利益を損なわないかぎりで認められる。たとえば、ベッカリーアは、『公共経済学原理』第二部第一章の11で、農業の改善の第六の障害として、「農産物の流通の欠如」をあげ、「悪法のつねに確実な違反が、一部でも混乱を埋め合わせなければ、すべての物が衰えてしまう」(*S.op.cit.*, 445.)と当時の現行法の不備を揶揄《やゆ》している。

第五章では、「密輸」に対する対策として「密輸業者」にとって「禁止」よりも得策である関税制度の設置を主張し、「パン製造」をめぐる法律に関して「自由の制限は、商業であれ、他のどんな社会関係であれ、完成目的の結果ではなく、混乱を避ける必要性の結果である」(*ibid.*, 490-1.)と強調している。

さらに、第三部第四章の「技芸の規制」では、十分な自由を認めた上で、私的利益が公共利益にまったく結びつかないか不正行為の発覚がないかぎり、強制的立法は不必要であるとされるが、最後に、第四部の最終章である第九章では、公共の信用を損なう不正行為を罰し、悪意を予防しないと、再生産が活力を失い、富も国家も萎縮すると指摘されている(645.)。

官僚ベッカリーアは、自己の政府活動で経済学と刑罰の有意義な関係を絶えず問いかけることになるが、その前提として公共の福祉こそが、あらゆる卑劣さや悪徳という犯罪の温床から人間を遠ざける手段であると考える。

彼は『公共経済学原理』第二部第五章48で、適正以上に価格を吊り上げるための食糧の国外への過度な流出に対して「取引認可に介在させる最も有効な修正」として、「人為的に長距離にし、困難で高くつくものにすること」とし、そうすれば「人々を商業の労苦と勤勉に励ませ、熱意と活力が維持され、同時に個人的利益をそれに有害でも破壊的でもない公共の福祉と結びついた力になる限界内に抑えるのである。本質的に容易で迅速な輸送は、国境で設定される関税手段によって人為的に高くつくようになる」(478.)と主張している。

『公共経済学原理』で、ベッカリーアが、「一国の貿易差額」に注目したことからは、「重商主義と重農主義の折衷」[45]という理解がなされ、ロンバルディアの土地開発活動についての考察に決定的地位をおいたことから、彼のフィジオクラシーへの「本能的同意」[46]という見解が生まれる。また、経済発展規模が、その規模に依存する純農産物の最大量の達成である「安価」と「費用モデル」と言う「フィジオクラシー・ブランドの二要素」[47]に依存するとも言われる。

とにかく、公共の福祉がベッカリーアの中心的関心事だとすれば、「まさに、経済問題と関係して功利主義的テーマが成熟する時に、彼は『公共経済学原理』で、個々の動因の決定的自律性のためではなく、各自が獲得することになる改善と利益を必然的に他者と分かち合う人間利害の一種の宿命的関係のために、多かれ少なかれ、私的利益の追求に結びついた徳性のテーマを主張する」[48]との指摘もなされる。

ともあれ、第一部の『犯罪と刑罰』にせよ、第二部の「貨幣の混乱」、「開講講義」、『公共経済学原理』にせよ、それまでに蓄積されてきた研究成果が、さらなる研究の進捗とは別方向ではあるが、ベッカリーアの行政官としての実践活動にどのように反映しているかを探るために、以下第三部では、ミラノ公国行政官ベッカリーアの報告書、請願、私案を検討することにする。

（1）EN. Vol.IV, Carlo Giuseppe di Firmian a Beccaria, pp.678~80, 248.
（2）*Atti di Governo*（1987）, Nota al Testo e Glossario di Rosalba Canetta, Bibliografia di Luigi Firpo, Edizione provvisoria, Milano, Mediobanca.
（3）Beccaria, Cesare（1764）, *Dei delitti e delle pene*, s.1.（Livorno）,s.e.（Marco Coltellini）.
（4）Beccaria, Cesare（1804）
（5）*Atti*, *op.cit.*, p.11.
（6）*Cesare Beccaria, tra Milano e l'Europa*（1990）, 以下、*C.B.t.* と略。
（7）Romani, M.（1977）
（8）*Cesare Beccaria, la pratica dei lumi*（2000）
（9）Bignami, A.（1811）
（10）Pecchio, G.（1829）, n. e.1994.
（11）Rusconi, C.（1852）
（12）'Beccaria,（1857）, in *Dizionario*, pp.326-7.
（13）Cossa, L.（1892）
（14）Vianello, C.A.（1938）
（15）――――（1942）
（16）Schumpeter, J. A.（1954）, n. e.1994.：東畑訳『分析』。
（17）Venturi, F.（1958）
（18）――――（1987）
（19）Bousquet, G-H.（1960）; 橋本訳『抄史』。
（20）Massetto, J.P.（1990）
（21）Porta, P.L.（1990）
（22）Cova, A.（1990）
（23）上原（1977）
（24）堀田（1981）

(25) ――――(1984)
(26) ――――(1997)
(27) 三上(1995)
(28) ――――(1996)
(29) ――――(1997)
(30) 'Del disordine e dei rimedi delle monete nello stato di Milano nell'anno 1762', p.7. 以下では、ロマニョーリ版 *Opere*(1958).Vol.I のページ数のみを引用文末尾に記す。
(31) Cova, *op.cit.*, p.407.
(32) Rusconi, *op.cit.*, p.20
(33) Galiani, F.(1750)
(34) Carli, J. R.(1751)
(35) ――――(1754-60)
(36) ピエトロ・ヴェッリは、一七六九年一月二一日の弟アレッサンドロへの手紙で、ベッカリーアの「開講講義」を以下のようにけなしている。「彼の無駄話chiacchierata全部に、僕は、その科目のさえた新しい観念を何ひとつ見いだせなかった。観念と原理の正確さと明白さの何ひとつも。多くのありふれた箇所、多くの当てずっぽうの命題、幾つかの旧弊な幻想chimeraの繰り返し、多くのひどく見え透いた美辞麗句だけで、真の雄弁は皆無だ」(Romagnoli, S.Vol.I, *op.cit.*,p.363.)と。編者S・ロマニョーリは、そもそも「ピエトロ・ヴェッリは、ベッカリーアではなくて、弟のアレッサンドロを公共経済学の講壇に登らせることを望んでいたことが知られる」(*ibid.*, p.363.)と言っている。
(37) Custdi, P.(1804), p.16.
(38) 堀田(1996)一三三ページ参照。この版の折り返しには、「この分析的改版は、ミラノ、アンブロジアーナ図書館に保存されたオリジナル手稿を不完全でも忠実に再録している」と記されている。
(39) 以下では、ロマニョーリ版*Opere*のページ数のみを引用文末尾に記す。
(40) 堀田は(1996)七三ページで、マルクスが『資本論』第一巻第四篇「相対的剰余価値の生産」第一二章「分業とマニュファクチュア」で、ベッカリーアは、社会的分業を「使用価値視点」からのみ捉えているから「古代人の口真似」だと酷評したことに対して、ベッカリーアは「分業の展開過程を商品生産社会の発展過程とパラレルに捉えているから」言いすぎだと反論している。なお、当時のロンバルディア地方の経済事情については、Moioli(1990)を参照。

（41）ヴェントゥーリは、「経済学の本質的要素は、《食糧管理制度の規制》であるはずだ。この問題の《絶対的・一般的》解決策を提示すると主張するのではない。それには、《事情の本質自体が、行き届いた政策によって、事実でも意見でも無数の人々の生活手段と生命を危険にさらさないことを要請するように、仮定的・条件的な解決策》で十分である。」(*op.cit.*,p.472.) と指摘している。

確かに、食糧管理制度の確保は、国民生活に最も重大な事案であるから、第三部で明らかなように、公共経済学者ベッカリーアは、政府委員会では、農・工・商業部門担当の第三部局で食糧管理制度問題に頻繁に携わることになり、さらに第二部局でも関与させられる。

（42）ロンバルディアの丘陵地帯に分布が認められるマッサーリ massari、ピジョナンティ pigionanti の耕作形態については、黒須純一郎『イタリア社会思想史』(1997) 五八－九ページ参照。

（43）ベッカリーアの土地制度認識における「クストディ版」と「清書稿」との間にあるケネーからヒュームへの影響と主張の変化の関連について詳しくは、堀田 (1981) 七四～六ページ、(1997) 二三五～五一ページ参照。

（44）モイオーリは、「資本主義的大借地に基礎をおいた企業経営」の「灌漑」が「桑栽培」を成功させたと言っている。Moioli (1990), *op. cit.*,pp.329-30.

（45）Parisi, Acquaviva. (1984), p.105.

（46）Luzzatto (1927), p.503. ; Valsecchi, (1971), p.574.

（47）Valassina (1970), p.283.

（48）Zarone (1971), p.105.

第三部　ミラノ公国行政官ベッカリーア

ベッカリーアは、一七六二年すでに処女論文「貨幣の混乱」を書いていて、当時の内外の第一級の経済理論にも通じていたので、『犯罪と刑罰』のヨーロッパ的評判への褒賞としてのミラノ王室学校官房学教授の職務は適任であり、彼自身も望むところだったであろう。

しかし、ベッカリーアは、教授に就任する以前から、むしろ経済最高委員会のポストを求めていた。EN.Vol.IV の編集者によると、その人事問題の経緯はこうであった。

「経済最高委員会の委員に指名され、ピエトロ・ヴェッリとともにミラノ公国の貿易収支作成の任にあたっていたミラノの若い貴族、アンジェロ・マリア・メラヴィーリア・マンテガッツァが、指名から三ヶ月足らずで死亡した。一七六六年二月一八日のフィルミアンのカウニッツへの手紙で彼の死の告知が知られた。ジャン・リナルド・カルリの保存している手紙と一緒に、二月二二日に全権大使 plenipotenziario（フィルミアン）から王室政府書記官 cancelliere（カウニッツ）に送付されたその後継候補者のリストは、セッコ・コムネーノの名とともに、《権限が与えられれば、かなり有益な才能》の持ち主と明示されて）実際にベッカリーアの名も含んでいる。

／一七六五年一〇月一九日のウィーンからのフィルミアンへの手紙で、カルリが、経済最高委員会にベッカリーアの指名をすでに提案していたことが指摘されるべきである。それに対して、カウニッツは、ボヘミアの貴族、ヨハン・ヨーゼフ・ヴィルツェックを指名した。ロンバルディアでのオーストリア全権大使としてフィルミアンの後継者に充てたからである。ベッカリーアは、委員会の別のメンバー、ヴィンチェンツォ・ヴィッラヴェッキアの死の結果として二ヵ月後その職務に就いた。」（EN.Vol.IV, 263, nota 6.）

ジャン・リナルド・カルリ

しかし、実際に、ベッカリーアの希望が叶えられるには、なお時日を要した。一七七〇年九月二〇～二五日（S.Vol.II, 902-3では一七七一年で月日がない）のミラノのベッカリーアからカウニッツに宛てた嘆願の手紙は、苦渋に満ちている。

「公共経済学という科目の公教育で私に託された職務に、できうる限りの最善を尽くそうと努めて以来、過去二年にしかなりませんが、それでもなお、もし私が自身の全霊と政治・経済問題で懸命に得ようとした知識を、畏れ多い守護者Augustissima Padrona（マリア・テレジア）にもっと直接の奉仕でさらなる精励をささげるという、常にもっております確固たる大胆きわまる願いを包み隠すならば、私は自分自身にだけでなく、私が陛下Vostra Altezzaの寛大なお心についてもつ経験的知識にも事欠いているのではないかと存じます。

／この唯一の動機によりまして、私は、この経済最高委員会に何か新たな空席ができた場合には、王室財政の運営をなす幾人かの臣下の指名のために、私の身を焦がす嘆願を陛下Altezza Vostoraに敢えて謹《つつし》んで呈するものであります。最近の公文書に従いますと、従事する対象によっては、主に私が行った研究にまったく一致する官庁の空きの職務に受け入れが許されそうなものがございます。」（EN.Vol.V, 191, 341.; S.II, 903.）

結局、ベッカリーアは、一七七一年四月二九日の布告によって、マリア・テレジアが制定し、ジャン・リナルド・

カルリを議長とする「経済最高委員会」の委員にミラノ王室学校教授兼任で指名された[1]。ウィーンの宮廷は、ベッカリーアの能力を直接国家行政業務でも必要と認めたのであった。長らくベッカリーアを支持してきたフィルミアンは、五月二〇日付けでウィーンから祝福の手紙を送っている。

「陛下が、令名高い閣下Vostra Signoriaをこの最高委員会で委員の要職に指名なされたことにお喜び申し上げます。閣下が実務のために育まれたよく知られた才能と熱意が、宮廷がこれほどに支持された選択で期待したすべての成果を生み出すことは確実だと思っております。」(EN.Vol.V, 280,378.)

五月二四日、ベッカリーアは、委員としてはじめて経済最高委員会の待望の席に列することができた。この時期に彼は「為替手形法計画」、「貨幣改革」をめぐる報告を残している。

ところが、この経済最高委員会はウィーン宮廷の行政改革のため、あいにく彼の就任後半年と続かず、それに代わって一七七一年九月二三日、J・R・カルリの主宰下で、改革された制度として「王室国庫行政局」の設置をみた。そのためベッカリーアは、新たに「国庫行政官」の役職に就任し、財産調査問題、経済、兵役と復帰に関わる現物納入管理をつかさどることになった。この役職で彼は、行論から明らかになるように、終生の課題である食糧管理制度**annona**の維持に尽力し、一七七三年八月一一日の「報告」、さらに「ミラノ公国における穀物消費」、「スイスへの穀物輸出」などの報告を残した。

但し、この頃のめまぐるしい人生の有為転変で、ベッカリーアにしてみれば生活態度の上での戸惑いは隠せず、ピエトロ・ヴェッリによる激しい非難を招くことにもなった。すなわち、カルロ・カプラによれば、ピエトロは、弟のアレッサンドロに以下のベッカリーアに対する一連のあからさまな非難の手紙を送っているのだ。

「ベッカリーアには、もはや何らの恥じらいすらない。彼は真の奴隷であり、信者の幸運が彼の幸運になる」

（一七七二年四月八日）。「彼は、かつての彼とはまったく逆の人だ。私たちが知っていた時には、すべてを改革することを望んでいた。今では古い偏見のすべてに順応している。彼は、その用語ではカルリ伯のキメラ chimera（架空の怪獣）すら応用している」（七月二二日）。「彼の心を動かす唯一のものは恐れであり、彼の明白な意見と行動は、気がかりと同様の卑しさによって求める彼に保護を与えてくれそうだと信ずる人への好意に盲目的に向けられている」（一〇月二一日）。「確かに、もうヨーロッパの賛同を掌中にする哲学者は認められまい。彼ほどプロレタリア的で卑俗な男は見出せない。過去の至高性は影すらない。君が望むなら談判してもいいが、何にもなるまい。…もう彼は本を読まないし、熱狂の種もない。ようするに、彼は辛うじて『犯罪と刑罰』の著者の彫像でしかなかろう」（一七七四年九月一九日）[2]。

しかし、このようなピエトロ・ヴェッリの非難にもかかわらず、ベッカリーアは、就任した職務に応じて、多くの文書を次々に執筆していることに注目しなければなるまい。まず、ベッカリーアは、経済最高委員会委員の資格で「ミラノ公国の貨幣改鋳計画に関する考察」（一七七一年七月一四日）、「ミラノ公国の貨幣改鋳計画」（一七七一年八月九日）、「為替手形法計画に関する省察」（一七七一年）を書いているし、その後も、地方行政官の資格で、貨幣改革委員会のメンバーになり「貨幣改革の布告に関する報告」、七九年には二年間衛生検査機関の公文書管理官に補されたが、その後も引き続き「ワインのチケットの廃止」（一七七九年）、「ミラノ公国の度量衡統一」（一七八〇年）、「食糧管理制度新計画に関する考察」（一七八一年）、「パン製造の自由」（一七八二年）、「鉱山と森林」（一七八三年）、「スイスとの商業条約」（一七八四年）など多面的な試案、報告を執筆している。

さらに、啓蒙専制君主ヨーゼフ二世は、イタリア視察旅行後の一七八五年に、オーストリア・ロンバルディアの行政組織を手直しした。「国庫行政官」の役職は廃止され、その部署には七部局の「王室政府委員会」が創設された。

一七八六年にベッカリーアは、そのうち農業・工業・商業問題に権限を有する第三部局の長に任命され、「Guaita羊毛加工場について」（一七八六年）、「ミラノ公国全般の商・工・農業」（一七八六年？）、「第三部局で扱われた問題」、「コモでの生糸労働に関する調査記録」、「オーストリア・ドイツへの輸出」、「生糸の輸出と密輸」（一七八七年）、「コモの織布工の失業とその緩和の提案」（一七八七・八年）などの調査、報告書作成に従事している。

次いで、一七八九年一〇月二九日の王室政府委員会の新発議によって、ベッカリーアは、今度は第二部局に配属され、「パン製造の自由」、「食糧品の公定価格」（一七八九年）、「新狩猟計画」、「コモ織布工の反乱（コモへのミッション）」、「パンの公定価格の回復」（一七九〇年）の報告を、次に、民法・刑法制度改正委員会に参加して「警察について」（一七九〇年）、「犯罪と刑罰」、「終身刑刑務所ergastolo計画」、「有罪判決者の待遇の改善」、「矯正院」（一七九一年）、「死刑に関する刑法制度改革」（一七九二年）はじめ、若き日の『犯罪と刑罰』の理論を実践に移す一連の報告を、さらにベッカリーアの終生の課題であった食糧安定供給に関わる「食料管理制度の王室政府委員会」、「水田に関する王室政府委員会」（一七九三年）、一七九四年一一月二八日の彼の死に先立つ時期の「衛生検査の集中」（一七九四年）に関わる調査、報告を残すことになった。

以上の報告全般を概観すれば明らかなように、これらの試案、報告の趣旨が、ベッカリーアが、あるいは『犯罪と刑罰』で、あるいは、「貨幣の混乱」と彼の死後『公共経済学原理』としてまとめられることになる、ミラノ王室学校の官房学講座で講じられたと思われる講義で主張した見解を反映しないはずはなかった。したがって、以下では、「拳《こぶし》の会」の若き啓蒙思想家として思想的営為を積み重ねてきたベッカリーアのミラノ公国行政官としての活動の軌跡をたどり、数多い政府文書に現れたその思想的反映の実態、第三の顔を検証することにしたい。

以下、第一章では、「経済最高委員会」委員ベッカリーアの最初の経済報告である「ミラノ公国の貨幣改鋳計画に関する考察」、「ミラノ公国の貨幣改鋳計画」、「為替手形法計画に関する省察」（一七七一年）を、彼の最初の経済論文である「貨幣の混乱」（一七六二年）での主張をベースに検討する。第二章では、「国庫行政官」、「地方行政官」、第三部局長の役職でベッカリーアによって書かれた上述の諸文書を、第三章では、上述の王室政府委員会の第二部局で書かれた諸文書を検討する。

したがって、第三部の課題は、以上の分析作業によって、ベッカリーアがミラノ公国行政官として、『犯罪と刑罰』と「官房学」講義録（『公共経済学原理』）という自己の研究成果をいかに援用したかを、言い換えれば、自分自身が模索していた法律学と経済学の規範を現実の国家活動へどのように反映させようとしたかを検証し、啓蒙思想の実践者ベッカリーアの実像を明らかにすることにある。

第一章　経済最高委員会の報告

すでに一七六二年にベッカリーアは、「貨幣の混乱」という処女論文を発表し、貨幣問題に精通していることを立証していたが、国家官僚としての初仕事も「ミラノ公国の貨幣改鋳計画に関する考察（一七七一年七月一四日、試案）」[3]（以下、「考察」osservazioniと略）、「ミラノ公国の貨幣改鋳計画（一七七一年八月九日、試案）」[4]（以下、「計画」pianoと略）「為替手形法計画に関する省察（一七七一年、月日不明、報告）」[5]（以下、「省察」riflessioniと略）の貨幣、流通手段問題の報告から始まる。行論の便宜上、まず「省察」の検討からはじめる。

「省察」

ベッカリーアは、「省察」で、四九項目からなる「為替手形法計画」を抜粋し、そのうち問題点が含まれる項目に関して注釈を加えながら、自己の見解を主張している。しかし、本稿では、ベッカリーアが準備的考察として三点の注意事項をあげていることを確認するにとどめる。

第一に、「法律が提起されるその目的に属する全問題の最も幅広い精細な情報を得なければならない。」（EN.Vol.VI, 70. ; S.Vol.II, 14.）

第二に、法律の不正確さや不備を恣意的に補う危険を避け、「為替契約をする人々」の便宜になるように、計画を

項目毎に比較対照する必要があるから、「人、もの、運用について従来の周知の分割を考えて」再編成すべきである。すなわち、

①　両替商cambisti、仲介人sensaliのような為替問題に関与する人々に共通の義務や要件、
②　振出人traenti、所持人indossantiや裏書人girantiおよび支払人か引受人の債権の取り扱い、
③　さまざまな種類の為替の様式la forma delle cambiali、それらの流通、それらの特権や結果、
④　運用あるいは支払いを要求する期日や方法、受け入れaccettazioni、不渡り宣告protesti、実施esecuzioni（70-1.；14-5.）という別個の取り扱いが必要である。

第三に、あらゆる法典には、最高の明確さと簡潔さsomma chiarezza e brevitàが必要である。最高の明確さとは用語terminiの正確な定義である。それは、「決して変えずに、確実に同じ用語に固執することで得られる。」さらに、可能な限り諸解釈interpretazioniに流されないことである。それは「法律の実体を紛糾させて、法律自体の意味に対する論争、問題、よじれの原因にしかならない」（71.；15.）からである。「したがって、上述の計画の再調整以上に、定義の写しを増やし」、「確実な専門用語を常に決定し」、「反復を除いて要約すること」（72.；16.）が肝要である。

「考察」

つづいて、ベッカリーアは「考察」で、まず初っ端《しょっぱな》で自己の報告の背景説明をし、自負のほどを述べ、貨幣改革に関する自説を展開する。「貨幣の主題でのロッティンガー委員殿の報告に対する私の見解と、その報告に対する

ペッレグリーニ委員殿の考察と批評を速やかに書面にすることをフィルミアン全権大使閣下V.E.［Vostra Eccellenza］Plenipotenziario Firmianに促されたので、私は、計画で予想され・結合された観察やミラノの貨幣をめぐって議論された計画、イタリアの貨幣や造幣所についての名の通った作品の著名な著作者の立派な作品以上に、最高の注意を払って上述の文書を検討した。」(14. ; 20.)

その上で彼は、貨幣をめぐる混乱の原因は三つあると指摘する。

① 「各個がその全体に一致しないそれらの間の同じ金属の金・銀貨との間の不均衡。」

② 「取引関係にある外国国民に関してであれ、同じ貨幣の国内流通であれ、違った金属の貴金属との間の不均衡。」

③ 「金・銀貨と銅貨の価値の不均衡と同じことである銅貨の想定価値valore immaginario。」(15. ; 20.)

しかも、ベッカリーアは、現実のミラノ公国では、これら三つの原因が相互にからみ合っているところに、貨幣の混乱の最大の原因があると言う。

しかしながら、彼は、上述の三貨幣の中で低位貨幣（銅貨）は、貴金属貨幣（金・銀貨）価値の共通尺度であり、さらに全国民の小口の取引に一番役に立つ貨幣であるから、全貨幣的損害のうちで最も致命的で根本的なものradicaleであると言う。「勤勉に対して給料が同額でcon stesso numerario支払われても、貨幣の現金価値valore numerarioに規制される消費財の現価が騰貴すれば、国民は、実質的には少なく受け取り、多く支払うことになる。国民は損害を受ける。近隣諸国民の銅貨に対しても金・銀貨を計る想定価値の一部を移転するので、少しずつ金・銀を失って、銅貨が至る所であふれるようになるから、主権者の国庫も損害を被る。法律が類似の混乱を認めているため、少なくとも一部は、租税徴収で支払いを想定価値か不足価値で受け入れねばならないから。」(15.; 21.)すなわち、現行法が認めてしまっている貨幣の想定価値と現金価値の乖離を放置しておけば、国民はもとよりミラノ公国の財政も損害を被ると言うのである。古い貨幣は、古い致命的な誤りを自ら刻印する見本tipoである。しかし、国民は、一つの方法で他のすべての貨幣を計ることに慣らされているので、たとえ王室金庫が峻厳であり、執行を委託された行政官ministriの監視が精勤で執拗であっても、他の新たな習慣を身につけることは容易ではない。

減価した「現行クアットリーニ銅貨(平価四デナーロ)をそのまま有効にすれば、いつも多様な貨幣の価格を古く誤った現金と比較することは容易である。クアットリーニが各々内在価値intrinseco valoreを三分の一増加されれば、あらゆる口実が古い濫用から除かれる。」したがって、「国民は、普段の比較から専ら内在実質に瞬く間に頼る努力に慣れていないので、総体的拒否の後、その新国内貨幣によってしか、自由に流通している外国貨幣が比較できなくなればいいのである。そうすれば、「価値変更の単なる宣言ではなく、(旧)低位貨幣の実質撤収や拒否が必要になるか、少なくとももっと確実になるだろう」(17.; 23.)と、ベッカリーアは主張するのである。

「計画」

ベッカリーアは、次に「計画」で、オーストリア帝国陛下の公文書の指図に沿って貨幣改革(改鋳)計画を検討した結果を率直に述べることになる。

まず、ベッカリーアは、すでに一七六六年の報告で、「我が貨幣制度の実際の混乱とそれらの古い原因が、金・銀貨全部が計られる銅貨の現状、これらの評価上での不均衡、次に、損傷貨幣に対する規則、いかなる比率が国内貴金属貨幣を刻印するために必要か、さらに、なぜ添付書類A(略)のように、布告によるだけでなく、外国貴金属貨幣も評価させると、陛下の玉座に謹呈されるこれらの所見が示唆できたのかも、説明された」(27.;32.) と指摘する。

さらに、ベッカリーアは、「そこでは、造幣局の旧来の規則に対して、それの支出の正確な経済的縮減が提案され、新たな計画の節約が計算され、改鋳で求められる通貨と新たな貨幣との交換から出てくる損失が検討され、同時にさまざまな補償が提案される」(27.;32.) と計画の他の側面を説明している。

こうしてベッカリーアは、貨幣の含有金属の減少による実質価値の劣悪化の傾向的な分析を現行数値で示した後、ミラノ公国の置かれている資源的実情を指摘している。「ヨーロッパの貴重貨幣 **monete preziose** の全系列を形成する金と銀は、我が国には鉱山が不足しているので、我々の腕の労働、土地生産物、技芸の稼ぎ、我が国の運輸の勤勉によってしか獲得できない譲渡可能な商品である。」それに反して、「金・銀を増やせる鉱山所有の国民、ほとんど専一的に経済の取引をすることで諸地方全体から集中させるそれらだけが、一定の印までそれを決定できるのである。」したがって、「不当な国民的評価と共通評価の間の差異である、いっそう低評価の金属で同等の価値を失うという峻厳な刑罰の下で、あるいは、我が国と取引している近隣諸国民の法に従うか、あるいは、ヨーロッパ共通のそれに従うことが必要である。」(32.;36-7.) それとの関連で、ベッカリーアは、ヨーロッパの金・銀間比価の共通価値がこの時点で一対一四と二分の一であること、それに対して、ミラノ公国の銀の現行価値が共通価値よりかなり低く(一対一五に)評価されていることを指摘している。

その原因として、ベッカリーアは、ミラノ公国での損傷貨幣 **moneta oroza nazionale** をはじめ近隣諸国のそれら「ヴェーネトのマルケッティ **marchetti**、スイスのブロッツェーリ **blozzeri**、ピアチェンツァ、パルマのリラ **lira**、ジェノヴァのパルパイオーレ **parpaiole**」の氾濫の事実をあげ、その結果的損失を以下のように概嘆する。

「名声を博した我が鋳造制度の唯一、最終の国民的チャンピオン、フィリッポ **filippi** (「貨幣の混乱」(一七六二) で、純銀一五グレイン含有の標準銀貨とされ、ミラノの五ソルド銀貨と比較すると、一〇〇リラで九二一六グレインgrano［〇・〇四八g］の含有差がある。）が消え失せた。外国貨幣のうちで最良のものは通過し、ロンバルディア平野の中心であり、小麦、生糸、チーズ、常に増進する勤勉に源泉を持つこの地方（ミラノ）には留まらない。」

それどころか、「イタリアの残りの地方、教皇座の諸国家自体ですら拒否されたローマよりも低品位のパオロpaoli（銀貨、giulioと等価）、半パオロ、テストーネtestoni（大型銀貨、「でくの坊」の意味も）、質の良くないイタリアの最悪貨幣の屑全部が、銅貨の真実価値と釣り合わされるために、金貨に近づけられるのを阻んで、等しく我が国の損失を増やしながら、フィレンツェのツェッキーノ（金貨）と国内銅貨の間の見本に役立っているほとんど唯一の銀貨をなしている。」(33-4. ; 38.)

取引の際には、これら諸種の近隣諸国貨幣は、ミラノ公国の損傷貨幣とではなく貴重貨幣と交換されるので、その分ミラノ公国が損失を被るのだ。「この根本的混乱によって、上で証明された金・銀間比率の誤りが複雑にされ、双方とも国内貨幣全部を隠し、外国の最良銀貨を奪うことに共謀する。」その結果、「農業や技芸の天才が、これらの最も幸福な土地で陛下の至高の声に召されて、我が国で本分以上に評価された近隣諸国民の金によって、パオロ、半パオロ、テストーネ、フランスの僅かのスクードの救済と共に、少なくとも、我が国の貨幣的損失に支えられて報酬を受けるしかないとすれば、ミラノ公国に専ら流通の鈍い低品位の銅貨しか与えないであろう」(35-6. ; 40-1.)とベッカリーアは説明する。

こうして、ベッカリーアは、貨幣の混乱の弊害を四つ指摘する。すなわち、まず、実際取引での二重損。「我が国が他の地方と行う相互取引で、それらが我々の商品の交換で貨幣をもたらすのであれ、我々が貨幣でそれらに支払うのであれ、我々は、受け取らねばならない時、妥当額以下しか受け取れず、支払わねばならない時、債務以上に支払うことによって、双方向から損失を被らざるを得ない。それ故、貨幣の混乱は、我々が積極的である場合や時であれ、受身である場合や時であれ、その致命的影響を広げる。」(36.; 41.)

第二に、プロの両替商の跳梁《ちょうりょう》。「自己の労苦、利益、債務、債権の価値を知らず、物質的にすべての通貨の残余を比較する真の合法的な見本 **un vero e leale campione** を持つことにまごついて、全国民が巻き込まれる契約や不確実から生まれる混乱である。この無知は、幾らか少数の有能で抜け目ない打算的な人々に極端な利益をもたらすとしても、生活が、技芸と産物の豊かな国民における取引に捧げられねばならない勤勉の一部が、貨幣の両替で些細な投機へと同じ国民を損失に向かわせるように、表面では取引の可能性に、あるいは、実際には若干のベテラン両替商の隠された内密な取引にさらされている他の人々すべてにも同様に極端に有害である。」

第三に、賃金の実質的低下。「一定賃金で日々生活する国民の莫大な部分全体が被る損害である。すなわち、商品価格は、そのような場合には消費生産物のたいそう立派な成果からでも、貨幣量の増加からでもなく、国内貨幣の内在価値の弱化と減少から生ずる不正な任務 **ingiusto incarimento** を帯びる。貨幣は、我々にとっては、国内労働の手はほとんど、外国のは少しも考慮されず、ほとんど専ら外国産原料が評価される製品 **manifatture** である。したがって、国内産物（商品）とこの原料（貨幣）の交換は、原初取引が至る所で、すなわち、互いに対置される産物と造幣金属の相互量の比率で決定された法則によって、正確に規制されよう。…しかし、通貨が固定されたままだと、商品価格が上がっても、労働者の日当 **giornata** は上がらない。地主、その労働の全事業者は、日当で支払われる労働や仕事を、それでもやはり情け容赦なく、いつもの価格でよいと見なすから。」(37-8.; 42-3.)

最後に、国庫の損失。「貨幣の混乱の第四の結果は、公租の受け取りであれ、分配についてであれ、陛下の国庫が受ける損失である。」(38.; 44.) 目下ミラノ公国が納税に認めている悪貨パルパイオーレは、良貨フィリッポに比べると約一〇と九分の二%も銀の含有量が少ない。しかも、反面で「国家とその外部でそれら全商品と陛下の軍隊の維持および君主の方策が予定する用途に役立つ商品を購入するために、少なからず収入と国民の賃金に役立つや否や、この損失は二倍になる。」(39.；44.)

見られるような貨幣的混乱の影響の範囲と深刻さを熟慮すれば、当然、旧貨幣の全般的改鋳の不可避的必要性が出てくるとベッカリーアは説き進む。しかし、彼は、ミラノ公国をめぐる実情がその効果的実践を阻むことも指摘せざるを得ない。「この地方Provincia（ミラノ）の状況は、すべて異なった貨幣法則をもち、我が国の商品は彼らの貨幣で支払われ、しかも、銀の見本campioneだけが、国民の目を覚まし、密輸が余りにも容易な取引での両替商cambiavaluteの狡猾さを阻止できるのに、銀の見本のかけらもない国民の無知と欠乏を利用するために、彼らの最悪の貨幣で支払うことで利益をあげる諸国民に取り囲まれている。」(40.；45.)

しかしながら、「私たちは、領土の地理的・実際的拡大によってよりもむしろ経済的拡大、人口、商業活動によってミラノ公国の偉大さが図られねばならないという二次的な見解の下にある。目下、全価値の確実な尺度のモデルと模範を国民に提示することがどこにも必要であるように見えなくても、二世紀この方、真実からほど遠くに逸れてしまって、諸産物がイタリアのこの地方の商業をめぐって法則を与えているのに、商業を提示し奨励しても、損しながら外国人からそれを受け入れざるを得ないと見られるのがミラノ公国である。」(41.；46-7.)

したがって、国民福祉と王室財政の確保のためには、今やオーストリア帝国支配の要の位置にあるミラノ公国で大規模な改鋳を実施し、適正な内在価値をもつ国民的貨幣を導入することは不可避の要請であるとベッカリーアは主張する。

結論として、ベッカリーアは、一九項目にわたってこれらの計画の実施要綱を提示する。そこでは当然、適正純分の各国内貨幣の改鋳の規模、外国の損傷貨幣、従来のパルパイオーラ（悪貨代表）の追放、旧国内貨幣交換の日数制限、貨幣流通の空白を埋めるための低位貨幣の準備措置、造幣所の金・銀の純分検査、インゴット化義務と刻印の必要性、分割の造幣所のみの制限などこと細かな指示がなされている。（62~4.；68~70.）

第二章　王室政府委員会「第三部局」の報告

一七七八年の配置換えの後にベッカリーアは、国庫行政局官僚として、さらに一七八六年には「王室政府委員会」委員として、ミラノ王室学校の官房学講座での講義、したがって、本人は不本意ながら、死後まとめられ出版された『公共経済学原理』に見られる主張を実現すべく、多方面の調査を行い報告にまとめた。

上記のように、第三部局に配置換えになる以前にも、ベッカリーアは、鉱山、森林、食糧管理制度、穀物消費・輸出などに関する報告を提出しているが、着任の年には、「貨幣改革」に関する報告を提出している。本章では、まずこの報告の検討からはじめる。

「新貨幣計画」[6]（一七七八年五月二日、報告）

ベッカリーアは、一七七八年五月二日付で、二月一四日の全権大使の命令にしたがって、「新貨幣計画」の実施結果を「私は、命じられたことをより良く実行するために」「検討を必要とした新しい布告、命じられた価格表、さまざまな表で、部局に説明した」と報告している。さらに、彼は「第Ⅰ表には新貨幣計画の添付文書CとD（略）の結果にしたがって集計された貨幣の価格表」が付されていると言うが、とりわけ、添付文書Cは注目すべきである。

すなわち、「ウィーンとミラノの純分titolo、重量、控除なしの価値、外国貨幣に対する金で一と二分の一％引きの、銀で二％引きの価値、計算の便宜のために価格表に公表される価値と造幣所から全一七八種類の貨幣で一オンスの鋳造金属が受け入れる価格」（EN.Vol.VII, 42.；156.）という具体的内容を含むものだからである。ベッカリーアは、金属素材に依拠することで純分と重量を正確に決定して貨幣を鋳造することこそ貨幣価値を安定させる方法だと考えているのである。

そのために、ベッカリーアは、価格表を集計しながら、ウィーンとミラノでそれぞれなされた試金実験に現れた差異に着目する。「私は、第四表に出てくる、先ず、トリノの試金に従うミラノの純分と添付文書Cに従うミラノの純分の間の、次いで、トリノの実験に従うミラノの重量と添付文書Cおよび続いて添付文書Dに従う重量の間にある差異の比較を説明しようとした。」（45.；159-60.）その結果、ベッカリーアは、試金実験での差異の原因を作業に携わる職人よりもむしろ技術上の不備に求める。その作業に習熟した指導者や職人に人を得ていないだけでなく、あらゆる貨幣に同じ純分を与える方法が不備なので、造幣所によって差異が出ると言うのだ。

差異の実例として、ベッカリーアは、ジッリャート gigliato とヴェーネト・ツェッキーノ zecchino veneto の比較結果をあげている。「前者は、トリノの実験では近似値で二四カラット、すなわち、二三・二三カラット、ヴェネツィアのツェッキーノは二四カラットで、添付文書Cでは、ジッリャートは二三・二〇カラット、ヴェーネト・ツェッキーノは二三・二二カラットである。」（45.；160.）この場合、彼は、世論がウィーンの試金実験よりもトリノのそれに好意的であると結論する。

つづいてベッカリーアは、添付文書Cの表でのジッリャート、ヴェーネト・ツェッキーノ評価に見られる更なる不備を指摘する。「ジッリャートは、ウィーン・マルクの八〇九と四分の一部分を含み、ヴェーネト・ツェッキーノは、それの八一二と八分の一部分を含む」差異があるのに、「両者とも一四リラ一〇シリングの同評価である」と言うのである。その上で、彼は、今回の貨幣改革の実施に当たって、ミラノの造幣所の実施作業で採用されるべき原則を模索する。

「私は、同表の冒頭に、ジッリャートが一四リラ一〇シリングで全貨幣制度の見本campioneとして選ばれ、金・銀間比率が（一対）一四と九分の一であるのを見出す。すると、ジッリャートの純粋なものは、添付文書Cからして、ウィーン・マルクの八〇九と四分の一部分だから、ミラノ・リラが、金で五五と五八分の四七の割合からなり、銀でウィーン・マルクの八〇六と八七分の一三の割合からなるのが分かる。」(46.; 161.)

ベッカリーアは、ミラノ・リラは、銀で八〇六と八七分の一三と八〇九の部分の間で評価されているが、差異は取るに足りないので、銀での貨幣計算で破損モノの倹約をすれば、他の貨幣全部の計算は、正確なリラでよりも近似値のリラでした方が得策であると結論する。なぜなら、「リラは、厳密には金で五五と五八分の四七ではなく、五五と五二四六一分の四三二八五の割合に、銀で八〇九と八七分の一三ではなく、八〇六と四七二一四九分の一七一一六の割合にな」り、「二つの分数frazioni間の差異は、実際には絶対的にゼロほどにもなる」(47.; 162.)からである。

ところが、別表では、リラは、金で五五と八七分の七一の割合、銀で八〇六と七八三分の一八二の割合になっており、「(金)五五六、(銀)八〇九の割合の二種のリラ間の比率は、契約関係ファイルstabilitoによれば、一対一四と九分の四ではなく、正確に計画の比率ではなく、小さくなくてむしろ大きい比率一対一四と五六分の二五に」なっている。ベッカリーアによれば、「それは、主張されている計画自体の見解に合致していないし、事実、金の価値に対して銀の価値は常に上昇している。そのため、比率は一対一四と九分の四を超えてはならず、ヨーロッパの全貨幣制度の水準を常に維持するために下げられるべきである。」(47-8.; 163.)ようするに、ロンバルディア地方には金鉱山がないから、その比率が外国人の手から金・銀を受け取らざるを得ない国民の真の価値を示すものにならざるを得ないと言うのである。

さらに、ベッカリーアは、各試金実験での煩瑣な差額を克明に比較・例示した後、本報告を結論へと導き、まず主要な一五種の貨幣の価値を次のように仮定する。すなわち、

① トリノで協定された試金の純度と重量を考えると明らかになる価値、
② ミラノ・リラを金で五五と五八分の四七の部分、銀で八〇六と八七分の一三の部分になるウィーンの表の純分によって計算すると明らかになる価値、
③ これらの貨幣のために評価される諸価格、
④ 上述の添付文書Cの最後から二番目の列の諸価格。

このような現行布告に基づく価格に対する仮定によって、ベッカリーアは、ミラノの造幣所の取り得る唯一の手段の帰結を以下のように予想する。

「① 恐らく、誰も刻印用に外国貨幣を持ち込まず、まず、最大価値を得るためにそれを流動物に変換するだろう。② これらの貨幣、主として金貨は、国内貨幣支援のために、金貨をつうじて被る一と二分の一％の下落確定を計算される傾向という、より多くの利益を得る期待から、ミラノ公国から流出しがちになろう。③銀がヨーロッパの平均価値以下に評価されるスペインのpetteやその他を刻印して、たとえ別所でいつかは得られるとしても、造幣所が、外国の、主として金貨で国内貨幣を刻印するために十分な原料を得られるかどうか疑わしい。」(50.; 166.)

こうして、本報告でのベッカリーアの結論は、「貨幣制度を形成する最も無害で安全な方法は、ある貨幣の純分と重量の純粋な証明書として刻印を考えて、造幣費用の計上なしに、外国貨幣と同じく国内貨幣も評価することではな

いかどうかを熟慮する必要がある」という歯切れの悪いものに終わる。（50-1.; 167.）

「新食糧管理制度計画」[7]（一七八一年四月二八日）

ベッカリーアは、一七八一年一月一九日の王室公文書Reale Dispaccioと三月二〇日の政府書簡によって、ミラノ公国の食糧管理制度の実態報告を命じられた。以下、本項では、それに対するベッカリーアによって作成された報告を検討する。

ベッカリーアは、まず、この報告が32に分割された文章からなることを言明し、その内容を次のように概括することからはじめる。「1から13まででは、一つの枠組で現在実施中の食糧管理制度として示される。そのうちN・2とN・3で、都市からの小麦輸出を自由にし、パン製造とすでにクレモナの幸せな成功で声をあげられた公定価格の仮命令の独占権を除去する見解を示唆する。

N・14からN・23まででは、小麦（輸送）の無制限の自由、むしろそれを高く維持することが有利だと示される標準価格、および標準を引き出す適正で正当な価格を得る困難さについて語られる。N・18では、それらの状況や到着地によって、どんなわずかな変化でも他より高いと憤慨せざるを得ない市場として、ミラノ、コモ、ヴァレーゼ、ラヴェーノの市場のみの適正価格にもとづいて、この価格を定めることが示唆される。N・22では、それによれば、少しの虚偽もなく標準価格が計算できる創意に富むアイデアが提案される。それは、前もってN・19で、先行資料においてと、私たちに明白に説明された理由によって、ミラノ公国の最大の利益に大いに必要であるように見えるそれらの限度で提案された。

／最後に、N・24から最後までで、前もって説明されたことを考慮して、一番好都合だと思われる計画の詳細についてざっと見ようと思う。輸出関税の引き下げについて、その制度の一貫性のために、最も窮乏した人々の側に恩恵を与えるために、N・26で提案された最初の方針を大いに受け入れることにする。」(EN版では、ここまで削除；214～6.)[8]

然る後、ベッカリーアは、王室公文書の趣旨を以下のように確認する。「この上なく慈悲深い主権者が、農業を国富の最も確実で安全な源泉として評価し、まず、国内循環を無益に制限する抑制すべてが、次に、輸出を不安定にするすべてのことが、農業の繁栄や増進に反していることが、王室公文書の文言からはっきり気付かされる。したがって、この国の状況にあてはまる期待にもとづいて、一時的慎重さの不確かな教示以上に、穀物輸出を自由交渉の結果だけに依存させる標準価格を基礎としてもつ計画の確立を求める」(457.；217-8.)と。

見られるように、ベッカリーアの構想の趣旨は、穀物の標準価格の設定を公定価格によらず、穀物の内外の自由取引に委ね、そこで自然に成立する自由価格に基づいて導き出すことにある。以下では、現行食糧管理制度の障害の認識、確認とそれらを除去し計画の実を挙げようとするベッカリーアの考案の趣旨を概括的に検証していくことにする。

(1)略。(2)で、ベッカリーアは、穀物の導入の際には自由を認めていても、搬出では、各都市の民事裁判所が豊作期には認可し不作期には制限するというのでは、農村の都市との穀物取引は自由とは言えないと過去の制限法の弊害を指摘する。

さらに(3)で、彼は、ミラノ、パヴィア、クレモナなどの都市は、「必要量を保証する配慮が余剰を制限しなければ、それらの領土、輸送の容易さに応じて、穀物集散地にもなれるような位置にある。」とりわけ「ミラノでは、陛下の政府に来るべき栄光を与える二つの航行用運河、ジェノヴァとの取引、マッジョーレ湖の水運、ベレグァルドBereguardoの渡し船でポー河への接近の容易さ、コモ湖までの最近の航行は、このように豊富な周辺のあらゆる地方からこの余剰を求め、今すべての耕作の最中の所でそれを産出させる」(459.；220.)と主張する。

（4）で、ベッカリーアは、一七七一年の計画以前に、根深い偏見から穀物備蓄倉庫が、公共の福祉に反する侵害だと見なされて備蓄者に重罪が科されたが、同年一二月三一日の布告で、登記の義務付け、行政許可を通じて備蓄倉庫が承認されたことを指摘する。しかしながら、ベッカリーアは「これらの保護は余計どころか、穀物立法の大目的に反する」し、「農産物の持続的でつねに活発な取引を人々の投機に駆り立て、私的な家計のささやかな規則的配慮を抑制せずにはおかず」、「厳格な規定の狭隘な方法でパンを受け取ることに慣れると、人々は、日々の必需品に日々の準備を要し、立法者の補償の手をいつも必要だと考える」（459. ; 221.）と主張する。

すなわち、「自分の利益のために交換を望む人々は、それが長続きすると考えないから、そのタイミングにつけ込んで、情け容赦なく穀物を隠すか外部にそれを吹き飛ばす。他のすべての人々は、飢饉が迫っていると思い込み、いつもより高価格で提供するか要求するので、それを毅然と阻むことが困難になるという不利益が生じる。」そうなれば、「農業や商業の繁栄は、少なくとも、慣習にしたがって平穏でなければ、彼らの利益になった古い拘束的制度に容易に戻ってしまう」（460. ; 221.）と、ベッカリーアは危惧するのである。

（5）では、穀物の自由な流通を促進する一七七六年二月一〇日の布告が出されたが、備蓄者は五〇ソーマ some（一ソーマは五〇～一七〇 kg。地域差が大きい）までしか許可されない不備なものであったことが（460. ; 222.）、（6）では、ミラノ公国全土に散在する一スタイオ（ミラノでは一八・二七リットル）以下の零細販売者が、年約一一リラの年間許可料で販売が許可された事実が指摘される（461. ; 222-3.）。

（7）では、製粉業者に水車数に応じて podestaria de'mulini という年間財務手数料が課されていたが、主権者の慈悲で廃止され、食糧配給手数料も、一年間で三ヶ月の水不足を証明すれば半分に減額されたことが指摘される（461. ; 223.）。以上の指摘は、穀物の供給増加と流通の自由を促す国内の穀物供給当事者への規制緩和政策の実例の確認である。

（8）では、現行食糧管理制度の他の二つの主要目的、諸外国との必要な制限の配分とこれまでに実行された自由輸出の配分について触れ（462.；224.）、（9）、（10）、（11）では、ロンバルディア地方とサルデーニャ王国との一七五一年の双務協約にもとづく小麦、ライ麦、豆、米の輸出入実績の具体例が明らかにされている。

（12）、（13）で、ベッカリーアは、ヴァレーゼ、コモ、ラヴェーノの食糧配給部局で外国の制限を配分している役人が、今年（一七八一年）初頭まで、コモ、ヴァレーゼには、九・九シリング、ラヴェーノには一六シリングと搬入単価を分け隔てしていた事実を暴いている。しかし、一七七一年の計画における公的禁止全廃命令での小麦の国内流通は自由で無償で行われるという前提に加えて、一七七六年の布告が奏効して、行政会議によって、コモ、ヴァレーゼへの小麦搬入は完全に自由になったことを確認している（464～67.；227～230.）。

（14）で、ベッカリーアは、この報告の趣旨が、「小麦輸出の禁止の規制価格か自由かの決定」と「国内流通には無益な制限撤廃」という二つの基準如何、言い換えれば、「農業の繁栄と住民の生活資料の確保」の二重目的を達成する「絶対的で無制限な自由」か、「限られた範囲に契約を限定する制限・警戒」かの二者択一を示しながら、適正な標準価格設定の困難さを再確認している（467.；230.）。

（15）で、ベッカリーアは、決定されるべき標準価格のサンプルとして、九年間のミラノ公国の全市場の小麦価格の算術的平均を適正価格とする案を提示し、ミラノのブロレットBroletto市場の実績を参考例として、一七七二～八〇年の九年間の算術平均の実数を明示している（468-9；232-3）。同時に、彼は、市民、小作農、金持ち、貧乏人、さまざまな階級の人々の年々の消費データを取り、それを多様な市場価格と比較する必要性を主張する。（16）、（17）略。

（18）では、冒頭で予告したとおり、ベッカリーアは、市場をブロレット、コモの諸市場、ラヴェーノ、ヴァレーゼに絞ると言い、その理由を次のように説明する。「ミラノ市の理由は、一三五、〇〇〇人分の小麦の集散地だからである。コモ、ラヴェーノ、ヴァレーゼの理由は三市場が、スイス、サルデーニャとの協約に従がう国家外への周期的搬出とその国の最不毛地帯の山間部の消費に資するからである。これらの場所で買い手の要求の影響は最大である。そこには、商談の自由と輸送の容易さに比例して、小麦の最大の流入があるはずだ」(471-2.; 235-6.)と。すなわち、ミラノ公国全域の小麦価格形成に最も影響のある四市場の算術平均価格を参考に標準価格を設定していけば、その他の小都市の市場価格の影響は小さいから、全住民の小麦消費を最も容易ならしめる適正価格が得られると言うのである。

(19)では、一七七二~八〇年の九年間における最高価格の民間適正価格は、ミラノのプロレットでは四〇リラ七シリング二デナーロ、コモでは四三リラ一九s.三d.、ヴァレーゼでは四四リラ一四s.五d.、ラヴェーノでは四六リラ一s.であり、四都市の算術的平均価格は四三リラ一五s.三d.になることが明示される。

(20)略。(21)では、トスカーナ大公国での一七六七年法にもとづく規制緩和への動きが、農業の活性化による年産出量の増加をもたらし、小麦とパンの無制限の取引の自由を得た事実が紹介される。(22)、(23)、(24)略。

しかしながら、(25)、2で、ベッカリーアは、四市場で「形成される標準価格が、外国の領土と締結されるどんな条約でも常に制限する本質的条件である国内消費用小麦とみなす真の必要をあらわすのに十分なしるしである限り、確定した制限は排除しない」(477.; 242-3.)と言う。こうして、現行食糧管理制度の下では結論が確定できない本報告の趣旨は、具体策が求められる次の新計画の報告で引き続き検討されるほかなかった。

「新食糧管理制度計画」[9]**(一七八一年九月一五日)**

この「計画」は、No.1とNo.2からなるが、煩雑を避けるため、本稿ではNo.2だけ検討する。まずベッカリーアは、N・

1で、標準価格の決定の仕方について、「どんな種類の穀物輸出でも、それらの価格が標準によって決定された価格を超えなければ、いつでも自由だろうし、逆にそれを超えれば禁止され」、「地方ごとの格差をなくすための施策には、標準価格に関して、穀物の主要取引所がある都市（ミラノ、コモ、ヴァレーゼ、ラヴェーノ）の市場だけの九年間の最高価格を採用して決定される」（554.；260.）と提案する。

さらに、ベッカリーアは、「これらの取引所では、小麦の最高の調査と最大消費があり、諸都市がその地方を構成する全農村に比べて少しの小麦しか消費しなくても、個々の近郊市場に隣接した領域でよりもいつも多量に消費し、契約する。」しかも、「標準価格の決定のためには、これらの最高価格の九年間の妥当値は、恣意ではなく、過去の経験から得られた最も堅実な基礎に支えられた唯一のデータのように思われる。」（554-5.；261.）と述べる。

N・2では、各市場の責任者から所轄監督官に、毎週「最高・最低価格」と市場自体が形成する「適正価格」が報告されねばならないとされている。「この普及は、市場開催日の三日以上遅れてはならない。市場は、連続的規則のバロメーター termometro でなければならないから、規則的かつ速やかに価格が得られ、措置が与えられねばならないことが不可欠である。結果は真実であるから、このことは、すべての両義性を免れる仕方で実行される」（555.；262.）と。

つづいて、穀物の国外輸出についての規程と手続きが引用される。「穀物輸出の許可は、市場価格が知られ、それが、同意か中止の制限の場合かどうかが知られるために、各地方の監督官によって同意されねばならない。」「各監督官は、契約状況全体を承認し、政府に通告するために、個々の市場の価格表と輸出許可表を、あるいは停止表を毎週（王室）監督官に送らねばならない。」（555.；262.）

それに対して、ベッカリーアは、運用面での意見を率直に述べている。「穀物価格は、今日もできるだけ正確で規則的に、現地在住の下級職員 subalterni から毎週それらの情報を得る王室監督官から得られる。長官や裁判官は常に現地に駐在していないのだから、そのような情報を提供する範囲内にいないだろう。さらに、そのような普及が取引の自由と機敏さをひどく狭くして、申告者への苛政を増加させずには、相応の正確さで、市場外でも個別に形成される価格の普及は得られないだろう。」(555-6.; 262-3.) これは、政府の現行食糧管理機構の非能率への懸念と批判である。

N・3では、「一般適正価格 adeguato generale」の形成が要請される。「輸出を承認する場合には、その地方の真の豊富さを示す一般適正価格が得られねばならないように思われる。それを禁止する場合には、あらゆる市場の関連にいっそう注意することになる。」(556.; 263.) これに対しては、ベッカリーアは、「解決策は、適正価格を計算するように、輸出を禁止するか許可するために、各市場の独自性によりもむしろ一般性に傾かざるを得なかった」(557.; 264.) とおおむね同意している。

N・4では、「市場についての週毎の価格は、誰でも輸出する権利がある時が分かるように、いつも開示されよう。このことは、監督官を管理し、あらゆる不公正とペテンを阻むことに役立つ」(557.; 264.) という提案に対しては、ベッカリーアは、「もしその地方の週毎の価格全体の適正さが拡がって、監督官が毎週各所にそれを送れるとしても、……監督官が、市場の個々の価格とそれから出てくる適正価格を、上述の伝達によって不公正とペテンのあらゆる暗雲を阻もうとする行政官に毎週戻さねばならないだろう」(557.; 265.) と皮肉を込めた注釈をしている。

N・7では、輸出につきものの密輸の抑制措置の提案がなされる。「穀物輸出の自由に同意しても、秘密の輸出をする人々に対しては、むしろ厳罰を定める必要があるように思われる。」「国境から三マイルの周辺地域で、何か他所以上の予防策、穀物流通への配慮、あるいは何か届け出が維持されねばならないかどうかが問われる。もしこれらの制約が避けられる方が確かにもっとよかったし、上述の厳罰は大部分つぐなわれたろう。国境近辺に在住する穀物の常習的密輸業者である製粉業者やパン屋に対しては、審問手続きが維持され、密輸が立証された場合には、彼らに対しては厳罰が定められるように思われる。」(558. ; 265-6.)

これに対するベッカリーアの注釈では、「他の場所ではあまり取り締まられていない現行の警戒が、国境周辺では十分維持されている」という評価と「経験がまれに有罪証明の何らかの結果に導くことを証明した刑罰の加重とあまりに安易な審理手続きの承認は、適切ではないように思われる」(557-9. ; 267.) という慎重な批判が目を引く。

「鉱山」[10]（一七七三年）、「鉱山と森林」[11]（一七八三年）

ベッカリーアは、国庫行政官として所属部署にかかわらず、ミラノ公国の自然資源の発見、保全、活用にも手腕の発揮を求められた。「鉱山」は、議会文書館の過去の文書から公国内の鉱山の操業可能性の調査結果を報告したものである。

彼は、鉱山の効用を以下のように要約することからはじめる。「鉱山は、それらを所有している諸国民にとって決して無関心な対象ではなかった。なぜなら、いわゆる卑金属、鉄、銅、鉛、錫《すず》の鉱山は、全技芸の共通の原料であり、きわめて多数の人間と職業での循環を整理し、国内循環の効果で国家からかなりの貨幣支出を節約し、たとえそれらしか所有しない諸国民は不運だと思っている人がいても、やはり金、銀のいわゆる貴金属鉱山について言えることも同じだからである」(Vol.VI, 257. ; 72.) と。

まず、ベッカリーアは、「一五世紀に収集された最古の権威ある書類」にもとづいて、コモ湖とマッジョーレ湖周辺に着目する。なぜなら、「もし鉱物学者が仮定するように、水が金属の鉱脈の形成で重大な役割をもっているなら、アルプスの大連鎖に属している山から降《くだ》っている多くの水の成果である二つの湖は、確かに我々の力で掘れる豊富な鉱物を約束するはずだからである」(258. ; 73.) と。

さらに、彼は、二つの湖にかかわる両岸のこの結合cospirazioneと相互関係は、単に導かれる物理的結果によってだけでなく、経済とこの王室の産物の管理によっても観察され、観察と探索が強化されねばならない場所を決定し、湖に降る水の流れを追跡し、すでに稼動中の鉱山がある山々の状況を比較すべきだと主張する。「同様に、高地ノヴァーラの鉱山は、アルチザーテやヴァレーゼの鉱山への教示と付随に役立つし、ブレーシャの鉄鉱山は、もっと確実な根拠でヴァルサッシーナ鉱山の指導に役立つ。」(258-9.; 74.)

こうして、ベッカリーアは、ミラノ公国でこれまで衰退していた鉱山業を再び活性化するための政策の必要性を主張する。彼の調査によると、ともあれ、これまで操業していた鉄鉱山は一二ある。しかし、これらの鉄鉱山の品位が、ブレーシャ鉄とは比較にならないほど自然的に劣位であった上に、経営上の不備も加わって、操業を不可能にしたという。

したがって、ベッカリーアは、鉄鉱山に限らず、ミラノ公国で鉱山業を活性化するには、「労働の不備、過剰支出、規則の欠如」という三点の欠陥を除去、改善する必要があると言う。彼はこの三点をまとめて概括的に説明する。「諸鉱山の所有者だけが、作業と勤勉さの習慣的・機械的系列に従っているとはいえ、労働の不備は、これらの問題の実働上および知的人材の不足から生まれている。これが、ミラノ公国のような農業国の主な源泉でもないので、あらゆる勤勉の熟練の必要性が、これのトップで他国民の水準に達していない。

／しかし、これが達成されなかったことは、…鉱山の最良の指導者から本当の教育を受けた何人かの人物を送ることで、すなわち、その広大な領域、主としてハンガリーに沢山ある鉱山自体が、同じ場所か他の場所でもザクセンの鉱山でのように、何人かの若者を教育させることによってであれ、容易に穴埋めされよう。彼らは、すでに鉱山化学の教育を受けていて、作業の適切な方法の実行と注意深い観察で研修されているのである。

／こうしておそらく、不適格・不経済な炉の構造、それらの挿入方法、加熱炉fucine、粉挽き機mulini、掘削や準備に役立たない他の機械の方法が変化しよう。おそらく、この完成によって費用の節約も生じるだろう。やはり、きわめて大きな利益が、極悪人を鉱山の深みに追いやり、自由人の賃金よりは囚人の厳格な維持の方がかなり安く上がるので、破壊を抑え、最も危険かつ原始的な作業で自由人を使わずにおいて、森林の規則をもたらし得る。」(260.；75-6.)

こうしてベッカリーアは、鉱業経営に可能性を与える改善策実施の条件を具体的に述べる。「これらすべての対策は、真に鉱山に精通した技術監督官によって厳格に維持された新たな規則を必要とする。彼は、政府と行政官の指導と命令で、鉱山の私的所有者の不手際か恣意、あるいは、彼の困窮が、…王室国庫の補償に急遽与《あずか》れるから、なされる労働をほとんど絶えず点検し、欠陥を訂正し、実際の混乱を行政官に報告する。／この指導者の職務は、王室国庫と締結された一〇分の一税を計算し、発掘の諸手段が作られていく実験を監督するために、場所、所有者、産品、支出の記録簿を所持することになる。」(260.；76.)

報告の最後で、ベッカリーアは、上述の巡回監督官の候補者として、コモ湖西部のドンゴDongoの鉄鉱山に投資したことがあるジャーコモ・マイノーニGiacomo Mainoniと、サヴォイアの鉱山に何度も派遣された経験をもつジャン・ニコラ・アグイエルGian Nicola Aguierという人物を推奨し、彼らに造幣所での試金実験などをやらせて熟練度や経営能力を確認した上で、採用するかどうかを決めればいいと言っている(261.；77-8.)。

「鉱山と森林」

「鉱山」から一〇年を隔てるこの報告では、「鉄鉱山の労務の改善と森林の復旧」(Vol.VII,726.；269.)という人間と自然の保全の視点が見られる。

1で、ベッカリーアは、鉱山労働の主要な不都合は「拙い掘削方法」と「鉱物の選択の失敗」の二つであると指摘し、この不都合は、鉱山に現場監督を一人配置すれば事足りると即座に結論している。その任務は、「一）採掘場を指導すること、二）所有者が騙されないように、鉱物の優れた選択と公正な方法を管理すること、三）…炉forniにいっそう近い位置に新たな鉱脈を活用できるようにすること」（727.；270.）である。

2、3では、一）、二）のノウハウを学ぶ監督官養成のために、四人の若者を一人あたり一日四五ソルド程度の王室の費用で、ティロルに派遣する用意のあることが報告されている。三）に関しては、商業基金の管理で八、〇〇〇リラ程度支出し、首尾よく新たな採掘所が開発されたら、民間に払い下げて投入資金を回収すればいいと楽観的な提案がなされている（727.；271.）。

4で、ベッカリーアは、鉄の精錬を奨励するために、一時的にミラノ公国の流通税引き下げが有益だと主張する。炉の所有者は、現在鉱山の吸収で損したり、十分な利益を得られなかったので、何か改善の見込みがなければ操業を続けないだろう。しかし、彼らが、流通税引き下げに反応して、いっそう多量の鉄を精錬・販売すれば、引き下げによる税収の減少分は補償されるだろうと言うのである。

5で、ベッカリーアは、利益を上げるために炉の改善を企てているポラストリPolastri伯爵に、ノルウェーの新炉を導入するための国庫補助の決定を報告すると言っている。ただ、炉に対する労働者の不慣れと不従順が、自治体により多くの費用を要求するかもしれないとの懸念も示す（728-9.；272-3.）。

6で、ベッカリーアは、「鉱山労働の存続は、完全に森林に依存している」（730.；274.）と言う。一七八一年にヴァルサッシーナのベッラーティBellati王室総書記が提出した報告によれば、この渓谷valleの自治体所有地は、

二六五、三五五ペルティカperticheの(一ペルティカ、約六〇〇㎡)であり、そのうち一四〇、七〇一ペルティカが石ころの多い不毛地、六〇、五八七ペルティカが牧草地、四二、九八八ペルティカが森林、四一、八三五ペルティカがその他となっている。ただ、ベッカリーアは、その他の土地にも木が生えているので、実際には、森林の総量は六一、〇〇〇ペルティカになると見積もる。

なお、このヴァルサッシーナ渓谷には、二、〇〇〇家族一〇、〇〇〇人が住んでいて、毎年各人に一〇〇ルッビオrubbi(一八・五〇㎡)につき一五〇束の薪が割り当てられる。しかし、ベッカリーアは、このデータは、全体の単純加重平均にすぎず薪の供給量は各場所で区々《まちまち》だから、実際の薪の必要量の適正配分には十分配慮されねばならず、その情報を収集する特別検査官の派遣が必要であると主張する(730-31.;274-5.)。

7「同じ分割は、各自治体の利用に必要な牧草地とその他にも行われねばならない。」(731.;275.)

8で、ベッカリーアは、森林地の利用は、私人への売却・永代貸与か自治体への割り当てのいずれかでなされるべきだと提案している。ただし、それ以前に大部分の森林につき速やかな修復、植林、播種が行われねばならないと言う。その際彼は、私人は修復費用を出したがらないから、王室会議R.Cameraか自治体Comunitàの勘定でそれを行うことが肝要だと主張し(731.;275-6.)、9で、短期間で修復の実をあげるための具体策として、最近のヴァルサッシーナ渓谷での実績をあげて、王室会議が森林地購入に支払った費用を修復に当てることを自治体に義務付けることを提案している(732.;277.)。

10〜14で、ベッカリーアは、9の提案を前提に、自治体が、森林地売却益を伐採費用に充て、堆積した材木・薪の売却益で回収すると共に、森林修復のために再投資することで資金循環をはかり、地域を活性化できると言い、森林修復の技術的・資金的手順も指摘している。「修復される土地が個別に決定され、植えられ維持されねばならない樹木の種類qualitaと数を確認し、指示される代理人の仲介によって、最低価格で請負人を決定するために、そのような作業は個別に公的競売に付される。支出が分かれば、その代理人は、資金の保管者に正確な勘定を請求し、同額の正しい使用が確認される」(732-3.; 278.)と。

15略。16では、本来は牧草地で飼育されるべき家畜、ヤギ、ヒツジが、森林地にも進出してきて、樹木の幼芽を食い荒らす被害に配慮が示される。

「森林の増加と修復とを実現するためには、新たな幼芽の破壊者であるヤギの数とおそらくヒツジの数も減らさねばならない。一定数のこれらの動物は、確かに自治体の人々の貧困には主たる補助になり、あまり近づきやすくない場所にあるので、動物自体によって消費されなかったなら、無駄に枯れてしまう牧草にそれらが有益でもあるために、我慢できる。しかしながら、…今各家族の使用にはヤギ一頭、ヒツジ二頭で十分である。ヴァルサッシーナには、約二、〇〇〇家族いるので、同数だけのヤギとヒツジ四、〇〇〇頭が要る。しかし、アルベルト・ベゾッツィ氏の報告によると、そこには継続的な牧畜者の一、五〇〇頭のヒツジのほかに、六、七〇〇〇頭のヤギと四、五〇〇〇頭のヒツジがいる。」(734.; 279.)したがって、自治体が許容する限度を超えた頭数は、人畜共存のために、法律によって間引かれねばならないということになる。

17～19略。最後の20で総括として、ベッカリーアは、目下ヴァルッサシーナで提案されている計画は、地域的状況が要する修正を伴って、ヴァル・カヴェルニャ、ピエーヴェ・ディ・ドンゴはじめ、鉄にかかわる労働の利益のために木材や石炭が引き出せる山がちの全地区にも拡大されると言う(737.; 282.)。

「新食糧管理制度計画」(12)(一七八五年)

ベッカリーアは、一七八五年にも引き続き「新計画」を報告している。一七八五年八月二三日の政府書簡の指導基準に鑑み、ベッカリーアは、（1）標準価格の決定（2）関税に関わる産物への補償の二点の問題を検討している。

（1）すでに、標準価格は、米riso 四五リラ、小麦frumento 三六リラ、ライ麦segale 二四リラ、トウモロコシformentone・粟miglio 二〇リラに決定されている。これらの価格に達しないかぎり、どんな量の輸出でも一切自由である。しかし、それ以上に価格が上昇したら、政府への報告義務があり、状況に応じてロンバルディア全域か当該地方で輸出が中断されるか、当局の承認を受けて輸出が持続されることになる（Vol.VIII, 499-500. ; 354-5.）。

ベッカリーアは、標準価格は、輸出の中断がないことが肝要だから、上述の標準価格は適正だと言っている。しかし、ミラノ公国では、なお標準価格が決定されていない農産物（カラス麦avena、栗castagne、フスマcrusca、豆legumi）がある。彼は、それらのうち、カラス麦と豆に標準価格を設定する便宜を提言する。

まず、カラス麦は、「奢侈の対象と考えられる馬車用馬」以外に、引き馬、馬車、郵便馬車に使役する馬に役立てられる。だから、飼料としてのカラス麦にも安定供給は必要であり、その標準価格は、穏やかで確実な決定が求められる。ベッカリーアは、過去の経験に照らして、カラス麦は一二リラを超えれば品薄で割高だと考えられるから、その価格を標準価格にすることが適当だと言う。

さらに、豆は、「農村および都市住民の最低で最多数の階級の給養にも無関係ではない役割を果たす。」（501. ; 356.）ベッカリーアは、最近宮廷でも外国市場との豆の価格の比較に関心が高まっていて、豆にも標準価格の設定は不可避の情勢であると言う。

（2）この主要目的は、「なお存続する国内消費に対する食糧管理機構の料金の補償である。すなわち、マントヴァでと同様ミラノでの、輸出uscitaと通過transitoに対する等しい単一商業関税で穀物取引に課される商業関税と輸出

tratta・通過料金の結合は、国内流通と外国穀物の搬入をどんな市況悪化でもまったく自由のままにする。」(504.; 358-9.)

すなわち、ベッカリーアは、それらの取引量が目立たない量にすぎなくても、商業関税と料金の結合という補償は、公共経済のこの部門の経営をもっと単純にし、すべての手段で容易にする必要のある国内取引を危険と面倒な拘束から解放する二重のメリットがあるという。

つづいて、ベッカリーアは、「輸出関税増額に関する疑問点」を問い、以下のように結論する。「必然的に外国人に購入されるはずの国産品の輸出に課される関税は、同じ者が内国税の緩和に支払う納税だろうという考えは称賛すべきである。たとえそのことを非常に厳格に検査して、外国に販売する商人が、買い手がある必需品を常に活用しようとしても、輸出に対して彼によって前払いされる関税が多いだけ、彼の利益は少なくなる。さらに、この利益が少なければ少ないだけ、彼は、最初の売り手、すなわち、件の農産物を生産する土地所有者にますます低価格を申し出るだろう。

／したがって、損害に伴って、再生産、もしくは、あまり重要でない他産品への農業の大変換は助長されず、結局、概して国家の利益も減るし、最後に、反映として王室金庫の利益も減るだろう。」(506.; 361.)

さらに、ベッカリーアは、実際の芳しくない結果も記している。「食糧管理機構の手数料のためか取引かで目に見えて悪化している米は、サルデーニャ米の競合できわめて頻繁に損害を出した。同年には限定した譲歩にもかかわらず、通商の正規の手段でミラノ公国からごくわずかしか輸出されなかった。たとえ国内取引での高価格に支えられてであれ、王室財政当局の官吏の監視にもかかわらず、かなり密輸で出されたかもしれない。まさに、これが、関税の重課が尤もな投機を助長するという証明である。」(506-7.; 361-2.)

したがって、ベッカリーアは、関税軽減は余儀ない必須の要請であることを認める。「常にかしばしば、類似の他国産品との取引の競争状態にあり、その重さと総量で、その総量に応じて輸送費が目立って増える国産品は、状況が悪化すればするほど、ますます商人は用心深くなり、思惑買いで弱気になり、最小の価格変化でもそれを企てることをやめる。それらの主要産品の一つの最大可能な輸出をミラノ公国にもたらそうとするこれらの熟慮は、少なくとも、産物の一致だけでなく増加をも王室金庫に保証するために、提案された関税の目に見える軽減の自覚に私を向かわせる。」(507.; 362.)

「ミラノ獣医学校」(13)**(一七八七年一月一五日)**

この請願は、ミラノに獣医学校を設立すべしという皇帝陛下の決定に対するベッカリーアの設立建白書である。

「受け取った命令によれば、カヴァリエーレ・ジュスティ委員殿(編者注1)は、一七八三年七月一四日に彼と故チコニーニ医学部長・委員殿によって、ポルタ・オリエンターレ(編者注2)の外の隔離病棟に獣医学校を創設するために力が尽されたことを、細部の会議で政府と行政官に報告した。

このことから、病気の馬のために厩舎、炉、薬局、実験室、解剖室、労務用機器、二人の獣医の居住用の部屋および工具一式と家財道具がある称賛すべき奉仕状態にあることが明らかになった。」

この既存の建物を獣医学校として利用することについて、ベッカリーアは、三点の必須条件をあげている。「一)科学部門、すなわち、理論と技術の実践、教育、病院、蹄鉄 ferratura に属する全部。二)学校が管理され…、国家の全地方から起用されるべき若い獣医 maniscalco が従うべき教科と規範。三)適当な場所の選択と先生 maestri の維持のための経済条件 economia、必要な工具と家具の維持と若い実習生に与えるべき援助。」(46.; 532.)

まず、ベッカリーアは、「陛下は、その布告で、純粋に必要で効用のあるものしか望まれないから」、ブルジュラ（編者注3）Bourgetlatのような大人物のいるフランス・モデルの獣医学校設立は想定できず、もっと小規模にならざるを得ないと、次いで、学校の開始と教科に関しては、「獣医自身」も「その職業をめざす若者」も、獣医の仕事がまっとうできる能力を検定する試験が課されなければ、自発的にその学校に通おうとしないだろうと言う。

だから、ベッカリーアは、新たに獣医を養成するには、「すでに経験を積んでいて営業中の獣医は大目に見なければならないことは重々了解して、新しい学校が準備されればすぐ、獣医学校に通い、直ちに適当な試験を受けなければ、今後誰もミラノでは獣医の技術を行使できないという布告か通知で命令することが妥当だと思われる」（48.；534.）と言う。

第三の問題、場所の選択と費用の倹約に関しては、ベッカリーアは、陛下によって何か別の用途に使われていなければ、自分としては他の場所は考えられないから、必要な装備一式のあるポルタ・オリエンターレの隔離病棟Lazzarettoを使えばいいと言う。

さらに学校の運営費は、目下六〇〇リラしかないが、これを一、二〇〇リラに引き上げ、建物の維持費は「一）個別の馬の治療から生じた実際の収入、二）大衆から与えられる援助」（50.；536.）に頼るという。

然る後、ベッカリーアは、会議に七点の討論の概括を要請して建白を終わる。

「一）ラッティ行政局委員殿か他の有能な医学の教授に、現存する問題一切について、無駄を除き不足を補うことで下記の報告者と協力することを検討して、その学校の学術的実践的計画を吟味するために、代表権が与えられねばならないかどうか。

二）ボヴァーラ（聖職者）委員殿（編者注4）にも、その問題について公共教育機関がもつ影響のために、代表権が与えられねばならないかどうか。

三）上記の公共教育機関には、あるいは国庫も費用を補填しなければならないかどうか。

四）上述の大衆が、上に指摘された方法で派遣され維持されるために、各人が生徒を選ばねばならないかどうか。

五）ミラノ人の生徒に上に言及された義務が命じられ、その技術を学んで奉仕するために、その建物に目下四人外国人を集めねばならないかどうか。

六）隔離病棟にとどまるか別の場所を探さねばならないかどうか。

七）金は休止している vacanti 一、二〇〇リラに増額されねばならないかどうか。」(50. ; 536-7.)

編者注1「Pietro Paolo Giustiは、一七七一年三月に経済最高委員会に参加すべく招聘された。それから、彼は王室国庫行政局 Regio Ducal Magistrato Cameraleに、一七八六年に政府委員会に移り、そこで第二部局に配属された。以下、略」(EN.Vol.VII, 822, nota 1.)

編者注2「隔離病棟は、蔓延の反復が考慮されて、ペスト患者を隔離するためにポルタ・オリエンターレに創設された。その一帯は、ミラノの全地点から到達し易いために選ばれた。建設作業は、ラッザーロ・パラッツィの計画にもとづいて一四九八年に開始され、一五一三年にバルトロメオ・コッツィによって完成された。建物は図面上正方形で、一階だけで内側の方に向けられた柱廊をもち、一六三〇年のペストの後、軍隊のパン製造所から獣医学校に至るまで、非常にさまざまな用途に充てられた。」

編者注3「Claude Bourgetlat（リヨン1712-パリ1779）は、フランスの獣医学校の設立者で《馬医術》hippiatrique、あるいは動物医学の創始者であった。トゥールーズ大学で弁護士になったが、リヨンの王立アカデミーで最高の責務を負ったので、医学と馬術 equitazioneを勉強するためにその職を捨てた。一七六二に獣医学校をリヨンに、一七六五年にはアルフォール Alfortにも設立し、ここに死ぬまでとどまった。この学校にはヨーロッパ各地から生徒が押し寄せた。『百科全書』の編著者は、馬匹調教 Manegeと装蹄術 Marechalerieに関する項目の執筆を彼に託している。」

編者注4「Monsignor Giovanni Bovara（1786~1796）聖職者委員会の三人の構成員のうちの一人」(EN.Vol.VIII, 882, nota 1)

「一七八六年五月一日から一二月末までの第三部局の誓願と報告」[14]（一七八七年三月三一日）

この報告書は、一七八七年一月一一日付のヴィルツェクWilzeckの署名のあるウィーン当局からの上記期間の懸案の報告書提出要請に応えたものである。

ベッカリーアは、この時期に実に一、二五〇の多様な問題が提起されたことを指摘しながら、それらの項目を次のように概括する。すなわち、「商業、製品、技術、同職組合、商工会議所、商業助成基金、銅貨供給、度量、市《いち》と市場《いちば》、鉱山、獣医学、愛国協会、食糧管理機構と食糧、狩猟と住民」(Vol.IX, 223-4.; 404.)と。

以下では、前述の検討項目に関連しないものを適宜割愛しながら、第三部局でベッカリーアが取り組んだ諸問題の「まとめ」を試みることにする。

A 「商業」

「わざと除いてある経済学の全部門を一べつしないで、商業一般を語ることはこの報告では困難だし、適切に簡略化することも無理だろう。他方で、それの規制原理は周知である。すなわち、一)たとえ私たちが収穫し、加工できるもの全部を外国から輸入できるとしても、家計の不利益なしには困難になること。二)私たちが収穫し、国内需要に過剰になるもの全部を輸出することはきわめて容易であること。」

見られるように、ベッカリーアは、まず、ヨーロッパ諸国に対するミラノ公国の立国の基礎が、穀物輸出入にあることを指摘している。しかしながら、「商業は、財政操作と最も活発な関係と最も不活発な関係をもつ。その影響下で、あるいは、商業上の操作が無に帰するか、あるいは、活性化される。あるいは、少なくとも、公共の利益よりも私的利益に一致した方法に修正される。」(224.; 404.)

したがって、「新しい関税表は、結果を判断するにはなお性急すぎるし、それの期待は、資本投下のはけ口の不確実さに押しとどめられた取引を奨励するのに確実に寄与していなかった。これらの取引は、むしろ農業に向けられ、廃止用の余裕益のそれである自治体基金の譲渡は、それに少なからず寄与し、信託遺贈地の解放に代替される資本合計の運用にも少なからず寄与するはずである。」(224-5. ; 404-5.)

この項の最後で、ベッカリーアは、ミラノ公国の商業は、もし関税、抑制catene、その他の政策が均衡を変えなければ、商品輸送に関して道路の維持・修復、同等の陸送の約四分の一と計算される河川・運河航行と深い関係があると言う。これは、陸送と河水運送の比重の均衡維持の提言に他ならない。

B 「技術と製品」

「製品le manifattureが、国産原料あるいは外国産原料からなる土地産物部分の次に商業の最も重要な部分であり、しかも、後者（外国産）よりも前者（国産）が選ばれねばならないことは自明である。製品が区別されねばならない。それなしでは、国産原料は、製造によって価値をわずかしか、あるいは、まったく得られないだろう（たとえば、我が国でチーズや鉄製品のように、製品でなければ、ミルクも鉱物も広く重要な商業の対象になれない）。」

一方「そうでなくても、たとえば絹糸seteや亜麻liniのように、それを製品化すれば価格をきわめて高くさせられるにしても、原料はかなりの価値を維持するだろう。同様に、この場合も、後者（外国産）より前者（国産）が選ばれることは自明である。」(225-6. ; 405-6.)

いかなる国にとっても、国内で工業原料が調達できるにこしたことはない。しかしながら、ミラノ公国内で原料が調達できないものは、国外から輸入するほかない。ただし「外国産原料から造られる製品のためには、原料が我が国の土壌から産出されたものでなく、そうであり得ないということが識別されねばならない。」さらに、「一般的に、国産か外国産の製品があれば、気まぐれか奢侈的な製品に対して、一般的に消費される必需の大衆用製品が選択されねばならない。

／羊毛製品は、ほとんど完全に外国原料だが、最も上質で贅沢なのは言うまでもなく、住民が最も当たり前に使用するもので、我が国は総じて受身である。大部分ロマーニャや非オーストリア・ドイツから得られる上質と粗製の靴下calzeと帽子berretteは、そのようなものである。」(226. ; 406.)

さらに、ベッカリーアは、ミラノをはじめロンバルディア地方最大の産物である絹糸を取り上げる。彼は、ミラノ、コモは、活況期には絹糸工業の繁栄のために全般的準備で多大の貢献をなし、周辺住民に有益な結果を与えたと評価する。

一方で、ベッカリーアは、ミラノ公国の住民は、主権者の奨励政策なしでは、新たな事業や既存の事業の拡大を志さず、技術の向上や新技術の導入にも意欲を持たないことを指摘・慨嘆している。「鍍金《めっき》紙、琺瑯《ほうろう》、鏡などの技術のような、多くの技術が我が国には欠けている。帽子工場のように、多くが幼年期にある。金細工、鋼鉄製品などのように、多くが開花した後に衰退している。」もちろん繁栄しているものもある。「家具職人、象眼師などのように、多くが繁栄し拡大している。」

この製造業界の明暗半ばする事実から、ベッカリーアは次のように結論している。「全技術の正確な用語体系nomenclaturaを持つこと、我々が現に持つ、あるいは、かかる程まで持っているものに、我々に欠けているものに向き合うこと、つまり、我が国の技術の主な欠陥、救済策が補われる手段は、意義ある仕事になるということ。この唯一の方法で、委員会と公共行政のこの部門のために奉仕する名誉を得る人の仕事は、偶然にではなく、確かな成功の希望をもって目的に向けられることで決定されよう。」(233-4. ; 414.)

C 「同職組合Universitàと商工会議所Camere Mercantili」

ベッカリーアは、ウィーン政府の行政改革の一環である旧来の同職組合の廃止とそれに取って代わる商工会議所の権限について説明している。「同職組合Università mercantiliは、ミラノ公国の全市および首都のかなりの地域で、会議所の選出に先立って廃止された。マントヴァ市のほとんど全地域では、なお多くが廃止を待つばかりである。／廃止され、廃止されるべきこれらすべての同職組合は、それらの職業に関連する問題に対する個別の権限を行使し、自己の経済問題を自ら管理し、税と多くの下級職の維持のためのかなりな費用を配分していた。それらの利害が、税と費用の配分のために雑多な団体間および同団体の諸個人間の権限紛争を誘発し、手の込んだ審査という口実の下に、未加入者の自由営業へのアクセスを困難で割高にし、無駄で、恣意的で余計な出費増を助長した。」(234.; 415.)

一七八六年三月一三日の布告で、なお残存したこれらの団体の私的な全司法権が廃止され、それは、各都市の商工会議所にだけ定められた布告の範囲内で認められることになり、さらに、七月二四日の布告で、以前には同職組合に属していた経済的・政治的全機能が、新計画では商工会議所に集中されることになった。

それに伴い、商工会議所が市民的自由を狭め、下級職の勤労意欲を削ぐことなく、商業利益をあげながら運営される配慮を、ベッカリーアは、四点にまとめている。

「(1) 労働者の訓練の必要。それを維持するためには、労働者を直接傷つけ卑屈で怠惰にさせる継続的法律は必要ない。

(2) 承認された誠実な仲介人の労働契約で善意を保証すること。これらは、一) 当事者間を仲介し、二) 契約の登録者で合法的な証人である二人の別人を代表する。
（3）技術巧者を凡庸な者から区別すること。…もしこの選択が、無償公平であり議論の余地のない証明によって試されるなら、技術の完成の利益へと同じ職業の当事者たちを競争に誘うことが期待できる。
（4）我が国の製品の良さを外国市場に納得させ、信用をますます維持・増進すること。／製品の完成は、相対的・絶対的な多くの要素に依存している。それは、誰からも要求されて、注文主が、多くの状況で最も完全な製品より安価で最も無難な製品を選ぶ折にきわめてよく起こるので、（完全な製品ばかり造ると）多くの利益を工場主から奪うも同然である。」（237~239.；417~420.）

したがって、ベッカリーアは、商工会議所は、最大の売り上げが期待できるやり方で製造し、最大の利益があがるように努力する自由を、どの工場主にも与えねばならないと主張する。

D　「商業基金の助成金」、「銅貨の供給」

ベッカリーアは、「それ（商業基金）は、技術や工場を奨励するために、主権者の恩恵によって作られた生糸関税 dazio della seta greggia の成果にもとづく九〇、〇〇〇リラの年支給金からなり、一七七四年七月二一日の王室公文書で決定された」（243；425）と説明する。しかし、彼は、この収支は、王室会計院 R. Camera dei Conti の所管なので貸借対照状態が説明できないから、年に二・三回は商工会議所に公開すべきだと提言している。さらに、この基金が枯渇したら、適度な利子を要求して、王室会議 R. Camera に継続する年々の負担を負わせるべきだとも言う。

一七七八年の貨幣制度改革以後、庶民に最も流通の便宜のある銅貨が過剰になり、王室金庫に滞留する事態が生じていた。実は、これらの王室金庫の銅貨は、生糸紡績・織布などの国内業者、乾燥地や再耕地の灌漑水路開削にかかわる農業関係者に一・五％の低利で貸与され、一年後には同額の金銀の貴金属貨幣での償還が義務付けられていた。しかし、滞留銅貨の額については、これも王室会計院の管掌事項なので，ベッカリーアは、どういう結果が出たのか掌握できないと言う。

しかも、ベッカリーアは、貸与条件について、国庫・政府監督官の審査なしに銅貨が供給される人もいれば、彼らの承認を得なければならない人もいると言い、そのような不公平を排除するめに、「銀行保険 sicurtà bancarie」(247.；428.) の承認という貸与の客観的条件をつけるべきだと率直な所見を述べる。

E　「度量衡」、「市《いち》 Fiere と市場《いちば》 Mercati」、「鉱山」

ベッカリーアは、まず「度量衡」問題で、従来ミラノ公国では、面積、重量、容積の尺度、すなわち度量衡が、試験、確認、検印といった必要な手続きが、担当行政官 Magistrato 抜きで財政当局の管理に託され、報告者 Relatore への報告義務もなかったと指摘する。したがって、報告者ベッカリーアとしては、「前もって開始され、幸せにも幾つかの地域で終了した全オーストリア・ロンバルディアのきわめて異なった尺度の一元化への全般的変更が完了せずには」(247.；429.) 手が付けられないと言う。

つづいて、ベッカリーアは、「市と市場」では、「主として消費用農産物の集積に役立つ一番便利な場所に設置された」市場と「外国市場ともっと広い関係をもつ」市は、大衆消費用の商品輸送を安全・迅速に行わずには成り立たないと言う。「君主の配慮のすべては、輸送を容易に安全にし、あらゆる種類の濫用や苛政を排除し、控え目な租税を決定することに合致する。」したがって、ベッカリーアによれば、「封建領主 Feudatari の無理難題 angherie や公共経済学の真の原理によって計算されたものではない関税負担」(250.；432.) は、全体的あるいは部分的に排除されて然るべきである。

ベッカリーアは、ミラノ公国にとって特に重要な鉄鉱山に言及し、それには約一〇〇万（リラ?）の債務があると言う。しかも、その原因がヴェーネト共和国の不自然な商品価格の低さ、国内使用のほとんど全部の鉄を供給するベルガモとブレーシャの競合にあると指摘する。

だから、「そのような債務からミラノ公国を解放するには、…我が国の鉱山のあらゆる増産努力を行い、乏しく不完全な労働に活気を与え、改善する以外に救済手段はない。」(251.；433.) ベッカリーアは、「鉱山労働と鉄の他の労働の改善と増加のための最初の命令は、一七八二年一〇月六日付君主の公文書から直接出ている」(252.；434.) と言う。しかし、彼は、「君主の命令の帰結をなしたことは、ここでは仔細に記述できない」、「持続的動きを維持する必要があると言えば足りる」と君主に遠慮して論評を避けている。

しかしながら、ベッカリーアは、この事業で貢献のあった二人の人物を評価することは忘れていない。その二人とは、すでに既出の報告「鉱山と森林」（一七八三年）で炉の改良で言及されていたピーニ Pini 総裁と元巡回検査官 visitatore ベゾッツィ Besozzi である。「前者は、我が国鉱山と鉄の労働を認識・報告し、現存の窯と炉の数、個々の製品のきわめて考慮すべき欠陥を明らかにし、厭《いと》うべき債務から我々を解放するために、どれだけの窯と炉をすでにあるものに付け加えねばならないかを、およそ指摘するためにできるかぎり専念した。後者は、近隣の鉱山のきわめて重大な損害を被った、主として自治体の森林の、結局まったくみすぼらしい四散や略奪にさらされた状態を知るために、きわめてよく専念した。それの存続には、豊富な木材と安価な石炭が不可欠である。」(252.；434.)

F 「獣医学」（略）、「祖国協会」、「食糧管理機構と食料」

ベッカリーアは、この団体の実体を以下のように報告する。「祖国協会は、有益な科学研究を促進し、農業や技術の改善を支援するために、君主の寛容によってつくられ、維持される財団である。それは、自由で自らの行動原則によって運営される団体であり、商業基金にもとづいて年九、〇〇〇リラの支給金を受け取る。政府が、この種の公共施設に行わねばならないその上位の監督は、私の部局（第三部局）に託されていて、この団体の前進に然るべき注意を与える報告者を欠いていない。」（260.; 440.）と。

ベッカリーアは、食糧管理機構annonaには、一）穀物取引、二）パン製造、三）他の食糧規則の三つの主要目的があると指摘し、各個別に検討を加える。

一）「去年（一七八六年）四月二四日に公布された穀物取引の一般規則は、穀物の国内流通を完全に自由化したので、誰もが、義務付けられた規則自体によって、ミラノ公国から輸出される米の各モッジョにつき三六ソルド、他のいかなる穀物も各モッジョにつき二〇ソルドの割合で財政納付金を確保するために、必要と考えられた国境周辺の地域の規定料金以外には、オーストリア・ロンバルディア全域で少しの負担増もなしに、輸送、貯蔵でき、あらゆる穀物を販売できる。しかしながら、さらに、上述の関税支払いに先立って、価格が小麦で三六リラ、他の下級穀物で二四リラを超えないかぎり、特別の許可なしにどんな種類の穀物でもミラノ公国外に輸送することは、誰にでも適法である。」（260-1.; 441.）

二）パン製造は、「コモを除いてロンバルディアの全都市で自由である。」（261.; 442.）ベッカリーアは、コモだけが例外の理由を率直に説明する。コモは、後述する別途報告にあるように、絹糸製造業の日雇い労働者が多数在住する都市である。そこには多数の零細パン屋がひしめいていて、同業者間で安易に馴れ合い、自由競争とパンの品質に見合った価格形成が妨げられがちだからである。したがって、ベッカリーアは、パンの品質、重量で見本を示せる一人か二人の代表になれるパン屋の選出を発議する。

三）この規則とは、パン製造と同様、「古い方法で公定価格meteを決定し、不正行為を罰し、公共の豊富を得つづける個々の自治体議会に託された他の食糧規則である。」いま「薪legna、肉、バター、サラミ、幾つかの場所では、オリーブ油、ワイン、干し草が、公定価格にしたがっている」(263.；444.)とベッカリーアは説明する。

しかし、公定価格は、時期の状態が自治体行政官に命ずる古い自治体規約や多様な注文に応じて、異なった方法と多様な抑制から形成される。こうして各自の視点は、自分の地域の状況に応じた偶然的損害の補償に限られてしまうので、全般的で持続的な混乱を救済することができなくなる。

長い間放置されているこの問題に対して、ベッカリーアは率直に批判する。「食糧のさまざまな役所、それらの手続きの方法の多様性や範囲のすべてを知らなくては、無益な公定価格も廃止されず、現状では必需品も維持できず、たとえ可能であっても単なる同様な規則も定められず、食糧の売り手に押し付けられる明白隠然たる負担増大や大衆を犠牲にする抑制を排除できない。」(263.；444.)と。

G　「狩猟」、「人口」（全文）、「農業」（全文）

「狩猟」

ベッカリーアは、狩猟の現物納入regaliaは、一）国庫収入、二）政治目的の二局面から考えられると言う。

一）ベッカリーアは、狩猟許可証の年成果については、自分は正確に示せる立場にないから、会計検査院Camera de'Contiの収支から明らかにされるべきだ、なぜなら、この項目は、人々の職業にも必需品の消費にも関係なく、娯楽と奢侈の消費であり、王室金庫に無関係ではない成果だからだと言う。

二）ベッカリーアは、政治目的としては、二つの動機から政府の監視に値すると言う。第一に、狩猟許可は、公安と平穏を損なわないために、一定の制限と規定によらねばならない。第二に、狩猟の自由が無制限だと、武装した人々の森林、農村への進入によって、まず、野生動物の絶滅の危険、次に、誤射によって種蒔き期と収穫期の農民に危険が及ぶことが懸念される。さらに、ベッカリーアは、狩猟の時期や方法に一定の規則がないと、喧嘩や暴力沙汰の無尽蔵の基《もと》にもなると指摘している。

ベッカリーアによれば、狩猟の留保条件は、自然を変えることなく維持することにある。だから、「森林所有者には、単にそれを破壊することだけでなく、先立つ許可なく材木にすることも禁じられるのがふつうである。その許可は、理由如何で与えられ、どっちみち国庫手数料を払わされるから、常に破壊のブレーキになる。…。森林保護は、常に国民の関心を引く有益な、直ちに同じでなくても、しばしば所有者の家族自体にも有益な事柄である。」(Vol.IX, 264. ; 445-6.)

ベッカリーアは、規則内の狩猟許可は、森林保護の間接的手段にもなるが、現物納入regaliaをめぐって許可証の濫用が拡がっていると言う。さらに、彼は、違反者に対しては刑罰規定があるものの、実際には、それの適切な適用は難しいと慨嘆する。

「本来、刑事犯罪にではなく単に政治犯罪に、重すぎる刑罰が科せられる場合にはいつも起こるように、一七五［三…Vol.IXの編者注］年のものである現行規則による違反者に対して科せられた刑罰の厳格さ自体が、違反を生む結果になった。違反者全員が、処罰を受けずにいるか、和解で解決されていることに由来する自然的憐憫が抵抗するからである。」(265.；446.)

しかし、ベッカリーアは、「ミラノとマントヴァの会議が、秩序の遵守、違反者に科される控え目な刑罰の不変の要求のために、一般的で同等の規則および監視と強力な手の同等な方法を求めている」(265.；447.) ことに注目し、それに期待を寄せている。

「人口」

「ある国家の人口を知ることは、周知のようにあまりにも興味深い目的である。私（ベッカリーア）が、ここでそれを証明することは骨の折れることだが、もし、今までそうだったように、ある地方の一般的増加か減少、出生数、死亡数、婚姻数以外の何も知られずじまいになるなら、この知識は常に不毛で単なる好奇心の対象に終わるであろう。もしこの知識が、真に有益であるはずなら、衛生と公安の目的にかなった措置を示唆するのにふさわしい結果が出なければならない。したがって、その知識をかなり拡げて、多かれ少なかれ、異なった条件の多くの状態、その年の優勢な病気、他の類似の状況を知らねばならない。

立派な計画が、来《きた》る年のために、この地方の人口の非常に際立った状態を指摘するために、マントヴァの政府監督官に提出された。議会は、ここで提案された困難にもかかわらず、提案されて、正確にそれを実施することに利益もあったもののように、同監督官によってこの地方で実施されたことを是認した。マントヴァの実験は、ロンバルディアの残りの地方にも適用されるものと見なされよう。それは、最も素直な主権者の措置から政治的見解に表現されて、過去になされたものよりも正確に社会の一員の状態を明らかにするために提出された教区の仕事でやれると期待される。これらすべてが、去る一七八六年の復活祭に現存が明かにされた人口表が提出された陛下の玉座に捧げ奉る会議で報告された。」(266.; 447-8.)

「農業」

「去る年に、私の部局（第三部局）で関心をもってざっと調べることができたこと全部を省略しないために、農業にかかわる若干の主題も指摘したい。マントヴァのグァランドリスGualandris教授は、すでに優先してマントヴァ地方の訪問を促されて、まだ完了していないこの訪問の結果の一部をきわめて立派な論考で説明し、マントヴァ農業の条件を改善できる政治的、物理的なすべての問題を説明した。議会は、功労となる主題の熱心な配慮に協力を惜しまず、教訓的な部分で大衆と分かち合え、政治的部分で熟慮するように、当然の意向を与えた。

全権大使閣下の疲れをしらない熱意は、有益でエキゾチックな、だが我が国の気候に根付き、選択し、実験を行い、栽培を奨励するために、この祖国協会に都合のよい処置が与えられる植物を得るために、提供される何か都合のよい理由を利用することを彼に示唆した。

これが、私が王室委員会R. I. Consiglioで陛下へのご奉仕の栄を得た一〇か月で経験し、上位の命令を執行して、単に得られた外観だけでなく、私の非才浅学に応じて、特に自分に関係する問題で得られたそれらも説明しようとした重要事項のすべてである。私の期することが、王室、大衆への奉仕で私を鼓舞した純然たる熱意によって、叶わんことを。そのために、この折に従事しなければならないと考えた問題の多重さのために、日常問題の絶え間ない送付に任せる時間のわずかな切れ端を利用して、もし私のこの報告をさらに引き延ばしたとしても、私はせめて慈悲深い憐憫を期待する。」(267.; 448-9.)

「絹糸製品をめぐって」(一七八七〜一七九〇年)

A 「コモの絹糸労働に関する調査記録」[15](一七八七年一二月一七日)

これに先立ち、ベッカリーアは、問題の所在と解決の方途について一二月四日に、こう報告している。「これの主要目的は、コモ市のほとんど唯一の産業部門をなす絹糸労働の廃業を確認し、一部は絹糸紡績機 filatoi に、一部は、織機 telai に雇用される数千人の生計の資を、完全にではなくても少なくとも一部を準備するために、最もふさわしい手段をうまく組み合わせることにある」(Vol.IX, 854-5.; 482.) と。

ベッカリーアは、実際にコモ市の当該事業の廃業実態を視察して、報告する。「レバント諸国 Levante の戦争発生によってと同じく、絹糸の高価格によって、大部分の工場主に注文が不足しているので、混乱は織布業者 tessitori にも拡がりつつある。コモ製品が取引されるドイツの市《いち》では工場主は後で損をして売る危険を冒してでも布地を織ることを余儀なくされる。このことについては、工場主、スカリーニ・コッサ商会 Scalini Cossa e Compagni の倉庫のように、そのような布地でいっぱいの倉庫をいくつか視察して、自分の目でも確かめた」と。

次に、ベッカリーアは、それに対する救済策もすばやく提言している。「完全にではないが少なくとも部分的な、絹織業労働の破局的挫折を救済するために指摘される手段は三つあった。第一の最も不確かで最も議論の多いのは、シャベル badile の労働（砂利《ジャリ》の掘出し）で、第二のは亜麻布 lino 紡績、第三のは加工絹糸の輸出関税に対する公然となされるべきなにがしかの緩和である。」(855.; 483.) こうして、ベッカリーアは、これら三つの救済策の効果について順次検討していく。

まず、第一の救済策では、ベッカリーアは、シャベルの労働は、織布労働よりも「はるかに骨の折れる普通よりもずっと不快な労働」ではあるが、現状では必要な労働であると指摘する。

「彼らの多くが、この工業の異常な増加によって、最も労苦の多い農業や堕《お》ちた仕事から遠ざかって、最も気楽でもうかる労働に惹かれて、短い間に絹布業に導入された人々であるのと同じく、さらに、飢餓の切実な困窮が彼らにそれを余儀なくしたのだから、私は、これらの大部分が折り合いをつけることになると指摘した。」(855.; 483.)

そのために、ベッカリーアは、コシアCosiaの急流の河口を低くし、ヴォルゴ・ヴィーコVorgo Vicoの多数の貧農を病弱にしている非衛生的な空気を排除するために、牧草地Prato Pasque近郊の湿地帯を干拓するシャベル労働（土木作業）は、何も仕事がない人々に恰好の所得機会を与えると言う。

第二の救済策の亜麻布紡績に関しては、ベッカリーアは、次のように対処している。「亜麻布紡績に関しては、委員会consiglioは、自治体議会の説明を知るだろうし、私は、自治体議会の採決に従うしかない。」「永続的な訓練所ではなく、ただ短期間紡績作業場を手助けする女性を訓育することだけが問題なので、長期間亜麻布紡績に慣らすのではない。議会は、議会と紡績業主間の過去の契約を満たすために、速やかに必要な火と光、亜麻布と工匠を提供しようとするのだから、私は、三年後にはじめて償還される一六、〇〇〇リラではなく、二〇、〇〇〇リラを無償で大衆に提供することと同じく、それを受け入れることに異存はない。」(858.; 486-7.)

第三の救済策の加工絹糸の輸出関税の緩和に関連して、ベッカリーアはこう言っている。「加工絹糸の輸出関税のなにがしかの免除に応ずる議会に同意することは、この便宜によって、外地で紡がせるために、ミラノ公国外に生糸を保持させることが保証されるので、委員会が是認できるように思われる。」「自治体議会は、外国生糸の取得で紡績業者に便宜をはかるために、一年後に大衆から償還される、銅貨で更なる三〇、〇〇〇リラの供与を要求するだろう。」（859.；487.）

さらに、ベッカリーアは、視察にもとづく現地情報を記している。「コモでは、当地の金庫に銅貨がないことに気付かねばならない以上に、そのために二〇、〇〇〇リラの義援金もいくつか別の金庫から得る必要があろう。／私の委託の主目的をめぐって確認できたのは、まさにこのことである。今短時日で私がすることを許された別の観察に移ろう。私は、政府監督局Intendenza politica、地方議会、商工会議所、サン・マルティーノSan Martino同様、チェルノッビオCernobbioにあるグアイタGuaita羊毛加工場その他、この市にある主要な絹糸作業場を視察した。／政府監督局に関しては、短時日で認識しなければならない最重要目的と緊急性の高い目的を考慮して、速やかに確認できた限りでは、私は、官吏の精勤、良好な書類整理、整然たる組織に則る登記簿、それらの間のこの上ない調和を見出した。したがって、政府監督局は尊重され望ましいと言えるように思われる。」（859.；488.）

B　「絹糸取引」[16]**（S.版では「絹糸輸出と密輸」）（一七八七年一二月三一日）**

ベッカリーアは、一七八七年一一月一九日付の書記官長Gran Cancelliereカウニッツの宣言、すなわち、「生糸seta greggiaが、ミラノ公国で加工されるか、ドイツの製造業者に売られることが原因で犯される多発する密輸と脱税をやめさせる唯一の手段、最も安全な唯一の手段は、明らかに、ロンバルディア諸地方が、諸外国に向かって関税立法の諸原理でドイツのこれらに一致させ、この原理にしたがって、別の場合には、陛下は、自己の他の諸国を保護するために、ミラノ製品を外国商品と同等に禁止することが必要とされたので、ミラノ政府が直面しうる困難と実施されうる条項に気付くように厳命することである」（912.；502.）を受けて、絹糸の密輸問題に関する意見を具申する。

まず、ベッカリーアは、ロンバルディア地方の北イタリアでの位置を確認し、それにもとづいてあり得る密輸や不正取引の構図を描いている。「ロンバルディアは、長く曲がりくねった国境で産業諸国民によって、及び自国産業の産物自体にも取り囲まれている、その広大な境界線に比例した地域で限られた地方であることが影響を受ける。たとえ一五か二〇％ではなく、六〇％の支払いに不正がある時、必ずだんぜん多く行われる密輸が阻止できても、それでも、単に国産品に対する偏見をますます助長する禁止自体ばかりでなく、その場所で買える最高品質と低価格によってても評価の高い製品を調達するために、国産品が、近隣諸都市、サルデーニャ、ピアチェンツァ、ヴェーネト、スイスの郊外地区に混乱して運ばれないことしか阻止できまい。

／なぜなら、絶対的禁止は、外国商品を取引から完全に排除するので、競争の限られた国内業者は、自国製品の改善に対する動機をいっそう弱め、コストを大してかけないですむ劣悪商品の販売で十分稼げるからであり、少なくとも利益が六〇％ある外国製品との競争がないから、国産品の販売での意義が確実に大きくなるからである。

／したがって、グラヴェッローネ、ピアチェンツァ、ベルガモ、ルガノ、キアヴェンナ、キアッソ、イントラ、アローナに、外国商品の多数の倉庫が建設され、我が国の多くの倉庫は、むこうに恰好をつけに行き、別の場所にたやすく禁制品が持ち込まれることが、多くの理由から予測される。」(913-4. ; 504.)

これらの実情を踏まえて、ベッカリーアは、採るべき行政措置を確認、強調する。「財務監督局 Intendenza delle Finanze は、同じ目的に促迫されて、国境のもっと厳しい監視からであれ、圧倒的に密輸による王室財政への歳入の目に見える減少からであれ、発生する多大な出費と損失が適切に検討される示唆と資料を得るだろう。国境の監視だけでは十分ではないだろう。その上、外国商品を締め出すには、最も用意周到な精勤をもってこれら商人の目に明らかな倉庫を絶えず捜索し、禁止法を潜り抜けるために無数に作られる隠し場所を捜査するために、厳しい尋問を導入することが必要であろう。」(914.；504-5.)

C 「コモでの失業」[17](S.版では「コモの織布工の失業と緩和策」)(一七八七―八年)

ベッカリーアは、一七八七年一〇月一五日付の報告で、コモ市の政府監督官の見解に依拠して、当市の絹糸紡績業で働く約一、二〇〇人が、生糸の新たな収穫まで職なしでいなければならない恐れがあると指摘し、早急にコモ市の実情に見合った具体的な失業対策を提案するに至っている。

「しかし、彼(政府監督官)は、それらの損害を明らかにしても、救済策は示唆しようとせず、似た状況で協力が不可欠のように思われる自治団体にも、損害を減らせなくても、少なくとも有益な情報や教示が引き出せたはずの商工会議所にも意見を聞いたようにはみえない。

混乱は、特にコモ市に限らず、絹糸紡績工のいるミラノ公国全般で、彼らで満ちている高地ミラノ全体で起きており、同じ職業不足が確認されるし、きわめて多数の人々から木綿紡績で当面の稼ぎをしつこく頼まれたクラメルCramerという恰好の証人がいる。明らかに、これら全員ができる限りの配慮に値し、政府はすでに、外国産の生糸作業導入の便宜供与の同意という救済に敏感でないだけ一般的な損害補償の措置を講じた。

／しかし、これらの措置は、農村に点々とし希薄なので、さらに救済や補償事業を講じることが必要とされる。一部は農業労働でも生計を立てているので、博愛によってでなくても、少なくとも、地主の利害によってすら救済や援助を得られる。しかし、慣れた仕事がないだけの多数の人々は、一都市に凝縮されれば、無為や極貧から起こる混乱すべての致命的原因になるかもしれない。慈善的救済soccorsi elemosinieriは、広範囲の必要に足りないのみならず、コモの監督官自身が示すように、労働の補償か肉体的不能者以外には致命的になる。

したがって、これらの職なし労働者をできるだけ多く何か生計の資を稼げる職に就けてやる代わりの仕事を考えねばならない。自己負担の状況で慈善基金le Pie Fondazioniが与えるそれらの援助を削減せずに、家庭の父親が家族にし、地主が小作人にするように、公然の状況で罪のない貧窮を支援することを大衆に協力させねばならないので、真っ先に考えられるこの必要措置は、自治体の団体が講じねばならないように思われる。」(754-5.；520.)

「コモ市は、この災難をできるだけ救済しようと自力で協力しなかったと考えない割には、絹糸労働から利益を引き出しすぎる。したがって、王室政府監督官は、それと示し合わせ、働き口をさがして、多数の人々を絹糸の収集(の時期)まで支えられることを提案するために、自治体の団体をかき集めることが不可欠であるように思われる。／これらの補償労働の一つは、全般的悪天候で品質に被害を被ったとはいえ、今年多量にある国内産の亜麻布紡績になるかもしれない。コモの大衆がクレモナ人に用意させ、各個の紡績頭《がしら》capi-filatoriに配分させる無数の亜麻布の負担は、前払いの大した資本ではなく、多数の人手、主に、紡績労働の中断による職なし女を雇用できよう。」(755-6.；521.)

第三章　王室政府委員会「第二部局」の報告

ベッカリーアは、一七八九年一〇月二九日王室政府委員会第二部局に配置転換され、この部署で九四年一一月二八日の死に至るまで、治安維持、刑法改革の諸問題と終生の課題とされた食糧安定供給問題をはじめ、なお多方面の問題の調査報告書作成に精勤することになる。

「コモへのミッション」（S・版では「コモ紡績工の反乱」[18]）（一七九〇年九月一七日）

ベッカリーアは、一七九〇年に起こったコモの紡績工の暴動sollevazioneについて現地調査と対策の結果を報告している。これは、前出の一七八八年の報告にある「失業問題」が尾を引いた結果であることは容易に推測できる。暴動の調査のために、（九月＝EN.）一一日朝ベッカリーアは、上司の命令に従いすみやかにコモに赴いて、管轄区域Intendenzaの担当者と現地で警戒の任に当たるボッシ陸軍少佐maggiore Bossiに会い、実情調査に乗り出し対策を講じている。このドキュメンタリー・タッチの報告からは、ベッカリーアが、現地で失業に起因すると考えられる問題をどのように直視し、いかに真摯にその解決に当たろうとしていたかが彷彿としてくる。

「私は、これら市民・軍守備隊やパトロールによって維持される秩序を聞かされ、以下の情報も得た。一）サーレSaleとカステッロCastelloの二つの門、およびポルト・デル・ラーゴPorto del Lagoは軍守備隊によって、主要地区やミラノに達する主要門である塔門La porta Torreは、常に一二人の市民及び隊長としての騎士cavaliereによって武器を与えられ命令される貴族からなる民間警備隊corpo civicoによって守備されている。二）その夜、コモ市内では、軍守備隊militareによってコモ湖、サーレ門、カステッロ門の地区で、民間警備隊la miliziaによって塔門地区で、別々にパトロールが実施された。

／さらに、民間警備隊が、二晩か三晩に一回、郊外地区でも合間に使われた。そこにはかなり住民がいて、紡績工の大部分が宿泊しているので、連携や襲撃を容易に隠せた。私（ベッカリーア）が、軍守備隊が郊外地区で民間警備隊milizia civicaと交互にこれらのパトロールを実施する必要はないかボッシ少佐に聞くと、彼は、そうしない理由を次のように答えた。

／すなわち、登録者はこの臨時警備隊には約一〇〇人いて、一二人の八班に分けられ、重大な支障なしには、市民は八日に一日しか役目を果たせない。そうだとしても、軍隊la truppaが郊外地区をパトロールすることは得策ではない。第一に、国境近辺への脱走の恐れが大きくなりすぎるし、第二に、兵隊たちは件の連中を知らないのに対して、市民連は連中の間できわめてよく知られているから、軍守備隊よりも民間警備隊の方がずっと効果的で有益なのだ」(Vol. XII, 532-3. ; 682-3.）と。

この回答に対して、ベッカリーアは完全に同意している。「これらの熟慮は妥当のように思われ、もはや手順を変える別の理由を差し挟もうとは思わなかった。私自身が調べ、無欲な人物として公正さが疑われなかった人々全員から明言されたし、確かに、何がしかの平静と平穏を維持するのに貢献している軍事、民事の二重の指揮権をもったかなり熱意あるzelante（S.版ではgalante「粋な」）騎士がかんでいるからである。」(533. ; 683.)

翌一二日、都市代表ジョヴィオG. B. Giovio伯とルチアーニ・パッサラックアLucini Passalacqua伯が参加して、更なる対策会議が開かれた。ベッカリーアは、この会議で自分の主張を報告している。

「この会議で、私（ベッカリーア）は、先立つ上からの布告の精神から離れずに示された熱意と勇気に対して、パトロールと市民による監視の中断より、むしろ継続を支持する指令自体の予想される中止を知らせようとあおる政府監督官に派遣された急使(i)staffettaに対して、委員会と宮廷が、好感を受けたことの確認からはじめ、実際のところ、平穏の回復と騒乱の際に派遣された兵隊の増加を配慮すれば、騎士と市民に監視に課せられた警備とパトロールの厄介を続けさせることが必要だと考えたかどうかを会議に問いただした。」(534. ; 684-5.)

「／この質問は、まったくタイミングがよく必要であったことが満場一致で認められた。すなわち、平穏は戻ったものの、かなり頑健で積極的な無為の紡績工が多数いることを考えると、軍守備隊と交代して、大して消耗せず公共の不安をさらに取り除いている市民による監視が解除されれば、新たな厄介ごとが起こらないとは保障できない。貴族や富裕市民が召使を連れて田舎に赴く時が近づけば、ミラノでと同じくコモ人が家屋の守りに雇い人を確保しなければなおのこと、これらの家屋は、窃盗や襲撃にさらされるままになっただろう。さらに、田舎でもコモの近くでも、歩行者や馬丁だけにだが何らかの襲撃が起こったので、これらの襲撃者が紡績工でなかったとしても、彼らが真似して何らかの企みに徒党を組んだり、そそのかされたりすることほど容易《たやす》いことはない。」(534-5. ; 685.)

「／私が、被疑者や武器帯び現行犯などの逮捕にどんな方法があるか問いただすと、逮捕者は守備隊に監視され、過去の騒乱の首謀者や煽動者と考えられれば、後に政府監督官か下級判事Pretoreに引き渡されたことが、すべてボッシ伯殿に報告されたという回答が得られた。

／短時日に、七人の紡績工がとある居酒屋un'osteriaで逮捕され、三日間拘留された後釈放されたことに気を悪くした政府監督官に前もって警告されたので、私は、おそらくこの逮捕は、八月五日の警告の効力で執行され、監督官から公表されたのだろうと会議に説明した。それによると、紡績工は、昼でも夜でも三人以上集まっているのが分かれば、投獄されると警告された。

／私は、それがなされた時間と機会を考慮すると、上述の警告は先見の明があったが、おそらく平穏が戻って、確かに厳密に観察すれば、さらに異常な折には有益なそれらの異常な救済策は、良識 l'equilibrio が戻れば有害になるように、混乱した脳には彼らが恐ろしいと考える口実を与えるのみならず、もし紡績工全員が過去の騒乱の犯人ではないとすれば、偶然三人以上集まっているのを見つけることほど容易《たやす》いことはなく、不適切で憎むべき多くの逮捕を引き起こす恐れがあるから、徐々にそれを終わらせられないかどうかが問題にされるべきであったろうと述べた。

／しかし、ボッシ伯によって支持されたように、それでも主に、無為の紡績工が、過去の騒乱が残した唯一の痕跡であるくずれた不満足な様子で、時おり路上に相変わらず物乞いに何人か集まり続けたなら、件の警告による命令を厳格に維持することが、しばしかなり有益である得るかもしれないが、私は、状況に従がって自分の気持ちを抑えて、会議にできる限りの深慮といたわりを推奨する他《ほか》ないと述べた。これは、王室下級判事と政府監督官から称賛された。

他の不都合についても語られた。これについては監督官が私より先に言った。市民警備隊の若い三人の騎兵の間で待遇 trattamenti、接待 rinfreschi、晩餐 cene、演芸会 accademie（いわゆるバッセッタ bassetta という（カード）遊び）に至るまで競演が生まれた。だから、厳格な軍人思想がドンちゃん騒ぎと娯楽に変わってしまった。このことは、若干の資産家にはほとんど取るに足らない出費であったとしても、貧しい多くの人々にとっては負担になるし、物乞いする紡績工の貧窮と彼らに対する防衛で武装した市民の贅沢の憎らしくイライラする対照となるにちがいなかった。

／しかし、タイミングよくボッシ伯の慎重さが、似たような待遇を阻んで模範を先取りして、その上の息子に上述の警備隊に就任する順番が来たら止めさせて、万事にも対策を講じた。」(535-7.; 686-7.)

さらに、ベッカリーアは、騒乱に参加した紡績工の員数の確認と実態調査による具体的処置の基準設定を報告している。「すぐ後に、私が、仕事のある紡績工は何人だったか訊くと、監督官は約六〇〇人だったと言った。…。仕事のない紡績工は何人だったか訊くと、彼は少なくとも二五〇人だと答えた。それは、二〇〇人を数えただけの総会によって引用された代表に説明された数を上回る人数である。これらの表が全部揃っているかどうか、私は付け加えた。完成しつつあると彼（監督官）は答えた。

／私は、よくできた表は以下の全対策の基準になると考えるから、件の表が完成されれば、三分類できると考えていることを監督官に力説した。一）現在労働している紡績工。もし彼らが、仕事があるにもかかわらず、しつこい物乞いとか援助金や徒党を助長することで厄介をかけるなら、他の者よりも厳しい罰に値しよう。二）臨時紡績工。彼らの多数は、年中仕事があるわけではなく、別の仕事に就き、渡し舟の船頭barcaruoloをやったり、最も甘美な都会の放蕩生活のために、農村から逃れる。三）すでに少しは絹糸製造場serificioで経験を積み、自分と家族が別の生計手段を持たない人々は、特別の対策と同情に値する。」(538-9. ; 690.)

こうして、ベッカリーアは、失業紡績工の救済と騒乱の事後処置への提言に移る。「そのような表が、直ちに救済者数をかなり減らしたのは明らかだ。さもなければ、救済は常に不確実であるどころか危険だろう。彼（監督官）は、こうした見立てで処置していると答え、私は、彼らがその線で対処することは正しいと考えたい。おそらく、そのような表は、敢えて会議に指摘する対策の基礎に役立つだろう。

／コモの製造業者の全傾向は、コモで全員が共謀することを私がどう考えるかの便《よすが》でもあるが、国庫から慰労金や無償援助金を得ることにある。彼らは、その援助金で、ミラノ公国の他の製造業者よりも有利に製造することで、むしろ低価格・多利益で製造し、紡績工頭をイライラさせ続け、損を取り戻すために、さらに、ひどく不正に働かざるを得なくさせて、二重の利益を得るのである。」(539. ; 690-1.)

ベッカリーアは、コモの製造業者の救済は必要だが、失業の苦難に便乗した彼らの抜け目ない思惑を警戒するように示唆し、その対案を講ずることも忘れない。

「(一) 製造業者へのこれらの要求の何にも同意せず、六戸か八戸の主要製造業者に依存せざるをえず、他の職業に就ける人々を排除して、彼らの間で競争するこれらの労働者の余剰員数を間接的に減らすことに断固加担しないこと。(二) さらに、絹糸製造場 serificio でしか生きる手段を持たず、コモの地場労働に就いていない他の人々は、すでに家族から遠く移されるのではなく、これらさまざまの誠実なミラノの製造業者の代わりにコモで働かされれば、勤労意欲を掻きたてられるかもしれない。

／この方策(三分類表)は、もし議会と主にこの部門を託された第三部局の熱意によって、更なる奨励の力を借りてうまく運んだなら、これらの交渉者 negozianti をうまく激励できたし、コモの思惑の裏をかき、会議とあまりに頻繁なコモの不安への救済のために、常に処理を急がねばならない商業基金を自由にすることで、それに値する紡績工に職を与えるという利益があるだろうし、おそらく、サリエ saglie、純スパンコール lustrini、モヘア(波紋織) amoerri、繻子《しゅす》 rasi の加工の導入によって、注文の行詰りを緩和する以上の労働の多様さと長所の模範をコモに導入できるだろう。」(539-40. ; 691-2.)

「民法、刑法制度改正委員会」報告

A 「警察について」[19](一七九〇年)、B 「犯罪と刑罰に関する一般法規」[20](一七九一年)、C 「ピッツィゲットーネ Pizzighettone の終身刑刑務所」[21](一七八九年一二月二八日)、D 「受刑者の待遇改善」[22](一七九一年九月一四日)

政府委員会第二部局は国内治安を司る部署である。『犯罪と刑罰』（一七六四）の刑法研究者ベッカリーアは、自己の刑法知識を存分に駆使して公安に関する有益な報告書の作成に努力した。以下、その主たる報告を順次検討する。

A 「警察について」（一七九〇年）

「ミラノ統治法令、地方制定法、勅令 Ordini Sovrani が市民社会の福祉を準備しないことは認めざるを得ないが、新たな警察規則によってはこの準備と重要な目的は容易には得られず、多くの部分で警察署のための教育は、旧法や過去の規則から準備されたほどの公共の福祉を準備しないことも等しく認めざるを得ない。抗《あらが》いがたい証拠を警察署のための一般教育が与える。」（S.697.）

見られるように、ベッカリーアは、警察署の任務は、それ自体では公共の福祉 bene pubblico の実現を準備しないものだと言っている。その上で、彼は、以下四部構成で警察の実際の役割評価とあるべき姿を、過去の実態とつき合わせながら綿密に整理している。

Ⅰ 「宗教のうわべの信仰も含んだ良俗目的のためには、市民の平穏と衛生に関する目的はもちろん、前者の懸念 pensiero は、矯正、抑制あるいは予防の必要が生じた場合には、近衛兵 Regi や市役所 Civici Dicasteri の支援で、聖職者に任され、次に、後者の懸念は、各地方にある衛生局、貯蔵所 uffici di Sanità e di Provvisione や司法担当者 Giusdicenti にまかされて、過去にも対策が講じられた。

しかしながら、過去に警察署の設立後に起こったよりもひどい無秩序、特に殺人、窃盗が、主にミラノ市で起こらなかったと実は誰も断言できまい。このことは明らかに、以下で述べるように、実践される諸手段、それらを未然に防ぐ警察自体の監視によって、さらに、過去に、適切な手段を欠くために必要な正確さをもって実践されさえしなかった監視によって、反復されねばならない。それらは今日、それを組織する多人数の個人によってであれ、それを支援する警備隊によってであれ、前述の役所が実施したのだ。鬱《うつ》傾向の若者の悪徳や放蕩の温床である安酒場がついに廃止されたにせよ、警備隊guardia(e)は過去の制度にはなかったのだ。

氏名、年齢、出身地、生活状態、職業、素行《そこう》が正確に分かるミラノ市に在住する全員の人名簿について、今日警察署で有効な慣例が以前には導入されていなかった。犯罪予防に指定される者のためには、この作業から出てくる利益は比類がない。…。

都市の門扉にも、ミラノ市に出入りする外国人を知るために、今日警察の警備隊がしているように、過去には監視する人がいなかった。」(697-8.)

「過去に警察を統括していた司法長官Il Capitano di Giustiziaは、一人の代行Vicarioと三人の補佐役Assesoriに補佐されていた。多数の重大な犯罪原因に気を散らされるので、ミラノ市の六つの管区で起こった日々のささいな厄介ごとを機敏・正確に予防できず、父・息子間、夫婦間という私的な家族の、市民間の、都市間の最悪の弊害を阻止する速やかな処置もできなかった。

／このことは、今日では、ミラノの六管区に配置された分署長commissariの仕事によって、成功裏に大衆の満足を得て達成されている。…。各管区への分署長各一人の配置の効用はすぐ判明する。そのお陰で、騒動、喧嘩を鎮め、火事を消し、各管区を脅かす破壊を修復するために、警備隊に護衛されてすぐ駆けつけられるからである。

過去の制度では、特に少数の窃盗、喧嘩ざた、傷害、殺人に由来せざるをない夜間パトロールは、当時は何かの無秩序が起こると不規則に特別に行われていたので、今日のように普通のことではなく中断もなかった。

／現在では、一人の分署長が八人の警備員を連れて、怪しげな人物を萎縮させ厄介ごとを止めさせるために、道路、公共ホテル、疑わしい場所を毎晩巡回する。別の警備隊は、窃盗、他の無秩序を阻止するために、ミラノ市全部に分かれて巡回するのが常である。ミラノ市のように広く人口も多い市には、上述の警備隊はきわめて少人数だったので、もっと多人数だったなら、確かに前述の精勤の結果はもっと大きかったろう。ミラノ市は、控え目な支払いだけですむライセンスの便宜によって、まったく十分すぎる数のホテル、大衆に快適な居酒屋osterie、飲食店trattorieが釣合う。実のところ警備隊の人数が少ないと、ノラクラのウツ傾向の市民が出入りするような公共の場所に対する必要な精勤による監視の手不足のために、さらに快適さを拡げられないだろう。」(699-700.)

Ⅱ「ミラノ警察署長direttore di Poliziaは裁判所の検閲に従わなくても、自分の指令自体の権威が規定され限定されているので、あらゆる事件で自分の手続きが監督される全権大使や政府会議に直接従う。それらの指令は、公安と世間の平穏のために必要なだけ下令され、当然のこととして恣意的でもなく、警察分署長も明白な全員になされる指令で動くのだから、彼らに託された職務の執行だと言える。

／もし誤った熱意のために彼らの側で時おり一線を越えても、状況に見合った任務の免責によっても、全権大使や政府会議は違反を公正な限界内に収めることを怠らなかった。時おり警備隊だけで行うが、決して五人以下では行わない主としてワイン商の地下貯蔵庫cantinaへの強制捜査に関しては、監視規則への違反は、この多数の社会階層の人々の不満をかきたてるので、目下同じ官職の配置によって、つねに一人の監督分署長が警備隊と一緒に行動する。このことは、あるいは命令違反者、あるいは何か別の犯罪団体を発見するためにふつうに行われる他の強制捜査にも起こる。さらにこのことは、少なくとも事実に立脚した嫌疑が生じなければ決して着手されない。したがって、警察署自体の不評によって、現行制度で恣意的な強制捜査、不当な苛政にさらされたと考えたがる市民のあからさまな苦情は根拠がないと推論される。」(701-2.)

Ⅲ「さらに、たとえなお政治犯罪・刑事犯罪間の形式的分類が倣われていなくても、すでに気付かれたように、確認される恣意的決定には決して倣っていない。すなわち、司法長官le podestà giudiziarieと執政長官le politicheの間には、公共の福祉と主権者の良質なサーヴィスのために必要で良好な調和がいつも見られ、彼らは、いつも固有の司法と政治の境界を神妙に遵守し、互いに彼らの関連問題の審理を同一人に戻す当然の任務をいつも遂行した。権限自体の責任におけるあらわな混乱は生じなかったし、陳述された理由からであれ、主にミラノ警察署が扱われているので、同一人を雇用する狙いがあったためであれ、警察署の役割によって起こることはないように思われる。」(702-3.)

Ⅳ「ここまで述べたことから、政府代表deputati dei Publbliciの推定は証明されないことが承認されねばならない。彼らは、警察署の組織も教育も同所によるやり方で守られる方法も知らされず、さらに切望されねばならない事実、警察署自体が明らかに大衆に有益だという事実もあまり知らされなかったと説明した。それは、犯罪が分類され、宮廷l'Imperial Corteに周知のように、類似の役所の制度を大衆にますます有益にするために、個々の委員会によってまさに熟議されているそれらの更なる対策が組織される時には、ますます認識される有効性である。」(703-4.)

B 「犯罪と刑罰に関する一般法規Codice generale」(S.版では一七九一年と表記してあるが、EN.では「一七八七年六月」付となっている。)

ベッカリーアは、一七九一年に「犯罪と刑罰に関する一般法規をめぐる小考察　政治犯罪に関して」という報告書を提出している。

これは、若き日に『犯罪と刑罰』の出版で名声を得たベッカリーアが、ミラノ公国政府委員として、三種類の犯罪に対する刑罰をまさに実地に執行するための基準を示すものである。

「政治犯罪を扱う(「一般法規」)第二部第一節で、私(ベッカリーア)は、現行個別基本法に従って取り扱われた諸法の他のすべての違反は、これらが政治の等級に数えられるとか、数えられねばならないようには思えないので、法規自体に列挙されたようにだけ考察されていることを知った。さて、現行個別基本法は、非常に多く、多様で、困惑させるものであり、これらによって命じられた刑罰はほとんど全部罰金刑だから、そのような決定が、賭博禁止問題だけを除けば、政治罰にすべて罰金刑を命じる第一〇節と安易に結びつくようには見えない。

したがって、犯罪には三つの等級があると言わねばならない。長期の厳しい刑期を伴う**刑事犯罪**Delitti criminali、少なくとも短期の刑期を伴う**政治犯罪**Delitti politici、罰金刑を伴う**憲法違反**Delitti costituzionaliである。このことに関して、私は、第一に、罰金だけのこれら第三種犯罪の大部分は、すでに政治犯罪の等級で数えられ特定されているので、第一節に付された留保条件は無効であると考える。第二に、この種の多くの犯罪があると、政治犯罪の中に数えられず、法規自体の前段に付された国王宣言Reale Proclamaによって定められた目的、すなわち、この純粋に臨時的な印象にならないように、刑事・政治犯罪間の適切な境界を決定するために、罰則の正義にあらゆる恣意を遠ざける正確な方向性を与える目的を欠くように思われる。

私には、犯罪と犯罪の間は区別されねばならず、刑事犯罪は、罰がなく抑制されなければ、社会的きずなを直接破壊するような性質のものと理解されねばならないし、政治犯罪には、社会を欠陥のあるものにして、間接的にのみ破壊する違反か罪と理解されねばならないと思われる。

こう区別すると、私は、刑事・政治双方の刑罰立法が規定されねばならないかなり異なった原則を認識する。なぜなら、たとえ二種の犯罪で双方とも尊重されねばならなくても、刑事犯罪では、個人の矯正以上の見せしめが目標にされねばならず、逆に、政治犯罪では、むしろ見せしめより主として矯正が目標にされねばならないからである。[23]

政治犯罪は、真の犯罪よりむしろ過失、違反だから、人が本当に社会的不名誉に値し、他人の見せしめにしかならない犯罪者やごろつきになる準備をする行為として考えられねばならない。したがって、政治犯罪は、罰則が保護しようとする市民を矯正し引き止めておくために最も有効であり、見せしめの必要のために失われてはならない手段によって、罰せられねばならない。」(S.705~7.)

「これと首尾一貫して、刑事種類はむしろ目に見えて永続的に、一時的ではなく持続的な恐怖を引き起こす見せしめに役立たねばならないから、死刑はまったく禁止され、犯罪に応じて、長期の恐ろしい刑罰に代えられる方がよい。…。

社会の破壊に向かう刑事犯罪は、それらを特徴付ければ、実定法leggi positiveの必要がないようなものである。なぜなら、刑事犯罪は、自然法や人権で特徴付けられ、野蛮か未開のではなく全文明国民で、あらゆる気候、あらゆる時代、あらゆる政府形態でおおよそ等しく認識され嫌悪されるようなものだからである。

／逆に、社会の体面は傷つけるが、破壊はしない政治犯罪は、時代、気候、政府形態、ようするに、ある国民の状況によって違ったものになるし、そうでなければならない実定法によって主に性格付けられる。もし刑事犯罪では、ほとんど克服できない世論がおおよそ同じでも、政治犯罪では、社会のまったくの多様性によって多様でなければならないし、この世論にもとづいて、主権者は、真に直接のではなく、適法手段で間接にobbliquaのみ影響力をもつ。」

(EN.Vol.IX, 479-80. ; S.707-8.)

「政治犯罪と刑事犯罪で異なった規範を考えねばならないことを、法規の第一・二部の各二節が私に明白に指摘する。ある者に刑事犯罪を負わせるには〈有害な意図と自由意志〉が前提される。政治犯罪を負わせるには〈自由意志から派生する有害な行動〉が前提される。したがって、悪意maliziaと損害dannoは、法規によれば、前者に刑事犯罪、後者に政治犯罪を帰するための二つの本質的な差異である。

政治犯罪を刑事犯罪と区別するための注目すべき他の特徴を、私は第四節に見出す。そこでは、唯一の加害準備行為は政治犯罪の告訴を認めないと言われている。逆に、刑事犯罪では、唯一の加害準備行為は九節で刑事犯罪を認める。

事実、私の原則によれば、社会を破壊しようとする加害準備行為は、見せしめで罰しないことは危険すぎる。矯正や見せしめでその行為を罰すれば足りる政治犯罪ではそうではない。同様に、もし加害準備行為が罰せられるはずでも、違反の頻発で救済策は損害より劣るだろう。

「目下、政治犯罪では、人間の資質が、刑罰を釣り合わせることで最も評価されねばならない本質的与件である。人間の弱さ、熱情の力、他の多くの肉体的・精神的動機が人間を政治犯罪に駆り立てるので、法規に記載されたそれを犯すか犯そうとしているきわめて多数に比べれば、刑事犯罪を準備している人間は少数である。かくて、晒し台、身体を拘束する投獄、棒たたきのケースは余りにも頻繁になり、これらのケースの頻発は、国民を矯正する代わりに、もっと悪くするだけである。」(480. ; 708.)

「不名誉infamiaが、刑罰からではなく過失から生まれ、結局本性上、世論で面目を失わせる過失に晒し刑pene infamantiが必要で、面目を失わせない別の過失には不必要な原則であることは周知である。大部分の政治犯罪はそんなものである。政治犯罪は、悪意maliziaではなく、自由意志に付随する純粋な損害を仮定するなら、結局、たとえ幾つかの政治犯罪が犯罪者に何かわずかな不名誉を生み出すとしても、政治的刑罰の目的がその人物を矯正しもっと悪質な犯罪を押しとどめることにあるのが妥当だとすれば、不名誉な過失の中には考えられないし、考えてはならない。」(482. ; 710.)

次にベッカリーアは、身分による刑罰の差別を無効とし、同じ犯罪に同じ刑罰を科しても有象無象よりも貴族の方がダメージは大きいとする。

「私は、大抵ひどい悪意や極悪非道を仮定し、結局ひどい不名誉を引き起こす刑事犯罪で、貴族nobiliが庶民plebeiと同等の刑罰に等しく従うことに大きな不都合を見出さない。地位の高い人物が自ら類似の罪を犯せば品位を落とすし、結局、たとえ死刑に代わる身体を拘束された持続的刑罰は、必然的に不名誉が派生する犯罪者の無実の家族にさらに長く目に立つような影響を与えるのが本当だとしても、不名誉な刑罰であろう。さらに、その人々は、生活条件が高まるに応じて、社会の最高の利益に参加しているから、庶民と同じ刑事上の罪を犯せば、いっそう重い刑事犯罪になる。すなわち、同じ刑罰が科されても、実際には、貴族にはいっそうひどい悪意が仮定されるので、刑罰はその本質上犯罪に釣り合うから、正しくもいっそう重い刑罰が科されるのである。」(482-3.; 710-1.)

「しかし、悪意を仮定せず自由意志の赴くままにし、直接社会の破壊に向かわず、自然権も侵害せず、純粋な過失であり故意doliではない、ローマ法Gius Romanoの用語法で語れば、〈犯罪〉*Maleficia*ではなく〈犯罪的〉*quasi Maleficia*である政治犯罪では、人間の生活条件にきわめて重大な配慮がなされねばならない。なぜなら、荷物運搬人を矯正できる棒bastoneは、貴族、正直な商人、いかなる市民であっても評判を落とし謙《へりくだ》らせ、彼らの家族全員を最も痛ましい不名誉に連座させるからである。刑罰はもう犯罪に釣り合わず、もし刑罰の損害が過失の損害と比較にならないとすれば、ずっと重い。

政治犯罪に過度に身体拘束的で不名誉な刑罰を科すことから生ずる他の重大な支障は、そのような罰則の公表で市民に広まる恐怖terroreと悲嘆costernazioneである。大部分の人間は、重大な刑事犯罪を引き起こそうと思っていないし、刑事裁判の規定が無実の者にあらゆる援助を与えて、自己弁護の方法はかなり容易だから、告訴されて名誉を傷つけられると思うほどには安易に恐れもしない。

／しかし、政治犯罪ではそうではない。それを犯人のせいにするためには随意の損害で足りる政治犯罪を引き起こせる場合と状況が多ければ多いほど、ますます頻繁にそれを犯すことが容易だと誰もが思い違いする。多くの腐敗した社会できっと引き起こされるそのような犯罪が多すぎることが、裁判の簡略と訴訟での迅速さ speditezza を必要にする。さもないと、罰を免れることになろうし、罰則の目的が損なわれてしまう。」(483.; 711.)

長年の持論にもとづくこのような予備的考察を行ったうえで、ベッカリーアは、政治犯罪に対する厳しすぎる身体拘束的で侮辱的な刑罰に反対する二つの論拠を展開する。

「第一は、多くの貴族や市民の家族は、諸外国に堂々たる不動産を所有していて、それらの多くが、世襲財産の主な部分である。しかし、彼らは、祖国愛、尊厳なる支配王家への真の愛着、血族や結ばれた習慣によって、ミラノ公国に暮らしている。しかし、根拠薄弱でも、あまりに安易に上述の刑罰を受ける憂き目に会う恐れが彼らの感情を満たすと、これらの絆が全部解消されるかもしれない。損害は計り知れないだろうが、政治刑罰でと刑事刑罰の若干で何らかの緩和が行われれば、避けられるだろう。」(484.; 712.)

第二の考察は、政治刑罰に数え上げられた不名誉刑にかかわる。ミラノ公国の多くの隣接諸国との血縁、姻族、あらゆる種類の身分関係は、これらの関係の下で不名誉刑の致命的結果を十分評価するにはあまりに広すぎる。主権者は、広大な国民に命令するなら、臣民の意見に対して法的手段で一定程度まで影響力を行使できる。

／目下、ミラノ公国の状況は、大君主国に従う栄光に浴していて、ドイツ、ボヘミア、ハンガリーの広大な領土に対してもおおかた適用できるようなものであり、外国国民によって各地方で境界を印されているので、我が国には好都合かもしれない。彼らは、我が国と結ぶ多くの広い関係によって、大君主国の一般法が、一般法規のややこしさの中に申し出られたはるかに多くの財産の損失を生む危険なしには、安易に適用できないように、世論の結果を決定する。」(484-5.; 712-3.)

「これまで述べてきたことすべてから、私には、犯罪と政治刑罰を法規で求められたものよりせまい限度に収めることが適当であるように思われる。犯罪に関して、私は、どんな種類の不正、暴力、正式の狡猾な悪事への誘惑にも引き込まず、ほんの気まぐれ、過度な空想、合法の命令権をもつ人へのうわべの反抗的態度、ようするに、犯罪への一歩ではあるがまだそうではない行為、社会秩序をかき乱しはするが、社会に直接対抗しないその他の行為全部に由来する、単なる過失と違反には限界を定めたいのである。

／ようするに、政治刑罰法は、生まれる悪事を阻止し、重大犯罪に向かう軽率な行為を抑え、厳正ないたわりで取るに足りない日常の違反を矯正せねばなるまい。政治審判は、裁判官ではなく権威ある父であり、人間行動の復讐者ではなく矯正者たるべきだろう。」(485.; 713.)

「窃盗 furti や詐欺 frodi、公然たるスキャンダル scandali pubblici、風紀紊乱《びんらん》 corrotto costume へのまじめな人間の真のあからさまな誘惑が政治法規に記載されているのを、私は見出す。それらは真の悪意を仮定しているのだから、私が指摘するもっと重い刑罰を科して、しかし、第二一節一ページに規定されたよりも軽く刑事法規に記載されることになろう。その種の軽微で真の犯罪には、初犯は、刑法規範ではなく、もっと穏健な政治規範で考慮される。なぜなら、初犯は、たとえ悪意があろうとも、常習の悪意を仮定せず、個人の矯正の可能性の希望を奪わないからである。

／しかし、確かに、再犯者はこの観点からは考慮されない。いやそれより、法規の規定に従えば、繰り返された行為は、たとえそれらの行為の反復が根強く明白で、だから刑事告発に値する悪意を仮定しても、常に倍増しないし、決して刑事犯罪のカテゴリーには移らない。この遵守の下に、毎日二五フィオリーノを盗む泥棒は、政治罰によっては矯正できず他者への見せしめに法の厳格さでのみ罰しうる、真の刑法犯と考えられねばならないにもかかわらず、それらの行為の反復は、刑罰の加重には考慮されないから、二五フィオリーノ以下の窃盗に関する第二九〜三二節に入る。」(485-6. ; 714.)

「／政治犯罪の中で第四四節に姦通罪が入る。これについては、一種の相互的属性であり、家庭の平和、息子の教育、習慣、社会関係、相続権にかかわる基礎である婚姻のきずなを純潔に維持する重要性は、おそらくそのような刑事犯罪の中に入れるのがふさわしいと、私は考えざるを得ない。しかし、たとえ姦通罪を政治犯罪の中に引き止めておく方便の方がよいと考えられても、独身女と交じり合えば、同じ被害を社会に生み出さず、結局同じ刑罰に相当しない男とちがって、この女は、両親のない子供を父親に委ねるかもしれないから、姦通男を姦通女から区別しなければならないように思う。」(486. ; 714-5.)

「第七五節は、一般に売春meretricioを禁止している。血気の若者が夫婦のベッドをあわてて汚さず、正直者を密かに堕落で満足させるどんな方法も探さず、危険に走らずに、この過ちmaleは、人口の多いこの市(ミラノ)では避けられないから、それは(若者には)厳しすぎるように思われる。これが儲けようとしてなされたスキャンダラスで形のある誘惑が伴っていた場合には売春行為puttanesimoを罰し、残りは、明白でなくても、第七六節に指摘されているように見える必要悪male necessarioとして見逃すのが適切のように思われる。」(487. ; 715.)

最後に、ベッカリーアは、さらに司法官の職務について、考察に値する問題点を二点あげてこの報告を終わる。

Ｉ「行政官、司法官の証言が、法的証拠によって認められ、犯罪者の悪事の現場を押さえ、訓戒し、それどころか、逮捕する規則、公序良俗、公安の維持に向けられた第一〇節は、若干の考察に値する。この証拠は、あらゆる異義に優先し、被疑者と対決させられて、等しく宣誓した他の二人の証人の証言と対照される。ところで、一人の宣誓に同じ価値を与えることは、たとえ司法官magistraleが、あらゆる異議に優先する人々の二つの宣誓に与えるものと同様、その職務が証人のそれに付け加える信憑性 credibilita があるにもかかわらず、さらに主として、第一〇節の表現によれば、誰がそのような特権をもつ司法官なのか明確でないので、まったく認めがたいように思われる。

／犯人を現行犯逮捕しなければならないこれらの人々は、犯罪確認を支援することに関わった部下の人々である。彼らともっと地位の上の人々も、復讐とか他の目的で、宣誓にも拘わらず、そのような特権できわめて多くの濫用をするかもしれない。とりわけ、このことは、犯罪実体がなくてもただ一人の認識力 discrizione に犯人を任せる現行犯では。」(488-9.; 716-7.)

Ⅱ「第一四・五節は、行政官 magistrato politico に棒たたき bastone、晒し台 berlina、追い立て sfratto の刑罰を禁止している。しかし、犯人が、貴族か宮廷仕えでなければ地方行政区の役所から、そうであれば、地方政府自体から確証を報告しなければならない。土木工事 lavoro pubblico に関しては、申し分のない品行と名声があるならば、商店主 negozianti や職人 artisti もこの留保に含められる。この点に関しては、言うべきことは多いが、できるだけ端的に言う。

／A）名声と品行の判断は、あいまいのように思われる。本節に引用された書簡によれば、固有の判決の確証を問うことは、行政官の判断に任されている。

／B）棒たたき、晒し台、土木工事は、政治刑罰法規から削除されねばならないような身体拘束的刑罰である。しかし、それらが含められねばならない場合には、そのような懲罰の確証は、ミラノでは、監督官かさもなければ監督補佐がいる地方行政区の役所しだいになるので、無実の者、少なくとも微罪の者の安全対策は、十分ではないように思われる。首席行政官である裁判官がするように、監督官か監督補佐の確証によって、商店主や職人が、刑事犯罪によっては、一審の刑法委員会は上訴審の確証なしには類似の懲罰は与えられないのに、政治犯罪によって、棒たたきにあい、晒し台にさらされるかもしれない。

／C）さらに、地方政府の確証で、貴族や要職にある人が棒たたきにあい晒し台に据えられ、商店主が土木工事をさせられるかもしれない。貴族や教養人persone civiliを政治犯罪で類似の刑罰にさらす支障に関して述べたことを繰り返さないために、私は、そのような場合に、たとえ市民の運命が同業者団体しだいであるように見えても、これが事実であるにもかかわらず、文明の洞察力によって、政府会議での合議と上訴裁判所のそれとともに、個々人の採決の影響が形成される方法に照らして、政治犯が刑事犯より悪い条件になるや否や、閣下が理解を示して熟慮されんことを懇願する。」（489-90.；717-8.）

C「ピィッツィゲットーネPizzighettoneの終身刑刑務所（S.版では、「終身刑刑務所計画」）」（一七八九年一二月二八日）

つとに『犯罪と刑罰』で死刑廃止とそれに代わる刑罰として終身懲役刑を主張していたベッカリーアは、終身刑刑務所刑務官Ispettore dell'Ergastoloの留保された報告を再検討して、三つの論点を浮き彫りにしている。

「一）彼に従がって終身刑刑務所の新規則を提案する。二）二人の助手と協力者coadiutoreの罷免を求める。三）私に管理される代表権の範囲内で、彼が説明する状況に鑑みて、金銭の増額を要求する。

一）に対して。私は、この規則を入念に検討し、時間の短さと問題の多重性molteplicitàが私に許容した注意をもって、クレモナ当局によって提案された計画と、王室会計院及びわずかの変化を伴って実施のために委任された王室会議によって是認された若干の修正とを比較した。

この比較の結果は、全規則の総体に関して、これが正確・確実に遵守されたとしても、刑務官がその留保された抗議で説明するところでは、少なくとも部下の過失について疑うべき強い動機があることについては、実際の規則と本質的な相違はそれほど目立たないように思えた。いやむしろ、同様の計画では、以前には旧規則に散在していたことがまとめられているので、クレモナ当局の改革計画、王室会計院の追加、つづく王室会議のわずかの変化では、この計画で引用された文書と結びつく多くのものが、若干のわずかな点で過去の優先規定がもっと正確で特定される以外に、まさにずっと明確になると言っていい。」(EN.Vol.XI, 940-1. ; S. 719-20.)

こうして、一) の新規則提案では、ベッカリーアは、終身刑受刑者に対する労役の訓練と労役の報酬支給についての議論に進む。

「しかしながら、私が、たとえば、刑務官が注意深く自己勘定で受刑者に製品manifattureを指図できると仮定されている〈彼に製作させる必要があるので〉という段落へのそれと同じく、もっと高度な熟慮に値する幾つかの項目で明らかにしたように、十分配慮して刑務官をそのような権限から排除するなら、その問題に対して会計院が決定したことに反しているように思われる。

／それに対して、私は、〈後にそこにいないなら〉という段落に対して、初犯者principianteを労働に駆りたてた後に訓練に移すために、幾分ましな待遇を与えたいとだけ明記して、受刑者に自己の作品fatturaの三分の一か半分を受け取らせる労働を助手の任意に任せる勧告から逸れるとはみない。

／しかし、このことは、刑罰の場所の性質に合致しているようには見えず、終身刑刑務所Ergastoloよりも矯正院Casa di correzioneの方にふさわしい。自分の作品の名目で受刑者に分配される幾らかの金額は、前記の助手の処理に任せたい。このことは、受刑者に〈丁度いい時に〉*ad tempus*、すなわち、釈放されてから最大多数にほとんど再犯に陥る必要がないように、できるだけ多くのへそくりpeculioが蓄えられることは何より重要だから、きわめて注意深く管理されねばならない。…。

／看守guardieには制服、刑務官補佐vice capiには腕章を与えることになる。最後に、労役を離れる者に対しては火縄銃archibugioを撃つ権限を看守に与えることとする。受刑者に対する懲らしめcastighiと科料multeが語られる。終身刑刑務所ではこれら全部が何度も必要になるが、むしろもっと正確にされねばならない。」(941-2.; 720-1.)

二）で、ベッカリーアは、刑務官が、部下の無能を指摘して解雇を迫っていることの是非を吟味している。「私はすでに、刑務官が、第二の助手や協力者ばかりでなく、閣下に留保されたメモでは維持できると考えられた最初の助手の始末も望むだろうと見た。ここで私は、いっそう悪質化した者が、チッテッリCittelliという第二の助手であることを付け加える。刑務官は彼を、性格によっても能力によっても、少なくともその地位におく何の希望ももっていない。現行規則では、委任が刑務官の指図ではなく、単なる発注で判断され送付される動機である行政当局の警戒心が配慮されて、これらのうちの一人が、書記のドナデオDonadeo兄弟かもしれないということが不都合のように見えても、交代要員の準備もなしに一撃でこの者三人を解任することになる。

その地位の節約は、危険すぎるように思える。それは、上司の決意かクレモナ当局がその者らに遠慮して意見を聞くことに依るだろう。刑務官は、特にチッテッリに関して、私が請願で留保に従ったことに、私が言及した熟慮に、あるいは、区切りをつけることが効果的で必要だから、義務をもっとよく果たすために他のもっとましな者たちを看守につけてくれと、理路整然と異議を申し立てている。

／私は、目下チッテッリだけに依拠する。しかしながら、任務からの追放に関わる時に彼の意見を聞く必要がないかどうか決定するのは、上司の公平さにかかるだろう。しかしながら、彼は確実に追放に値するようにも見えないので、おそらく会議は、彼の異動traslocazioneか、異動場所がなければ年金付き退職giubilazioneに情状することが妥当だと考えると思われる。」(942-3.; 721-2)ベッカリーアは、「性格、能力」で任に堪えないから解雇すべきだという刑務官の主張だけを容れず、部下のチッテッリの言い分も聞いて、その後の丁寧な配置・処遇を示唆している。これは、余り一方的に邪険な懲戒がらみの解雇に処すと、逆恨みした当事者が犯罪にはしりやしないかという懸念からする配慮であろう。

三）で、ベッカリーアは、終身刑刑務所の職員俸給について刑務所の実情を踏まえながら慎重な斟酌を促がしている。「私は、王室会計院がその俸給を抑えるのが適切だと認めても、その地位が終身刑刑務所の健全経済から引き出せ、さらに受刑者の労役から引き出せる利益に応じて、会計院が全体として望む独自勘定で労役させることによる刑務官の独占権の何がしかの費用補償risarcimentoによっても、刑務官が毎年恩恵を与えられることを予見しているのを私は知っているから、彼から内密に説明された影響はあるのだが、刑務官に対して俸給を二、四〇〇リラに上げることで根付いている樹木を傷つけるようなことは、少なくとも今のところ得策のようには思えない。／だから、私は、三〇〇リラでしかない書記ドナデオの薄給は、場合によっては不釣合いだと思う。こんな薄給では、彼の任務であり、王室会計院がそれに関して事情を聞くことが好都合のように思われる多くの収支の記載scritturazioneで刑務官を連日補佐しなければならない職員impiegatoは生活できない。書記への俸給増額の承認に納得すればするほど、刑務官の同僚なのだから、終身刑刑務所で他のもっと有益な職を期待してはならないだろうし、これで刑務官の請求を支援することにもなる。」（943.；722.）

D　「受刑者の待遇改善」（一七九一年九月一四日）

ベッカリーアは、一七八八年六月二七日、最高裁判所Supremo Tribunale di Giustiziaと司法政策会議Magistrato Politico Cameraleの文書によって、ピィッツィゲットーネPizzighettoneの終身刑受刑者の待遇改善を行うように命じられた。ベッカリーアは、皇帝陛下の待遇改善命令のガイドラインを読み、それに即して実地に改善を進めたことを報告する。

まず、そのガイドラインは次のような内容であった。「件の刑務所で広々とした風通しのよい病室を作らせ、病人にシーツと回復期には十分な食物を、札付き悪党 bollati と終身刑受刑者 condannati in vita 以外の受刑者にマットレス用わら袋を与えること。札付き悪党と終身刑受刑者は、同じ監房に収容せずに、何か手にするために通行でき労役できるだけの長さの鎖をつけ、別の監房に一人か二人割り当てられねばならない。」

それに対する一七八九年一二月二八日付のベッカリーアの調査に対する約束は、以下のようである。

「このことは、医師の意見を聞いてみて、病室にいる病人に与えられるべき必要なシーツがそこにあるか、どれだけ多くの滋養物が回復期にある彼らに供給できると考えるのか、マットレス用のわら袋が、札付き悪党と終身刑受刑者は除いて、受刑者全員のために実際に十分そこにあるかどうか、君主が〈御自ら〉*motu proprio* 命じられたように、札付き悪党に分配するだけの余裕があるかどうか、今速やかに報告するために、しっかり確信して関連する処置を講ずる目的で、終身刑刑務所の刑務官に直ちに予防的に督励されなければならない。」(723-4.)

次にベッカリーアは、刑務所内での受刑者の待遇の実際をこと細かに報告している。

「病人にシーツを与えねばならないことに関して、たとえ以前には一度も供給されなかったとしても、今年については、クレモナの王室財務監督局の説明で、件のシーツを作るのに十分な量の布地の在庫があると予告されているし、王室監督局自体が、一致した執行督促のために終身刑刑務所の刑務官に適切な命令を与える任に就いたので、上述の布地のそのような成果のために使用させねばならないと考えられた。

札付き悪党以外の受刑者に与えられるべきわら袋に関して、シャツ、ズボンその他用の今年必要な件の布地の契約締結で、容認された受刑者全員にバッリーノ（お仕着せ）ballino を準備するのに必要な襟布の量も含める目的であることを刑務官も気付かせられているので、上の如く、相関的命令のために監督局に委任されうる。それによって、件のわら袋がすみやかに作られた。

／さらに、回復期の病人のより良い給養をめぐって、それを始めるには、物理学者ジュゼッペ・ドゥ・アルベルティス Giuseppe de Albertis の見解も全体的に大体一致する刑務官自身の判断が必要だった。…。一般食事療法と若干の病人の特別に必要な内容を修正する医者には自由がなければならない。

委員会は、刑務官によって提案された少量 soldo のパンに関して、執行に何か不調和をもたらし得る小さな問題として扱われて、上述の物理学者 Albertis が示唆したことを付け加えねばならないとは考えなかった。しかしながら、一般食事療法の修正のための医師の権限は考慮された。したがって、食事療法 dieta《ダイエット》を予定された受刑者には、ミネストラとして四オンスの米、正午には卵一個、晩にはパン粉をまぶした一ソルドのパンが与えられねばならない。

食事療法半ばの病人には、朝にパン粉をまぶした一ソルドのパン、正午に四オンスの米と卵一個、晩にパン粉をまぶしたもう一ソルドのパンが。

完全に回復期にある病人には、朝にパン粉をまぶした一ソルドのパン、もしくは、八オンスのメルゴーネ粉の薄ポレンタ、正午に六オンスの米のミネストラ、六オンスの肉、一ソルドのパン、一ザイーナ zaina のワイン、晩に一ソルドのパン入りスープが。

札付き受刑者を監獄に一人か二人配分し、鎖の長さを何かを手にするために、行き来し労役ができるだけにすることを検討する上述の君主の〈御自ら〉の後半に移る。件の受刑者の配置に関して、刑務官は、健康な受刑者に実際に役立つ砲台 casamatta（監獄）は一四あり、札付きは一〇人だけで、砲台ごとに一人配置するには十分な場所があると報告しているので、委員会は、直接執行を命じられると考える。…。」（S.724~6.）

「ミラノ矯正院」[24]（一七九一年九月二六日）

ベッカリーアはこの報告で、ミラノのポルタ・ロマーナにある監獄塔の囚人を矯正院に移せという六月一六日の君主の命令の執行をめぐる問題、看守の俸給額の決定、受刑者の待遇にかかわる問題を検討している。

「しかしながら、件《くだん》の矯正院の王室代表委員が、去る七月二五（S.版では、二三）日の統一抗議によって、前述の監獄の安全管理のためには補佐sottocapoを含めて少なくとも四人の看守を増やす必要があることに気付かされたので、私たちは、この点について司法長官の事情を聞く義務がある。原本で提出された現一二報告といわゆる次の二四報告とともに、採用された情報と前述の監獄の実地調査に続いて、やはり彼も、補佐一人を含む提案された四人の看守を増やす必要性を認めた。王室国庫の負担軽減のために、必要経費からポルタ・ロマーナ塔の看守と彼の助手を矯正院に移すことが計画された。看守は補佐の資格で一日三五ソルドの手当で、助手は番人の資格で。他の二人の番人は、いわゆる臨時部隊の生き残りの六人の歩兵から選ばれるかもしれない。

さらに、前述の王室代表委員は、現（九月）二五（S.版では、二三）日の統一抗議で、指摘された原因によって増加されるべき番人に関してと同様、囚人の待遇、彼らの食糧の種類、彼らにかかる管理費、病気の場合の精神的支援《カウンセリング》や救済にも正確な指示を要求している。」(EN.Vol.XIII, 489.; S. 727.)

「かかわる囚人に与えられるべき精神的支援に関して、実際にそれら受刑者を精神的支援する指導者自身に同じ任務を委託すれば、準備は十分であるように思われる。さらに、病気の時に囚人に与えられるべき救済に関して、件の矯正院に病室があれば、それら囚人のための医師と外科医の在勤は切迫していても、新たな準備は必要ではないように思われる。」(490.; 728.)

「さらに、王室代表が、一日のうちの一定時間閉じられた通路の散歩も許可することで、市民的義務の唯一の権利のために囚人に許可すると提案する最大の自由に関して、および代表自身が、罰として何らかの労役を科すことで、受刑者を勤勉にさせるために行う計画に関して、これらの目的は裁判所に拘束された囚人の管理に関わるので、司法官が裁判所自体と必要な合意を得るために適切な話し合いに入らねばならないかどうかの決定は、政府会議に依存するだろう。

／しかしながら、過去にも市民的義務によって囚人が管理されていたマラスタッラMalastalla監獄で、彼らに監獄の外でも囲い地の散歩が許可されたことを考慮したい。したがって、矯正院でもこの実践を持続してよかろう。」

(490-1.;729.)

「死刑に関するオーストリア・ロンバルディアの刑法制度改革」[25]（一七九二年一月二四日）

ベッカリーアは、一七九〇年八月二三（S.版では、一三）日の王室公文書にもとづき、オーストリア・トスカーナ法典を規範として、刑法委員会でなされた死刑を含む異なった刑罰の種類と段階を適正化したことを報告している。会議がおそろしく紛糾した様子が報告から見て取れるが、特に、死刑は積極的必然性positiva necessitaがなければ避けるべきだというベッカリーアの提言は、彼が『犯罪と刑罰』の主張を現実化する意欲を一貫してもち続けていることを裏書する。

「これらの刑罰の中に死刑を数え上げねばならないかどうか、きわめて重要で多くの議論のある問題が直ちに現れた。委員会の意見は、前もって決定を待つために陛下の最高のご託宣にさまざまな判断が畏《かしこ》まらなかったなら、一見して刑法典の拡大解釈でさらに進めようがないと思われるほどに、時間と労力の多大な浪費を要して、委員会の各構成員の異なった意見だけの異なった法典が作られねばすまないかのように、分裂した。

／しかし、死刑はきわめてわずかの犯罪に限定され、極刑l'ultimo supplicioとしてそれの純粋単純な影響が尊重されねばならないことには全員が同意する熟慮がなされ、旧法典において最も重大な犯罪で、死刑を伴うのを常とする更なる刑罰の加重は無益で残忍だとしてすべて省略されたので、最悪犯罪に極刑を科して、死刑の請願と、私たちによれば、犯罪自体の重大性に比例して、多かれ少なかれ辛い土木工事になる代替刑の請願を副次的に説明することで、委員会によってその作業で進められることにはずみがついた。」(EN.Vol.XVI＊＊, 965.; S. 735.)

「事実、署名した私たち三名は、[26]積極的必然性のケースでなければ、死刑を科してはならないという決定的判断をしている。この積極的必然性は、社会の平和状態で正義の規則的管理下では、国家転覆をたくらんだので、たとえ投獄され用心深く監視されようとも、内外関係によって、なお再び社会を撹乱《こうらん》し危険にさらす状況にあったにせよ、私たちは、一被疑者のケース以外は認められなかった。

／他の人々は、このケースに一被疑者のケースを加えるようであった。このケースは、それ自体生命にかかわる犯罪どころか、財産の暴力的略奪に襲われる人命に対する危害が結びついた路上の窃盗同様、暗殺者も加える。最後に他の人々は、常にきわめて重大な他の犯罪に同じ死刑を拡大することが必要だと考えた。しかし、私たち全員は、公然たる煽動、暴動、寄り集まりの場合には、これは合法的死刑ではなく戦争の真の命令の結果であるから、抵抗する暴徒の殺害によっても、これらは、一時的に抑圧してよいという意見に同意した。」(966.; 736.)

「第一は、（オーストリア・トスカーナ法典）第一部第二章第二〇項に、いわゆる略式もしくはきわめて簡略な訴訟手続きの場合に、略式手続きが、煽動、暴動の場合と同じく国家の危機切迫の場合にだけ認められ、納得できる脈絡や根拠から明らかでないかぎりは、死刑は行われてはならないと明確に規定している。

／第二は、第五一章capitoloで、いかなる生命にかかわる犯罪であっても、そのために最も称賛すべき真の根拠を提示して、上述の刑罰を廃止している。両法典とも、どんな種類であろうとも、直接君主の人格personaになされた侵害にかかわる犯罪についても、死刑を排除していることに注目すべきである。(27)

目下、二つの言及された法典が、私たちの副次的助言になるはずであり、私たちにとって最高であるべき権威を度外視して、トスカーナ法典の上述の第五一項articolo（章？）の明白な手がかりと同じ判決を維持した最も勇敢な人々のそれに従えば、**私たちは、死刑は上で説明したケース以外は必要ないと信ずる。第一に、それは公正でないため、不必要であるから。第二に、それは十分に反復的な反響が備わる無期刑pena perpetuaほど効果がないから。第三に、それは取り返しがつかないから。**」(967-8.; 736-7.)

「必要でないことを証明するためには、ある刑罰が公正であるためには、人間から犯罪を逸《そ》らせるのに十分な厳しさの諸段階だけしか得るべきではないことを考えれば足りる。よく考えてみれば、今は犯罪で儲かるかもしれないが、自分の自由の完全で永久的な喪失が選べるだけかもしれない。したがって、死刑に代わる永久の隷属状態の刑罰の厳しさは、いかに特別な精神であっても、逸《そ》らせるためには十分である。さらに、永久の悲惨な隷属状態より死を選ぶのが人間の性格にいっそうふさわしいということが付け加えられる。

さらに、犯罪を抑制する最も耐え難い見せしめにするために死刑が必要だと考えるには、死刑が頻繁に行われている所では、死刑自体があまり行われないかまったく行われない所でよりも、そのような犯罪はずっと件数が少ないことを見せて、事実でそれを証明しなければなるまい。」(969.; 737-8.)

「今、立法者の公平で落ち着いた目で、過ぎ去った時間と、死刑が重大犯罪に限定されている私たちの遠近の諸国を検討しようとすれば、まったく逆の事態を知るだろう。そこでは、刑罰はもっとほどよく行われているが、まさに彼らを罰する動機が少ない理由から、犯罪者に対してはいっそう容赦ない。人間の性格は、法律の節度で少しずつ温和になるので、犯罪の頻度は少ない。

死刑が、永久公開刑（終身刑）よりも効果が薄いことを証明するには、犯罪に比例的なら、刑罰の重さではなく、それの不可避性がそれを抑えるための最も有効な手段であり、極悪人の死の恐ろしい一過性の見世物ではなく、彼の侵害した社会が労苦で報いる自由を欠いた人間の長い反復的な見せしめが、犯罪に対する最強の抑止になることを考えれば足りる。」(969.; 738.)

「最後に、私たちは、どうにもならないこととして、人間証言の不可避的な不完全さに対して、死刑は必要でないと推察する。たとえ死刑が正しかったとしても、犯人に正しく適用されるために最も有効であった時はいつも、逆の可能性を排除するような仕方で、彼が試されることが必要である。このことは、明らかに死刑の償いようのなさから生まれる。今、犯人に死刑判決を下すためにそのような証拠が要求されるにしても、そのような刑罰（死刑）が執行されたケースは決して確認されないだろう。事実によって執行を認めなければ、他の刑法の力も弱まって、刑罰の不可避性からなる見せしめの最大効果も排除されるから、唯一の恐怖によって法典でそれを命じさせておく方便になったとも言えない。

／しかしながら、事実をもって、立法全体の検討から、犯人に死刑宣告をするために十分な証拠は、逆のこの可能性を排除するようなものでは決してないことが明らかになる。たとえ二人以上いたとしても、証人による証拠も、それらの間の増大する独立の手がかりによる証拠もなく、犯人の自白が備わったとしても、十分に検討されれば、最高の可能性でしかなく、それ以上のものではない道徳的確証 certezza morale の範囲を越えるようなものではないから。これらの仮定された議論の余地のないほどの証拠から分かったために、犯人と仮定されて死刑を宣告されたことは、ほとんどすべての国民で前代未聞の例ではない。

／このことについて、私たちは、裁判官の不手際とか怠慢とか悪意とかをではなく、法律の必然的不完全さを非難したい。司法当局のほとんど不可避的なこれらの誤りを大衆の好奇の目から逃れさせられず、時間が仮定された犯人の無実をすみやかに宣言できた時にはいつでも、常にそのような事件は公共の災難と考えられ、司法官は、自分のではない過ちのために大衆の憎悪の犠牲になった。したがって、犯人の告発で道徳的確証の常にそんなに明確ではない示唆に従がわねばならない必要性が仮定されても、死刑が本質的に正しいという推定、私たちがとても容認できない推定でも、犯人の処刑後では取り返しがつかないから、死刑でも犯人が生きているかぎり何ほどか取り返しのつく刑罰と実際に死刑以上に効果のある刑罰は、比較できない。

／私たちが死刑宣告を容認するケースでも、犯人は、逆の可能性を排除するのではなく、私たちの唯一のケースで、二つの矛盾する必要の間に仮定することを熟考願う同じ理不尽に委ねられるといえる。間もない国家転覆の危険を取り除く一方と、無実の者を殺すかなりはるかな危険に直面する他方、これら二つの危険の間で、私たちが、それ自体でせいぜい見せしめ、あるいは、権利の必要しかない前者を避けるために、事実の必要のために後者に直面せざるを得ないことは明白である。したがって、私たちに死刑を廃止する気を起こさせるものは、極悪人のために誤解される熱情ではない。上司の注意で、犯罪を抑えるには死刑が必要だと考えられているのに、私たちは、それを命ずる至高の立法者に対して権利を掴もうと考えるのだから、少数派である。…。」(970-1.; 739-40.)

「この提出される判断を閉じるに先立って、私たちは、死刑に代える刑罰が、同じことの十分な反復的宣伝に置き換える任務に就かねばならない。そのために、地方の片隅に境を接する唯一の終身刑刑務所は、私たちが予見する大衆への反復的で効果的な見せしめを与えるには最適のようには思えない。そこで、その刑罰が大衆の目に付くには、終身刑務所を異なった都市に予定しなければならないと信ずる。

終身刑刑務所を分割し等級付けすることは、刑に服するそれ相応の土木事業以上に容易に認めるのに便利でもあり、違った犯罪の犯人や違った等級の受刑者が一箇所だけではゴッチャになる混乱に備えるのに役立つだろう。」(972.;741.)

「水田について」

A「水田に関して」[28]**（一七九二ー九三年）、B「オーストリア・ロンバルディアの食糧管理制度」**[29]**（一七九三年）、C「水田に関する政府会議」**[30]**（一七九三年）**

前述のように、ベッカリーアは、ミラノ公国政府委員会第二部局の公安部に属して多くの警察・刑法問題の報告・試案・請願作成に携わりながらも、一貫して第三部局の食糧管理および水田にまつわる衛生問題にも関わりをもたされつづけ、死に至るまで所轄問題の解決に尽力し続けた。

A「水田に関して」（一七九二ー九三年）

ベッカリーアは、まず、一七九二年三月一二日の物理学者で医師モスカーティ Pietro Moscati（1739~1824）、フランケッティ Francesco Antonio Franchetti と提携技師フォンターナ Antonio Maria Fontana の報告をもとに、水田の正常な維持と空気の汚染による伝染病予防のための施策を求められて代表委員としてそれに答えている。

「一）君主の布告は、一般原則の一方、すなわち、仮定された間隔で請求者の水田は空気に有害なのかどうか、他方は、水田を根こそぎにすれば、それらの幾らかと比べて、いっそう沼がちの土地になる危険はなくなるのかどうかの二点を含んでいる。

二）上述の布告の前半に関して、物理学者諸氏は、米の実質全耕作期間で試験されなければ、疑いは、問題の重要性が求めるに足る確実さをもって確認されないと明確に説明した。結局、農産物の収穫後まで続けるために、米自体の切迫した籾《もみ》蒔き後まで調査を延期せざるを得なかった。

／即時の措置に関して、調査は、高い死亡率と伝染病の情報に達することなしに、多年にわたる濫用が確認されれば、今年彼らによって実験的に検討されたことも、大目に見て良いと考えた。

「／これについて、代表委員は、前半、すなわち多様な局面全部の問題解決に関して、実際に米の収穫とそれの新たな籾蒔きの間にある間隔、すなわち冬季の経過の起こりそうな結果に至らないために、物理学者諸氏の意見によって、折り合った。」(S.742-3.)

私たちには、件の物理学者の見解が、健康の危険なしに不法な籾蒔きを今年は大目に見られるかどうかの疑いにもとづいて決定されたようには思えなかった。なぜなら、彼らによって寛容が添えられた見解は、上述の濫用は、一七八九年に先立つ時期にはないことが、公衆衛生に関する法律を支持するために、混乱の確認が期待されねばならないのではなく、それの合理的な可能性で十分だと考えられるかどうかが多くの考察に値する時に、濫用は多年にわたって確認されたという仮定に支持されていたからである。

さらに、技師フォンターナ氏の正確な報告が検討されれば、彼が、主として二点を狙ったことが考えられる。第一に、彼は、二種類の湿地を入念に区別した。一方のは、永久にまったくそのような状態である。他方のは、耕作労働によって人為的にそうなっている。第二に関しては、法律から少し免れたように考えられてはならないことは明らかである。一方のに関してはそうではない。それのために、議論上の隔たりがある場合には、君主の布告が何か特別の熟視をもったように思える。

／第二に、役所の専門家は、三、〇〇〇ブラッチョのいわゆる国定マイルと二、五六八ブラッチョの共通マイルの尺度に関して、違いを理解させ、旧来の論争を説明させた。マイルは、米の古い禁止に関して考察されなくても、常に大体私的なおよび公共の経済の全問題で考えられた。

これらの熟慮を仮定して、私たちは、人為的にか自然的に耕作されたこれらの土地の大部分が、二、五六八ブラッチョの四マイルと三、〇〇〇ブラッチョの四マイル間隔に位置し、まさにそれ故に、いくつかの請願が、直接自治体会議にも委託されたことを考えた。なぜなら、マイナス・ブラッチョの四マイルを越えれば、米の耕作が許可されたから。これらの許可後、切迫した米の籾蒔きの前に、私たちは何か臨時措置を講じる必要があると考えた。」(S.743-4.)

「さらに、代表委員は、彼らの指摘が適用される時なら、自治体議会の周知の慎重さに一致した範囲で開示される通知によって公然の情報で推論され、件の通知は、すぐに政府会議の優先的是認を得ることに満足する議会の判断によって行政官に委ねられることが必要だと思う。」(S.744.)

最後に、ベッカリーアは、なお二種類の耕作地での実験は続行されなければならないので、問題解決のためには、当局は、上記の物理学者と技師に引き続き実験の委託手続きを採らなければならないと提言する。

B　「オーストリア・ロンバルディアの食糧管理制度」(S.版では「食糧管理制度の政府会議」)(一七九三年一月一六日)

この報告は、ベッカリーアが、一七九二年九月一七日の政府会議の布告とトスカーナ宮廷から委託された八つの問題に解答するという形をとっている。

「〈第一問〉：住民の生活資料を準備するために件の諸国で個別に注意すべき規則は何か。

〈回答〉：穀物に関するオーストリア・ロンバルディアの現行規則は、*A*印が付けられた一七八六年四月四日に発表されたものである。この規則の基礎は、穀物の輸出入の自由であり、通過商品transitoは、他の全貿易商品と同じく無税である。引用規則の第一三節に見られるように、ミラノで米が四五リラ、小麦が三六リラ、他の雑穀や豆が二四リラ、カラス麦が一二リラに上がらないうちは、政府の要求の対象にもならない。

しかしながら、これらの名目価格は、公共の生活資料の確保がそれを要求したら、穀物輸出を中断せず、その実施の権限を政府だけに委ねる。引用規則から、我が国の消費に対する余剰穀物の取引を阻害する抑制が、どんなでどれほどであったか一目瞭然であり、一七八六年のそれらの完全撤廃後、その規則が順調な成功を得たことが保証される。一七八一年全体から一七九一年全体までのミラノで作られた適正価格の*B*と記された表に一瞥を与えれば足りる証拠がある。…。」(EN.Vol.XV, 28-9.; S. 747.)

「〈第二問〉：上述の商品の輸出は等しくその法律に依存するのか、どんな成果があったか、すなわち、一時的にか無制限にか。

〈回答〉：穀物とバターについては、第一問への回答で足りると言われた。我が国では、食糧のカテゴリーの下に置かれる薪legnaも含む他の食料品に関しては、全般的に輸出は禁止され、特別な動機によって先行する議論や検討がなければ、輸出は承認されない。けれども、ワインとオリーブ油は全体的に自由であるが、たとえ輸出禁止にされて、国外へのリサーチがごく稀で、およそ商人の商売全体が国内消費に向けられても、これらについても他の商品と同じように考えねばならない。」(29.; 748-9.)

「〈第三問〉：同様に、諸外国からの同じ諸商品の導入introduzioneは、確定した規則に従がうのか、可変の規則に従うのか。

〈回答〉：どの法律も諸外国からの食糧の導入を禁止せず、この部門は、公的な食糧管理機構の対象ではなく、密売 mercimonio の対象のように、単に関税表によって規制される。

〈第四問〉：平年の比較で、前述諸国でそれぞれに収穫されたこれらの産物は、その住民の消費に十分であったかどうか。不足する場合には、ふつうどの国から供給されるのか。

〈回答〉：平年の比較で、たとえ俗論は、我が国で穀物が三年間収穫されることになるとしても、穀物の収穫は、九ヶ月のうちの八ヶ月年消費を越えると言っていい。したがって、穀物は何か異常な状況以外に不足しないと考えられる。その中には、飢饉の意見と恐れが生じる時、同じ穀物の取引を妨げる過度の制限から引き起こされる細目での穀物の再封鎖という最悪の状況はない。一七七三年に、ナポリ王国で何ほどかの不足が見られ、価格は法外な水準まで上がったが、君主S.A.R.の配慮で準備させた一一、〇〇〇トンの小麦粉が価格を引き下げ、独占業者の投機を台無しにした。

〈第五問〉：質のちがうパンの販売は自由価格か定価か。

〈回答〉：添付文書Cに印が付けられた添付規則によれば、この首都（ミラノ）で販売される質の違ったパンが見られる。自前の、すなわち、他の都市にはない重さや勝手な価格のパンを除けば、おおよそ地方諸都市のパンと同質である。同様に、一七九〇年に先立つ時期にその国の諸都市に君主の命令で導入されたパン製造の自由を維持しようとしたクレモナ市を除けば、好結果を得たが、世論は支持しなかった。

／さらに、質のちがったパンが販売される価格に関して、各丸パン pagnotta の重さが規定された個数で売られるパンは、逆に、それら各々に価格が決められたリッブラ libra（重さ）で売られるパンとは区別されねばならない。…。」

（30-1.; 749-50.）

「〈第六問〉：これらの質のちがったパンの製造・販売は、規則に従っていたのか、そうだとすれば、いかなる規則に従っていたのか。

〈回答〉：先の質問への回答で引用された規則に、文書*E*で、農村のパン製造を監視する仕事metieriに役立つ規則が付加される。これと上に引用された文書によって、この質問に答えるのに必要な知識が全部得られよう。一七九〇年に先立つ時期に、上述のように、パン製造が自由になった国家の全市でそうであったが、件の年にさまざまな状況によって旧定価パン制度に戻されたので、政府や宮廷から何人かの大衆の請願を受け入れねばならないと考えられたことが認められるべきである。

／さらに、このことは、一七九一年一月二〇日の公文書でレオポルド二世の騎士団長G.M.によって、その国全体で一般に命令されるよりむしろ好意的に受け入れられた。自由パン製造の時期以前には、パンを製造・販売する誰一人として合法ではなく、所与の年数に大衆に義務を負う一定数のパン屋の独占であった。逆に、大衆も彼らからパンを買わざるを得なかった。

／しかし、自由パン製造の終了後、公定価格mete復活の承認後、定価パン販売の義務を負う人々のために、ある種の職業によって、パンを大衆に重さや自前の価格でじかに製造・販売できる人は誰でも、上に引用した添付文書*E*から明らかにされるように、パンを転売者に供給するという例外的特権だけに独占が狭められた。パン製造の絶対的自由と抑制の中間策であるこの手順は、成功の期待をもってこの広い首都で開始されたが、直接食糧管理が託された他の諸地方行政当局によってなお自発的に適用されなかった。

〈第七問〉：ありえた限りで、最近一〇年間のパン価格と同じく、穀物と上述の他の食糧価格はどうであったか。

〈回答〉：穀物価格は引用された添付文書*B*から、パン価格は、穀物価格に対応して、添付文書*D*から推論できる。さらに、他の食糧については、単に年々の違いばかりでなく、一年の違った季節でも多様で頻繁な価格変動を考慮して、別個の特定が容易に与えられる。たとえば、バターについては、最近一〇年間でこの農産物は夏期、すなわち、もっとも豊富な時期には、一八から二二ソルドの範囲に止《とど》まるが、逆に冬季には、二八と三四ソルドの間を推移することが事実と言える。しかし、短期間でいく分上下する。さらに、肉では、雄牛manzoの肉は常に一三と一五ソルドの範囲内にあり、子牛vitelloの肉は常にリッブラ（約三〇〇g）以上一ソルドである。ラードlardoは二一から二四ソルドの範囲。

さらに、これだけではなく、第五問ももっと良く理解するには、雄牛・子牛肉や豚肉から作られる諸産物の公定価格の基準に役立つ規則が、しかしながら、常に、諸地方都市とわずかしか違わない首都に対応して、添付文書*F*の下部に付加される。」(31-3.; 750-1.)

「〈第八問〉：飢饉の時に政府が損害を受けたとしても、その後どのように復旧したのか。

〈回答〉：第四問への回答で、すでに一七七三年にナポリ王国でなされた貯蔵が示唆された。その折に、政府は損害を受けずに、むしろ少額とはいえ利益を得た。小麦粉の適正価格は四三リラで、四一リラで用意された小麦が、パン屋に売られ、最貧階層への施与に何百モッジョか配分もできた。最後に、添付文書*G*で、最も詳細な情報がふつう管理される短時間と警戒心が許したかぎりで、パルマ、モーデナの近隣諸国から得られていた情報を収集することが考えられた。」(33.; 752.…添付表*A*～*F*略…)

見られるように、ベッカリーアは、主として国内治安維持、刑法改革を担当する王室政府委員会の第二部局に配属されながらも、一貫して食糧安定供給問題にもその手腕を求められていたのである。

C 「ミラノの水田」（一七九三年三月四日；S.版では二月二五日）

ベッカリーアは、請願のあった水田の汚染された空気が、健康被害を及ぼす問題について引き続き調査を行い、その結果を再び報告している。

「今月一九日の会議で、ミラノ地方議会は、衛生委員ニッコロ・ヴィスコンティ伯の報告と水田によって生み出された空気の汚染malsaniaが拡散する程度と距離をめぐる物理学者フランケッティ、モスカーティ教授の見解を行政当局に委任した。私たちがここに王室政府委員会にまとめて提出する栄誉に与る公文書を地方議会自体が発議する。

／さらに、地方議会は、万端の配慮によって、米の栽培に隣接する境界線に何らの変更も必要としないし、それどころか、種籾を蒔くのに適した季節の接近で、大衆に督促通知を速やかに公表すべきであろう。大衆は、二世紀以上にわたる法による規定を十分に遵守し続けねばならない。その結果、各々三、〇〇〇ブラッチョの四マイルの都市の壁から離れた上述の境界線が考えられた。

最も理に適った見解を論じる言及されたきわめて有能な物理学者たちによって企てられたこの目的のための経験の手順からさえ、行政当局は、通知を一見して、上述の経験の結果について、検査を可能なかぎり物理的確実さに導くために、すなわち、どんな点に至るまで、水田から立ちのぼる臭気effluviの質が健康に良くないと考えざるを得ないのか、さらに、継続的に立証を試みるしかなかったし、さらに、異様な勤勉さと現代物理学者の優れた概念に対して，多くの機会で仔細に検討された調査の必要事項estremiを見定め、多くの見解の対立と矛盾を伴って、決定が留保されたと推論するのが妥当であった。

／したがって、さらに、地方諸都市にと同じく主要都市にも一様の規則を結び付けられるという結果的に正当な淡い期待も透けて見えた。やはり、言及された委託委員Assessore Delegatoヴィスコンティ伯によって提出された妥当な動機が熟慮され、地方議会によって十分に採り入れられて、行政当局も同じ判断が必要な場合だと気づいた。その結果、去る四月二六日の上からの布告N.1678／918によって、この推論に最後におろされた命令の然るべき実施で、おそらく物理学者たちの側から、予定の半年の期間内では上述の実験コースが完了できないという所見が恭《うやうや》しく予告された。それで、私たちは、王室政府委員会が、自治体の提案を是認するに値するという考えに服する。その考えは、官庁が公衆衛生の必要とする注意深い配慮に、その慎重でふさわしい見解visteを支持するのは妥当だというのと同じである。

私たちが服する見解とはそのようなものである。しかしながら、王室政府委員アッサンドリAssandri（編者注1）は、彼の請願でのように、意見を異にする。私たちも、その請願をここでまとめて、可及的すみやかに上からの命令のために王室政府委員会に提出しなければならない。そのために、私たちは、添付文書の返却を補償する文書で、前提された状況のために依然丁重な注意を維持する。」（117-9.；758-9.）

編者注1　「すでにピエトロ・レオポルド一世、トスカーナ大公の秘書官であったFrancesco Assandriは、一七八六年五月一八日にミラノ地方裁判所Tribunale di prima istanzaの評議官補consigliere assessoreに指名された。一七九一年三月二六日、国庫行政局委員になって、ピエトロ・パオロ・ジュスティの国境警備総監commissario gererale ai confiniへの昇進によって、彼に第三部局が託された。」（EN. XV, 118, nota 1.）

「衛生問題」[31]**（S.版では「衛生問題の集中」）（一七九四年三月三一日）**

ベッカリーアは、高脂症《メタボリック・S.》で急死する一七九四年一一月まで、第三部局の官僚として精勤に励んだ。彼は、一七九一年六月二六日の行政官会議と七月二九日の政府会議で煮詰められた議論をたたき台に、衛生検査を唯一の官庁か団体に委託する便宜を論じた「衛生検査の集中」の小試案minuta di consultaというがかなり長い文書を死の年に提出している。

「国家会議Congregazione dello Statoの考えは、上述の検査と照合が、国家の全体的組織を代表する団体でのように、指導方法で先在の衛生機関tribunale di Sanitàに属するその方法と権限をもって、同じものにまとめられたということだろう。目下細部の諸目的に属する大体いつもの日常衛生の必要において、この考えで、自治体議会に活動と検査が元のままで保護されるという唯一の条件で、大衆の一致した請願をはかる。大方publiciが提案された集中を支持する原則を分析すると、主として、以下のように推測されよう。

1　諸国民の間だけでなく、諸外国にも配慮を求めるとみなされる国土が広く繁栄した国家の議会の代表の性質から、

2　構成される個々人の生活状態から、

3　個々の自治体の依存から、

4　地方の一般利益、便宜を見守り準備する本来的で特有の義務から、

5　それらの任務の免除で、通信の正確さで、必要な報告と準備のすばやい有効な実施で、各個別団体の望ましい調和的協調が謳《うた》われる条項に対応する費用で国家がもつ注目に値する利益から。

この最後の動機は、直近の君主の決定により、すでにそれらに属するその活動領域を単独の地方議会Congregazioni municipaliで保護するために、等しく原則として国家会議Congregazioni dello Statoへの全般的指導的配置の集中に属する。

王室政府会議 Conferenza Governativa への文書 *A* から、添付文書にも見られるミラノ地方議会の衛生代表委員、ニッコロ・ヴィスコンティ伯の報告の上述の動機全体がもっと詳細に明らかにもなるので、そのようなものが、私たちが提出の栄誉にあずかる上述の回答の最初の内容である。」(EN.Vol.XVI＊, 234-5. ; S. 760-1.)

ベッカリーアは、見られるようなガイドラインを提示して、各地方自治体の発議の新奇さを尊重しながら、衛生検査の集中のために国家会議に今まで以上の資格を付与することが適当かどうかを検討していく。

「第一に、主要な衛生検査全体のまさに同じもので提案された集中の動機の中で、それに割り当てられた代表は、自分が代表する国家の隆盛によって、国外同様国内でも、有益な団体のために負っている各個の責務を遂行し、ふさわしく必要な配慮を求めると考えられるべきであるように、この問題でもある程度の影響を及ぼしたいと、再度認める。しかしながら、ここで件の国家会議で帯びた代表の身分を云々するのは差しおくことにしても、この直接でさえもない、通常・臨時の分担や類似の諸対象に応じて、この役割でも行政当局の直接の監督検査の下で、国家が検査し関与する上司の決定の執行権に限定された通常の方策にとどまることが、私たちに確実に分かる。せいぜい、純粋に国家をめぐって言及されるそれらの諸対象のために、直接玉座 Trono にその必要を広く気付かせられるだけである。／諸外国に関しては、影響と配慮は、我が国で拡がらないように大して拡がらないし、諸外国でも純粋に国内的な、納税者の利害を左右する項目や検査に限られた行政が託された諸団体の適格な情報を得ることも必要でないことは明らかであるように思われる。それどころか、特に衛生問題では、もっと広い個別情報が、全自治体の代表を自らまとめる他の団体についてよりも、各地方の自治体を直接組織する団体について諸外国からも得られることは、もっと自然で明白である。この問題では、諸報告が地方から地方へ検討されていき、諸地方間、結局同一国家の自治体間に分離、通達、差し押さえを決定し、社会的きずなや関係に敵対するように見えるもっと有効な手段もとらねばならない不可避な事態がたびたび起こるからである。」(236-7.; 762-3.)
「経験は、たとえ同じ君主の臣下が、衛生の諸問題で上位の指導的権限が、あれこれの地方への配慮から自由な、ようするに、国家の衛生をめざすという唯一の視点で単一地方の利益を見守る一団体か省庁にできるだけ集中されることが望ましいにせよ、そのような余波が、国から国への不信と警戒の気分に誘うことを教える。すなわち、それは、実際の国家会議の組織に関して、私たちには特にきわめて本質的に思える考えであり、それにもとづいて、命令が、件《くだん》の検査の集中に対する私たちの積極的な判断に従うことに導くや否や、私たちももっと下に戻ることも自由である。」(237.; 763.)

ベッカリーアは、疫病の蔓延を未然に防ぎ、公衆衛生を維持するためには、然るべき警戒措置の最高の迅速さを必要とするから、衛生検査が政府行政官に集中されることが望ましいが、衛生に必要な警戒措置には地方の個別利害の対立が起こり得るので、この対立は十分な配慮によって避けねばならないと主張する。加えて、ベッカリーアは、ヨーロッパの歴史的沿革を見ても、正式の衛生監督官が任命されて、職務を良好に遂行してきた事実を確認している。

「単にイタリアのみならず、アルプスや海の向こうの諸国家全部でも、衛生検査が特定官庁やその程度の権限を帯び、周知のように、衛生監督官・管理官・保管者の名の下に期待する自己機関の任務遂行に有効になる手段をもった者に充てられたことが妥当だと常に見なされたとする提案を勧めることでも一致している。

公共の警戒は、公衆衛生の重要な目的に関してミラノ公国でも不足していない。したがって、はるかずっと以前から、さらにフランチェスコ・スフォルツァ・ヴィスコンティ公爵殿下によって、衛生管理者が正式監督官に代えられることが決まったのを見ることになる。彼ら(正式監督官)は、文書 *C* にまとめられた一五三四年四月一一日の基本法によるように、元老委員会の下でさまざまな団体から選ばれた諸個人で組織された。基本法 Costituzione は、皇帝カール五世Carlo Vによって与えられ、文書*D*にも登録されている一七四九年一一月一二日の王室公文書で常に栄光の思い出である皇帝陛下と女王マリア・テレジアMaria Terezaによって是認された衛生規則でも保たれたこの領土の新しい諸基本法にも伝えられた。

継続した二世紀半の間、その監督官は、至上権によって彼に託された信頼に応えた。それは、*E*と記されて提出された年代記的要約の文書によって、*F*と記された布告や命令の表によっても、衛生検査の因果として考えられた物乞い**mendicanti**の特殊問題で公布された対策の*G*と記された一揃いによっても、推論することがふさわしい。

もしその監督官に国内緊急事態に本気で持続的な用心の十分な写しと資料をしばしば提供したなら、彼は、少なくとも外国監督官ときわめて幅広い対応を企てることに専念し、このことが、自ら総合的に監督官自身の独占権を維持したであろう。ほとんどヨーロッパ各地から届く情報を考慮して、公衆衛生にかかわるあらゆるケースを彼の命令に従わせることができたのだから。

／さらに、その国家の諸都市における衛生の下部の役所が、外国の衛生の役所から何か重大情報を受け取るか、何かの必要をかき立てられても、慎重な配慮を欠いて外国の根拠薄弱な不安に煽られることなく、最もふさわしい回答によって自己の見解を明らかにするために、回答する前に行政官自身にすべてを伝える義務があった。この書簡の正確さと信じられる情報から、近接のばかりではなく遠隔の外国でも、衛生と自己の職務遂行に確実に活用できる独自活動の監督官に属する権限が広められた。」(243-5. ; 769-71.)

こうして、ベッカリーアは、自らの方法で、衛生監督官の組織を選択、指名し、さらに閣僚の交代、会期数、時間を予定して会議が議長の恣意に流れるのを防ぎ、近くから衛生監督官の内部監査も実施すると言う。加えて彼は、ミラノ本会議の請願による市民団体の衛生問題への関与にも触れている。

「同（一七九一）年七月一日の君主の布告と共に王室政府会議から私たちに下令されたミラノ本会議Consiglio generale di Milanoの請願にもとづいて公布された一七九一年六月二七日の君主の勅令rescrittoは、同じ君主勅令の第四段落へのように、市民団体に認められた衛生問題でも司法権の性質に関して、これからの議論に余地を残している。『一月二〇日の公文書第三四項に表現された諸問題で司法権を市民団体に戻すために決定された原則は、市民代表によって是認され、署名・発表されれば、新たに論議され検討されうる』と。」(246-7.; 773.)

最後に、ベッカリーアは、現在のイタリア、周辺諸国、さらにはヨーロッパの政治状況を踏まえた近代国家としての衛生問題の取り組み方を前提に、ミラノ公国における実際的な衛生対策、専門衛生監督官の任命を提言することで、この報告を閉じる。

「おそらく、現実の政治状況が、その計画が時機を得ていず、適用される首尾一貫した経済原則にそぐわないことを認めさせても、必要以上に明白にかなり費用を要する問題であっても、件の問題が経済のあらゆる配慮を排除しなければならないかに見え、同じ状況が、道を誤った国民がヨーロッパ列強を引きずった戦争の結果によって判断を誤らせ、恐れさせることに気付かせることを私たちに容認している。

／人間の健康に不意に生ずる重大事を予測し、過度な致命的確認を遠ざけておくためにも、今まで、必要がもっと差し迫るのに先立って、ヨーロッパ諸国全体でと同じく、我が国でも必要な手段が提供され、自国や周辺諸国に無益に心配させず、ようするに、効率よいすみやかな準備がいる通商関係にふさわしくするために、外国との通信carteggioの正確さと特に然るべき留保や必要以上の守秘segretoによって、人間の衛生のために、専らあらゆる恐るべき災害を予防する当然の義務に専念する一監督官un Magistratoが、再度決定されることがふさわしい。」(249-50.; 775-6.)

ひとたび疫病が発生すれば、陸続きのヨーロッパ諸国への人と物の流れへの悪影響は計り知れない。あらぬ流言蜚語も飛び交い、諸外国との交流の阻害による損害は甚大であろう。それに対処するためには、被害実態を迅速正確に知ることができる通信網を掌握できるプロの監督官がぜひ必要だとベッカリーアは強調するのである。

おわりに

ミラノの啓蒙思想家チェーザレ・ベッカリーア・ボネザーナの処女論文は、「貨幣の混乱」（一七六二年五月）という経済論文であった。しかし、彼は「拳の会」の機関誌『カフェ』で気ままな論文を書くうち、ヴェッリ兄弟らの督励を受け入れて、現行刑法だけではなく、封建遺制の辛らつな批判をも含んだ書『犯罪と刑罰』を書き、刑法書としていっそう整備されたモルレのフランス語版を介してであるが、その名をヨーロッパ世界に知られることになった。当初恐れられた当局の処罰はなく、ヨーロッパの知識階級はこぞって本書の出現を歓迎した。ロシアの女帝エカチェリーナ二世は、喫緊のロシア刑法改革実施のために、好条件でのベッカリーア招聘を望んだ。

ウィーン政府は頭脳流出を避けるため、ベッカリーアをミラノ王室学校の官房学教授に就任させたが、ベッカリーア自身は、ワン・ステップとして当面その職を引き受けながら、実はもっと安定したミラノ公国経済最高委員会委員のポストを望んでいた。その望みは一七七一年五月にかなえられ、ベッカリーアは、その後二三年間にわたって、ミラノ公国政府委員会委員として精勤に励み、一、二行のものも含めると六五〇〇点以上の署名入り政府報告、請願、私案を残すこととなった。

ベッカリーアは、こうした官庁勤務をまっとうするにはもはや書斎での経済学、法学の研究は不可能だと判断したためか、一七六六年から一七七一年にかけて収集してきた啓蒙思想の諸著作を、一七七七年七月に敢えて捨て値で放出してしまった。こうした態度からすると、ベッカリーアは、第三部「はじめに」のピエトロ・ヴェッリの激しい非難のように、過去の啓蒙思想家としての経歴と実績を清算しようとしたかのようにも見える。

しかしながら、前述の多方面にわたる政府文書の検討から明らかなように、ベッカリーアの「拳の会」以来の思想的営為の成果と彼の立場は、政治の実践の場面にも反映せざるをえなかった。ベッカリーアの政府報告や会議などでの提言が、ミラノ公国を支配するウィーン政府当局の現実政治にどのていど影響を与えたかはさておき、彼が、行政官としての政策提言をつうじてできる限り自己の従来の見解の実現に努めたことは事実である。

ただ彼の行政官としての長い経歴が、その知的遺産として多くの署名入り文書を残すことを可能にしたとはいえ、ベッカリーアの行政官としての資質を知る上で、以下の指摘にも注目しておくべきであろう。

カルロ・カプラは、「…一七九一年の夏、皇帝レオポルド二世のミラノ訪問の折に、刑法学者ルイージ・クレマーニと審議官エマニュエル・ケーベンヒューラーによって彼（ベッカリーア）に対しておこなわれた判断に留意しないわけにはいかない」と言って、三者のベッカリーア評を紹介している。

アンナ・バルボ。チェーザレの後妻。

前者によれば、「ベッカリーアは、精神や認識力はあるが行動と勢いに欠ける。諸問題には意見をもっていないし、自分の意見を提示した時にも他人に従う。」さらに、後者は次のような肖像を描く。「才能と非常な認識力とともに、彼の肉体の肥満が気力を左右している。放心して、当然何の精力もない。彼に良くも悪くもする人と違った感情をもつ勇気もまるでない。」レオポルド二世自身の所見はこうなっている。「誠実、有能、教養豊か、正確だがあまり応用が利かない。少ししか働かず、かなり弱い性格」[32]と。

家庭的には、一七七四年六月四日の二度目の結婚相手アンナ・

ベッカリーア家、ジェッサーテの別荘

バルボ（1752～1803）と共に、ジェッサーテの先祖伝来の地所を永代小作の競売をつうじて増やして、ベッカリーア家の家計を黒字に転換させ、後にアンナとの息子ジュリオ（1775～1858）に二二、八四三スクードの財産を残してやることができた。しかし、一方では、近親間での相続財産をめぐる訴訟では、一七九一年叔父と、一七九三年妹マッダレーナ（1762～1841）とようやく和解にこぎつけたが、その他の訴訟はなお未解決のままになり、彼の死後の一七九八年に至っても骨肉の係争はつづいた。

とりわけ、後に文豪アレッサンドロ・マンゾーニ（1785～1873）を生んだ娘ジュリアの、父チェーザレへの告発は厳しかった。[33] これらの近親憎悪を生む葛藤もストレスを生み、ベッカリーアの研究意欲を削《そ》ぎ、健康にも悪影響をおよぼしただろう。

フランス市民革命の真っ只中で、フランス王族、化学者ラボワジェなどが次々に処刑された。テルミドールの反動後、時あたかもロベスピエールが断頭台の露と消えた一七九四年一一月二八日、チェーザレ・ベッカリーア・ボ

ジュリア・ベッカリーア

ジュリオ・ベッカリーア

ネザーナは、肥満がもとの脳溢血で突然死した(34)。
葬儀は、簡素を望んだチェーザレの遺志どおり挙行され、遺体は、ミラノの聖グレゴリオ墓地に埋葬された。二〇歳に垂《なんな》んとするジュリオがラテン語の碑文を据えた。
二年後の一七九六年一二月には、ピエトロ・ヴェッリが、過去の『犯罪と刑罰』をめぐるしがらみを抑えて、市議会のメンバーを前に、ベッカリーアのミラノ公国への貢献を強調して、彼への感謝と尊敬の念を市民に求める演説をおこなった。

第三部　注

（1）ベッカリーアは、翌一七七二年に王室学校教授を辞職し、後任にはかつて「拳の会」メンバーであった法学・経済学研究者で聖職者のアルホンソ・ロンゴ伯が就いた。
（2）*La Pratica dei Lumi,op.cit.*, pp.67-8.
（3）Osservazioni su un Piano per la rifusione delle monete dello Stato di Milano（consulta［14 luglio 1771］EN.Vol.VI, pp.14-24, 2 .［最後の数字は、EN.Vol.VI～XVI ＊＊全巻を通じたrelazione, consulta, minuta di consulta（o relazione）の通し番号］; S, pp.20-30）.
（4）Piano per la rifusione delle monete dello Stato di Milano（consulta「試案」,［9 agosto 1771］EN.Vol.VI, pp.26-65, 4. ; S, pp.31-71.）
（5）Riflessioni intorno al Piano delle leggi cambiali（relazione「報告」,［1771（?）］EN.Vol.VI, pp.70-83, 9. ; S, pp.14-9.）
（6）Nuovo Piano delle monete（relazione［2 maggio 1778］EN.Vol.VII, pp.42-52, 447. ; S, pp.156-69.）
（7）Nuova Piano annonario（relazione［28 aprile 1781］EN.Vol.VII, pp.456-83, 648. ; S, pp.214-50.）
（8）この報告の謝辞の末尾には、「一七八一年五月二日、ミラノ」の日付・場所と共に、「ヴェッリ、ペッレグリーニ、シュレッヒト、ベッカリーア、ロジェンドルフ、フォグリアッツィ、デッラ・ポルタ・ジュゼッペ」の七人の署名がある。したがって、EN.では、この箇所はベッカリーア単独の文章と認めず、S.版の冒頭三ページ分が掲載されていない。
（9）Nuovo Piano annonario（relazione［15 settembre 1781］EN.Vol.VII, pp.554-9, 688. ; S, pp.260-67.）
（10）Miniere lombarde（consulta［6 luglio 1773］EN. Vol.VI, pp. 257-64, 178. ; S, pp.72-81.）
（11）Miniere e boschi（relazione［29 gennaio 1783］EN.Vol.VII, pp.726-737,764. ; S, pp.269-82.）
（12）Nuovo Piano annonario（relazione［17 settembre 1785］EN.Vol.VIII, pp.499-516, 1214. ; S, pp.354-71.）
（13）Scuola veterinaria di Milano（voto［15 gennaio 1787］EN.Vol.IX, pp.45-50,1558. ; S, pp.531-37.）
（14）Attività del Dipartimento III nel 1786（relazione［31 marzo 1787］EN.Vol.IX, pp.223-67,1689. ; S, pp.402-49.）
（15）Disciplina degli operai（voto［7 maggio 1787］EN.Vol.IX, pp.342-3, 1747.）, Disoccupazione a Como（voto［22 ottobre 1787］EN.Vol.IX, pp.754-7, 2061.）,（voto［17 dicembre 1787］EN.Vol.IX, pp.873-4, 2147.）,（voto［24 dicembre 1787］EN.Vol.IX, pp.892-3, 2156.）,（voto［7 gennaio 1788］EN.Vol.X, pp.26-7, 2183.）,（voto［14 aprile 1788］EN.Vol.X, pp.235-7, 2361.）,（voto［23 giugno 1788］EN.Vol.X, pp.402-3, 2501. ; S, pp.519-30.）
（16）Commercio della seta（minuta di consulta「小試案」［31 dicembre 1787］EN.Vol.IX, pp.912-22, 2170. ; S, pp.502-18.）
（17）Disoccupazione a Como（voto［22 ottobre 1787］EN.Vol.IX, pp.754-7, 2061. ; S, pp.519-30.）
（18）Missione a Como（relazione［17 settembre 1790］EN.Vol.XII, pp.531-40, 3838. ; S, pp.681-93.）

(19) Sulla polizia (S, pp.697-704.) EN. で確認できなかった。注（8）と同じ判断と思われる。以下、（22）、（28）も同じ。

(20) Codice generale Brevi riflessioni intorno al Codice generale sopra i delitti e le pene per cio che risguarda i delitti politici (relazione [giugno 1787] EN.Vol.IX, pp.477-90, 1846. ; S, pp.705-18.)

(21) Ergastolo di Pizzighettone (voto [28 dicembre 1789] EN.Vol.XI, pp.940-3, 3473. ; S, pp.719-22.) S. 版では、末尾に「一七九一年九月二日」の日付とBeccariaの署名があるが、EN.では日付はなくて、Beccaria Bonesanaの署名だけがある。

(22) Per migliorare la sorte dei condannati (S, pp.723-30.)

(23) ベンサムは、『序説』第七章「人間の行為一般について」で、「政府の仕事は、刑罰と報償によって、社会の幸福を促進することである。政府の仕事のうち、刑罰に関する部分は、特に刑法の対象である。ある行為が社会の幸福を阻害する傾向が大きければ大きいほど、その傾向が有害であればあるほど、その行為が呼び起こす刑罰の必要は大きいであろう。」（訳書、一四八ページ）と言っているが、ベッカリーアは同じ趣旨で、三種類の刑罰、とりわけ政治犯罪と刑事犯罪に区分し、発生した犯罪の性質に応じて量刑しようとするのである。

カルロ・カッターネオは、犯罪の量刑にあたり、ベッカリーアの基本線に沿って「すでに何世紀来、最も共通の刑法の基礎は、贖罪でも復讐でもなく見せしめl'esempioである」と主張する。

「犯罪が利益や快楽に導かず、苦痛や死に導くことを大衆に示すことが必要である。犯罪衝動に刑罰の対抗圧力が抵抗する。法律問題は、犯罪の衝撃の一定段階に数的に一致する刑罰の一定段階に落ちぶれる。

これは、実際には存在しない利益、計算、意図、熱情の同質さを全犯罪者に仮定している。しかし、その犯罪階梯が揺れ動き抜け落ちているなら、刑罰階梯の合法性もそれ自体と共に抜け落ちている。」

犯罪者の心理は、必ずしも刑法の刑罰階梯に副うものではない。むしろ、「盲目的本能に、暴力感情に、すでに譫妄《せんもう》状態に紙一重の固定観念に、弱さと熱情に駆られるがままのほとんど常識の不動に、卑屈な模倣に、最上流の社会から発する腐敗に、監獄の老練者、残虐行為のチャンピオンへの服従と感嘆にかられた利益、計算、快楽ぬきの犯罪がある。このことをめぐって、悲惨な監獄の内情を持続的に知る立場にある医者は、被疑者が自分の心拍すら隠す立法者や司法官よりずっと事情通である。

最後に、刑罰階梯の計算全体を排除する犯行者の計算がある。それは無罰の希望である。プロの悪党の消しがたい血筋で監獄社会の昔からの伝統によって教えられる〈犯罪技術〉の確信である。犯罪を達成しそれを隠蔽する二重の意図を組み合わせるのだから、予定の熟慮である。無罰の経験と確信をもつ悪党を抑えるには、刑罰の加重は効果がない。なすべきことは監視vigilanzaを増やすことである。トスカーナでは、さらし絞首台の無益な過剰を償い、犯罪をほとんどなくしたのは監視であった。

しかし、監視は、刑法とはまったく無縁である。監視は法や司法官とは別の秩序に属している。

ところで、ここで〈間接予防〉の至高の原理が前面に突如現れる。法律全体が、大衆のあらゆる犯罪衝動を抑えることに協力しなければならない。刑法は法のこの普遍性の一部でしかない。〈予防法〉では、刑罰は〈付随的なもの〉になる。これは拷問や死の陰険な王国を法律家から断ち切る社会的大発見である」（*op.cit.*, pp.403-4）。博学のリアリスト、カッタネオならではのうがった指摘であり、犯罪者自身への贖罪や復讐よりも犯罪の再発可能性の芽を摘む見せしめによる威嚇や予防を重視する点では、ベッカリーアに一致する。

（24）Casa di correzione di Milano,（consulta [26 settembre 1791] EN.Vol.XIII, pp.488-91,4318.; S, pp.727-30.）

（25）LA riforma del sistema criminale nella Lombardia Austriaca riguardante la pena di morte（voto [24 gennaio 1792] EN.Vol.XVI＊＊, pp.965-72 : in Appendice ; S, pp.735-41.）

ジャンドメニコ・ピサピアは、ベッカリーアの『犯罪と刑罰』出版以後にも、ミラノでは、なお死刑存続が強く支持されていた事実を指摘した上で、この請願votoに至るまでの顛末について、以下のようにふれている。「実際、ロンバルディア刑法制度改革国家会議では、ベッカリーアは、（一七七六年、ミラノでラテン語で出版された称賛されるべき刑法の作品の著者）リージ、最高裁判所判事ガッララーティ・スコッティとともに、死刑廃止を主張して戦ったが、会議ではむなしくも少数派に止まった。

それでもなお、議論の最後には、表明された見解の不一致（本文にあるように「分裂」）から、会議の議事録と一緒に、二つ（後に三つ）の報告relazioniを大臣カウニッツに送ることが認められた。少数派の報告者はベッカリーアであった。この最後の文書で、彼は、普通の犯罪に対する普通の刑罰としての死刑に反対する議論を、その著『犯罪と刑罰』以上に効果的に要約し補足している」（Giandomenico Pisapia,'Cesare Beccaria la peine de mort et la torture',Giuffre editore, in : *Cesare Beccaria and Modern Criminal Policy*, 1990, p.59）と。

（26）三名の署名：ガッララーティ・スコッティ、ベッカリーア・ボネザーナ、リージ。

（27）フーコーは、『犯罪と刑罰』の影響を次のように指摘している。「ベッカリーアの一般原理が、トスカ（ー）ナ公国の新刑法典ならびにヨーゼフ二世制定のオーストリア新刑法典にあいかわらず根拠を与えているが、しかしながら、この二つの法制では拘禁は、その刑期によって変化がつけられたり（、）場合によっては烙印や鉄枷による加重刑が加えられたりするとはいえ、ほとんど画一的な刑罰となっている。

／たとえば（、）君主に対する陰謀・貨幣の贋造・盗みをともなう殺人については、少なくとも三〇年の監禁、謀殺ないし強盗については一五年から三〇年の監禁、単なる盗みについては一ヵ月以上、五年以内の監禁など」（「この刑法典の一部分はP・カフーン『ロンドン治安警察論』（フランス語訳、一八〇七）への序文で翻訳された。第一巻、八四ページ」一三五ページ注（33））フーコー『監獄の誕生』一二一ページ。

（28）Sulle Risaie（S, pp.742-5.）

（29）Sistema annonario della Lombardia Austriaca（consulta e minuta di relazione［16 gennaio 1793］EN,Vol.XV, pp.26-33, 5085. ; S, pp.746-57.）

（30）Rizaie a Milano（consulta［4 marzo 1793］EN.Vol.XV, pp.117-9, 5158. ; S, pp.758-9.）

（31）Affari di Sanità（minuta di consulta［31 marzo 1794］EN.Vol.XVI＊, pp.234-50, 5949. ; S, 760-76.）

（32）*La Pratica dei lumi,op.cit.*,p.69.

（33）ナタリア・ギンズブルグは、長女ジュリア・ベッカリーア（先妻テレーザ・ブラスコとの娘1762~1841）の挙を次のように書いている。「妹の死後、ジュリアは母親の財のうち、自分の取り分に対する相続権取得のため、父チェーザレ・ベッカリーアを相手に訴訟をおこした。夫と別居後のことで、この訴訟手続きに彼女は没頭し、父親をながながと告発した覚書を提出した。その中で、父親がいかに「不安と嫌悪感」をもようさせる結婚を彼女に強制し、母親の遺産を詐取したうえ、彼女には乏しい持参金しかあたえず、しかも自分は父サヴェリオ・ベッカリア侯爵の没後得た土地と家作をもらって、比較的潤沢な財政状態にあるかを指摘している。」（ナタリア・ギンズブルグ、須賀敦子訳『マンゾーニ家の人々』［上］（白水社、二〇一二年、二九ページ。）

（34）ベッカリーアの死は、一七九四年一二月二日のコベンツル伯の政府会議で、王室書記官によって以下のように報告された。「閣下、目下過ぎようとする一一月二八日の朝、本委員会委員ベッカリーア侯爵は、突然生の営みをやめました。文人には十分知られたかの委員の功績は、言葉に尽くす必要はありません。彼の死は、多くの遅れなしに穴埋めすることは不可能であり、彼が属した官庁に間隙を残しました。そのために政府は彼の発議の提出を先送りしました。」（Atti di Governo, *Nota al Testo e Glossario* di Rosalba Canetta, *op.cit.*, p.16.）

参考文献目録　＊配列は著者名のアルファベット順。書名は冠詞を無視。

一次文献

Beccaria, Cesare［1762］Del disordine e de'rimedi delle monete nello Stato di Milano,Lucca,Vincenzo Giuntini,［1958］, *Beccaria Opere* 2 Vol., a cura di Sergio Romagnoli, Sansoni,Firenze.in Vol.I,pp.7-34.

――――［1764］Dei delitti e delle pene,s.l.（Livorno）,s.e.（Marco Coltellini）

――――［1984］Dei delitti e delle pene, in EN. Vol.I. pp.15-129.

――――［1938］風早八十二・風早二葉訳『犯罪と刑罰』（第一刷）、岩波文庫。

――――［1973］*Dei delitti e delle pene*, a cura di Renato Fabietti, Mursia, Milano.

――――［1991］*Dei delitti e delle pene*, a cura di Franco Venturi, Arnoldo Mondadori, Milano.

――――［1996］*Dei delitti e delle pene*, I David, Milano.

――――［1998］*Dei delitti e delle pene*, a cura di F. Cambi, Armando Editore, Classici di Filosofia, Roma.

――――［2000.5.］*Dei delitti e delle pene*, Prefazione di Stefano Rodota, a cura di Alberto Burgio, Universale Economica Feltrinelli I CLASSICI, Milano.

――――［2000.11.］*Dei delitti e delle pene*, no alla pena di morte, a cura di Angela Cerinotti.

――――［2005］*Dei delitti e delle pene*, con uno scritto di Luiji Ferraioli, La Città Del Sole, Napoli.

――――［2008］風早八十二・五十嵐二葉訳『犯罪と刑罰』（第五四刷）、岩波文庫。

――――［2011］小谷眞男訳『犯罪と刑罰』、東京大学出版会。

――――［1804］Elementi di economia pubblica, in *Scritti classici italiani di economia politica*, parte moderna, tomi XI e XII, Milano, Oscar Nuccio, Roma, Bizzari, 1966；三上禮次訳『公共経済の諸要素』九州大学出版会、一九九七年。

――――［1822］Elementi di economia pubblica, in *Opere*, Vol.II, Milano. Societa Tipogr. dei Classici Italiani.

――――［1854］ Elementi di economia pubblica, in *Le Opere*, precedute da una discorso sulla vita e opere dell'autore di Pasquale Villari, Firenze,

Felice Le Monnier.
———— [1958] Elementi di economia pubblica, in *Opere*, Vol.I, Firenze, Sansoni.
———— [1978] *Elementi di economia pubblica*, Iniziative Culturali ed Editoriali Bancarie ICEB s.r.l..
———— *Traité des delits et des peines* [1988] (Versione di André Morellet con le note di Denis Diderot e il *Commentaire* di Voltaire. Saggi introduttivi di Giancarlo Vigorelli e Gianmarco Gaspari), Milano, Franco Sciardelli.
———— [1910] C.Beccaria, *Scritti e lettere inediti* raccolti ed illustrati da Eugenio Landry, Milano.
『ベッカリーア全集』の既刊分は以下のとおりである。
Edizione nazionale delle Opere di Cesare Beccaria, diretta da Luigi Firpo, Milano, Mediobanca
Vol.I, *Dei delitti e delle pene*, a cura di Gianni Francioni con le editioni italiane del《 Dei delitti e delle pene 》di Luigi Firpo, 1984.
Vol.II, *Scritti filosofici e letterari*, a cura di Luigi Firpo, Gianni Francioni e Gianmarco Gaspari, 1984.
Vol.IV, *Carteggio* (*parte I*：*1758-1768*), a cura di Carlo Capra, Renato Pasta e Francesca Pino Pongolini, 1994.
Vol.V, *Carteggio* (*parte II*：*1769-1794*), a cura di Carlo Capra, Renato Pasta e Francesca Pino Pongolini, 1996.
＊ *Atti di Governo*, Nota al Testo e Glossario di Rosalba Canetta, Bibliografia di Luigi Firpo, Edizione provvisoria,1987.
Vol.VI, *Atti di Gverno* (*Serie I*：*1771-1777*), a cura di Rosalba Canetta, 1987.
Vol.VII, *Atti di Gverno* (*Serie II*：*1778-1783*), a cura di Rosalba Canetta, 1990.
Vol.VIII, *Atti di Gverno* (*Serie III*：*1784-1786*), a cura di Rosalba Canetta, 1993.
Vol.IX, *Atti di Gverno* (*Serie IV*：*1787*), a cura di Rosalba Canetta, 1998.
Vol.X, *Atti di Gverno* (*Serie V*：*1788*), a cura di Rosalba Canetta, 2000.
Vol.XI, *Atti di Gverno* (*Serie VI*：*1789*), a cura di Rosalba Canetta, 2004.
Vol.XII, *Atti di Gverno* (*Serie VII*：*1790*), a cura di Rosalba Canetta, 2005.
Vol.XIII, *Atti di Gverno* (*Serie VIII*：*1791*), a cura di Rosalba Canetta, 2006.
Vol.XIV, *Atti di Gverno* (*Serie IX*：*1792*), a cura di Rosalba Canetta, 2007.
Vol.XV, *Atti di Gverno* (*Serie X*：*1793*), a cura di Rosalba Canetta, 2007.
Vol.XVI＊,*Atti di Gverno* (*Serie XI*：*gennaio-dicembre 1794*), a cura di Rosalba Canetta, 2009.
Vol.XVI＊＊,*Atti di Gverno* (*Serie XI*：*gennaio-dicembre 1794*), a cura di Rosalba Canetta,2009.
《*Il Caffè*》*1764-1766* [1993], a cura di Gianni Francioni e Sergio Romagnoli, Torino, Bollati Boringhieri.

Carteggio di Pietro e di Alessandro Verri, a cura di Emanuele Greppi e di Alessandro, Giulini Vol.I, Parte I. Ottobre 1766-Luglio 1767, Milano, Casa EditriceL. F. Cogliati, 1923.

Edizione nazionale delle opere di Pietro Verri Vol.II, *Scritti di Economia finanza e amministrazione*, a cura di Giuseppe Bognetti, Angelo Moioli, Pierluigi Porta, Giovanna Tonelli tomo I, Edizioni di storia e letteratura, Roma, 2006.

————tomo II, 2007.

————Vol.III, *I 《Discorsi》 e altri scritti degli anni settanta*, a cura di Giorgio Panizza, Con la collaborazione di Silvia Contarini, Gianni Francioni, Sara Rosini, Roma, 2004.

————Vol.IV, *Storia di Milano*, a cura di Renato Pasta, Roma, 2009.

————Vol.V, *Scritti di Argomento familiare e autobiografico*, a cura di Gennaro Barbarisi, Roma, 2003.

————Vol.VI, *Scritti politici della maturità*, a cura di Carlo Capra, Roma, 2010.

————Vol.VII, *Carteggio di Pietro e Alessandro Verri*, a cura di Gigliora di Renzo Villata, 18 settembre 1782-16 maggio 1792, Roma, 2012.

————Vol,VIII, *Carteggio di Pietro e Alessandro Verri*, a cura di Sara Rosini, tomo I, 19 maggio 1792-31 marzo 1794, Roma, 2008.

————Vol.VIII, *Carteggio di Pietro e Alessandro Verri*, a cura di Sara Rosini, tomo II, 2 aprile 1794-8 luglio 1797, Roma, 2008.

Facchinei, Ferdinando［1765］Note ed osservazioni sul libro intitolato Dei delitti e delle pene, s.l.［Venezia］,s.e.

参考文献

Alembert, Jean-Baptiste Le Rond d'［1766］*Mélanges de litterature, d'histoire et de philosophie*, Zacharie Chatelain et Fils, Amsterdam.

Armani, Giuseppe［2005］*Un'idea di Progresso da Beccaria a Galante Garrone*, Edizioni Diabasis, Reggio Emilia 'Il grande Beccaria' , pp.13-36.

Atti Beccaria［1966］– *Atti del Convegno internazionale su Cesare Beccaria*（Torino, 4-6 ottobre 1964）, in《 Memorie dell'Accademia delle scienze di Torino 》, Classe di scienze morali ecc., serie 4, n.9, Torino.

Bacon, Francis［1623］*De dignitate et augmentis scientiarum*（in J.Spedding et al.,eds.,*The Works of Francis Bacon*, London, 1858, Vol.I）.

Bentham, Jeremy［1789］*An introduction to the Principles of Morals and Legislation*, A Fragment on Government and an Introduction to the Principles of Morals and Legislation, Blackwell's Political Text, Oxford, 1948.; 山下重一訳「道徳および立法の諸原理序説」、『世界の名著』中央公論社、一九七七年。

Bettinelli, Saverio［1769］*Dell'entusiasmo delle belle arti*, Milano.

Biagini, Enza [1992] *Introduzione a Beccaria*, Editori Laterza, Roma-Bari.
Boneschi, Marta [2004] *Quel che il cuore sapeva Giulia Beccaria, Verri, Manzoni*, Mondadori, Milano.
Buffon, (Leclerc de) Georges-Louis [1758] *Histoire naturelle générale et particuliere*, Vol.VII.
Carli, Gianrinaldo [1751] *Sull'origine e sul commercio delle monete*, Milano.
———— [1754-60] *Delle monete e dell'instituzione delle Zecche d'Italia*, Milano.
———— [1770] *Breve ragionamento sopra i bilanci economici delle nazioni in Carli*, Milano.
Cattaneo, Carlo [1964] *Scritti Politici*, a cura di Mario Boneschi, Firenze, Felice Le Monnier, 4 Vol. in Vol.I, 'Della pena di morte nella futura legislazione italiana', pp.386-408.
Cavallo, T [2000] *Voltaire Il caso de La Barre Lettera a Cesare Beccaria*, Edizioni ETS, Pisa.
Cesare Beccaria and Modern Criminal Policy [1990], International Congress in Milan (Italy) ,Castello Sforzesco December 15 th -17 th,1988. Giuffre editore, S.p.A. Milano.
Cesare Beccaria tra Milano e l'Europa [1990] Prolusioni di Sergio Romagnoli e Gian Domenico Pisapia Convegno di studi per il 250 anniversario della nascita, Cariplo – Laterza.
Cesare Beccaria la Pratica dei Lumi [2000] Atti del Convegno 4 marzo 1997, a cura di Vincenzo Ferrone e Gianni Francioni, Firenze, Leo s.Oleschki Editore.
Cesare Beccaria, I momenti d'oro dell'economia：Collana a cura di Paolo Savona, Luiss university press, Roma. [2007]
Condillac, Etienne Bonnet de [1746] *Essai sur l'origine des connaissances humaines.*; *Œuvres philosophiques de Condillac*, Volume I, Text etabli et presente par Georges Le Roy, Paris, Presses universitaires de France, 1947. 古茂田宏訳『人間認識起源論』(上)(下)、岩波文庫、一九九四年。
———— [1754] *Traité des sensations.*
Cova, Alberto [1977] *Aspetti dell'economia agricola lombarda da 1796 al 1814* Il valore dei terreni, le produzioni e il mercato, VITA E PENSIERO pubblicazioni della Università Cattolica, Milano.
Diderot, Denis [1757] *Entretiens sur le Fils naturel.*
———— [1758] *Discours sur la poesie dramatique.*
Forbonnais, Fransois Veron Duverger [1754] *Éléments du commerce*, 2 Vols.
Foucault, Michel [1975] *Surveiller et Punir——Naissance de la Prison*, Edition Gallimard.; 田村淑訳『監獄の誕生——監視と処罰』、新潮社、一九七七年。

深田三徳『法実証主義と功利主義――ベンサムとその周辺――』(木鐸社、一九八四年)
Galiani, Ferdinando [1750] *Della Moneta*, Napoli, Presso Giusepp Raimondi.; [1963] Della Monetae scritti inediti, a cura di Alberto Merola, Feltrinelli, Milano.
Genovesi, Antonio (regio cattedratico di Napoli) [1803] *Lezioni di commercio o sia d'economia civile*, 2 Vol. Bassano.
Gibbon, Edward [1776-88] *The Histry of the Decline and Fall of the Roman Empire*, Edited, with notes, by J.B.Bury, 7 vols.; 村山勇三訳『ローマ帝国衰亡史』(一)～(一〇)、岩波文庫、一九五一～七五年。
Ginzburg, Natalia [1983] *La famiglia Manzoni*, Giulio Einaudi, Torino. 須賀敦子訳『マンゾーニ家の人々』(上)、白水社、二〇一二年。
Graziani, Augusto [1925] *Istituzioni di Economia politica*, Torino, Fratelli Bocca-Editori.
Hutcheson, Francis [1753] *An Inquiry into the Original of our Ideas of Beauty and Virtue in Two Treatises, I. Concerning Beauty, Order, Harmony, Design. II. Concerning Moral Good and Evil* (1725) , The fifth edition corrected, Ware [and others] , London.
Helvétius, Claude Adrien [1758] *De l'esprit*, Paris. (Fayard,1988)
Hobbs, Thomas [1651] *Leviathan or The Matter, Forme, & Power of a Common-Wealth Ecclesiastical and Civill*. London.; ホッブズ『リヴァイアサン』(一)(二)、(水田洋訳)、岩波文庫、一九七四年。
堀田誠三『ベッカリーアとイタリア啓蒙』(名古屋大学出版会、一九九六年)。
石井三記『18世紀フランスの法と正義』(名古屋大学出版会、一九九九年)。
Kant, Immanuel [1797] *Die Metaphysik der Sitten*,; カント「人倫の形而上学」(加藤新平・三島淑臣訳)『世界の名著32 カント』中央公論社、一九七二年、所収。
小林昇『小林昇経済学史著作集X　J・スチュアート新研究』未来社、一九八八年。
黒須純一郎『イタリア社会思想史』(御茶の水書房、一九九七年)。
――――[1998]「堀田誠三『ベッカリーアとイタリア啓蒙』(一九九六年)をめぐって」(『社会思想史研究』北樹出版、通巻第二二号、「インフォーマル・セッション」一三二-四ページ所収)。
――――「C・ベッカリーア　B・公共経済学の原像」(坂本達哉編『経済思想③』日本経済評論社、二〇〇五年、第七章所収)。
――――[2013]「ミラノ公国行政局委員C・ベッカリーア・Bの政府報告書」(『中央大学経済研究所年報』第四四号、三六九－四四三ページ所収)。
Locke, John, [1690] *Two treatises of government*. ロック、完訳『統治二論』加藤節訳、岩波文庫、二〇一一年。
――――[1700] *An Essay concerning Human Understanding* (fourth edition) , in *The Works of John Locke*. A new edition, corrected, Tegg [and

others〕, London, vol.I-III.
Marotta, Gemma〔2012〕*Teorie Criminologiche da Beccaria al postmoderno*, Edizioni universitarie di LED, Milano.
三上禮二〔1995〕「チェーザレ・ベッカリーア、『犯罪と刑罰』および『公共経済の諸要素』――密輸、債務者（破産）、奢侈――」（九州国際大学『教養研究』第二巻第一号）。
――――〔1996〕「市民社会論と君主機関説の経済学――アダム・スミスとチェーザレ・ベッカリーア――」（『教養研究』第三巻第一号）。
Montesquieu, Charles Louis de Secondat, Baron de la Brède et de〔1721〕*Lettes persanes*, Amsterdam.; モンテスキュー「ペルシャ人への手紙」（井上進也訳）、『世界の名著28 モンテスキュー』（井上幸治責任編集）中央公論社、一九七二年。
――――〔1748〕*De l'esprit des lois* ou du rapport que les lois doivent avoir avec la constitutionde chaque gouvernemant, les mœurs, le climat,la religion,le commerce, etc, à quoi l'auteur a ajouté des recherches nouvelles sur les lois romaines touchant les successions, sur les lois françaises et les lois féodales, in *Œuvres complètes de Montesquieu*, tome II, Text présenté et annoté par Roger Callois, Paris, Glallimard,1952. モンテスキュー『法の精神』（上）・（中）・（下）、（野田・稲本・上原・田中・三辺・横田地訳）岩波文庫、一九八九年。
森村敏己『名誉と快楽――エルヴェシウスの功利主義――』（法政大学出版局、一九九三年）
Muller, Jerry Z.〔1993〕*Adam Smith in his time and oures Designing the decent society* The Free Press A Division of Macmillan, Inc.,New York.
奥田敬〔1988〕「書評　堀田誠三著『ベッカリーアとイタリア啓蒙』」（慶応大学『三田学会雑誌』第九〇巻第四号）
Paradisi, Agostino〔1769〕*Saggio metafisico sopra l'entusiasmo delle belle arti*, Milano.
Pascal, Blaise〔1670〕*Pensées*, ; パスカル「パンセ」（前田陽一、由木康訳）、『世界の名著24 パスカル』（前田陽一責任編集）、中央公論社、一九六六年。
Porcino, Cristian〔2011〕*"Sulla pena di morte. Da Beccaria ad oggi"*, The boopen editore, Napoli.
Rasori, Giovanni〔1982〕*Scienza medica e giacobinismo in Italia：l'impresa politico-culturale di Giovanni Rasori, 1976-1799*, a cura di Giorgio Cosmacini, Milano.
Romani,Mario〔1977〕*Aspetti e problemi di storia economia lombarda nei secoli XVIII e XIX*, VITA E PENSIERO, pubblicazioni della Università Cattolica, Milano.
Rousseau, Jean-Jacques〔1750〕Le Discours sur les sciences et les arts.; ルソー「学問・芸術論」（平岡昇新訳）、『世界の名著30ルソー』中央公論社、一九七八年。
――――〔1755〕Discours sur l'origine et les fondements de l'inégalité
parmi les hommes, in C.E.Vaughan, *The Political writings of Jean-Jacques Rousseau*, 1915, reprinted, 1962 ; *La Pleiade Œuvres complètes de Jean-*

Jacques Rousseau, tomo III.; 本田喜代治・平岡昇訳『人間不平等起源論』岩波文庫（第八八刷）、二〇一一年。
――――[1762] *Le contrat social*, in The Political writings of Jean-Jacques Rousseau, with Introduction and Notes, by C.E.Vaughan,Cambridge,1915, 2 Vols. ; 桑原武夫・前川貞次郎訳『社会契約論』岩波文庫（第八一刷）、二〇一三年。
Sbardella, Raffaele [2005] *Beccaria / Dei / delitti /e delle / pene / con /note*, Con una analisi peritale di Raffaele Caselli, Introduzione di Luigi Ferraioli, La Città del Sole, Napoli.
Schumpeter, Joseph A. [1954] *Histry of Economic Analysis*, edited from Manuscript by E.B.Schumpeter, New York, Oxford University Press.; 東畑精一訳『経済分析の歴史1～7』岩波書店、一九五五～六二年。
嶋津英郷「ヴェッリ兄弟とベッカリーア」（一）（二）（『南欧文化』一一二、文流、一九七四年）
Tessitore, Giovanni [2008] *Cesare Beccaria：l'uomo e il mito idealizzazione e realtà strica*, Franco Angeli, Milano.
東京刑事法研究会編『啓蒙思想と刑事法』勁草書房、一九九五年。
上原一男 [1977] 同文舘『講座 経済学史』Ⅰ（「経済学の黎明 第二章 イタリアの経済学」）
Valassina, Giovanna [1970] “Prodotto netto agricolo e sviluppo nel pensiero degli economisti italiani del XVIII secolo”, in《*Rivista internazionale delle scienze sociali*》, LXXVIII.
Valsecchi, Franco [1959] *L'italia nel settecento dal 1714 al 1788*, Mondadori.
Vari, Autori [1976] *Le campagne lombarde tra Sette e Ottocento* Alcuni temi di ricerca, a cura di Mario Romani, VITA E PENSIERO, pubblicazioni della Università Cattorica, Milano.
Venturi, Franco [1971] Utopia and Reform in the Enlightenment, Cambridge University Press. 加藤喜代志・水田洋訳『啓蒙のユートピアと改革』みすず書房、一九八一年。
――――[1987] *Settecento riformatore L'Italia dei lumi*（1764-1790）, 5 Vol.,Torino, Einaudi.
Vianello, Carlo Antonio [1938] *La vita e l'opera di Cesare Beccaria,* con scritti e documenti inediti, Milano, Ceschina.
――――[1942] *Economisti minori del Settecento lombardia*, Milano, Giuffre.
Voltaire, Francois Marie Arout, dit [1764] *Dictionnaire philosophique portatif* ; edition revue et corrigée, avec préface de Etiembre, texte étabil par Raymond Naves, notes par Julien Benda, Garnier Freres, I vol.,1967. ; ヴォルテール、「哲学辞典」（高橋安光訳）、『世界の名著29』、中央公論社、一九七七年。
Zarone, Giuseppe [1971] *Etica e politica nell'utilitarismo di Cesare Beccaria*, Napoli, Istituto italiano per gli studi storici.
La Zecca di Milano Atti del Convegno internazionale di Studio Milano 9-14 maggio 1983 [1984], a cura di Giovanni Corini, Milano.

仲正昌樹編　**叢書アレテイア**——隠れなきものとしての真理を追求

【1】**脱構築のポリティクス**——Ａ５変型・二二〇頁・二二〇〇円
［執筆者］菊地夏野●西山雄二●内藤葉子●小森謙一郎●澤里岳史●藤本一勇●ドゥルシラ・コーネル

【2】**美のポリティクス**——Ａ５変型・三一〇頁・二八〇〇円
［執筆者］北田暁大●高安啓介●古野拓●竹峰義和●原和之●藤本一勇●ウーヴェ・シュタイナー●ヨッヘン・ヘーリッシュ

【3】**法の他者**——Ａ５変型・三二〇頁・二八〇〇円
［執筆者］関良徳●慎改康之●菅富美枝●橋本祐子●堅田研一●澤里岳史●藤本一勇●大中一彌●西山雄二●ポール・ギルロイ

【4】**差異化する正義**——Ａ５変型・三〇〇頁・二八〇〇円
［執筆者］権安理●小森謙一郎●村田泰子●高原幸子●赤枝香奈子●堀江有里●菊地夏野●レイ・チョウ（周蕾）●稲葉奈々子●ヨアヒム・ボルン●ビルギート・ハーゼ●ヴァルター・シュルツ

【5】**共同体と正義**——Ａ５変型・二九〇頁・三二〇〇円
［執筆者］橋本努●菅富美枝●ギブソン松井佳子●林田幸広●高橋透●永井順子●ドゥルシラ・コーネル

【6】**ポスト近代の公共空間**——Ａ５変型・三二〇頁・三二〇〇円
［執筆者］藤本一勇●堅田研一●権安理●小森謙一郎●高原幸子●堀江有里●村田泰子●小島剛●高橋透●西山雄二●吉岡剛彦

【7】**グローバル化する市民社会**——Ａ５変型・三四〇頁・三二〇〇円
［執筆者］橘秀和●川久保文紀●堀江有里●小島剛●権安理●小森謙一郎●澤里岳史●橋本努●安井正寛●ドゥルシラ・コーネル

【8】**批判的社会理論の現在**——Ａ５変型・三二〇頁・三二〇〇円
［執筆者］福田隆雄●高原幸子●清家竜介●権安理●合田香奈子●松井堅太郎●永井順子●綾部六郎

【9】**社会理論における「理論」と「現実」**——Ａ５変型・三〇〇頁・三二〇〇円
［執筆者］堅田研一●中山尚子●石黒太●合田香奈子●堀江有里●丹波博紀●吉良貴之●橋本努●田中均●カイ・ファン＝アイケルス

【10】**歴史における「理論」と「現実」**——Ａ５変型・三三〇頁・三二〇〇円
［執筆者］大賀哲●白井聡●森元拓●西村清貴●清家竜介●ギブソン松井佳子●板井広明●船津真●田中均●坂口周輔●大澤聡

【11】**近代法とその限界**——Ａ５変型・三八〇頁・四二〇〇円
［執筆者］松尾陽●関良徳●伊藤泰●中村隆文●吉良貴之●橋本祐子●伊藤克彦●三本卓也●足立英彦●野崎亜紀子●石田慎一郎●西村清貴●松島裕一●堅田研一

【12】**自由と自律**——Ａ５変型・四〇〇頁・四二〇〇円
［執筆者］橋本努●石黒太●福原明雄●中山尚子●菊地夏野●高原幸子●高橋慎一●堀江有里●ギブソン松井佳子●田代志門●清家竜介●白井聡●浜野喬士

【13】**批評理論と社会理論１：アイステーシス**——Ａ５変型・二五〇頁・四〇〇〇円
［執筆者］田中均●石田圭子●柳沢史明●森功次●荒井裕樹●権安理●古市太郎●天内大樹●小林史明

【14】**批評理論と社会理論２：クリティケー**——Ａ５変型・二七〇頁・四〇〇〇円
［執筆者］清家竜介●西角純志●白井亜希子●ファビオ・アクセルート・デュラン●竹峰義和●宮川康子●先崎彰容●大澤　聡●堀井一摩●浜野喬士

【15】**「法」における「主体」の問題**——Ａ５変型・三二〇頁・四八〇〇円
［執筆者］山田陽●長谷川みゆき●関良徳●松尾陽●福原明雄●今村健一郎●島内明文●鈴木康治●中村隆文●栗田佳泰●野崎亜紀子●丸祐一●吉良貴之

著者紹介

黒須純一郎（くろす・じゅんいちろう）

明海大学経済学部教授、中央大学経済研究所客員研究員。
1947年　東京に生まれる。
1970年　中央大学経済学部卒業。
1979年　中央大学経済学研究科博士課程修了。経済学博士。
1995～96年　ミラノ大学へ留学。
専攻は社会思想史、経済思想史。

主要業績
『社会思想史』(学文社、1984年)。『イタリア社会思想史』(御茶の水書房、1997年)。「マッツィーニの旅」(宮崎揚弘編『ヨーロッパ世界と旅』法政大学出版局、1997年、第四章所収)。「ロンドンのマッツィーニ」(宮崎揚弘編『続・ヨーロッパ世界と旅』法政大学出版局、2001年、第二章所収)。「フランチェスコ・フェッラーラの経済的自由主義」(一橋大学社会科学古典資料センター、Study Series No.49, 2003年)。『日常生活の漱石』(中央大学出版部、2008年)。『中流階級の経済学』(北樹出版、2009年)。『帝国海軍始末記——No More 貧国強兵《ひんこくきょうへい》』(御茶の水書房、2012年)。

チェーザレ・ベッカリーア研究《けんきゅう》——『犯罪《はんざい》と刑罰《けいばつ》』・『公共経済学《こうきょうけいざいがく》』と啓蒙《けいもう》の実践《じっせん》——

2013年9月15日　第1版第1刷発行

著　者——黒　須　純　一　郎
発行者——橋　本　盛　作
発行所——株式会社 御茶の水書房
〒113-0033 東京都文京区本郷5-30-20
電話 03-5684-0751

Printed in Japan　組版・印刷／製本——株式会社タスプ

ISBN978-4-275-01045-2 C3010

人名索引

ア行

カ行

サ行

タ行

ナ行

ハ行

マ行

ヤ行

ラ行

事項索引

ア行

カ行

サ行

タ行

ナ行

ハ行

マ行

ヤ行

ラ行